JOHN DOUGLAS & MARK OLSHAKER

REISE IN DIE FINSTERNIS

AF638075

JOHN DOUGLAS & MARK OLSHAKER

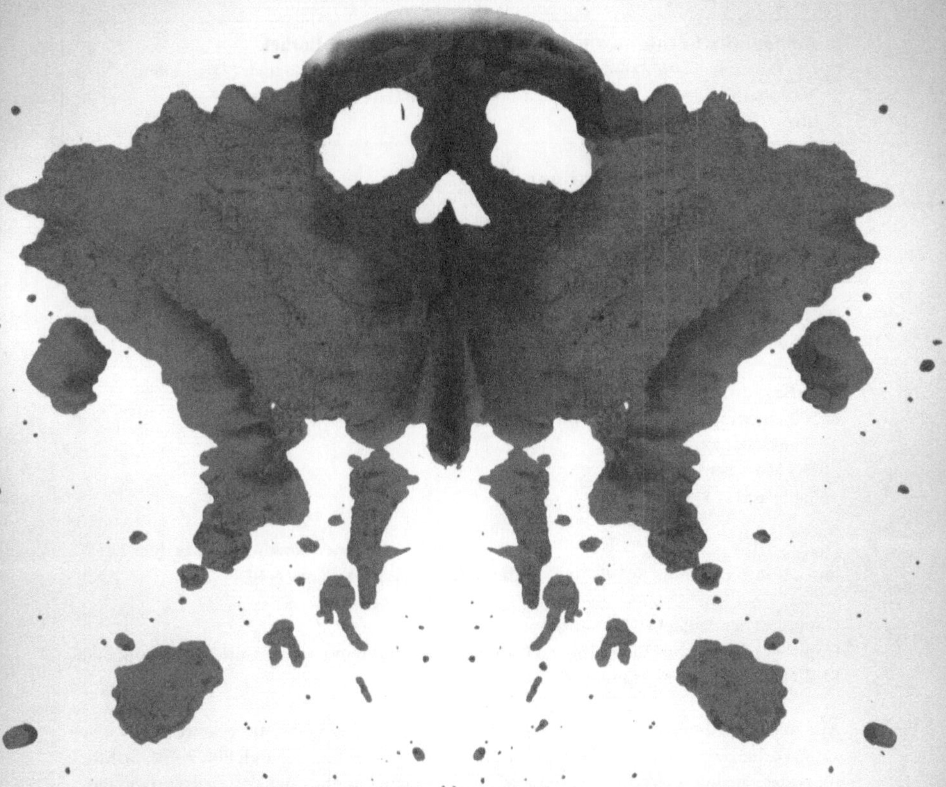

REISE IN DIE FINSTERNIS

Der berühmte FBI-Profiler über die Fahndung nach Serienmördern und seine packendsten Fälle

riva

Bibliografische Information der Deutschen Nationalbibliothek
Die Deutsche Nationalbibliothek verzeichnet diese Publikation in der Deutschen Nationalbibliografie. Detaillierte bibliografische Daten sind im Internet über https://dnb.de abrufbar.

Für Fragen und Anregungen
info@m-vg.de

Wichtiger Hinweis
Ausschließlich zum Zweck der besseren Lesbarkeit wurde auf eine genderspezifische Schreibweise sowie eine Mehrfachbezeichnung verzichtet. Alle personenbezogenen Bezeichnungen sind somit geschlechtsneutral zu verstehen.

2. Auflage 2026
© 2023 by riva Verlag, ein Imprint der Münchner Verlagsgruppe GmbH
Türkenstraße 89
80799 München
Tel.: 089 651285-0

Die amerikanische Originalausgabe erschien 1997 bei Scribner, New York, unter dem Titel Journey into Darkness. © 1997 by Mindhunters, Inc. All rights reserved.

Copyright der deutschen Erstausgabe:
Copyright © 1997 by Hoffmann und Campe Verlag, Hamburg, in Zusammenarbeit mit dem SPIEGEL-Buchverlag, Hamburg

Alle Rechte, insbesondere das Recht der Vervielfältigung und Verbreitung sowie der Übersetzung, vorbehalten. Kein Teil des Werkes darf in irgendeiner Form (durch Fotokopie, Mikrofilm oder ein anderes Verfahren) ohne schriftliche Genehmigung des Verlages reproduziert oder unter Verwendung elektronischer Systeme gespeichert, verarbeitet, vervielfältigt oder verbreitet werden. Wir behalten uns die Nutzung unserer Inhalte für Text und Data Mining im Sinne von § 44b UrhG ausdrücklich vor.

Übersetzung: Karin Dufner und Hans-Maria Dürr
Umschlaggestaltung: Pamela Machleidt
Umschlagabbildung: shutterstock/Photo Contributor/zizar
Satz: Röser MEDIA GmbH & Co. KG, Karlsruhe
Druck: Abedik SA, Polen
Printed in the EU

ISBN Print 978-3-7423-2446-7
ISBN E-Book (PDF) 978-3-7453-2215-6
ISBN E-Book (EPUB, Mobi) 978-3-7453-2216-3

Weitere Informationen zum Verlag finden Sie unter

www.rivaverlag.de

Beachten Sie auch unsere weiteren Verlage unter www.m-vg.de

Für Karla Brown, Suzanne Collins, Kristen French, Ron Goldman, Amber Hagerman, Cassandra Hansen, Tammy Homolka, Christine Jessop, Megan Kanka, Polly Klaas, Leslie Mahaffy, Shawn Moore, Angie, Melissa und Nancy Newman, Alison Parrott, Nicole Brown Simpson, Shari Faye Smith, alle anderen Unschuldigen und ihre Eltern, Freunde und Angehörige. Außerdem für alle engagierten Frauen und Männer bei Polizei und Justiz, die sich unermüdlich für den Sieg der Gerechtigkeit einsetzen. Ich widme ihnen dieses Buch in Respekt, Bescheidenheit und Zuneigung.

INHALT

VORWORT

Unser herzlicher Dank gilt allen, die zum Entstehen dieses Buches beigetragen haben. Wie bei unserem ersten gemeinsamen Band bestand das Team wieder aus unserer Lektorin Lisa Drew und unserem Agenten Jay Acton, den beiden Menschen, die unsere Sicht der Dinge teilten, uns zum Durchhalten ermutigten und uns auf unserem Weg unterstützten. Wir danken auch Carolyn Olshaker, die als Projektkoordinatorin, Finanzverwalterin, Seelentrösterin, Kritikerin fungierte, uns anfeuerte und vor allem für Mark eine große Stütze bedeutete. Ann Hennigan, die die Recherchen leitete, war ebenfalls nicht wegzudenken und hat eine Menge zu diesem Projekt beigetragen. Und außerdem wussten wir, dass alles glatt und reibungslos ablaufen würde, da Marysue Rucci uns bei Scribner mit einer umwerfenden Mischung aus Effizienz und guter Laune betreute. Ohne diese fünf …

Darüber hinaus danken wir von ganzem Herzen Trudy, Jack und Stephen Collins, Susan Hand Martin und Jeff Freeman, die uns von Suzanne erzählten. Wir hoffen, dass wir mit unserer Schilderung von Suzannes Geschichte ihr Vertrauen in uns nicht enttäuscht haben. Auch Jim Harrington in Michigan und Henry »Hank« Williams, Bezirksstaatsanwalt in Michigan, schulden wir viel, da sie ihre Erinnerungen und Einblicke mit uns teilten. Das Gleiche gilt für unseren Praktikanten David Altschulter, für Peter Banks und für alle Mitarbeiter des National Center for Missing and Exploited Children. Wir danken ihnen für ihre Freundlichkeit und dafür, dass sie uns ihre Untersuchungsergebnisse und ihre Erfahrungen zugänglich machten und dass wir ihnen bei der Arbeit zusehen durften.

Schließlich wollen wir wie immer Johns Kollegen in Quantico danken, vor allem Roy Hazelwood, Steve Mardigian, Gregg McCrary, Jud Ray und Jim Wright. Sie werden immer wichtige Pioniere und Forscher sein, die uns auf unserer Reise in die Finsternis begleiten und uns helfen, wieder ans Licht zurückzufinden.

John Douglas und Mark Olshaker
Oktober 1996

PROLOG

AUS DER SICHT EINES MÖRDERS

Auf den folgenden Seiten geht es nicht um eine bereinigte oder beschönigende »künstlerisch wertvolle« Aufbereitung à la Hollywood, sondern um nackte Realität – obwohl diese meine Schilderung an Grauen wahrscheinlich noch übertrifft.

Wie schon so oft versuche ich, mich in die Rolle des Mörders zu versetzen.

Ich weiß nicht, welche Frau mein Opfer sein wird, aber ich will jetzt jemanden töten. Auf der Stelle.

Meine Frau hat mich den ganzen Abend lang allein gelassen, ist lieber mit Freundinnen zu einer Tupperware-Party gegangen, anstatt bei mir zu bleiben. Aber eigentlich spielt das keine Rolle, denn wir streiten uns sowieso ständig. Heute haben wir uns wieder den ganzen Tag in den Haaren gelegen. Doch es deprimiert mich trotzdem, und ich habe es satt, so behandelt zu werden. Vielleicht treibt sie sich ja mit anderen Männern herum wie meine Ex. Allerdings hat die ihren Denkzettel bekommen – sie ist mit dem Gesicht nach unten in der Badewanne gelandet und an ihrer eigenen Kotze erstickt. Das hat sie nun davon, dass sie so mit mir umgesprungen ist. Unsere beiden Kinder leben jetzt bei meinen Eltern; das macht mich zusätzlich sauer – anscheinend bin ich nicht mehr gut genug für sie.

Eine Weile sitze ich herum, sehe fern und trinke Bier. Ein paar Sechserpacks und dann eine Dreiviertelliterflasche Wein. Aber es geht mir immer noch dreckig. Ich fühle mich immer mieser, brauche mehr Bier oder sonst etwas Trinkbares. Wie spät ist es jetzt? So zwischen neun und halb zehn. Ich stehe auf und fahre zum Lebensmittelladen neben dem Supermarkt für Navy-Angehörige. Dann bis zur Armour Road. Dort bleibe ich einfach im Auto sitzen, trinke mein Bier und überlege.

Je länger ich so ganz allein dasitze, desto schlechter geht es mir. Ich wohne als Familienangehöriger meiner Frau auf dem Stützpunkt, alle Freunde sind ihre Freunde – ich habe keine eigenen. Nicht einmal meine Kinder darf ich sehen. Ich war auch mal in der Navy und dachte, ich könnte dort weiterkommen. Hat aber nicht geklappt. Inzwischen stolpere ich von einer beruflichen Sackgasse in die nächste. Ich weiß nicht, was ich tun soll. Vielleicht sollte ich heimfahren, auf meine Frau warten und sie zur Rede stellen, um endlich ein paar Dinge zu klären. All diese Gedanken schießen mir gleichzeitig durch den Kopf. Ich würde jetzt gern mit jemandem sprechen, aber es ist niemand da. Verdammt, ich kenne sowieso keinen Menschen, dem ich meine Probleme erzählen könnte.

Es ist stockfinster. Allmählich wird die Atmosphäre irgendwie ... einladend. Ich verschmelze mit der Nacht. Die Dunkelheit macht mich anonym. Die Dunkelheit macht mich allmächtig.

Ich sitze in meinem Auto am nördlichen Ende des Stützpunkts hinter den Rinderkoppeln und trinke immer noch Bier, als ich sie sehe. Wahrscheinlich haben sogar diese Rinder mehr vom Leben als ich.

Gerade hat sie die Straße überquert und joggt ganz allein weiter, obwohl es schon dunkel ist. Sie ist groß, ziemlich hübsch und schätzungsweise so um die 20. Die dunkelblonden Haare hat sie zu einem Zopf geflochten. Der Schweiß auf ihrer Stirn glänzt im Mondlicht. Ja, sie ist wirklich hübsch. Sie trägt ein rotes T-Shirt, auf das vorne in Gold das Emblem der Marines aufgedruckt ist. Dazu knappe rote Shorts, die ihren Arsch und ihre endlos langen Beine richtig schön zur Geltung bringen. Kein Gramm Fett am Körper. Die Frauen bei den Marines halten sich wirklich fit. Ständig nur Sport und Exerzieren. Nicht wie bei der Navy. Die könnten einen Durchschnittsmann ordentlich vermöbeln, wenn man sie lässt.

Ich beobachte sie eine Weile. Ihre Titten hüpfen im Takt ihrer Schritte auf und ab. Ich überlege, ob ich aussteigen und mitjoggen soll, um vielleicht mit ihr ins Gespräch zu kommen. Doch ich weiß, dass ich keine

Chance habe, mit ihr mitzuhalten. Außerdem bin ich sturzbetrunken. Ob ich neben ihr stehen bleibe und ihr anbiete, sie zurück zur Kaserne oder sonst irgendwohin zu fahren? Vielleicht redet sie dann mit mir.

Aber dann fällt mir ein, dass sie von einem Typen wie mir wahrscheinlich sowieso nichts will, wenn sie es mit den tollen Kerlen von den Marines treiben kann. Solche Mädchen sind so eingebildet, dass sie einem nicht einmal die Uhrzeit verraten. Egal, was ich sage, die lässt mich garantiert abblitzen. Und überhaupt: Was ich bis jetzt einstecken musste, reicht eigentlich für ein ganzes Leben.

Nein, ich mach diese Scheiße nicht länger mit – heute Nacht ist endgültig Schluss. Ich nehme mir einfach, was ich haben will; sonst kommt man in dieser Welt immer zu kurz. Die Fotze wird mit mir reden müssen, ob es ihr nun passt oder nicht.

Ich lasse den Motor an, fahre neben ihr her und lehne mich zum Beifahrerfenster hinüber. »Entschuldigen Sie!«, rufe ich. »Wissen Sie, wie weit es zurück zum anderen Ende des Stützpunkts ist?«

Offenbar hat sie überhaupt keine Angst. Bestimmt liegt das am Stützpunktaufkleber an meinem Auto, und außerdem denkt sie sicher, dass sie als Marine schon mit mir fertigwird.

Sie bleibt stehen und nähert sich vertrauensselig meinem Auto. Ein bisschen außer Atem, beugt sich zum Fenster herein, zeigt nach hinten und sagt, es wären etwa viereinhalb Kilometer. Dann lächelt sie sehr hübsch und will weiterjoggen.

Ich weiß, dass das meine einzige Gelegenheit ist, sie zu kriegen – wenn ich noch eine Sekunde warte, ist sie weg. Also reiße ich die Autotür auf, springe raus und laufe ihr nach. So fest ich kann, verpasse ich ihr eine von hinten, und sie fällt hin. Ich packe sie. Als sie merkt, was los ist, schnappt sie nach Luft und versucht abzuhauen. Sie ist zwar groß und stark für ein Mädchen, aber ich bin etwa 30 Zentimeter größer und 50 Kilo schwerer als sie. Ich halte sie fest und haue ihr mit aller Kraft eine gegen die Schläfe, dass sie wahrscheinlich Sternchen sieht. Trotzdem wehrt sie sich mit Händen und Füßen, versucht, mich zusammenzuschlagen und davonzulaufen. Das wird sie mir büßen. So was lasse ich mir von einer Fotze nicht bieten.

»Fass mich nicht an! Verpiss dich!«, schreit sie. Ich muss sie fast ersticken, um sie zum Auto schleppen zu können. Ich verpasse ihr noch eine, damit sie das Gleichgewicht verliert. Dann packe ich sie und stoße sie auf den Beifahrersitz.

In diesem Moment sehe ich, wie zwei Jogger rufend auf mein Auto zurennen. Also gebe ich Vollgas und verdufte.

Mir ist klar, dass ich den Stützpunkt so schnell wie möglich verlassen muss. Also fahre ich zum Tor neben dem Kino, dem einzigen, das um diese Zeit noch offen ist. Das weiß ich, weil ich auf diesem Weg reingekommen bin. Ich setze die Frau auf dem Sitz neben mir so hin, dass es aussieht, als wären wir ein Pärchen. Ihr Kopf lehnt romantisch an meiner Schulter. Die Dunkelheit ist offenbar auf meiner Seite, denn der Wachmann winkt uns einfach durch.

Draußen auf der Navy Road kommt sie zu sich und fängt wieder an zu schreien. Sie droht, die Bullen zu rufen, wenn ich sie nicht laufen lasse.

Das lasse ich mir nicht bieten. Außerdem ist es inzwischen ohnehin egal, was sie will. Ich bin der Boss, ich habe hier das Sagen, nicht sie. Deshalb nehme ich die Hand vom Steuer und verpasse ihr eine ins Gesicht. Sie hält den Mund.

Ich weiß, dass ich sie nicht mit nach Hause nehmen kann. Meine Alte wird jeden Moment zurück sein. Und dann hätte ich ein Problem. Soll ich ihr etwa erklären, dass die Kleine nur das abkriegt, was sie eigentlich selbst verdient hätte? Nein, ich will mit dieser Fotze allein sein; niemand darf uns stören. Ich muss irgendwohin, wo ich mich wohlfühle und wo ich mich auskenne, damit ich loslegen kann, ohne dass uns jemand unterbricht. Da kommt mir eine Idee.

Ich fahre bis zum Ende der Straße und biege nach rechts in den Park ein – es ist der Edmund Orgill Park. Weil ich denke, dass sie sicher bald wieder aufwacht, knalle ich ihr noch mal eine gegen die Schläfe. Ich fahre an den Basketballfeldern, den Klos und den übrigen Gebäuden vorbei zum anderen Ende des Parks, wo es einen See gibt. Am Ufer halte ich an und stelle den Motor ab. Jetzt sind wir ganz allein.

Ich packe sie am T-Shirt und zerre sie aus dem Auto. Sie ist nur halb bei Bewusstsein und stöhnt. Am Auge hat sie eine Platzwunde, und sie blutet aus Mund und Nase. Aber als ich sie auf den Boden werfe, versucht sie aufzustehen. Die Fotze gibt immer noch nicht auf. Also setze ich mich rittlings auf sie und haue noch ein paarmal zu.

Ganz in der Nähe steht ein großer Baum mit ausladenden Ästen. Irgendwie gemütlich und romantisch. Sie gehört jetzt ganz mir. Ich bestimme, was hier läuft. Ich kann mit ihr machen, was ich will. Zuerst reiße ich ihr die Sachen runter – Joggingschuhe von Nike, dann das schicke Marine-T-Shirt, die knappen Shorts und das blaue Stirnband. Sie leistet kaum noch Widerstand, ist auf einmal gar nicht mehr so stark. Ich ziehe sie ganz aus, sogar die Socken. Sie will zwar abhauen, aber sie hat keine Chance, denn ich habe hier das Sagen. Ich kann bestimmen, ob die Fotze lebt oder stirbt und wie sie draufgeht. Die Entscheidung liegt allein bei mir. Zum ersten Mal heute Abend fühle ich mich mächtig.

Ich drücke ihr den Unterarm gegen die Kehle, damit sie ruhig ist, und grapsche gleichzeitig nach ihrer linken Brust. Aber das ist erst der Anfang. Ich werde es dieser Fotze besorgen, bis ihr Hören und Sehen vergeht.

Ich sehe mich um. Kurz stehe ich auf, greife nach oben, packe einen Ast und breche ihn ab – etwa 75 Zentimeter bis einen Meter lang. Das ist ziemlich schwierig, denn das Ding hat einen Durchmesser von fast fünf Zentimetern. An der Bruchstelle ist es scharfkantig wie eine Pfeilspitze oder ein Speer.

Gerade noch sah es aus, als wäre sie bewusstlos, aber jetzt brüllt sie wieder. Ihre Augen sind weit aufgerissen und schmerzerfüllt. Allmächtiger, so viel Blut, wahrscheinlich war sie noch Jungfrau. Die Fotze schreit vor Schmerzen.

Das ist für alle Frauen, die mich verarscht haben, sage ich mir. Für alle Leute, die mich reinlegen wollten. Für das Leben – soll doch zur Abwechslung mal jemand anderer bluten! Inzwischen wehrt sie sich nicht mehr.

Nachdem der Rausch und die Wut vorbei sind, beruhige ich mich allmählich. Ich lehne mich zurück und sehe sie an.

Sie liegt ganz still und reglos da. Ihr Körper ist bleich und wirkt leer, als ob plötzlich irgendwas fehlt. Es ist verdammt lange her, seit ich mich zum letzten Mal so lebendig gefühlt habe.

So stellt es sich dar, wenn man in die Haut eines Verbrechers schlüpft. Man muss Opfer und Täter kennen und wissen, was zwischen den beiden vorgefallen ist. Das lernt man, indem man viele Stunden in verschiedenen Strafanstalten verbringt, den Tätern gegenübersitzt und sich ihre Geschichte anhört. Danach fängt man an, die Fakten miteinander zu verknüpfen. Die Tat bekommt eine Stimme. Und so schrecklich diese Stimme auch klingen mag, man darf die Ohren nicht vor ihr verschließen, wenn man etwas erfahren will.

Als ich diese Technik vor Kurzem einer Reporterin beschrieb, antwortete sie: »Über so etwas wage ich nicht einmal nachzudenken!«

Ich entgegnete: »Schön und gut, aber wenn wir wollen, dass weniger solche Verbrechen stattfinden, dürfen wir die Tatsachen nicht verdrängen.«

Und wenn jeder das versteht – nicht nur theoretisch betrachtet, sondern aus dem Bauch heraus –, können wir vielleicht nach und nach etwas bewirken.

Mit der vorangehenden Schilderung habe ich versucht zu rekonstruieren, was in der Nacht des 11. und am frühen Morgen des 12. Juli 1985 vorgefallen ist. In jener Nacht starb U.S. Marine Lance Corporal Suzanne Marie Collins – eine gebildete, beliebte, lebenslustige und schöne junge Frau von 19 Jahren – in einem öffentlichen Park in der Nähe des Memphis-Marinestützpunkts, nordöstlich von Millington in Tennessee. Corporal Collins – etwa 1,75 Meter groß und 60 Kilo schwer – hatte gegen 22 Uhr die Kaserne verlassen, um joggen zu gehen, und war nie zurückgekehrt. Nachdem sie beim Morgenappell vermisst worden war, wurde ihre nackte und misshandelte Leiche im Park entdeckt. Als Todesursachen wurden Erwürgen mit bloßen Händen, ein Schlag auf den Kopf mit einem stumpfen Gegenstand und schwere innere Blutungen festgestellt. Letztere waren durch einen zugespitzten Ast verursacht worden, den ihr jemand so tief in die Vagina gestoßen hatte, dass Unterleibsorgane, Leber, Zwerchfell und der rechte Lungenflügel durchbohrt wurden. Am nächsten Tag hätte Suzanne Collins einen viermonatigen Pilotenlehrgang abgeschlossen und wäre ihrem Ziel einen Schritt näher gewesen – nämlich einer der ersten weiblichen Piloten bei den Marines zu werden.

Es ist immer erschütternd und belastend, das Verbrechen in Gedanken noch einmal durchzuspielen, doch wenn ich die Tat mit den Augen des Täters sehen wollte, blieb mir nichts anderes übrig. Ich war bereits in die Rolle des Opfers geschlüpft, was mich viel Überwindung gekostet hatte. Aber es war nun einmal mein Job, ein Vorgehen, das ich selbst entwickelt hatte. Ich war der erste Beamte, der sich in der »Abteilung für Verhaltensforschung« der FBI-Akademie in Quantico, Virginia, ausschließlich mit der Erstellung von Täterprofilen beschäftigte.

Meine Abteilung, die »Investigative Support Unit«, hatte die Aufgabe, laufende Ermittlungen zu unterstützen. Sie wurde für gewöhnlich hinzugezogen, um ein Verhaltensprofil zu erstellen und eine Fahndungsstrategie zu entwickeln, mit deren Hilfe die Polizei die Identität eines unbekannten Täters ermitteln konnte. Seitdem ich in Quantico tätig war, hatte ich bereits mehr als 1100 derartige Fälle bearbeitet. Diesmal hatte die Polizei jedoch schon einen Verdächtigen festgenommen, als sie sich an uns wandte. Der Mann hieß Sedley Alley – ein bärtiger 29-jähriger Weißer aus Ashland in Kentucky, etwa 1,90 Meter groß und 100 Kilo schwer. Er war Arbeiter bei einer Firma für Klimaanlagen und lebte als Familienangehöriger seiner Frau Lynne, Soldatin bei der Navy, auf dem Stützpunkt. Er hatte gleich am nächsten Morgen gestanden. Allerdings unterschied sich seine Version der Ereignisse ein wenig von meiner.

Beamte der Marine-Militärpolizei hatten ihn festgenommen, da zwei Jogger und der Wachmann am Tor sein Auto beschrieben hatten. Alley hatte ausgesagt, er sei deprimiert gewesen, nachdem seine Frau Lynne zu einer Tupperware-Party gegangen sei. Er habe zu Hause drei Sechserpacks Bier und eine Flasche Wein geleert und sei dann in seinem alten, klapprigen grünen Mercury-Kombi zum Lebensmittelladen neben dem Navy-Supermarkt gefahren, um Nachschub zu besorgen.

Danach sei er ziellos herumgefahren und habe sich immer mehr betrunken. Dann habe er eine attraktive weiße Frau in einem Marine-T-Shirt und Shorts über die Straße joggen sehen. Er sagte, er sei ausgestiegen, ein Stück mitgejoggt und habe mit ihr geplaudert, bis ihm nach ein paar Minuten wegen des Alkohols und der Zigaretten die Puste ausgegangen sei. Eigentlich habe er mit ihr über seine Probleme sprechen wollen. Doch da er den Eindruck gehabt habe, dass sich eine wildfremde Frau nicht dafür interessieren würde, habe er sich verabschiedet und sei wieder ins Auto gestiegen.

In seinem alkoholisierten Zustand konnte er die Spur nicht mehr halten und fuhr Zickzack. Er wusste, dass er nicht mehr hinters Steuer gehörte. Auf einmal hörte er ein dumpfes Geräusch und spürte einen Ruck – und ihm wurde klar, dass er sie angefahren hatte.

Er lud sie ins Auto und bot ihr an, sie ins Krankenhaus zu bringen. Aber sie wehrte sich und drohte, ihn wegen Fahrens unter Alkoholeinfluss anzuzeigen. Also verließ er den Stützpunkt und fuhr zum Edmund Orgill Park, wo er anhielt. Er hoffte, sie beruhigen und ihr die Anzeige ausreden zu können.

Doch im Park hörte sie nicht auf, ihn zu beschimpfen, und sagte, dass er ordentlich in der Tinte stecke. Er schrie sie an, sie solle den Mund halten, und als sie die Tür öffnen wollte, packte er sie am Hemd, stieg aus und zog sie aus dem Wagen. Sie kreischte immer weiter, sie würde ihn verhaften lassen, und dann versuchte sie wegzulaufen. Deshalb setzte er sich rittlings auf sie, um sie an der Flucht zu hindern. Er wollte doch nur mit ihr reden.

Sie wehrte sich immer noch – Alley nannte es »zappeln«. Und da brannte ihm »kurz die Sicherung durch«. Er schlug sie mit der flachen Hand ein paarmal ins Gesicht.

Er hatte Angst, denn er wusste, dass er Ärger bekommen würde, wenn sie ihn anzeigte. Also stand er auf und ließ sie los. Während er noch überlegte, was er jetzt tun sollte, ging er zurück zum Mercury, um den Schraubenzieher mit dem gelben Griff zu holen, den er zum Kurzschließen des Autos brauchte. Als er zurückkam, hörte er in der Dunkelheit rasche Schritte. In seiner Panik riss er den Arm hoch und wirbelte herum – zufällig war es die Hand, in der er den Schraubenzieher hielt. Wie sich herausstellte, hatte der Schlag das Mädchen getroffen. Offenbar war der Schraubenzieher in ihre Schläfe eingedrungen, denn sie sank zu Boden.

Er war ratlos. Sollte er einfach davonlaufen, sich vielleicht nach Kentucky absetzen? Er hatte keine Ahnung. So beschloss er, den Tod des

Mädchens als Überfall und Vergewaltigung zu tarnen. Natürlich hatte er keinen Sex mit ihr gehabt, ihre Verletzungen und ihr Tod waren ja Folge eines schrecklichen Unfalls gewesen. Was also sollte er tun, damit es wie ein Sexualverbrechen aussah?

Zuerst zog er sie aus und schleppte sie dann an den Beinen vom Auto weg zum Seeufer, wo er sie unter einen Baum legte. Er wusste keinen Ausweg mehr und zermarterte sich verzweifelt das Hirn nach einer Lösung. Als er die Hand ausstreckte, berührte er einen Ast, den er, ohne nachzudenken, abbrach. Danach rollte er die Frau auf den Bauch und stieß mit dem Ast in sie hinein, nur einmal, um den Anschein zu erwecken, dass sie von einem Triebtäter überfallen worden sei. Er rannte zurück zum Auto, gab Gas und verließ den Park am entgegengesetzten Ende.

Henry »Hank« Williams, stellvertretender Bezirksstaatsanwalt in Shelby County, Tennessee, versuchte, der Wahrheit auf den Grund zu kommen. Der ehemalige FBI-Agent Williams galt als Profi in seinem Geschäft, ein charismatischer Mann Anfang 40 mit markanten Zügen, einem freundlichen, einfühlsamen Blick und früh ergrautem Haar. Noch nie hatte er ein derart abscheuliches Verbrechen gesehen.

»Schon beim ersten Blick in die Akte war mir klar, dass ich in diesem Fall auf Todesstrafe plädieren würde«, sagte Williams.

»Ich hatte nicht vor, eine Vorabvereinbarung mit der Verteidigung zu treffen.«

Allerdings wusste er genau, wie schwierig es werden würde, den Geschworenen das Motiv für diesen Mord zu vermitteln. Welcher geistig gesunde Mensch konnte eine derartige Grausamkeit begehen?

Die Verteidigung versuchte, sich diese Überlegung zunutze zu machen. Zum einen berief sie sich auf Alleys Aussage, es habe sich um einen »Unfalltod« gehandelt, und brachte das Schlagwort »geistige Unzurechnungsfähigkeit« ins Spiel. Offenbar vertraten die Psychiater, die Alley im Auftrag der Verteidigung untersucht hatten, die Theorie, dass der Angeklagte unter einer multiplen Persönlichkeitsspaltung litt. Er habe es lediglich versäumt, den verhörenden Beamten der Militärpolizei gleich am ersten Tag mitzuteilen, dass er in Suzanne Collins' Todesnacht in drei Persönlichkeiten gespalten gewesen sei. Billie, eine Frau, und den Tod, der auf einem Pferd neben dem Auto hergeritten sei, in dem Sedley und Billie fuhren.

Williams setzte sich mit Special Agent Harold Hayes in Verbindung, der im Büro des FBI in Memphis die Erstellung von Täterprofilen koordinierte. Dieser beschrieb Williams die Grundelemente eines Lustmords und verwies auf einen Artikel mit dem Titel »Der Lustmörder«, den mein Kollege Roy Hazelwood und ich vor fünf Jahren für das FBI *Law Enforcement Bulletin* geschrieben hatten. Auch wenn der Begriff »Lust« im Zusammenhang mit solchen Verbrechen ein wenig unglücklich gewählt war, fasste der Artikel unsere Untersuchungsergebnisse zum Thema Serienmörder zusammen. Wir erläuterten darin, was wir über diese verabscheuungswürdigen, sexuell motivierten Verbrechen herausgefunden hatten, bei denen es dem Täter darum geht, Einfluss, Macht und Druck auf das Opfer auszuüben. Der Mord an Suzanne Collins schien ein klassischer Lustmord zu sein – eine geplante, mit Vorbedacht durchgeführte Tat, begangen von einem geistig gesunden Menschen. Alleys einzige Persönlichkeitsstörung bestand darin, dass er den Unterschied zwischen Gut und Böse zwar kannte, sich aber von derartigen moralischen Haarspaltereien nicht beirren ließ.

Williams bat mich, an dem Fall mitzuarbeiten und ihn bei der Entwicklung einer Strategie für die Anklage zu beraten. Ich sollte mir etwas einfallen lassen, um eine Jury, bestehend aus zwölf unbescholtenen Männern und Frauen, zu überzeugen, die vermutlich kaum jemals mit dem nackten Grauen in Kontakt gekommen waren. Meine Version der Ereignisse sollte für die Geschworenen realistischer klingen als die des Angeklagten.

Zuerst musste ich den Mitarbeitern der Staatsanwaltschaft ein paar Einblicke in die Erkenntnisse vermitteln, die meine Truppe und ich in den vielen Jahren der Verbrechensbekämpfung mithilfe der Verhaltensforschung gewonnen hatten. Doch auch der hohe Preis, den wir dafür bezahlt hatten, durfte nicht unerwähnt bleiben.

Sie mussten mich auf meine Reise in die Finsternis begleiten.

KAPITEL EINS

REISE IN DIE FINSTERNIS

Anfang Dezember 1983, ich war 38 Jahre alt, brach ich in einem Hotelzimmer in Seattle zusammen. Ich arbeitete damals gerade an der Green-River-Mordserie. Die beiden Beamten, die ich aus Quantico mitgebracht hatte, mussten die Tür eintreten, um mich zu retten. Fünf Tage lang lag ich auf der Intensivstation des Swedish Hospital im Koma und schwebte zwischen Leben und Tod. Ich litt an einer viralen Hirnhautentzündung, ausgelöst durch akute Überlastung. Immerhin war ich gleichzeitig für 150 Fälle zuständig, die ohne meine Hilfe nicht aufgeklärt werden konnten.

Ich überlebte wie durch ein Wunder, was ich der erstklassigen medizinischen Versorgung, der Liebe meiner Familie und der Unterstützung meiner Kollegen zu verdanken hatte. Nach fast einem Monat kehrte ich im Rollstuhl nach Hause zurück und konnte meine Arbeit erst im Mai wieder aufnehmen. Während dieser Zeit befürchtete ich, wegen der neurologischen Folgeschäden der Krankheit die Anforderungskriterien für den Umgang mit der Schusswaffe nicht mehr erfüllen zu können. Denn das hätte meine Laufbahn als Agent beim FBI vorzeitig beendet. Bis heute ist die Beweglichkeit meiner linken Körperhälfte leicht eingeschränkt.

Leider ist ein solcher Zusammenbruch in meinem Beruf keine Seltenheit. Die meisten meiner Kollegen, die mit der Erstellung von Täterprofilen und mit der Analyse von Ermittlungsstrategien bei der Investigative Support Unit beschäftigt waren, wurden früher oder später Opfer schwerer, durch Stressfaktoren ausgelöster Krankheiten und waren dadurch über längere Zeit arbeitsunfähig. Die Symptome sind mannigfaltig: neurologische Störungen wie in meinem Fall, Schmerzen in der Brust, Herzflimmern, Magen- und Darmbeschwerden, Angstzustände und

Depressionen. Doch dass die Verfolgung von Straftätern kein Zuckerschlecken ist, ist eine allgemein bekannte Tatsache. Während meines Genesungsurlaubs hatte ich viel Zeit zum Nachdenken. Dabei beschäftigte mich vor allem die Frage, warum gerade in unserem Tätigkeitsbereich diese besondere Form von Stress auftritt. Wir stehen unter einem anderen, wenn nicht sogar größeren Druck als andere FBI-Agenten, Detectives oder gewöhnliche Polizisten – obwohl diese Kollegen wesentlich öfter um ihr Leben bangen müssen.

Ein Teil der Antwort liegt vermutlich in der Art unserer Arbeit. In einer Behörde, die sich bekanntermaßen nur für nackte Tatsachen interessiert, sind wir wahrscheinlich die Einzigen, die ständig nach ihrer *Meinung* gefragt werden. Allerdings mussten wir darauf warten, bis J. Edgar Hoover gestorben war, denn erst dann nahm man die Erstellung von Täterprofilen allmählich als Methode der Verbrechensbekämpfung ernst. Noch viele Jahre nach der Gründung der Abteilung zur Erforschung der Täterpersönlichkeit in Quantico betrachteten einige FBI-Kollegen und auch so mancher Außenstehende unsere Arbeit als Hexerei oder schwarze Magie, praktiziert von einem Grüppchen lichtscheuer Schamanen in einem tiefen, finsteren Kellerloch.

Aber man darf nicht vergessen, dass auf der Grundlage unserer Empfehlungen Entscheidungen über Leben und Tod getroffen werden, obwohl wir nicht einmal mit harten Fakten aufwarten können. Wir können uns nicht auf das berufen, was schwarz auf weiß geschrieben steht. Wenn ein Polizist sich irrt, bleibt der Fall vielleicht ungelöst, aber die Situation hat sich zumindest nicht verschlechtert. Wir hingegen werden häufig erst dann hinzugezogen, wenn alle mit ihrem Latein am Ende sind. Und wenn wir falschliegen, lenken wir die Ermittlungen vielleicht in eine Sackgasse. Deshalb tun wir auch unser Bestes, um uns abzusichern. Doch unsere Arbeitsgrundlage ist das menschliche Verhalten, und dieses ist – wie Psychiater uns so gern bestätigen – eben keine exakte Wissenschaft.

Strafverfolgungsorgane und Polizeibehörden in den gesamten Vereinigten Staaten und aus allen Teilen der Welt wenden sich an uns, weil wir die Erfahrung haben, die ihnen fehlt. Vergleichbar mit einem Facharzt, dem schon mehr Fälle einer seltenen Krankheit begegnet sind als einem Allgemeinmediziner, haben wir den Vorteil, auf nationale und internationale Fallbeispiele zurückgreifen zu können. So erkennen wir Abweichungen und Nuancen, die einem vor Ort tätigen Ermittler möglicherweise entgehen, denn dieser verfügt nur über Informationen aus seinem eigenen Zuständigkeitsbereich.

Wir arbeiten nach dem Grundsatz, dass sich vom Verhalten auf die Persönlichkeit schließen lässt. Die Erstellung eines Täterprofils verläuft meist in sieben Schritten:

1. Auswertung der Straftat als solcher.
2. Umfassende Auswertung der Besonderheiten des Tatorts beziehungsweise der Tatorte.
3. Umfassende Analyse des oder der Opfer.
4. Auswertung der vorläufigen Polizeiberichte.
5. Auswertung des gerichtsmedizinischen Autopsieberichts.
6. Entwicklung eines Täterprofils unter Berücksichtigung der besonderen Merkmale des Täters.
7. Vorschläge zur Durchführung der Ermittlung, basierend auf dem Aufbau des Täterprofils.

Wie Punkt 7 vermuten lässt, steht die Erstellung eines Täterprofils häufig erst am Anfang unserer Arbeit. Als Nächstes sind Gespräche mit den Ermittlern vor Ort zu führen und proaktive Strategien zu empfehlen, die den Gesuchten in Zugzwang bringen – man muss ihn dazu provozieren, einen Fehler zu begehen. Obwohl wir bei derartigen Fällen lieber im Hintergrund bleiben und uns nicht unmittelbar an der Fahndung beteiligen, kann es durchaus vorkommen, dass wir direkt in die Ermittlungen eingebunden werden. Manchmal muss man beispielsweise Kontakt zur Familie eines ermordeten Kindes aufnehmen oder den Familienmitgliedern Tipps zum Umgang mit den peinigenden Telefonanrufen des Mörders geben, in denen er beschreibt, wie er sein Opfer umgebracht hat. Zuweilen ist es sogar nötig, ein Geschwister des Opfers als Köder einzusetzen, um den Mörder an einen bestimmten Ort zu locken.

Diesen Vorschlag machte ich nach der Ermordung der 17-jährigen Shari Faye Smith in Columbia, South Carolina, denn der Mörder hatte ein starkes Interesse an Sharis hübscher Schwester Dawn bekundet. Bis wir den Täter endlich dingfest gemacht hatten, verursachten mir meine Ratschläge an das Büro des Sheriffs und an Sharis Familie eine Menge Magenschmerzen. Denn ich wusste, dass den Smiths möglicherweise eine weitere schreckliche Tragödie bevorstand, wenn ich mich geirrt hatte.

Knapp sechs Wochen nachdem der Täter Dawn angerufen und ihr ausführlich den Weg zu einem Feld im benachbarten Saluda County beschrieben hatte, wo Shari Fayes Leiche lag, wurde Corporal Suzanne Collins in einem öffentlichen Park in Tennessee ermordet.

Hat man einen Täter hinter Schloss und Riegel gebracht, steht sofort der nächste parat.

Und wie mein Kollege Jim Wright sagt, bekommen wir nur die schlimmsten Auswüchse zu sehen. Jeden Tag leben wir mit der Gewissheit, dass Menschen zu Bösem fähig sind.

»Was Menschen einander antun können, spottet jeder Beschreibung«, meint Jim. »Was sie Babys antun und Kindern, die noch nicht einmal ein Jahr alt sind. Sie weiden Frauen aus, erniedrigen sie zu Objekten. Es ist unmöglich, unsere Arbeit zu tun oder als Beamter in einem Fall von Gewaltverbrechen zu ermitteln, ohne sich persönlich betroffen zu fühlen. Oft bekommen wir Anrufe von Überlebenden oder den Angehörigen eines Opfers. Manchmal rufen sogar die Serienmörder und Vergewaltiger selbst an. Also müssen wir uns mit der zwischenmenschlichen Seite dieser Verbrechen befassen. Wir engagieren uns mit Leib und Seele, und es geht uns nahe. Ich glaube, jeder in unserer Abteilung hat seine besonderen Fälle, die ihn einfach nicht loslassen.« Ich weiß, was Jim damit meint. Bei mir ist es unter anderem der Green-River-Fall, der nie aufgeklärt wurde – und auch der Mord an Suzanne Collins, der mich bis heute verfolgt.

Während meines Genesungsurlaubs besuchte ich den Militärfriedhof in Quantico. Lange betrachtete ich die Stelle, an der ich begraben worden wäre, hätte ich jene erste Woche nicht überlebt. Außerdem dachte ich viel darüber nach, was mich wohl noch erwartete, wenn ich bis zur

Pensionierung durchhielt. Beruflich gesehen hielt ich mich für ebenso fähig wie meine Kollegen, doch mir wurde klar, dass ich mich zu einem Fachidioten entwickelt hatte. Alles – meine Frau, meine Kinder, meine Eltern, meine Freunde, mein Haus und mein Stadtviertel – rangierten für mich weit hinter meinem Job. Mit mir war es so weit gekommen, dass ich, wenn meine Frau oder meine Kinder sich verletzten oder ein Problem hatten, ihr Leiden mit dem der Mordopfer in meinen Fällen verglich, sodass es mir auf einmal belanglos erschien. Zuweilen analysierte ich ihre Platzwunden und Schrammen nur im Hinblick auf die vorhandenen Blutspuren – als ob ich mich an einem Tatort befände. Meine ständige Anspannung bekämpfte ich, indem ich trank und wie ein Besessener Sport trieb. Loslassen konnte ich nur, wenn ich völlig erschöpft war.

Als ich über den Militärfriedhof schlenderte, beschloss ich, dass ich einen Weg finden musste, zur Ruhe zu kommen. Ich musste die Liebe und Unterstützung wieder schätzen lernen, die mir Pam und Erika und Lauren, meine Töchter (unser Sohn Jed sollte erst einige Jahre später geboren werden), schenkten, auf Gott vertrauen und mir die Zeit gönnen, auch die anderen Seiten des Lebens zu entdecken. Mir war klar, dass ich sonst vor die Hunde gehen würde. Und als ich 1990 vom Leiter der Täterprofil-Einheit zum Chef der Abteilung befördert wurde, bemühte ich mich, ein Arbeitsumfeld zu schaffen, das die innere Stabilität und die emotionale Ausgeglichenheit meiner Mitarbeiter nicht gefährdete. Schließlich hatte ich am eigenen Leib erfahren, wozu es führen kann, wenn man durch Überarbeitung Raubbau an der eigenen Gesundheit betreibt.

In unserem Beruf ist es unabdingbar, sich nicht nur in die Rolle des bekannten oder unbekannten Täters, sondern auch in die des Opfers zur Tatzeit zu versetzen. Nur wenn man weiß, was zwischen Opfer und Täter vorgefallen ist, kann man den Ablauf eines Verbrechens verstehen. Zum Beispiel erfährt man, das Opfer sei ein sehr passiver Mensch gewesen. Warum hat der Täter die Frau dann so oft ins Gesicht geschlagen? Warum hat er sie derart gequält, obwohl uns die Persönlichkeitsanalyse sagt, dass sie ohnehin nachgegeben und die Forderungen des Täters erfüllt hätte? Das Wissen um die vermutliche Reaktion des Opfers verrät uns eine

Menge über den Täter. In diesem Fall handelt es sich offenbar um einen Mann, der Spaß daran hat, seine Opfer zu peinigen. Die Vergewaltigung genügt ihm nicht. Er will die Frau außerdem bestrafen. Diesen Aspekt bezeichnen wir als die »Handschrift« des Verbrechers. Basierend auf dieser einen Erkenntnis sind wir in der Lage, den Großteil seiner übrigen Persönlichkeitsmerkmale zu ergänzen, und können voraussagen, wie er sich nach der Tat vermutlich verhalten wird.

Bei jedem Verbrechen, jedem Opfer sind wir wieder auf diese Informationen angewiesen, ganz gleich, wie unbeschreiblich belastend derartige Gedankenspiele auch sein mögen.

Polizisten und Ermittler befassen sich mit den Folgen von Gewalt, was an sich schon bedrückend genug ist. Doch nach einigen Jahren im Geschäft setzt ein gewisser Gewöhnungseffekt ein. Offen gesagt bereitet es den meisten Kollegen Unbehagen, dass selbst der Normalbürger Gewalt inzwischen als selbstverständlich betrachtet, weil sie allgegenwärtig ist.

Allerdings töten die Straftäter, mit denen wir uns beschäftigen, nicht zu einem bestimmten Zweck wie etwa jemand, der einen bewaffneten Raubüberfall verübt. Sie morden, vergewaltigen und foltern aus reinem Vergnügen. Es befriedigt sie und verleiht ihnen ein Gefühl von Macht und Kontrolle über eine konkrete Situation, denn gerade das fehlt in ihrem schäbigen, gescheiterten und feigen Leben. Einige von ihnen genießen dieses Gefühl so sehr, dass sie nichts anderes mehr tun, als es bei jeder Gelegenheit erneut wachzurufen. Lawrence Bittaker und Roy Norris aus Kalifornien, die junge Mädchen in ihrem eigens dafür ausgerüsteten Kleinbus namens »Murder Mac« sexuell misshandelten und töteten, nahmen ihre Verbrechen sogar auf Tonband auf, um die Szenen immer wieder durchleben zu können. Leonard Lake und sein Partner Charles Ng – ebenfalls in Kalifornien – produzierten Videos von den jungen Frauen, die sie entführt hatten. Die Filme zeigen, kommentiert von einer Stimme aus dem Off, wie die vorher gewaltsam entkleideten Opfer psychisch gefoltert werden.

Gerne würde ich jetzt sagen, dass es sich hierbei nur um Einzelfälle handelt, um ausgefallene sexuelle Perversionen, die zum Beispiel ausschließlich in einem Bundesstaat vorkommen. Aber meine Mitarbeiter und ich haben so etwas schon zu oft gesehen. Und auch noch mitzuhören, während sich eine reale Gewalttat ereignet, gehört zu den zermürbendsten Seiten unseres Berufs.

Da ich in meiner Abteilung für das Testen und die Einstellung neuer Mitarbeiter verantwortlich war, entwickelte ich im Laufe der Jahre ein Anforderungsprofil für potenzielle Bewerber.

Anfangs kam es mir vor allem auf eine solide akademische Ausbildung an, wobei ich hauptsächlich auf psychologische und systematische kriminologische Kenntnisse Wert legte. Mit der Zeit jedoch wurde mir klar, dass Abschlussnoten und theoretisches Wissen längst nicht so wichtig waren wie Erfahrung und gewisse Sekundärqualifikationen. Schließlich gibt es bei uns die Möglichkeit, Bildungslücken durch hervorragend konzipierte Lehrgänge an der University of Virginia und dem Armed Forces Institute of Pathology zu schließen.

Also machte ich mich auf die Suche nach kreativen Köpfen mit gesundem Menschenverstand. Im FBI und bei den Strafverfolgungsbehörden im Allgemeinen gibt es viele Aufgabenbereiche, in denen die Mentalität eines Technikers oder Buchhalters gefragt ist. Bei der Erstellung von Täterprofilen und bei der investigativen Analyse hingegen würde jemand mit einer solchen Denkweise vermutlich auf einige Schwierigkeiten stoßen.

Anders als in Romanen wie *Das Schweigen der Lämmer* dargestellt, holen wir uns unsere Bewerber für die Investigative Support Unit nicht direkt von der Universität beziehungsweise Polizeihochschule. Seit der Veröffentlichung unseres ersten Buchs *Die Seele des Mörders* haben mir viele junge Männer und Frauen geschrieben, die beim FBI in der Verhaltensforschung arbeiten und sich dem Team zur Erstellung von Täterprofilen in Quantico anschließen wollten. Aber so einfach funktioniert das nicht. Zuerst muss das FBI einen einstellen. Dann beweist man seine Fähigkeiten als erstklassiger und einfallsreicher Ermittler, und danach werben wir den Betreffenden für Quantico an. Und wenn man bereit ist, sich einer zweijährigen gründlichen Spezialausbildung zu unterziehen, kann man schließlich in unsere Abteilung eintreten.

Ein guter Profiler muss beim Ermitteln vor allem Fantasie und Kreativität an den Tag legen. Er muss willens sein, Risiken einzugehen, sich in ein Team einzufügen und mit seinen Kollegen und der Polizei zu kooperieren. Am liebsten sind uns Bewerber, die Führungsqualitäten zeigen, die nicht die Meinung der anderen abwarten, bevor sie sich äußern, die in einer Gruppensituation überzeugend wirken und denen es mit diplomatischem Geschick gelingt, eine aus dem Ruder laufende Fahndung wieder in die richtigen Bahnen zu lenken. Deshalb müssen sie in der Lage sein, sowohl selbstständig als auch in der Gruppe zu arbeiten.

Wenn wir uns für einen Bewerber (männlich oder weiblich) entschieden haben, wird er, vergleichbar einem jungen Anwalt in einer Kanzlei, der einem älteren Kollegen zugeteilt wird, einem erfahrenen Mitarbeiter der Abteilung an die Seite gestellt. Falls der Neuling den Ermittlungsalltag auf der Straße nicht kennt, schicken wir ihn als Assistenten eines fähigen Detectives zur Mordkommission nach New York. Liegt das Defizit im Bereich Pathologie, ziehen wir einen anerkannten Experten wie Dr. James Luke hinzu, der sich als ehemaliger Gerichtsmediziner in Washington einen Namen gemacht hat. Außerdem sind die meisten unserer Leute vor ihrer Versetzung nach Quantico als Koordinatoren für das Profiling vor Ort tätig gewesen und haben dort Kontakte zum Polizeipräsidium und zum Büro des Sheriffs geknüpft.

Die wichtigste Eigenschaft eines guten Profilers ist Urteilsvermögen, das auf Instinkt, nicht nur auf der Analyse von Fakten und Zahlen beruht. Es lässt sich nur schwer definieren, doch es gilt der Satz, den ein bekannter Richter einmal zum Thema Pornografie geäußert hat: »Man erkennt sie, wenn man sie sieht.«

Larry Ankrom und ich sagten 1993 in San Diego im Prozess gegen Cleophus Prince aus. Er wurde beschuldigt, im Laufe von neun Monaten sechs junge Frauen ermordet zu haben. Die Einzelheiten dieses Falles werden im nächsten Kapitel ausgeführt. Während der Vorverhandlung, in der über die Zulässigkeit unserer Zeugenaussage – es ging darum, ob man aus eindeutigen Merkmalen auf einen Zusammenhang zwischen den Morden schließen dürfe – entschieden wurde, stellte mir einer der Verteidiger eine Frage. Er wollte wissen, ob es eine objektive Nummernskala gebe, anhand derer ich auf diese eindeutigen Merkmale schlösse. Mit anderen Worten: Konnte ich jedem meiner Ergebnisse einen Zahlenwert zuordnen? Natürlich lautet die Antwort Nein. In unseren Bewertungen spielen unzählige Faktoren eine Rolle, und letztlich kommt es eher auf das Urteilsvermögen des einzelnen analysierenden Beamten an als auf eine objektive Skala oder einen Test.

Ein weiteres Beispiel: Nach der Tragödie in der Siedlung der Davidianer-Sekte in Waco, Texas, hob das große Jammern und Wehklagen an. Die Bundesstrafverfolgungsbehörden übten sich in Selbstkritik und überlegten, was man hätte besser oder anders machen sollen. Nach einer solchen Sitzung im Justizministerium in Washington bat mich Janet Reno, die damalige Justizministerin, eine Liste möglicher Szenarien zusammenzustellen und jedes im Hinblick auf ihre prozentualen Erfolgsaussichten zu bewerten.

Ms Reno ist eine hochintelligente Frau mit großem Einfühlungsvermögen. Trotzdem musste ich schmunzeln angesichts ihrer Bemühungen, sich gegen eine unvorhersehbare Katastrophe abzusichern, um nicht spontan darauf reagieren zu müssen. Also antwortete ich, obwohl man das als Arbeitsverweigerung hätte auslegen können, dass mir bei diesem Gedanken nicht ganz wohl sei.

»Wenn ich Ihnen jetzt sage, dass eine bestimmte Taktik in 85 Prozent der Fälle zum Erfolg führt, während eine andere nur in 25 oder 30 Prozent der Fälle klappt«, erklärte ich, »werden Sie enorm unter Druck stehen, sich für die Alternative mit den höchsten Erfolgsaussichten zu entscheiden. Allerdings könnte ich oder ein anderer Beamter zu dem Schluss kommen, dass die Möglichkeit mit der geringeren prozentualen Wahrscheinlichkeit vielversprechender ist, und zwar nicht aufgrund belegbarer Statistiken, sondern rein intuitiv. Wenn Sie sich nur an Zahlen orientieren wollen, überlassen Sie die Entscheidungen am besten einer Maschine.«

Auch das ist eine Frage, mit der wir uns immer wieder herumschlagen mussten: Könnte unseren Job nicht eine Maschine erledigen? Die These lautete, dass man eigentlich ein Programm entwickeln können müsste, das genauso denkt wie ich als Profiler, wenn man nur über genügend Fälle, ausreichend Erfahrung und einen Computerexperten verfügt. Natürlich hatte man das versucht, aber damals war ein Computer nicht in der Lage dazu. Es hängt einfach zu viel von unabhängigen Entscheidungen, von einem durch Ausbildung und Erfahrung geschulten Instinkt und von den unzähligen Nuancen des menschlichen Charakters ab. Selbstverständlich nutzten wir Datenbanken zur Quantifizierung und effizienten Speicherung von Material. Ansonsten aber war es wie bei einem Arzt, der eine Diagnose stellt: Die Möglichkeiten objektiver Tests waren begrenzt. Und da Maschinen damit damals noch überfordert waren, brauchten wir Menschen, die Objektivität und Intuition gegeneinander abwägen konnten.

Wir können zwar Techniken und Kenntnisse vermitteln, das Talent aber muss jeder selbst mitbringen. Das ist vergleichbar mit einem begabten Profisportler – man hat es, oder man hat es nicht. Wie in der Schauspielkunst, der Schriftstellerei, der Musik oder beim Baseball kann man jemanden nur die Grundlagen lehren, Hinweise geben und dazu beitragen, dass derjenige seine Fähigkeiten entdeckt. Doch wer nicht von Geburt an das hat, was mein Freund, der Romanautor Charles McGarry, den »Profiblick« nennt, wird nicht lange in der Topmannschaft durchhalten und nie Karriere als Baseballstar machen.

Hat man diesen »Profiblick« und ist man dazu noch ein anständiger, geistig gesunder Mensch – wie wir hoffentlich alle –, erträgt man die tägliche Konfrontation mit dem Grauen, mit Serienvergewaltigern und Lustmördern nur, wenn man seinen Job als wirklichen Auftrag sieht. Man fängt an, sich mit den Opfern von Gewaltverbrechen und deren Familien zu identifizieren. Auch ich habe diese Entwicklung durchgemacht und mein Buch aus dieser Perspektive geschrieben. Wie gerne würde ich an Wiedergutmachung glauben, und ich hoffe, dass eine Resozialisierung in manchen Fällen möglich ist. Doch nach 25 Jahren als Special Agent des FBI und einer fast genauso langen Zeit, die ich mit der Erstellung von Persönlichkeitsprofilen und der Auswertung von Straftaten verbracht habe, fällt mir das schwer. Angesichts der Statistiken und Daten lasse ich nicht zu, dass mein Wunschdenken mir den Blick auf die Wirklichkeit verstellt. Damit will ich sagen, dass ich nicht so sehr daran interessiert bin, einem verurteilten Sexualverbrecher eine zweite Chance zu geben – mir ist es viel wichtiger, dass ein unschuldiges potenzielles Opfer eine erste Chance erhält.

Bitte verstehen Sie mich nicht falsch. Um das zu erreichen, brauchen wir keinen totalitären Polizeistaat. Wir müssen weder die Verfassung ändern noch die bürgerlichen Freiheiten abschaffen. Aufgrund meiner Erfahrung weiß ich genau, dass die Macht der Polizei zum Missbrauch einlädt und dass Beamte zuweilen ihre Befugnisse überschreiten. Allerdings bin ich fest davon überzeugt, dass wir einfach nur die Gesetze anzuwenden brauchen, die wir bereits haben. Außerdem sollte man im Umgang mit den Themen Strafmaß, Strafvollzug und Bewährung mehr gesunden Menschenverstand walten und sich von der Realität anstatt von Gefühlen leiten lassen. In unserer modernen Gesellschaft ist vor allem wieder das Bewusstsein gefragt, dass der Einzelne für sein Handeln verantwortlich ist. Zurzeit habe ich den Eindruck, als ob heutzutage niemand mehr für irgendetwas verantwortlich wäre. In der Lebensgeschichte jedes Menschen gibt es Faktoren, mit denen sich sein Verhalten entschuldigen lässt. Doch es hat nun einmal seinen Preis, auf der Welt zu sein, und ganz gleich, was uns in der Vergangenheit widerfahren sein mag – ein Teil dieses Preises ist eben, dass wir dafür geradestehen müssen, was wir hier und jetzt tun.

Ich will noch einmal hervorheben, was Ihnen fast jeder bestätigen wird, der bei einer Strafverfolgungsbehörde tätig ist: Wenn Sie von uns erwarten, dass wir soziale Probleme lösen, werden Sie eine herbe Enttäuschung erleben. Bis diese Probleme bei uns auf dem Schreibtisch landen, ist das Kind nämlich schon in den Brunnen gefallen. In meinen Vorträgen habe ich oft betont, dass mehr Serienmörder »gemacht« als geboren werden. Mit der nötigen Aufmerksamkeit und den entsprechenden Maßnahmen könnte man einer Menge dieser Männer helfen oder sie wenigstens hinter Schloss und Riegel bringen, bevor es zu spät ist. Schließlich habe ich mich einen Großteil meines Berufslebens mit den Folgen solcher Versäumnisse befasst.

Woher beziehen wir unsere Erkenntnisse? Wie kommen wir auf den Gedanken, wir könnten das Handeln eines Mörders nachvollziehen und deshalb voraussagen, wie er sich verhalten wird, ohne ihn zu kennen?

Wir glauben deshalb zu wissen, was in den Köpfen von Mördern, Vergewaltigern, Brandstiftern oder Bombenlegern vorgeht, weil wir als Erste Verbindung zu den Experten haben – den Tätern selbst. Damals in

Quantico (und auch heute noch) wurde auf der Grundlage einer Studie gearbeitet, die Special Agent Robert Ressler und ich Ende der Siebzigerjahre begonnen hatten. Wir gingen in die Gefängnisse und sprachen lange und ausführlich mit verschiedenen Häftlingen, die uns als repräsentativer Querschnitt für die dort einsitzenden Serienmörder, Vergewaltiger und Gewaltverbrecher erschienen. Die Studie wurde noch viele Jahre lang fortgesetzt und ist in gewissem Sinne bis heute nicht abgeschlossen. Mithilfe von Professor Ann Burgess von der University of Pennsylvania wurden die Resultate zusammengefasst und schließlich unter dem Titel *Sexual Homicide: Patterns and Motives* veröffentlicht.

Um mit diesen Menschen ein sinnvolles Gespräch zu führen und von ihnen zu erfahren, was man erfahren will, bedarf es einer eingehenden Vorbereitung. Man muss zunächst die gesamte Akte lesen und sich gründlich über den Fall informieren. Dann muss man sich mit seinem Gegenüber auseinandersetzen und sich auf sein Niveau begeben. Wenn man nicht weiß, was derjenige verbrochen hat, wie er vorgegangen und an sein Opfer herangekommen ist und wie er es gequält und umgebracht hat, wird er einen belügen, um die eigene Haut zu retten. Man darf nicht vergessen, dass die meisten Serientäter geübt darin sind, ihren Mitmenschen etwas vorzumachen. Wenn man nicht bereit ist, sich auf sie einzulassen und die Dinge von ihrer Warte aus zu betrachten, werden sie kein Vertrauen haben und schweigen. Diese beiden Faktoren – das Sich-darauf-Einlassen und das Sich-hinein-Versetzen – tragen dazu bei, dass unsere Arbeit sehr belastend ist.

Aus Richard Speck, der in einem Haus im Süden von Chicago acht Schwesternschülerinnen abgeschlachtet hatte, bekam ich anfangs nichts heraus, als ich ihn im Gefängnis in Joliet, Illinois, interviewte. Erst als ich meine distanzierte Haltung aufgab und ihn beschimpfte, weil er »uns Männer um acht scharfe Weiber gebracht« hätte, begann er zu reden.

Er schüttelte lächelnd den Kopf und meinte zu uns: »Ihr Typen habt sie doch nicht mehr alle. Sieht aus, als wäre der Unterschied zwischen uns gar nicht so groß.«

Da ich mit den Opfern und ihren Familien fühle, widerstrebt es mir sehr, in so eine Rolle zu schlüpfen. Aber es ist nötig, und nachdem ich

Speck auf diese Weise für mich gewonnen hatte, gelang es mir, seine Machofassade zu durchbrechen. Ich konnte nachvollziehen, was in ihm ablief und warum ein simpler Einbruch in jener Nacht im Jahr 1966 zu Vergewaltigung und Massenmord eskaliert war.

In Attica sprach ich mit David Berkowitz, dem »Son of Sam«, der in New York sechs junge Männer und Frauen in Autos ermordet und seit dem Juli 1976 ein Jahr lang Angst und Schrecken verbreitet hatte. Er beharrte auf der in sämtlichen Medien veröffentlichten Version, der uralte Hund seines Nachbarn habe ihn dazu gebracht, die Verbrechen zu begehen. Da ich genug über die Einzelheiten des Falls und seine Methode wusste, war ich überzeugt, dass die Morde keinesfalls Folge eines Gewirrs von Wahnvorstellungen sein konnten. Diese Gewissheit beruhte nicht auf Einbildung, sondern auf den Ergebnissen der Analysen früherer Interviews.

Sobald Berkowitz also mit seinem Märchen vom Hund anfing, entgegnete ich: »Hey, David, verschonen Sie mich mit diesem Mist. Der Hund hatte nichts damit zu tun.«

Er lachte und räumte sofort ein, dass ich recht hatte. Nun war der Weg frei, um zum Kern seiner Methode vorzudringen, die mich am meisten interessierte. Und wir erfuhren eine Menge. Berkowitz, der seine Verbrecherlaufbahn als Brandstifter begonnen hatte, erzählte uns, dass er jede Nacht auf die Jagd nach Opfern ging, die seinen Vorstellungen entsprachen. Wenn er erfolglos blieb, zog es ihn an die Tatorte seiner früheren Verbrechen, wo er masturbierte. Dort genoss er noch einmal die Freude und Befriedigung, die Macht über das Leben und Sterben eines anderen Menschen – wie Bittaker und Norris mit ihren Tonbändern und Lake und Ng mit ihren Videos.

Ed Kemper ist ein Riese von über zwei Metern und wahrscheinlich der intelligenteste Mörder, dem ich je begegnet bin. Zum Glück für mich und den Rest der Menschheit fand diese Begegnung im abgesicherten Besucherraum der California State Medical Facility in Vacaville statt, wo Kemper eine mehrfache lebenslängliche Freiheitsstrafe verbüßte. Als Teenager hatte er wegen des Doppelmords an seinen Großeltern auf ihrer Farm im Norden von Kalifornien einige Zeit in einer psychiatrischen

Anstalt verbracht. Später, Anfang der Siebzigerjahre, terrorisierte er das Viertel rund um die University of California in Santa Cruz und enthauptete und verstümmelte mindestens sechs Studentinnen. Dann beschloss er, Clarnell, seine Mutter, zu ermorden, der seine Aggressionen eigentlich galten.

Ich erlebte Kemper als klug, einfühlsam und intuitiv begabt. Im Gegensatz zu den meisten Mördern kennt er sich selbst gut genug, um zu wissen, dass er besser nicht auf freien Fuß gesetzt werden sollte. Ihm verdanken wir eine Menge wichtiger Einblicke in die Denkweise eines intelligenten Mörders. Mit einer Einsicht, die bei Gewaltverbrechern selten anzutreffen ist, erklärte er mir, er habe die Frauen nach der Ermordung nicht aus sexueller Lust verstümmelt, sondern um die Identifizierung zu erschweren und die Polizei so lange wie möglich im Dunkeln tappen zu lassen.

Von weiteren »Experten« erhielten wir zusätzliche Informationen und Einblicke, die sich bei der Entwicklung von Strategien zur Ergreifung eines unbekannten Täters als enorm hilfreich erwiesen. Beispielsweise entpuppte sich das alte Klischee, dass Mörder immer zum Tatort zurückkehren, in vielen Fällen als zutreffend – allerdings nicht unbedingt aus den von uns vermuteten Motiven. Es ist richtig, dass manche Mörder unter gewissen Umständen Reue empfinden und sich zum Tatort oder zum Grab ihres Opfers schleichen, weil sie um Verzeihung bitten wollen. Falls wir von dieser Sorte Täter ausgehen, kann uns diese Erkenntnis weiterhelfen. Einige Mörder kommen jedoch aus anderen Gründen wieder – nicht weil ihnen ihr Verbrechen leidtut, sondern weil sie sich darüber freuen. Auch dieses Wissen erleichtert uns die Festnahme. Andere Täter mischen sich direkt in die Ermittlungen ein, um immer auf dem Laufenden zu bleiben. Sie beschwatzen Polizisten oder melden sich als Zeugen. Als ich 1981 an der Mordserie an schwarzen Jugendlichen in Atlanta arbeitete, deuteten alle Anzeichen für mich darauf hin, dass sich der unbekannte Täter an die Polizei wenden und seine Hilfe anbieten würde. Wayne Williams wurde verhaftet, nachdem er sein letztes Opfer (wie erwartet) in den Chattahoochee River geworfen hatte. Wie wir später erfuhren, hatte sich der Polizeifan den Ermittlern als Tatortfotograf angedient.

Wieder andere Häftlinge berichteten, sie hätten – meist in Begleitung einer Frau – einen Ausflug in die Gegend gemacht, wo das Verbrechen stattgefunden hatte. Unter einem Vorwand hatten sie ihre Begleiterin dann eine Weile allein gelassen, um den Tatort noch einmal aufzusuchen. Ein Mörder erzählte uns, er sei mit einer Frau, zu der er eine lose Liebesbeziehung unterhielt, zum Zelten gefahren. Dort habe er die Ausrede gebraucht, er müsse mal, sei aber in den Wald zu der Stelle gegangen, wo er die Ermordeten abgelegt hatte.

Die Interviews im Gefängnis halfen uns, die vielfältigen Motive und Verhaltensweisen von Serienmördern und Vergewaltigern besser zu verstehen. Doch wir entdeckten auch einige erstaunliche Gemeinsamkeiten. Die meisten Täter waren Scheidungskinder, in dysfunktionalen Familienverhältnissen aufgewachsen und häufig misshandelt worden – körperlich, sexuell, psychisch oder in allen drei Formen. Wir stellten fest, dass sich bei vielen schon im frühen Kindesalter eine Entwicklung abgezeichnet hatte, die wir als »mörderisches Dreieck« oder »mörderische Triade« bezeichnen. Zu den Symptomen gehören Bettnässen bis ins Schulalter, Brandstiftung und das Quälen von Tieren und anderen Kindern. Oft traten mindestens zwei, wenn nicht gar alle drei dieser Symptome auf. Das erste Kapitalverbrechen erfolgt für gewöhnlich mit Anfang bis Mitte 20. Der junge Mann hat ein geringes Selbstwertgefühl und macht den Rest der Welt für seine Lage verantwortlich. Er hat bereits einiges auf dem Kerbholz, auch wenn er nicht dabei erwischt worden ist – vielleicht einen Einbruch, einen Hausfriedensbruch, eine versuchte oder vollendete Vergewaltigung. Möglicherweise ist auch eine unehrenhafte Entlassung aus der Armee dabei, da dieser Persönlichkeitstyp meist überhaupt nicht mit Autorität, gleich welcher Art, zurechtkommt. Ein solcher Mensch fühlt sich sein Leben lang als Opfer: Er wird von anderen beeinflusst, unterdrückt und kontrolliert. Doch eine Situation gibt es in der Fantasie dieses gescheiterten, unfähigen Niemands, in der er endlich einmal die Macht hat: Er kann das Schicksal seines Opfers bestimmen und entscheiden, ob es lebt oder stirbt und unter welchen Umständen es zu Tode kommt. Alles liegt in seiner Hand; er bestimmt die Regeln.

Diese biografischen Gemeinsamkeiten zu kennen ist sehr wichtig, will man die Motive eines Serienmörders nachvollziehen. Wir verbrachten im Gefängnis von San Quentin viele Stunden mit Charles Manson, der 1969 in Los Angeles Sharon Tate und ihre Freunde und am folgenden Tag Leno und Rosemary LaBianca durch seine »Jünger« hatte niedermetzeln lassen. Nach unserem Gespräch kamen wir zu dem Schluss, dass nicht, wie allgemein angenommen, ein grauenvoller, archaischer Blutrausch der Grund für diese Tat gewesen war. Manson, geboren als unehelicher Sohn einer 16-jährigen Prostituierten, war bei einer fanatisch religiös eingestellten Tante und einem sadistischen Onkel aufgewachsen. Von seinem zehnten Lebensjahr an hatte er sich auf der Straße herumgetrieben und saß später etliche Gefängnisstrafen ab. Wie jeder Mensch sehnte sich Manson nach Ruhm, Reichtum und Anerkennung, und er träumte davon, ein Rockstar zu werden. Da sich dazu keine Gelegenheit bot, ernannte er sich selbst zum Guru und richtete sich auf ein kostenloses Leben im Kreise seiner leicht zu beeindruckenden Anhänger ein, die ihn mit Essen, Unterkunft und Drogen versorgten. In seiner »Familie« aus gescheiterten Existenzen und Aussteigern hatte er die Möglichkeit, Einfluss, Macht und Kontrolle auszuüben. Damit niemand aus der Reihe tanzte oder das Interesse verlor, predigte Manson die Apokalypse, eine Entscheidungsschlacht zwischen den Klassen und Rassen – symbolisiert im Beatles-Song »Helter Skelter« –, aus der nur er allein siegreich hervorgehen würde.

Bis zum 9. August 1969 lief alles prächtig für Charlie. Dann aber brach Charles »Tex« Watson, ein Jünger Mansons und möglicher »Thronfolger«, in das Haus des Regisseurs Roman Polanski in Beverly Hills ein. Dessen Frau, die Schauspielerin Sharon Tate, war im achten Monat schwanger. Nach dem brutalen Mord an fünf Menschen (Polanski war an jenem Abend nicht zu Hause) wurde Manson klar, dass er seine Macht zurückgewinnen musste. Er musste vorspiegeln, dass er selbst diese Morde als »Startschuss« zum großen »Helter Skelter« geplant hatte, und seiner »Familie« einen weiteren Mord befehlen. Ansonsten hätte seine Glaubwürdigkeit gelitten, und er hätte die Führungsrolle an Watson verloren. Und dann wäre es mit dem sorglosen Leben vorbei gewesen. In Mansons Fall ging es also nicht um die Lust am Einfluss, an Unterdrückung und Kontrolle, sondern um die Angst vor Machtverlust.

Dieses Wissen ändert natürlich nichts daran, dass Manson ein Ungeheuer ist – nur eben eine andere Art von Ungeheuer, als wir anfangs dachten. Wenn wir diesen Unterschied verstehen, können wir uns ein Bild von Mansons Tat machen und – was ebenso wichtig ist – begreifen, welche Macht er über andere ausübte. Nach dem Gespräch mit Manson wurde uns einiges über den Charakter von Sekten und Geheimbünden wie die von Reverend Jim Jones, David Koreshs Davidianer in Waco, die Weaver-Family in Ruby Ridge, die Freemen in Montana und die gesamte Bürgerwehrbewegung in den USA klar.

Während unserer Interviews und Recherchen gewannen wir eine Reihe von Erkenntnissen, die unsere Möglichkeiten, Verbrechen zu analysieren und das Verhalten der Täter vorauszusagen, entscheidend verbesserten. Normalerweise legen Ermittler großen Wert auf die Vorgehensweise des Täters, also wie er sein Verbrechen verübt, ob er ein Messer oder eine Schusswaffe benutzt oder auf welchem Weg er das Opfer in seine Gewalt bringt.

Theodore »Ted« Bundy wurde 1989 in der Strafanstalt in Stark im Staat Florida auf dem elektrischen Stuhl hingerichtet. Bundy war ein gut aussehender, kluger und charmanter Mann, bei seinen Mitmenschen beliebt und der Inbegriff einer »guten Partie« – ein ausgezeichnetes Beispiel dafür, dass man Serienmördern ihre Veranlagung oft nicht ansieht. Die meisten wirken eher unauffällig. Er war allerdings einer der berüchtigtsten Serienmörder in der Geschichte der USA, der junge Frauen von Seattle bis Tallahassee vergewaltigte. Sein Trick bestand darin, mithilfe eines abnehmbaren Gipsverbandes und einer Schlinge einen gebrochenen Arm vorzutäuschen. Er bat sein potenzielles Opfer, ihm beim Tragen eines schweren Gegenstands zu helfen, und wenn die Frau dadurch abgelenkt war, schlug er sie nieder. Der Autor Thomas Harris lässt seine Romanfigur Buffalo Bill in *Das Schweigen der Lämmer* nach diesem Modell vorgehen.

Daneben gingen noch weitere Merkmale von Serientätern in die Darstellung dieser Romanfigur ein. Wir machten Harris mit den Taten von Mördern bekannt, als er vor den Arbeiten an dem Roman *Roter Drache*

Quantico besuchte. Buffalo Bill hält seine Opfer in einer Grube gefangen, die er in seinem Keller ausgehoben hat. Im wirklichen Leben war das die Spezialität von Gary Heidnick, der in Philadelphia Frauen entführte. Buffalo Bills grausige Eigenheit, sich aus der Haut der Frauen eine weibliche Hülle zu schneidern, hatte der Autor von Ed Gein übernommen, der in den Fünfzigerjahren in dem kleinen Dorf Plainfield in Wisconsin wütete. Allerdings hatte Robert Bloch dieses Motiv bereits in seinem bekannten Roman *Psycho* verwendet, der von Alfred Hitchcock verfilmt wurde.

Eine wichtige Anmerkung: Es ist ein Modus Operandi (MO), eine Vorgehensweise, sich den Arm einzugipsen, um Frauen zu entführen – Frauen umzubringen und sie zu häuten ist kein Modus Operandi. Für diesen Bestandteil des Verbrechens habe ich den Begriff »Handschrift« geprägt, denn er stellt sozusagen eine persönliche Note des einzelnen Täters dar. Als Vorgehensweise (MO) bezeichnet man das, was der Mörder tut, um sein Verbrechen ausführen zu können; die Handschrift ist in gewisser Weise der Grund, warum er es tut – nämlich das, was ihn emotional befriedigt. Manchmal sind die Grenzen zwischen Vorgehensweise und Handschrift fließend, das hängt vom Motiv ab. Von Buffalo Bills drei Tatmerkmalen fällt der Gebrauch des Gipsarms eindeutig in die Kategorie Vorgehensweise, das Häuten ist Handschrift, die Grube könnte je nach Situation beides sein. Wenn er seine Opfer in die Grube sperrt, um sie dort festzuhalten und an der Flucht zu hindern, würde ich das Vorgehensweise nennen. Wenn es ihm Befriedigung verschafft, die Frauen dort unten zu demütigen und sie um ihr Leben betteln zu sehen, handelt es sich um die Handschrift.

Ich habe über Jahre hinweg festgestellt, dass die Handschrift viel mehr über das Verhalten eines Serientäters verrät als die Vorgehensweise. Das liegt daran, dass die Handschrift immer gleich bleibt, während sich die Vorgehensweise ändert. Sie entwickelt sich im Laufe einer Verbrecherkarriere, da der Täter aus seinen Erfahrungen lernt. Wenn ihm eine bessere Methode einfällt, ein Opfer in seine Gewalt zu bringen oder eine Leiche abzutransportieren und zu beseitigen, wird er sie anwenden. Doch sein emotionales Motiv, das ihn veranlasst, das Verbrechen überhaupt zu begehen, ist festgelegt.

Natürlich spielt bei einem gewöhnlichen Verbrechen wie etwa bei einem Bankraub nur die Vorgehensweise eine Rolle.

Die Polizei will wissen, wie der Täter operiert, denn sein Motiv liegt ja auf der Hand: das Geld. Bei einem Sexualverbrechen hingegen (und ein Serienmörder hat meistens sexuelle Motive) kommt der Analyse der Handschrift eine besondere Bedeutung zu – vor allem deswegen, weil man so eine Verbindung zwischen verschiedenen Einzeltaten herstellen kann.

Steve Pennell, der »I-40«-Mörder aus Delaware, lockte Prostituierte in einen eigens dafür ausgerüsteten Kleinbus, wo er sie vergewaltigte, folterte und anschließend ermordete. Er wandte stets andere Methoden an, um Frauen zum Einsteigen zu bewegen – das war seine Vorgehensweise. Immer gleichbleibend hingegen waren die Folterungen, mit denen er sich Befriedigung verschaffte – also seine Handschrift. Das sagte ich auch im Prozess gegen ihn aus. Vermutlich würde ein Verteidiger nun einwenden, dass kein Zusammenhang zwischen einer Reihe von Morden besteht und dass sie nicht vom selben Täter begangen worden sein können, wenn es sich nicht jedes Mal um dieselben Tatwerkzeuge und dieselbe Methode der Folterung gehandelt hat. Doch dieser Punkt ist nicht von Bedeutung. Wichtig ist nur die Folter selbst, und die war in jedem der Fälle gleichartig. Noch eine letzte Anmerkung: Wahrscheinlich ist Ihnen aufgefallen, dass ich von Serienmördern ausschließlich in der männlichen Form spreche. Die Gründe dafür sind weder formeller noch grammatikalischer Natur, denn aus Gründen, die wir selbst bisher nur zum Teil kennen, sind nahezu alle Massenmörder männlich. Zu diesem Thema wurde viel geforscht und spekuliert. Eine einfache Erklärung wäre, dass Menschen mit einem höheren Testosteronspiegel (Männer) eher zur Aggressivität neigen als Menschen mit einem niedrigeren (Frauen). Psychologische Untersuchungen deuten darauf hin, dass Männer, die in ihrer Kindheit misshandelt wurden, dazu tendieren, sich ihren Mitmenschen gegenüber feindselig und aggressiv zu verhalten. Frauen mit ähnlichen Kindheitserfahrungen richten die Wut und die Aggressionen nach innen und bestrafen eher sich selbst als andere. Während ein Mann möglicherweise tötet, prügelt oder vergewaltigt, um seine Wut abzureagieren, wird eine Frau wahrscheinlich zu selbstzerstörerischem Verhalten wie Drogenmissbrauch, Alkoholismus, Prostitution oder Selbstmordversuchen neigen.

Selbstverständlich gibt es auch eine Ausnahme von dieser Regel: Krankenhäuser und Pflegeheime, die einzigen Orte, an denen wir hin und wieder Serientäterinnen antreffen. Frauen töten nur selten mit einer Pistole oder einem Messer. Sie bevorzugen »saubere« Waffen wie Medikamente. Oft handelt es sich um »Tötung aus Mitleid« – die Täterin glaubt den Patienten von seinem schrecklichen Leid erlösen zu müssen. Ein weiteres Motiv ist Geltungssucht, wobei der Tod des Opfers eigentlich gar nicht beabsichtigt ist, denn die Pflegerin hat dem Patienten nur Leid zugefügt, um ihn danach wiederzubeleben und als Heldin dazustehen. Natürlich haben wir voll Entsetzen von Müttern wie Susan Smith aus South Carolina gehört, die ihre eigenen Kinder umbringen. Für dieses unverständlichste aller Verbrechen gibt es eine Reihe von Motiven, auf die wir später zu sprechen kommen werden. Meistens aber beginnt das Persönlichkeitsprofil eines Serienmörders oder Wiederholungstäters mit dem Wort »männlich«. Gäbe es nur Frauen auf der Welt, wären meine Kollegen und ich zu unserer Freude inzwischen alle arbeitslos.

Bis es so weit ist – und in der Menschheitsgeschichte der letzten Jahrtausende weist nichts darauf hin, dass es in absehbarer Zukunft dazu kommen wird –, werden einige von uns weiter die Reise in die Finsternis unternehmen und sich mit den düsteren Gedanken des Täters und dem tragischen Schicksal des Opfers befassen müssen.

Und das ist die Geschichte, die ich hier erzählen möchte.

KAPITEL ZWEI

DAS MOTIV

Schon oft habe ich die Arbeit eines erfahrenen Ermittlers an einem Mordfall mit der Methode verglichen, die ein guter Schauspieler bei der Vorbereitung auf seine Rolle anwendet. Beide finden ein Szenarium vor – die Schauspieler das in einem Theaterstück oder einem Film, der Ermittler einen Tatort – und sehen sich erst einmal um. Der Schauspieler studiert den Dialog zwischen den handelnden Personen, der Ermittler sucht nach Hinweisen auf ein Gewaltverbrechen. Dann überlegen sie sich, was sie daraus schließen können. Was ist zwischen den beteiligten Personen vorgefallen? Ein Schauspieler nennt das den »Subtext«. Und bevor er sich entscheidet, wie er die Szene interpretieren wird, stellt er sich folgende Fragen: Worauf will die betreffende Person hinaus? Warum sagt sie gerade diesen Satz? Weshalb handelt sie so?

Was ist das Motiv?

Das Motiv wirft in der Verbrechensanalyse die meisten Probleme auf und gehört zu den wichtigsten Aspekten. Wer nicht weiß, warum ein Gewaltverbrechen begangen worden ist, wird wohl kaum zu aussagefähigen Schlussfolgerungen kommen und nichts über das Verhalten und die Persönlichkeit des Gesuchten erfahren. Und falls die Festnahme dennoch gelingt, kann es sehr schwierig werden, dem Täter seine Schuld vor Gericht nachzuweisen. Genau damit hatte Hank Williams bei der Vorbereitung des Prozesses gegen Sedley Alley zu kämpfen, und das war auch der Grund, warum er sich an mich wandte. Bei einem Bankraub ist das Motiv – und die damit zusammenhängende Handschrift des Täters – eine eindeutige Sache: Der Verbrecher will Geld, ohne dafür einer ehrlichen Arbeit nachgehen zu müssen. Aber was ist, wenn man einen

Wohnungseinbruch untersucht, bei dem die Mieterin vergewaltigt und umgebracht wurde? War das Hauptmotiv nun der Einbruch, die Vergewaltigung oder der Mord? Wir können das Opfer zwar nicht wieder zum Leben erwecken, doch für uns ist die Antwort auf diese Frage von äußerster Wichtigkeit, weil wir nur so erfahren, was für ein Mensch der Mörder ist.

Im Herbst 1982 erhielten wir einen Anruf von einem Polizeirevier im Mittleren Westen der USA. Die Beamten untersuchten die Vergewaltigung und Ermordung einer 25-jährigen Frau. Das Verbrechen hatte im Wohnzimmer der Wohnung stattgefunden, in der sie seit sechs Monaten mit ihrem Mann gelebt hatte. Da der Mann beim Nachhausekommen alles völlig verwüstet vorgefunden hatte, hielt die Polizei den Einbruch für das Hauptmotiv. Vergewaltigung und Mord stellten lediglich Folgetaten dar.

Die Fotos vom Tatort waren sehr aufschlussreich. Das Opfer lag mit hochgeschobenem Kleid und heruntergerissenem Höschen rücklings auf dem Wohnzimmerteppich. Trotz des Durcheinanders im Raum deutete nichts auf einen Kampf hin. Die Leiche wies keine durch Gegenwehr entstandenen Verletzungen auf. Die Mordwaffe war ein Hammer, der dem Ehepaar gehörte. Er wurde in der Küchenspüle entdeckt, wo der Täter offenbar versucht hatte, das Blut abzuwaschen. Der Ehemann meldete, dass einige Schmuckstücke seiner Frau gestohlen worden waren.

Anders als der erste Eindruck vom Tatort vermuten ließ, wurde bei der Obduktion kein Hinweis auf ein Notzuchtverbrechen festgestellt. Weder auf der Haut des Opfers noch auf ihrer Kleidung wurden Spermaspuren gefunden. Eine toxikologische Untersuchung ergab jedoch, dass die Frau kurz vor der Tat Alkohol getrunken hatte. Plötzlich wurde mir klar: Der Tatort war – anscheinend von einem unerfahrenen Menschen – präpariert worden, um eine Vergewaltigung und einen Mord vorzutäuschen.

Ich erklärte den überraschten Detectives, dass sie den Mörder bereits kannten. Außerdem sei nicht der Einbruch das Motiv gewesen – geschweige denn die Vergewaltigung.

Ich rekonstruierte den Tathergang folgendermaßen: Opfer und Täter trinken in der Wohnung zusammen einen Schluck. Dann kommt es zu einem Streit, wahrscheinlich wird ein Thema wieder aufgewärmt, über das schon früher Auseinandersetzungen stattgefunden haben. Irgendwann verliert der Täter die Beherrschung. Er greift nach der nächstbesten Waffe – zufällig ist es der in der Küche entdeckte Hammer – und schlägt wütend auf die Frau ein, bis sie zusammenbricht. Da dem Täter klar ist, dass man ihn zuerst verdächtigen wird, läuft er zur Küchenspüle, um das Blut von seinen Händen und die blutigen Fingerabdrücke vom Stiel des Hammers zu entfernen. Dann kehrt er zu der toten Frau zurück, wälzt sie auf den Rücken, schiebt ihr das Kleid hoch und zieht ihr das Höschen herunter, um eine Vergewaltigung vorzutäuschen. Danach kippt er auch noch die Schubladen aus, damit es aussieht, als hätte ein Einbrecher nach Geld und Wertsachen gesucht.

»Heißt das, dass es der Ehemann war?«, unterbrach mich der Detective.

Ich gab ihm Tipps, wie er den Ehemann verhören sollte. Beim Lügendetektortest, sagte ich, müsse er Folgendes behaupten: Die Polizei wisse, dass seine Hände voller Blut gewesen seien, das er erfolglos abzuwaschen versucht habe.

Ein paar Tage später unterzog sich der Ehemann dem Lügendetektortest – und scheiterte. Daraufhin gestand er dem Beamten, der den Test durchführte, sein Verbrechen.

Manchmal hat man auch mit einem Fall zu tun, bei dem das Motiv eigentlich klar sein sollte. Aber irgendetwas lässt einen trotzdem stutzen. Genau dieses Gefühl hatte ich angesichts der Ereignisse am frühen Nachmittag des 27. Januar 1981 in Rockford, Illinois.

Um etwa 13 Uhr war ein unbekannter Täter in Fredd's Lebensmittelladen spaziert und hatte Willie Fredd, den 54-jährigen Besitzer, und dessen 20-jährigen Neffen Albert Pearson erschossen, der bei ihm angestellt war. Zeugen gab es keine.

Fredd wurde auf dem Bauch liegend hinter der Ladentheke aufgefunden. Die Detectives vermuteten, dass er dort gesessen hatte, als ihn zwei Kugeln Kaliber .38 trafen: eine in den Hals, die andere in die Milz. Sein Neffe lag auf der Schwelle der Schwingtür, die nach draußen führte. Er war mit derselben Waffe dreimal in die Brust geschossen worden. Offenbar war er vor dem Angreifer zurückgewichen. Seltsamerweise fehlte nichts Wertvolles aus dem Laden. Anzumerken ist noch, dass Fredd und Pearson Schwarze waren.

Am folgenden Morgen, gegen 8 Uhr 45, entdeckte ein Autofahrer in einer Tankstelle der Firma Clark Oil Super 100 die Leiche des Tankwarts. Das Opfer war ein 18-jähriger Weißer namens Kevin Kaiser. Jemand hatte fünfmal mit einem .38er auf ihn gefeuert. Allerdings ergaben die ballistischen Untersuchungen, dass es sich nicht um dieselbe Waffe handelte, mit der am Vortag die beiden Männer in dem Lebensmittelladen ermordet worden waren. Vier der Kugeln hatten die Brust des Opfers durchschlagen, die fünfte war in seine Schläfe eingedrungen und an der linken Halsseite wieder ausgetreten. Die Schüsse waren eindeutig aus nächster Nähe abgegeben worden. Wegen der geringfügigen Blutungen an Schläfe und Hals war davon auszugehen, dass der junge Mann beim letzten Schuss schon tot gewesen war.

Als wir uns nach dem Opfer erkundigten, wussten alle, die Kevin gekannt hatten, nur Gutes über ihn zu berichten. Kevin Kaiser galt als fleißiger, »wirklich netter« junger Mann. Genau wie bei dem Überfall am Vortag war anscheinend nichts gestohlen worden. Aber diesmal wollten Zeugen einen möglichen Verdächtigen in der Gegend gesehen haben: einen mittelgroßen Schwarzen Ende 20 mit kurzem Haar und Schnurrbart.

Am nächsten Morgen kurz nach 7 Uhr fand ein Ehepaar den Tankwart der Tankstelle EZ GO in einer Blutlache liegend vor. Die beiden hatten sich auf die Suche nach einem Mitarbeiter der Tankstelle gemacht, da niemand sie bedient hatte, obwohl geöffnet war. Das Opfer hieß Kenny Foust, ein 35-jähriger Weißer. Auf ihn war zweimal geschossen worden. Die erste Kugel war durch die linke Gesichtshälfte ins Gehirn eingedrungen, die zweite hatte, nachdem das Opfer schon auf dem Boden lag, den Hals durchschlagen. Das Ehepaar rief sofort einen Krankenwagen, der eintraf, als Foust noch lebte. Doch er starb kurz nach der Einlieferung ins Rockford Memorial Hospital, ohne wieder zu Bewusstsein gekommen zu sein. Aus der Kasse fehlten etwa 150 Dollar. Zeugen gab es zwar nicht, aber die waffentechnische Untersuchung ergab, dass Kenny Foust mit derselben Waffe umgebracht worden war wie Willie Fredd und Albert Pearson – der erste Hinweis darauf, dass zwischen diesen beiden

Verbrechen ein Zusammenhang bestand. Die Polizei von Rockford richtete sofort eine Sonderkommission ein.

Vier Tage später, am Nachmittag des 2. Februar, wurden in einer Filiale der Hi-Fi-Kette Radio Shack in Beloit, Wisconsin, der 21-jährige Filialleiter Richard Boeck und ein Kunde namens Donald Rains erschossen. Ein anderer Kunde entdeckte die beiden Leichen, die nebeneinander auf dem Boden im hinteren Teil des Ladens lagen. Beiden war mehrere Male in Kopf und Brust geschossen worden. Die Detectives konnten keine Anzeichen dafür feststellen, dass die Opfer sich zur Wehr gesetzt hätten. Offenbar war eine geringe Geldsumme entwendet worden, der genaue Betrag war allerdings nicht zu ermitteln. Beloit liegt nah an der südlichen Grenze von Wisconsin, ungefähr 30 Kilometer von Rockford entfernt.

Es gab drei Zeugen, die vor den Morden unbekannte Männer in der Gegend beobachtet hatten. Eine der Beschreibungen passte auf den Schwarzen, der auch mit dem zweiten Überfall in Rockford in Verbindung gebracht wurde. Die Zeugenaussagen und die ähnlichen Umstände wiesen darauf hin, dass bei diesem Verbrechen und mindestens einem der früheren drei derselbe Täter die Hand im Spiel gehabt hatte. Da nun zwei Bundesstaaten betroffen waren, konnte man das FBI einschalten, und kurz darauf erhielt ich einen Hilferuf vom FBI in Illinois.

Das Problem war, dass es in dem Fall so viele Unstimmigkeiten gab. Es waren verschiedene Waffen verwendet worden. Zwei der Opfer waren Schwarze, die anderen Weiße. Sie gehörten unterschiedlichen Altersgruppen an. Und außerdem war fast nichts gestohlen worden, obwohl sonst alles auf einen bewaffneten Raubüberfall hinzudeuten schien. Wer war der Täter und welches Motiv hatte er?

Je länger ich mich in die Polizeiprotokolle, die Tatortfotos und die Obduktionsberichte vertiefte, desto mehr verstärkte sich mein Eindruck, dass es sich doch nicht um eine Reihe von eskalierten Raubüberfällen, sondern vielmehr um einen ganz speziellen Typ von Serienmord handelte. Das Motiv kannte ich zwar noch nicht, aber die Vorgehensweise war in allen Fällen identisch. Mich erinnerten diese Morde an eine Hinrichtung. Offenbar hatte sich keines der Opfer gewehrt. Außerdem war auf alle mehrmals geschossen worden, und zwar mit einer Wut, die nicht nötig gewesen wäre, hätte der Täter die Männer nur außer Gefecht setzen und berauben wollen. Und das hieß, dass die Morde nicht Mittel zum Zweck gewesen waren.

Die Opfer waren systematisch nacheinander umgebracht worden, ohne dass ein Grund hierfür zu erkennen gewesen wäre. Die Verbrechen wirkten eher zufällig denn als das Werk eines besessenen Serienmörders. Es war kaum etwas gestohlen worden. Sexuelle Motive konnte man ebenfalls ausschließen. Außerdem wies nichts darauf hin, dass der Mörder die Opfer gekannt hatte, weshalb auch Rache als Motiv ausschied. Auffällig war eher das Gegenteil: Die Opfer hatten nichts miteinander gemeinsam.

Wenn man das Motiv anhand des Verbrechensszenarios zu ermitteln versucht und dabei nicht weiterkommt, geht man zuerst alle anderen »logischen« Gründe durch. Bringt einen das nicht weiter, sucht man nach einer psychologischen Erklärung. Jedes Verbrechen hat ein Motiv, jedes Verbrechen ergibt, unter den Gesichtspunkten einer bestimmten Logik betrachtet, einen Sinn – auch wenn diese Logik nur im Kopf des Täters besteht und nach »objektiven« Maßstäben verrückt erscheinen mag.

Das brachte mich auf den Gedanken, dass unser Unbekannter wahrscheinlich ein Paranoiker war, der zwar unter Wahnvorstellungen litt, aber durchaus in der Lage war, ein normales Leben zu führen. Die verschiedenen Tatwaffen waren in meinen Augen ebenfalls ein Indiz dafür. Obwohl er nur eine Sorte von Munition benutzte – .38er-Patronen, mit denen er sich offenbar gut auskannte –, verfügte er über mehrere Waffen, und ich wäre jede Wette eingegangen, dass er noch weitere auf Lager hatte. Als Paranoiker kann man nie genug Waffen im Haus haben.

Um seine Mordserie zu verüben, musste er mobil sein, was hieß, dass er Auto fahren konnte. Das wiederum setzte voraus, dass er einen Führerschein besaß. Und das bedeutete, dass er ein wenigstens halbwegs bürgerliches Leben führte und einer Arbeit nachging, auch wenn sie nicht sonderlich qualifiziert war. Also musste er Kontakte zu anderen Menschen haben, die ihn jedoch vermutlich für einen Sonderling hielten.

Bei jeder Verbrechensserie, die sich über einen längeren Zeitraum erstreckt, befassen wir uns besonders intensiv mit der ersten Tat, da diese uns die meisten brauchbaren Informationen liefert. Bei einem mehrfachen

Mord gehört der Täter in den häufigsten Fällen derselben ethnischen Gruppe an wie seine Opfer. Wenn wir davon ausgingen, dass zwischen den vier Verbrechen ein Zusammenhang bestand, hatten wir es hier mit zwei schwarzen und vier weißen Opfern zu tun. Weil ein Serienmörder seine erste Tat normalerweise in einer vertrauten Situation begeht, vermutete ich, dass es sich bei dem Gesuchten um einen Schwarzen handelte, möglicherweise sogar um den Mann, den die beiden Zeugen gesehen hatten. Wahrscheinlich wohnte der Täter im näheren Umkreis von Fredd's Lebensmittelladen und konnte sich deshalb im Viertel bewegen, ohne Verdacht zu erregen.

Unsere Daten belegen, dass Paranoia und paranoide Schizophrenie meist ausbrechen, wenn der Betreffende Mitte 20 ist. Auch die Neigung, einen Mord wie eine Hinrichtung zu inszenieren, ist offenbar in diesem Alter häufiger zu beobachten. Also lag der Schluss nahe, dass der Täter der genannten Altersgruppe angehörte.

Ich nahm an, dass er sich nachts und bei Dunkelheit am wohlsten fühlte. Das erste Verbrechen – das der Täter meiner Ansicht nach in seinem eigenen Stadtviertel begangen hatte – fand zwar nachmittags statt, die nächsten beiden aber wurden spätnachts beziehungsweise frühmorgens verübt. Erst bei seiner vierten Tat war der Mörder kühn genug gewesen, wieder bei Tageslicht zuzuschlagen. Ich tippte darauf, dass der Mann ein dunkles Auto fuhr und dunkle Kleidung bevorzugte. Vielleicht hatte er sich zu seinem Schutz einen großen, bedrohlichen Hund angeschafft, entweder einen Schäferhund oder einen Dobermann – möglicherweise sogar zwei. Heutzutage käme wohl eher ein Pitbull infrage, da diese Rasse momentan ziemlich in Mode ist – aber wir schrieben ja das Jahr 1981. Und wenn er schon einen Polizeihund besaß, hörte er sicherlich auch den Polizeifunk ab.

Außerdem war er bestimmt vorbestraft, nicht unbedingt wegen eines Tötungsdelikts, doch sicher wegen Körperverletzung oder Angriffen auf Personen, die für ihn Autoritäten verkörperten. Auch ein Aufenthalt in einer psychiatrischen Anstalt kam durchaus infrage, denn dass er bei seinen Überfallen alle Anwesenden umgebracht hatte, wies darauf hin, dass er zu Überreaktionen neigte.

Nachdem die Polizei die Täterbeschreibungen überall verteilt hatte, wurden wir auf einen Mann aufmerksam gemacht, der in einem Motel, zwei Häuserblocks vom Lebensmittelladen entfernt, wohnte. In seinem Zimmer waren Zigaretten gefunden worden, die der Laden im Sortiment hatte. Der Mann hieß Raymond Lee Stewart, doch als die Polizei ihn festnehmen wollte, hatte er sich bereits aus dem Staub gemacht.

Das FBI schrieb ihn wegen Flucht zur Vermeidung einer strafrechtlichen Verfolgung und bewaffneten Raubüberfalls zur Fahndung aus. Am 21. Februar wurde Raymond Lee Stewart in Greensboro, North Carolina, verhaftet. Der 29-jährige, 1,65 Meter große Schwarze hatte vor seinem Umzug nach North Carolina in Rockford gelebt. Er war wegen der bevorstehenden Geburt seines unehelichen Kindes zurückgekehrt und hatte sich in einem Motel, zwei Häuserblocks entfernt von Fredd's Lebensmittelladen, eingemietet. Aus Sorge, dass ihn jemand belästigen oder bedrohen könnte, hatte er sich unter falschem Namen angemeldet.

Am 4. Februar, zwei Tage nach den Morden bei Radio Shack, war er in seinem alten, dunkel lackierten Auto nach North Carolina zurückgekehrt. Er hatte einen gemieteten Anhänger bei sich, der den Großteil seiner Habseligkeiten enthielt. Als sich die FBI-Agenten seinem Auto und dem Anhänger näherten, bemerkten sie, daneben angeleint, Stewarts zwei Dobermänner. Mit einem Durchsuchungsbeschluss stellten die Ermittler den Anhänger und das Haus der Cousine auf den Kopf, bei der Stewart wohnte. Sie fanden einen RG-31-Revolver, Kaliber .38, einen Smith & Wesson, Modell Chiefs Special, ebenfalls Kaliber .38, und ein Gerät zum Abhören des Polizeifunks. Außerdem bestätigte sich, dass Stewart wegen mehrerer bewaffneter Raubüberfälle auf Tankstellen vorbestraft war.

Stewart wurde wegen vierfachen Mordes in Illinios und zweifachen Mordes in Wisconsin angeklagt. Schließlich wurden zwei Verfahren gegen ihn eröffnet, das eine wegen des bewaffneten Überfalls auf den Lebensmittelladen und der Ermordung von Willie Fredd und Albert Pearson und das zweite wegen des Mordes an Kevin Kaiser. Während des Prozesses verhielt Stewart sich aggressiv und äußerte sich abfällig über das Rechtssystem und die Menschen, die er umgebracht hatte. Er wurde des vorsätzlichen Mordes für schuldig befunden und vom Gericht in

Winnebago County, Illinois, zum Tode verurteilt. Später behauptete er, er habe die Morde aus Rassenhass begangen. Da er in seiner Kindheit misshandelt worden sei, nahm er für sich mildernde Umstände in Anspruch.

Am 18. September 1996 wurde Stewart im Staatsgefängnis in Springfield mit der Giftspritze hingerichtet. Seine letzten Worte lauteten: »Ich wünsche mir, dass ihr nun Frieden habt. Ich wünsche den Familien meiner Opfer Frieden.«

Durch die Unterteilung in Handschrift und Vorgehensweise (MO) wollte ich eine Antwort auf die wichtige Frage nach dem Motiv finden. Denn ohne Handschrift und Motiv wäre es unmöglich gewesen, den Zusammenhang zwischen den sechs Frauenmorden zu ermitteln, die von Januar bis September 1990 in San Diego begangen wurden. Ich hatte schon im Vergewaltigungsfall Ronnie Shelton mit Tim McGinty, früher Staatsanwalt in Cuyahoga County, Ohio, und heute Richter in Cleveland, zusammengearbeitet. Nun empfahl er mich der Polizei von San Diego. Der Fall wurde meiner Abteilung übertragen und Larry Ankrom zugeteilt, der für diesen Teil der Vereinigten Staaten zuständig war.

Als der Fall auf unserem Schreibtisch landete, waren bereits drei der Morde geschehen, alle in den Buena Vista Garden Apartments in Clairemont. Das erste Opfer war eine 20-jährige Studentin namens Tiffany Schultz. Ihr Freund, der die Leiche gefunden hatte, wurde als Verdächtiger festgenommen, aber rasch wieder auf freien Fuß gesetzt. Schon bald gab es zwei weitere Opfer: Janene Weinhold und Holly Tarr.

Da es ziemlich riskant ist, Frauen am helllichten Tag in einer Wohnanlage zu überfallen, war davon auszugehen, dass der Täter sich dort gut auskannte. Schließlich schlagen Gewalttäter das erste Mal meistens an einem Ort zu, der ihnen vertraut ist, weshalb uns das erste Verbrechen in einer Serie auch die meisten Informationen liefert. Außerdem vermuteten wir, dass der Mann bereits früher Frauen belästigt hatte. Diese Annäherungsversuche – eine Art Vorübung für die späteren Morde – wurden von den betreffenden Frauen vielleicht nicht ernst genommen und haben dem Täter nicht die gewünschte Befriedigung verschafft.

Wahrscheinlich hatte es im Leben des Täters vor dem Mord an Tiffany Schultz eine tatsächliche oder eingebildete Krise gegeben, die das

Verbrechen ausgelöst hatte. Da sich seine Wut gegen eine bestimmte Personengruppe richtete, war davon auszugehen, dass er eine bestimmte Frau oder Frauen im Allgemeinen für seine Schwierigkeiten verantwortlich machte und sich auf diese Weise abreagierte. Vielleicht hatte er eine Reihe gescheiterter Beziehungen mit Frauen hinter sich, die meisten davon geprägt durch phasenweise gewalttätiges aggressives Verhalten. Er hatte den Opfern persönliche Wertgegenstände wie beispielsweise Schmuckstücke abgenommen und diese dann seiner augenblicklichen Freundin geschenkt, ohne ihr zu sagen, woher sie stammten.

Wir nahmen zwar an, dass der Täter einem Beruf nachging, aber wegen seiner Wutausbrüche und seiner mangelnden sozialen Fähigkeiten nie aufgestiegen oder lange bei einer Firma geblieben war. Er war ein Versager, der mit seinen Kollegen nicht zurechtkam; ein Eigenbrötler, der zu Streitigkeiten mit Vorgesetzten und Behörden neigte. Vielleicht lebte er in finanzieller Abhängigkeit von einer Frau, und es konnte durchaus sein, dass ein Konflikt mit ihr der Auslöser für diese Mordserie gewesen war.

Wie viele Täter hatte er nach den ersten Morden sicher in auffälliger Weise sein Verhalten verändert, etwas, das seiner näheren Umgebung nicht verborgen geblieben war. Infrage kamen zunehmender Alkohol- oder Drogenmissbrauch, veränderte Schlaf- und Essgewohnheiten, Gewichtsverlust, Angstzustände oder ein stärkeres Bedürfnis nach Kontakt mit anderen Menschen. Wir erklärten der Polizei, wie wichtig es sei, eine Liste dieser Symptome zu veröffentlichen und die Bevölkerung um ihre Mithilfe zu bitten, wenn wir den Täter fassen wollten. Gewiss gab es irgendwo jemanden, der ihm so nahestand, dass er daraufhin Verdacht schöpfte.

Der Mord an Holly Tarr fand im April statt. Sie war Schauspielschülerin aus Okemos, Michigan, und besuchte über die Frühlingsferien ihren Bruder, der in den Buena Vista Garden Apartments wohnte. Nach diesem Mord entging der Täter einer Verhaftung nur um Haaresbreite. Mehrere Zeugen berichteten, sie hätten einen Mann mit einem T-Shirt über dem Kopf und einem Messer in der Hand nach draußen laufen sehen. Allerdings waren die Personenbeschreibungen sehr vage: ein dunkelhäutiger kleiner Mann. Bei seiner Flucht hatte der Täter auch einen Hausmeister umgerannt, der gerade nach dem Rechten sehen wollte, weil ein Nachbar einen »schrecklichen Schrei« gehört hatte. Der Hausmeister fand Holly Tarr im Schlafzimmer unter einem blutgetränkten Handtuch.

Inzwischen hatten die Medien dem Täter den Namen »Clairemont Killer« verpasst.

Wir erwarteten, dass auf seine jüngste Tat nun eine passive Phase folgen würde. Der Mann würde sich eine Weile bedeckt halten, um wieder zur Ruhe zu kommen. Außerdem rechneten wir damit, dass er sich nicht mehr in dieser Wohnanlage herumtreiben würde. Vielleicht hatte er sich sogar unter dem Vorwand, eine neue Stelle antreten oder Verwandte und Freunde besuchen zu wollen, in eine andere Stadt abgesetzt. Doch dass er das Morden aufgeben würde, war unwahrscheinlich. Die meisten dieser Täter können nicht genug kriegen.

Tatsächlich schlug der Mörder fast zwei Monate später erneut zu, zwar nicht am selben Ort, aber wieder in einer Wohnanlage in der näheren Umgebung, die ihm anscheinend gut vertraut war. Danach war die Mordserie bis Mitte September unterbrochen. Dann wurden Pamela Clark und ihre 18-jährige Tochter Amber in einem Vorort von University City getötet. Die beiden letzten Opfer waren zwar Mutter und Tochter, aber Pamela Clark wirkte sehr jugendlich und attraktiv. Alle sechs Frauen wiesen große äußerliche Ähnlichkeiten auf. Amber Clark hätte Janene Weinholds Schwester sein können.

Die Polizei leitete die größte Fahndung in der Geschichte von San Diego ein: Sie dauerte 13 Monate. Man tat alles, um den Mann zu finden, der diese sechs grausamen und sadistischen Morde begangen hatte.

Der Durchbruch gelang im Februar 1991, als Geralynd Venverloth aus einem Fitnessclub nach Hause kam. Sie wollte gerade duschen, als sie hörte, wie sich jemand am Türknauf zu schaffen machte. Durch den Spion sah Ms Venverloth einen Schwarzen, der versuchte, die Tür zu öffnen. Als sie den Riegel vorschob, ergriff der Mann die Flucht. Ein paar Tage später beobachtete Ms Venverloth, wie derselbe Mann ihre Kollegin Charla Lewis vor dem Büro absetzte.

Sein Name war Cleophus Prince jun. Die Polizei passte ihn vor dem Fitnessclub ab und nahm ihn wegen Einbruchs fest. In seinem Chevrolet

Cavalier, Baujahr 1982, wurden einige Messer gefunden. Aus Mangel an Beweisen musste Prince jedoch mit der Auflage, sich zur Verfügung des Gerichts zu halten, entlassen werden. Allerdings wurden Blut- und Speichelproben genommen und an Cellmark Diagnostics in Maryland zur DNA-Analyse geschickt. Nach drei Wochen stand fest, dass es sich bei Prince und Janene Weinholds Mörder um ein und dieselbe Person handelte.

Die Polizei durchsuchte die Wohnung von Charla Lewis, mit der Prince zusammenlebte. Gleich nebenan hatte Elissa Keller, das vierte Opfer, gewohnt. Doch Prince hatte die Stadt verlassen und war in seine Heimatstadt Birmingham, Alabama, zurückgekehrt. In der Wohnung fanden die Detectives einen Goldring mit einem Opal, identisch mit dem, den Holly Tarr von ihrem Vater zum 16. Geburtstag geschenkt bekommen hatte. Vom Hersteller erfuhr die Polizei, dass nur 63 dieser Ringe existierten, von denen keiner in Kalifornien verkauft worden war.

Am Samstag, dem 3. März 1991, nahm die Polizei den 23-jährigen Schwarzen wegen Diebstahls fest. Der frühere Mechaniker bei der Navy hatte zum Zeitpunkt der ersten drei Morde in den Buena Vista Garden Apartments gewohnt. Doch kurz vor dem Anruf der Polizei von San Diego war er schon wieder auf Kaution entlassen worden. In Prince' Wohnung wurde ein weiterer Ring entdeckt, auf den die Beschreibung eines Schmuckstücks aus dem Besitz von Elissa Keller passte. Außerdem fand man Schuhe, deren Profil mit den an einigen der Tatorte festgestellten Fußabdrücken übereinstimmte. Deshalb begann das Büro des Sheriffs in San Diego im Zusammenhang mit dem noch ungeklärten Mord an Diane Dahn im Mai 1988 gegen Prince zu ermitteln. Auch die Polizei aus Homewood, Alabama, wollte gern ein Wörtchen mit ihm reden, und zwar wegen des ebenfalls ungeklärten Mordes an der 23-jährigen Toni Lim im März 1990. Beide Verbrechen wiesen Gemeinsamkeiten mit den Morden an den sechs Frauen auf, die alle mit einem Messer getötet worden waren.

Das wichtigste Indiz war die Übereinstimmung zwischen Prince' Blut- und Speichelproben und den Spermaspuren auf der Kleidung der 21-jährigen Janene Weinhold, des zweiten Opfers in Buena Vista. Aber was war mit den anderen fünf Morden?

Die Polizei von San Diego bat uns, die sechs Fälle noch einmal daraufhin zu untersuchen, ob all diese Morde wirklich von ein und derselben Person begangen worden sein konnten. Die Staatsanwälte Dan Lamborn und Woody Clark und Sergeant Ed Petrick von der Sonderkommission kamen in Begleitung einiger Mitarbeiter zu einer Besprechung nach Quantico. Die Staatsanwaltschaft wollte beweisen, dass der Angeklagte alle sechs Morde, nicht nur den an Janene Weinhold, auf dem Gewissen hatte. Denn dann würden aufgrund der Anzahl und der Natur der Verbrechen nach kalifornischem Recht strafverschärfende Umstände zum Tragen kommen – und das bedeutete, dass es möglicherweise um die Todesstrafe ging. Man wollte unbedingt verhindern, dass dieser Mann jemals wieder auf freien Fuß gesetzt wurde.

Nachdem wir die Vorgehensweise und die Handschrift in allen sechs Fällen miteinander verglichen hatten, kamen wir zu dem Schluss, dass es sich tatsächlich um ein und denselben Täter handeln musste.

Sämtliche Opfer waren weiße Frauen, bis auf Pamela Clark brünett, und zwischen 18 und 21 Jahre alt. Was die Vorgehensweise betraf, war der Täter bei jedem der Morde durch eine unverschlossene Tür oder ein offenes Fenster eingedrungen. Die Morde waren mit einem Messer begangen worden, und zwar am späten Vormittag oder am frühen Nachmittag in der Wohnung oder im Haus des Opfers. In vier Fällen war die Mordwaffe ein zufällig gefundenes Messer, das aus der Küche des Opfers stammte. Die ersten drei Opfer hatten im ersten Stock derselben Wohnanlage gelebt, was für uns darauf hindeutete, dass der Täter mit den Örtlichkeiten vertraut war. Offenbar wohnte er in der Nähe und kannte sich gut in der Gegend aus. Es gab keinerlei Hinweise auf einen Einbruch, und in fünf der sechs Fälle war die Wohnung nicht durchwühlt worden. Allerdings hatte der Täter dem dritten, vierten und fünften Opfer Schmuckstücke abgenommen – vermutlich die Handschrift, wenn man nicht von Raub als Motiv ausging.

Und das taten wir ganz sicher nicht, denn schließlich waren die Opfer eins, zwei und sechs nicht bestohlen worden. Der Täter hatte in keinem der Fälle sehr fest zugestochen, und bis auf ein Opfer war das Muster der Wunden ziemlich ähnlich. Die Einstiche konzentrierten sich auf den Brustraum und deuteten auf zielgerichtete Wut und Aggression hin, nicht auf einen unkontrollierten Tobsuchtsanfall, wie sonst häufig in solchen Situationen. Abgesehen von den Stichwunden wiesen die Opfer kaum Verletzungen auf. Alle Frauen waren nackt oder nur teilweise bekleidet rücklings auf dem Boden liegend vorgefunden worden. Der Täter hatte keinen Versuch unternommen, die Leichen zu verstecken.

Ebenso wichtig war der Umstand, dass in diesem Zeitraum kein einziger ähnlicher Mord im näheren Umkreis von San Diego stattgefunden hatte. Auch in unserer Violent-Crime-Apprehension-Datenbank (VICAP), die alle Gewaltverbrechen landesweit speichert, war kein Mord verzeichnet, bei dem der Täter nach einem ähnlichen Muster zugestochen hatte.

Natürlich durften wir nicht außer Acht lassen, worin sich die Opfer dieser vermuteten Mordserie unterschieden. Die letzten beiden Opfer, die Clarks, hatten nicht in der Wohnanlage, sondern in einem Einfamilienhaus gelebt. Zwei der Frauen waren vor ihrer Ermordung sexuell missbraucht worden. Holly Tarr wies nur eine einzige Stichwunde auf, während der Täter auf das am schwersten misshandelte Opfer 52-mal eingestochen hatte. Allerdings schlossen wir aus den Indizien am Tatort, dass der Mörder bei diesem Verbrechen gestört worden war. Die meisten der ermordeten Frauen hatten ein Leben geführt, in dem das Risiko, einem Verbrechen zum Opfer zu fallen, verhältnismäßig gering war. Nur bei zweien verhielt sich das anders. Tiffany Schultz, die an der San Diego State University Englisch im Hauptfach studierte und das erste Opfer wurde, hatte kurz vor ihrem Tod einen Teilzeitjob als Stripperin in einem Nachtclub angenommen. Die Lebensweise des Opfers und die Umstände, unter denen der Täter sein Verbrechen begeht – das jeweilige Risiko also –, verraten uns eine Menge über Täter- und Opferpersönlichkeit.

Im Fall Tarr hatte der Täter offenbar versucht, den Tatort wieder in Ordnung zu bringen, und das Opfer mit einem Handtuch bedeckt. Das konnte man entweder als Änderung der Handschrift oder der Vorgehensweise verstehen – vielleicht war es auch ein Hinweis auf seine Beziehung zu diesem einen Opfer. Aber aller Wahrscheinlichkeit nach war er einfach bei seiner Tat gestört worden.

Diese Überlegungen mögen den Eindruck erwecken, als analysiere man den Tatort mit statistischen Mitteln. Scheinbar könnte ein Computer diese Aufgabe – nämlich Zahlen auszuspucken und sie zu vergleichen – genauso gut erledigen wie Larry Ankrom. Allerdings wäre ein Computer außerstande, die Übereinstimmungen und Unterschiede auszuwerten. Es ist schlechterdings unmöglich, jede Information auf einer Nummernskala einzuordnen. Eine vernünftige Beurteilung der Fakten kann nur im Kopf eines erfahrenen Profilers wie Larry stattfinden. Und nachdem wir alle Fakten miteinander verknüpft hatten, kamen wir zu dem Schluss, dass sämtliche sechs Morde von ein und derselben Person begangen worden waren. Das Motiv war, wie die Messerstiche deutlich verrieten, kontrollierte sexuelle Aggression.

Dan Lamborn, der Staatsanwalt, bat mich, in der Verhandlung auszusagen. Da ich damals schon mit dem Gedanken spielte, in Pension zu gehen, war ich der Ansicht, dass meine Nachfolger ebenfalls eine Gelegenheit brauchten, Erfahrungen zu sammeln und sich einen Namen zu machen. Deshalb lautete mein Vorschlag, ich würde im Zeugenstand nur über die Methode der Profilerstellung als solche sprechen. Anschließend sollte Larry den vorliegenden Fall erläutern. Lamborn und sein Mitarbeiter Rick Clabby waren damit einverstanden.

Die Verteidigung, vertreten durch die Pflichtverteidiger Toren Mandel und Barton Sheela, waren nicht sonderlich angetan davon, dass wir überhaupt aussagen sollten. In ihren Anträgen vor Prozessbeginn vertraten sie die Auffassung, wir seien als psychiatrische und psychologische Laien nicht qualifiziert, uns zu Fachfragen zu äußern. Unsere These, dass zwischen den Verbrechen ein Zusammenhang bestand, würde die Geschworenen gegen den Angeklagten einnehmen. Mit anderen Worten: Wenn uns die Geschworenen glaubten, dass Prince auch nur einen der Morde begangen hatte, mussten sie zwangsläufig zu dem Schluss kommen, dass auch die anderen auf sein Konto gingen. Lamborn und Clabby erwiderten, unsere Aussage könne sich ebenso gut negativ für die Staatsanwaltschaft auswirken: Gelangten die Geschworenen nämlich zu dem Ergebnis, dass dieselbe Person für alle sechs Morde verantwortlich war, und hielten sie Prince in einem der Fälle für unschuldig, würde er ungeschoren davonkommen.

Letztlich schloss sich der Richter Charles Hayes der Meinung an, die sich in den Gerichten im ganzen Land immer mehr durchsetzt. Er entschied, unser Fachwissen übersteige das des Durchschnittsmenschen in ausreichendem Maße, sodass unsere Aussage den Geschworenen von Nutzen sein würde. Einem komplizierten Gedankengebäude folgend, versuchte er dann, den Ansprüchen beider Seiten gerecht zu werden: Er erklärte, dass der Begriff »Handschrift« nicht in unserer Aussage fallen dürfe, da dieser nach Ansicht der Verteidigung auf eine psychische Motivation hinwiese. Larry und ich fühlten uns zwar durch diese Einschränkung ein wenig behindert, aber wir machten das Beste daraus.

Die Geschworenen berieten sich mehr als neun Tage lang, bevor sie am 13. Juli 1993 ihr Urteil verkündeten. Sie befanden Cleophus Prince aller sechs Morde und außerdem der 21 Einbrüche für schuldig. Da ihrer Meinung nach strafverschärfende Umstände wie Mord in Tateinheit mit Vergewaltigung und mehrfacher Mord zutrafen, kam in diesem Fall die Todesstrafe infrage. Einen Monat später empfahlen dieselben Geschworenen nach eintägiger Beratung, den Angeklagten zum Tode zu verurteilen und ihn in San Quentin entweder in der Gaskammer oder mit der Giftspritze hinzurichten. Richter Hayes bestätigte dieses Urteil am 6. November. Der Verurteilte sitzt bis heute in der Todeszelle von San Quentin.

1986 war ich Co-Autor eines Artikels für das *Journal of Interpersonal Violence* mit dem Titel »Sexualmord: Ein Motivationsmodell«. In der Einleitung schrieben wir:

»Wenn Ermittlungsbeamte kein eindeutiges Mordmotiv feststellen können, fragen sie sich, was die Tat über das Verhalten des Täters aussagt. Bei der Entwicklung von Techniken zur Erstellung von Täterprofilen sind FBI-Agenten zu folgendem Schluss gekommen: Um die Indizien am Tatort und die Informationen über das Opfer richtig einordnen zu können, muss man das Denken des Mörders nachvollziehen. Andererseits können Indizien und persönliche Merkmale des Opfers viel darüber verraten, wie gründlich der Täter sein Verbrechen geplant, vorbereitet und ausgeführt hat. Anhand dieser Überlegungen arbeiten die Ermittler Schritt für Schritt die Motivation des Täters heraus, die wiederum untrennbar mit dessen Denken verknüpft ist. In vielen Fällen ergibt sich ein latent sexuelles Motiv, ein Motiv, das seinen Ursprung in der Welt der Fantasie hat.«

Tragischerweise trifft die unkontrollierte Wut des Täters und sein Bedürfnis, einen anderen Menschen sexuell zu beherrschen, nicht nur Fremde. Mitte der Achtzigerjahre rief man mich zu einem Fall nach Toronto. Eine malaiische Collegestudentin namens Deliana Heng war im Badezimmer ihrer Wohnung gefunden worden. Sie lag neben der Toilettenschüssel; ihre Füße waren mit einem Gürtel gefesselt. Sie war mehrfach ins Gesicht geschlagen und mit dem Riemen einer Fototasche erdrosselt worden. Ihr Oberkörper war nackt, ihr Unterleib und ihr linkes Bein waren blutverschmiert. Außerdem hatte man sie sexuell missbraucht. Das Kreuz, das sie immer um den Hals trug, fehlte. Da nichts auf einen Einbruch hindeutete – und aus meinen Informationen über das Opfer und den Indizien am Tatort –, schloss ich, dass der Mörder ein Mensch war, den sie gekannt und dem sie vertraut hatte.

Die Polizei von Toronto machte sich an die Arbeit. Nachdem sie Ms Hengs Bekannte verhört hatte, kristallierte sich einer ihrer Freunde namens Tien Poh Su als Hauptverdächtiger heraus. Su war Bodybuilder und trainierte in einem nahe gelegenen Fitnesscenter. Nun brauchten wir nur noch Beweise, die den Staatsanwalt und auch die Geschworenen überzeugen würden.

Am liebsten hätte die Polizei sofort eine Blutprobe genommen, doch der Mann sollte nicht wissen, dass er unter Verdacht stand. Außerdem konnte man ihn ohne ausreichende Beweise nicht gegen seinen Willen zu einer Blutentnahme zwingen.

Das kanadische Gesetz ist sehr streng, wenn es um Themen wie die öffentliche Verhandlung geht. Allerdings hat die Polizei etwa bei Hausdurchsuchungen oder bei der Beschaffung von Informationen viel mehr Spielraum als wir in den Vereinigten Staaten. Nach amerikanischem Recht ist es zum Beispiel unmöglich, eine Gefängniszelle zu »verwanzen« oder einen Beamten in Zivil als Zellengenossen einzuschleusen. Angesichts dieser Gegebenheiten konnte die Polizei von Toronto eine Erfolg versprechende proaktive Strategie entwickeln:

Ein Polizist, der schon seit vielen Jahren Bodybuilding betrieb, wurde in das Fitnesscenter geschickt, wo der Verdächtige trainierte. Er taucht immer etwa gleichzeitig mit Su auf und benutzt Geräte in seiner Nähe.

Eines Tages treffen sich ihre Blicke, und es dauert nicht lange, bis die Männer anfangen, sich zu grüßen und über ihre Methoden und Trainingsgewohnheiten zu plaudern. Offenbar bewundert der Verdächtige den Körperbau, die Muskeln und die bessere Kondition des älteren Mannes, und deshalb fragt er ihn, wie er es bloß schafft, so gut in Form zu sein.

Der verdeckte Ermittler erklärt ihm, er halte eine eigens auf seinen Stoffwechsel abgestimmte Diät ein, die sich daran orientiere, wie seine Körper die verschiedenen Nährstoffe abbaue.

Natürlich will Su diese Diät auch ausprobieren, aber der Polizist antwortet, dazu habe er einen Spezialisten aufgesucht, der durch eine Blutanalyse festgestellt hätte, welche Nährstoffe ihm fehlten. Als Su auch zu diesem Arzt gehen will, erwidert der Polizist, dass diese neue Diät noch nicht zugelassen und deshalb ein bisschen illegal sei.

»Ich sag' dir was«, schlägt der Polizist vor. »Wenn du mich dran erinnerst, leihe ich mir von ihm die nötigen Instrumente, nehme dir Blut ab und gebe es ihm. Und dann erkläre ich dir, was du essen und welche Vitamine du nehmen sollst.«

Dem Verdächtigen gefällt dieser Vorschlag, und er spricht seinen neuen Freund immer wieder auf die Blutprobe an. Also bringt der Polizist irgendwann die Instrumente zum Training mit, sticht Su in den Finger und nimmt ihm ein wenig Blut ab. Das Blut stimmt mit den Spuren vom Tatort überein. Deshalb bekommt die Polizei einen Durchsuchungsbeschluss, findet weiteres Belastungsmaterial, und der Mann wird wegen Mordes angeklagt.

Unter den gefundenen Gegenständen befindet sich ein in den Vereinigten Staaten veröffentlichtes Buch mit dem Titel *The Rapist Files.* Es handelt sich um einen Sammelband, in dem Vergewaltiger über ihre Verbrechen berichten. In einem der Fälle schildert der Täter, wie er sein Opfer ins Bad geschleppt, zusammengeschlagen und vergewaltigt hat. Dann zerrt er die Frau vor den Spiegel, schlingt ihr eine Schnur um den Hals und zieht sie zusammen, bis das Opfer das Bewusstsein verliert. Er lockert die Schnur, die Frau kommt wieder zu sich, und er wiederholt das Ganze. Jedes Mal zieht er ein bisschen fester zu, sodass das Opfer seine eigene Ermordung buchstäblich beobachten kann. Der Mörder hatte diese Fantasien bereits vor der Tat.

Su war verheiratet, und die Polizei fand heraus, dass er seiner Frau vor Kurzem ein Kreuz geschenkt hatte, das mit dem Kettenanhänger der Ermordeten identisch war.

Der Staatsanwalt bat mich, zur Verhandlung nach Toronto zu kommen und ihn bei der Entwicklung einer Anklagestrategie zu beraten. Er ging davon aus, dass der Angeklagte aussagen und auf die Geschworenen sehr glaubhaft wirken könnte. Schließlich hatte er das Opfer gekannt, und außerdem war durch sexuellen Sadismus ausgelöste Aggression als Motiv nur schwer zu vermitteln. Als sich der Beschuldigte wirklich zu einer Aussage entschloss, wussten wir, dass wir ihn irgendwie aus dem Konzept bringen mussten.

Eines der wichtigsten Beweisstücke der Anklage war die blutbeschmierte Unterhose des Opfers. Ich schlug vor, der Staatsanwalt solle damit zum Platz des Beschuldigten gehen und ihn zwingen, das Wäschestück zu berühren. Denn ich hatte im Laufe einiger erfolgreicher Verhöre von Verdächtigen festgestellt, dass man den Täter verwirren kann, indem man seine Aufmerksamkeit auf einen mit dem Verbrechen in Zusammenhang stehenden Gegenstand lenkt: eine Habseligkeit des Opfers, die Mordwaffe selbst oder etwas, das für den Täter irgendeine Bedeutung hat. Beim Mord an der zwölfjährigen Mary Frances Stoner in Adairsville, Georgia, im Jahr 1979 brachten wir Darvell Gene Devier, den Hauptverdächtigen, so zu einem Geständnis: Wir legten den blutigen Stein, die Mordwaffe, in einem 45-Grad-Winkel vor ihn hin, dass er ihn immer ansehen musste. Devier wurde wegen vorsätzlichen Mordes verurteilt und 16 Jahre nach seiner Tat hingerichtet.

Auch in diesem Fall führte diese Strategie zum gewünschten Ergebnis. Als man Su das Höschen reichte, fühlte er sich sichtlich unbehaglich. Je länger er das Beweisstück in der Hand halten musste, desto unruhiger wurde er. Die Fassade des einfühlsamen, unschuldigen jungen Mannes begann zu bröckeln, und die Geschworenen erkannten, was für ein Mensch er in Wirklichkeit war.

Während einer Verhandlungspause begegnete ich dem Verteidiger auf dem Flur. Er meinte, es sei ein Jammer, dass sein Mandant im Zeugenstand so eine schlechte Figur gemacht habe.

»Was meinen Sie damit?«, fragte ich.

Er erklärte mir, wie bedauerlich es sei, dass die Geschworenen so einen ungünstigen Eindruck von dem Angeklagten gewonnen hätten. Es hörte sich fast an, als sei sein Mandant lediglich unpassend gekleidet gewesen.

»Machen Sie Witze?«, entgegnete ich. »Ihr Mandant ist das Lehrbuchbeispiel eines Versagers, der ein Mädchen vor dem Spiegel vergewaltigt hat, um seine aggressiven Hassfantasien abzureagieren. Und um das Maß vollzumachen, nimmt er das Kreuz und schenkt es seiner Frau, damit er sich besser vorstellen kann, dass er ihr dasselbe antut wie seinem Opfer. Sie verteidigen einen klassischen Killer«, sagte ich.

Ähnlich wie bei den Interviews, die wir im Gefängnis durchgeführt haben, kommt man der Wahrheit oft rasch auf den Grund, wenn man den Täter und seine Verbrechen gut kennt.

Wäre Su nicht gefasst und verurteilt worden, hätte er sich zweifellos zu Kanadas nächstem Serienmörder entwickelt.

KAPITEL DREI

BONBONS VON FREMDEN MÄNNERN

Als meine Tochter Lauren etwa acht Jahre alt war, besuchte ich mit ihr im Frühling einen Jahrmarkt in einem Park ganz in der Nähe unseres Hauses. Es gab Eis, Hotdogs, Zuckerwatte, Ausstellungen und Buden, die alle möglichen kunstgewerblichen Gegenstände verkauften, und Fahrgeschäfte für die Kinder. Die Stimmung war ausgelassen, die Leute amüsierten sich offenbar großartig.

Vielleicht liegt es an meiner Zeit als Rettungsschwimmer, dass ich in Menschenmengen immer auf der Hut bin. Ständig rechne ich mit einem Hilferuf, einem Menschen in Not oder mit einem Ereignis, das mir merkwürdig vorkommt. Und als ich mich diesmal umsah, fiel mir ein Mann auf. Er war knapp über 1,70 Meter groß, hatte einen Bierbauch und trug eine Brille. Um seinen Hals hing eine Kamera, und er beobachtete die Kinder beim Ponyreiten. Selbst aus einer Entfernung von etwa fünf Metern erkannte ich an seinem Blick, dass er nicht der Vater eines der reitenden Kinder war. Er betrachtete die Kleinen auf den Ponys mit einem Ausdruck, den ich nur als »lüstern« beschreiben kann.

Ich hielt das für eine günstige Gelegenheit, Lauren etwas Wichtiges beizubringen. »Lauren, siehst du den Mann da drüben?«, fragte ich sie.

»Welchen Mann?«

»Den da drüben. Siehst du ihn? Schau dir an, wie er die Kinder beobachtet. Das ist einer von den Typen, vor denen ich dich immer warne.«

»Dad, sei doch ruhig!«, zischte sie.

»Nein«, antwortete ich. »Dreh dich um und sieh ihn dir gut an. Pass auf, was er macht. Schau, wie er das kleine Mädchen anstarrt, das gerade vom Pony steigt.«

»Ja, Dad. Aber jetzt hör auf! Das ist mir peinlich. Er könnte uns hören.«

»Nein, Lauren, warten wir mal ab, was er jetzt tut. Er folgt diesen Kindern. Siehst du, wie er ihnen nachgeht?«

So beschatteten wir ihn, als er den kleinen Mädchen durch den Park nachschlich und hin und wieder ein Foto von ihnen machte. Allmählich begriff Lauren, dass dieser Mann nicht einfach ein netter Mensch war, der auf einem Jahrmarkt den Kindern zuschaute. Ich erklärte ihr, dass solche Männer nicht im Voraus planen und dann ein Kind auf der Straße in ihre Gewalt bringen. So ein Mann würde nie zu unserer Garagenauffahrt kommen und sie vom Fahrrad zerren. Aber was ist, wenn sie allein von Haus zu Haus geht, um Kekse für die Pfadfinderinnen zu verkaufen oder an Halloween Süßigkeiten zu erbitten, und dabei zufällig an seine Tür klopft? Was ist, wenn dann kein Erwachsener in der Nähe und die Gelegenheit günstig ist und auch der Zeitpunkt passt? Wenn ich so etwas zulassen würde, hätte ich meine Tochter dem Täter buchstäblich auf einem silbernen Tablett serviert.

Etwa zwei Jahre später machte sich meine kleine Lektion bezahlt. Lauren war allein in einer der Hauptstraßen unserer Kleinstadt unterwegs, als sie demselben Mann begegnete. Er verfolgte und fotografierte sie. Einer Zehnjährigen mag so ein Kerl harmlos, interessant oder sogar bedauernswert erscheinen. Aber dank unseres Erlebnisses vor zwei Jahren auf dem Volksfest und meiner eindringlichen Warnung war ihr sofort klar, was der Mann im Schilde führte. Und sie wusste sich in dieser Situation zu helfen. Sie lief in einen Laden, sah sich um und sprach dann eine Kundin an. Nach allen Regeln der Kunst spielte sie dem Mann vor, die Frau sei ihre Mutter, sodass er sich umgehend aus dem Staub machte.

Derartige Vorfälle ereignen sich regelmäßig. Sie fallen uns nur deshalb nicht auf, weil unser Blick dafür zu wenig geschult ist. Etwa fünf Jahre vor diesem Zwischenfall waren Pam und ich mit unserer damals zehnjährigen ältesten Tochter Erika in Hampton, Virginia. Wir gingen hinunter zum malerischen Hafen, wo es alle möglichen Läden und

Touristenattraktionen gab. Eine Gruppe kleiner Mädchen führte gerade einen Tanz auf. Als ich näher hinsah, bemerkte ich in der etwa 150 Personen zählenden Zuschauermenge einen Mann. Er war ungefähr Anfang 40 und trug einen Fotoapparat um den Hals.

Ich stieß Pam an. »Ja, ja, ich habe ihn auch gesehen. Ich weiß schon, was du sagen willst«, meinte sie, denn sie war an diese Berufskrankheit von mir gewöhnt. Mir war der Blick des Mannes sofort aufgefallen. Er starrte die kleinen Mädchen an, als wären sie Popstars.

Ganz sicher wird so ein Mann nicht vor einer Versammlung von Zeugen ein Kind in seine Gewalt bringen. Wahrscheinlich ist ihm selbst noch gar nicht klar, dass er seine Fantasien möglicherweise irgendwann ausleben wird.

Doch er hat seine Kamera, und vielleicht sticht ihm, wenn die Kinder nach dem Auftritt von der Bühne gehen, eines ganz besonders ins Auge, weil es seine Kriterien erfüllt. Welche Kriterien könnten das sein? Vermutlich das Geschlecht (in diesem Fall Mädchen) und ein bestimmtes Aussehen. Allerdings sind die Signale, die es durch sein Verhalten aussendet – und unser Mann ist dafür ganz besonders empfänglich –, noch um einiges wichtiger. Bestimmt wird er sich ein Kind aussuchen, das nicht lebhaft und selbstbewusst, sondern eher schüchtern und verunsichert wirkt. Sein ideales Opfer ist ziemlich naiv und eher zurückhaltend für sein Alter und lässt sich von Komplimenten und Aufmerksamkeit leicht beeindrucken. Und natürlich darf auch kein Elternteil oder eine andere Aufsichtsperson in der Nähe sein.

Vielleicht wird er die Kleine ansprechen und ihr sagen, wie gut sie ihm auf der Bühne gefallen hat. Er wird ihr vormachen, dass er für eine Zeitschrift oder eine Ballettschule arbeitet, und sie fragen, ob er sie draußen fotografieren kann, wo das Licht besser ist. Und wenn es ihm gelingt, sie von den anderen Menschen wegzulocken, und sie freiwillig mitkommt, führt eins zum anderen. Möglicherweise sehen wir das kleine Mädchen nie wieder.

Genau das geschah mit Alison Parrott.

Ende Juli 1986 hielt ich in Toronto einen Vortrag auf einem Kongress des Verbandes der amerikanischen und kanadischen Staatsanwälte, an dem etwa 500 Ankläger aus beiden Ländern teilnahmen. Meine Verbindungen zur städtischen Polizei von Toronto waren recht gut, denn ich hatte zwei Jahre zuvor im Fall Christine Jessop – auf den ich später noch zu sprechen komme – mit den Beamten zusammengearbeitet; außerdem hatte ich die Polizei bei den Ermittlungen anlässlich des Babysterbens im Kinderkrankenhaus von Toronto unterstützt. Nach meinem Vortrag bat man mich um Rat im Fall eines kleinen Mädchens, das nach Verlassen des Elternhauses am Freitagvormittag verschwunden war. Man hatte die Leiche des Kindes später in einem Park aufgefunden.

Alison Parrott war elf Jahre alt und eine erfolgreiche Leichtathletin, die sich gerade auf einen Wettkampf in New Jersey vorbereitete. Über dieses wichtige Ereignis war in allen Lokalzeitungen berichtet worden, und es waren auch Fotos von Alison im Sportdress ihrer Schule erschienen.

Die Polizei verfügte über folgende Informationen: Alisons Mutter Lesley hatte einen Anruf von einem Mann erhalten, der sich als Fotograf ausgab und Alison im Auftrag einer Sportzeitschrift im Varsity-Stadion fotografieren wollte. Alison hatte zugestimmt und war um die verabredete Zeit allein mit der U-Bahn von dem Vorort, in dem sie wohnte, losgefahren. An der Haltestelle St. George war sie ausgestiegen und in Richtung Stadion gegangen. Das war bekannt, weil ihre Beine ins Blickfeld der Überwachungskamera einer Bank geraten waren, die alle 15 Sekunden eine Aufnahme machte. Alisons Mutter erkannte sie auf diesen Fotos an ihrer Kleidung und ihren Schuhen.

Alison kehrte nie nach Hause zurück. Knapp 24 Stunden später wurde ihre nackte Leiche am schlammigen Ufer des Humber River von zwei Jungen entdeckt, die im King's Mill Park in Etobicoke spazieren gingen. Die Leiche war nicht zugedeckt, und in Nase, Mund und Anus hatten sich bereits Insektenlarven eingenistet. Die Blutungen im Rektum wiesen auf sexuellen Missbrauch hin. Der Tod war offenbar durch Erdrosseln eingetreten.

Die Polizei brachte mich zum Fundort. Nach Prüfung des Szenarios und der Indizien am Tatort stellte ich mir als Täter einen weißen, seriös und harmlos wirkenden Mann über 30 vor. Vielleicht hatte er durch seinen Beruf Kontakt mit Kindern, wenn auch nur indirekt, etwa als Hausmeister in einer Schule. Möglicherweise war er schon früher mit dem Gesetz in Konflikt geraten, aber es hatte sich wahrscheinlich nur um vage Anschuldigungen wegen seines ungewöhnlichen Verhaltens gegenüber Kindern gehandelt. Ich glaubte nicht, dass er bereits wegen Mordes oder eines anderen Gewaltverbrechens festgenommen worden war. Sicher hatte er ein Faible fürs Fotografieren und war zumindest ein begabter Amateur. Er wohnte mit Sicherheit in der Stadt und ging in seiner Freizeit zum Jagen oder zum Fischen.

Einige Aspekte der Tat brachten mich auf den Gedanken, dass es ein älterer und gebildeter Mann sein musste. Nachdem er den Zeitungsartikel über Alison gelesen hatte, war die Kleine zum Objekt seiner Fantasien geworden, und er hatte sich einen Plan zurechtgelegt, um sie kennenzulernen. Da er ihre Privatadresse nicht kannte, hatte er unter einem Vorwand sämtliche Parrotts im Telefonbuch abgeklappert und nach Alison gefragt, bis er endlich fündig geworden war. Am Telefon wirkte er glaubhaft und charmant, und er hatte sich seine Worte vorher sorgfältig zurechtgelegt, um Alison dazu zu überreden, sich außerhalb von Elternhaus und Schule mit ihm zu treffen. Dieses Maß an Vorbereitung und Schlauheit wies auf einen intelligenten Täter im fortgeschrittenen Alter hin, der systematisch vorging. Vermutlich hatte er diese Methode bereits bei anderen Kindern angewandt, wenn auch nicht mit derart tragischem Ausgang für die Opfer. Jedenfalls war diese Begegnung weder spontan noch zufällig zustande gekommen.

Auch die nachfolgenden Ereignisse, wie ich sie rekonstruierte, waren meiner Meinung nach genau geplant. Ich stellte es mir so vor, dass Alison am Stadion ankommt. Dort wird sie von einem Mann mit einer Kamera angesprochen, der aussieht wie ein Fotograf. Aber er kann nicht ins Stadion hinein, und selbst wenn das möglich wäre, würde ihm die Situation dann entgleiten. Schließlich gibt es in einem Stadion Wachpersonal, das ihn sofort zur Rede stellen würde.

Deshalb muss er das Mädchen an einen Ort bringen, wo er ungestört ist. Er erzählt ihr, das Licht sei wegen der Bewölkung, der Tageszeit oder aus irgendeinem anderen Grund ungeeignet. Er schlägt vor, woandershin zu fahren, wahrscheinlich in den Park, wo ihre Leiche gefunden wurde. Auf diese Weise lockt er sie in sein Auto.

Was für ein Auto mochte es wohl gewesen sein? Wahrscheinlich ein Firmentransporter, der hinten keine Fenster hat. In diesem Wagen wurde Alison sexuell missbraucht. Zwischen dem Stadion und dem Park herrschte um diese Tageszeit nämlich lebhafter Verkehr – unmöglich also, eine Stelle zu finden, wo man ein kleines Mädchen am helllichten Tag unbeobachtet vergewaltigen kann. Aufgrund meiner Erfahrungen mit ähnlichen Fällen wies für mich deshalb alles auf einen Kleintransporter hin.

Trotz der sorgfältigen Planung und Vorbereitung hatte der Mann nicht unbedingt vorgehabt, das Kind zu töten. Vermutlich hat er nicht einmal mit diesem Gedanken gespielt. Viele sadistisch veranlagte Sexualverbrecher bevorzugen Transporter – so zum Beispiel Steven Pennell. Er vergewaltigte, folterte und ermordete in Delaware Frauen, die er in seinem Transporter als Anhalterinnen mitgenommen hatte. Nach einer Gerichtsverhandlung, in der ich zum Aspekt der Handschrift seiner Verbrechen aussagte, wurde Pennell 1992 mit der Giftspritze hingerichtet – ein Tod, der um einiges gnädiger war als die Qualen, die er seinen unschuldigen Opfern zugefügt hatte.

Genau das war der Punkt. Pennell kannte keine Gnade und fand nur sexuelle Befriedigung, wenn er seine Opfer misshandelte und absolute Macht über sie ausübte. Sein Transporter war mit einer »Vergewaltigungsausrüstung« ausgestattet – Fesseln, Zangen, Messern, Nadeln, Peitschen und allen möglichen anderen Folterinstrumenten. Ein normaler Sexualkontakt zu diesen Frauen – selbst wenn sie einverstanden gewesen wären – hätte ihn nicht befriedigt. Ihm kam es nur darauf an, seinen Opfern wehzutun, sie zu quälen und sich an ihren Schreien und an ihrem Tod aufzugeilen.

Auf Alisons Mörder hingegen passte dieses Persönlichkeitsprofil nicht. Er hatte seinem Opfer zwar brutale sexuelle Gewalt angetan, es aber relativ schmerzlos getötet. An der Leiche wurden keine Spuren von Folter oder Misshandlungen aus reinem Vergnügen festgestellt. Ich tippte eher darauf, dass der Mann in seinem Wahn gedacht hatte, eine wirkliche Beziehung zu dem hübschen kleinen Mädchen aufbauen zu können. Und dass sie freiwillig ins Auto gestiegen war, hatte ihn wahrscheinlich noch in dem Glauben bestärkt, dass sie ein persönliches Interesse an ihm hatte.

Doch auf dem Weg zu dem etwa siebeneinhalb Kilometer entfernt liegenden Park nehmen die Probleme ihren Anfang. Die meisten dieser Männer haben sehr verschrobene Vorstellungen davon, wie ein Kind auf sie reagieren wird. Der Mann hat sich wohl vorgestellt, dass sie auf seine sexuellen Avancen eingehen würde wie eine erwachsene Frau, die ihn anziehend findet. Plötzlich ist er aber mit einem verängstigten kleinen Mädchen konfrontiert, das sich gegen ihn wehrt. Das Kind weint, schreit vor Schmerzen und will nach Hause. So verliert er rasch den Überblick über die Situation.

Er kann sie nicht freilassen, weil sie ihn sonst verraten würde. Schließlich hat er sich nicht maskiert oder sein Aussehen irgendwie sonst verändert. Außerdem ist sein Opfer kein drei- oder vierjähriges Kleinkind, das vielleicht nicht erzählen kann, was passiert ist. Es ist ein kluges Mädchen, fast ein Teenager, und es könnte ihn und sein Auto problemlos identifizieren. Alle würden ihr glauben, wie hartnäckig er auch leugnet. Und da er sie bereits vergewaltigt hat, muss er sie loswerden.

Er wählt die Methode, die ihm am wenigsten Mühe bereitet und die verhältnismäßig schmerzlos für das Opfer ist. Da er wahrscheinlich keine Waffe hat – denn das ist nicht sein Stil –, erdrosselt er sie hinten im Wagen. Jetzt muss er nur noch die Leiche beseitigen.

Auf welche Weise sich der Mörder der Leiche entledigt, ist ein wichtiger Aspekt des Verbrechens, und ich konnte daraus auch in diesem Fall eine Menge über den Gesuchten schließen. Als die Polizei mich zum Park brachte, wusste ich sofort, dass der Mann in der Stadt wohnte und sich in der Gegend gut auskannte. Er hatte Alison an einen Ort geschafft, der ihm vertraut war – schließlich war er gezwungen gewesen, mit einer Toten im Arm nachts durch den dunklen Wald zu gehen. All das deutete auf einen Menschen hin, der die Örtlichkeiten kennt, weiß, womit er zu rechnen hat, und nicht erwartet, von jemandem gestört zu werden.

Im Wald hätten sich ihm verschiedene Möglichkeiten geboten, die Leiche loszuwerden. Er hätte sie in den Fluss werfen können, der durch den Park fließt. Dadurch hätte er ihre Entdeckung um einiges verzögert und außerdem den Gerichtsmedizinern die Arbeit erschwert. Er hätte sie auch tiefer im Wald verstecken können, wo sie vielleicht erst in skelettiertem Zustand gefunden worden wäre.

Aber er entschloss sich, die Leiche neben einem Pfad abzulegen, damit jemand darauf stoßen würde, bevor sie verweste. Im Gegensatz zu vielen anderen Tätern behandelt er das tote Mädchen nicht wie ein Stück Abfall. Er will, dass man sie entdeckt. Sie soll geborgen werden und ein anständiges Begräbnis bekommen. Angesichts solcher Hinweise bin ich immer zuversichtlich, dass wir den Mörder schnappen werden, denn er leidet unter seiner Tat.

Ein solches Verhalten weist eindeutig darauf hin, dass der Täter Reue empfindet. Ein sadistisch veranlagter Sexualverbrecher, selbst einer, der sich durch die Folterung von Kindern erregt, ist möglicherweise stolz auf sein »Werk«. Voller Befriedigung erinnert er sich daran, wie gut es ihm gelungen ist, Gewalt über sein Opfer auszuüben, es zu unterdrücken und zu beherrschen, sodass er sein abscheuliches Vorhaben in die Tat umsetzen konnte. Bei einem Mann, der von einer »normalen« Liebesbeziehung mit einer Zwölfjährigen träumt, liegt der Fall hingegen anders. Er bricht zusammen, sobald ihm klar wird, dass sein Wunschtraum nicht in Erfüllung gehen wird, und fühlt sich vermutlich wie ein Versager. Ganz sicher ist er nicht stolz auf seine Tat – vermutlich wird er sie bedauern.

Das wiederum gibt uns die Möglichkeit, proaktive Methoden anzuwenden, die genau auf seine Schwächen abzielen. Und so können wir ihn fassen.

Ich würde Alison Parrotts Mörder zwar nicht als Serientäter bezeichnen, doch seine kriminelle Fantasie lässt vermuten, dass er zu einem weiteren Mord fähig wäre, wenn die Gelegenheit günstig ist. Die Einblicke in das Verhalten, die wir im Rahmen unserer Untersuchung von Serienmördern gewonnen haben, können in diesem Zusammenhang sehr hilfreich sein. Bei diesem Tätertyp trägt die Erstellung eines Profils möglicherweise dazu bei, den Kreis der Verdächtigen einzuengen oder einen neuen Verdächtigen zu identifizieren, auf den wir im Laufe der Ermittlungen aufmerksam werden. Für mich und meine Mitarbeiter bietet jedoch ein Täterprofil vor allem die nötigen Informationen, um proaktive Strategien zu entwickeln, und darauf sollte auch der Schwerpunkt liegen.

Es ist nicht nötig, hier auf sämtliche Einzelheiten dieses konkreten Profils einzugehen. Wichtig ist nur das Wissen, dass der Mörder sich wegen seiner Tat schuldig fühlt – und dessen konnten wir uns nach näherer Untersuchung des Verbrechens und des Tatorts sicher sein. Deshalb riet ich der Polizei, den Gesuchten an das Grab seines Opfers zu locken. Unsere Untersuchungen haben ergeben, dass es Mörder aus zwei Gründen ans Grab ihrer Opfer zieht, zwei Motiven, die einander im Allgemeinen ausschließen: Entweder empfinden sie Reue, oder sie wollen ihren großen Moment noch einmal durchleben und sich symbolisch gesehen im eigenen Dreck suhlen. In diesem Fall war gewiss Reue im Spiel, und es gab verschiedene Wege, sich das zunutze zu machen.

Ich schlug vor, Zeitungsartikel über Alison zu veröffentlichen, die ihre Leistungen hervorhoben und sie als Person darstellten. Da der Täter sich bestimmt größte Mühe gab, in ihr ein namenloses Opfer zu sehen, würde er so wieder damit konfrontiert werden, dass er einen Menschen umgebracht hatte. Außerdem empfahl ich, einen groß angekündigten Gedenkgottesdienst am Grab oder am Fundort der Leiche abzuhalten. In der Hoffnung, dass jemand vielleicht den Täter identifizieren oder beschreiben konnte, sollte überall verbreitet werden, dass er sich bereits an anderen Kindern vergangen hatte. Ich glaubte, dass er sich vor der Tat Mut angetrunken hatte. Vermutlich trank er seit dem Mord noch mehr, um seine innere Anspannung zu bekämpfen. Also hatten die Menschen in seinem näheren Umfeld – Freunde, Verwandte und Kollegen – sicher Veränderungen in seinem Verhalten und seinem Äußeren bemerkt. Auch das konnte wertvolle Hinweise erbringen.

Und da ich mir noch immer ziemlich sicher war, dass der Täter einen Transporter benutzt hatte, riet ich dazu, ihn zu verunsichern. Die Polizei sollte öffentlich erklären, ein verdächtiger Transporter sei in der Nähe des Stadions und des Parks gesehen worden, und um weitere Informationen über dieses Fahrzeug bitten. So bestand vielleicht die Möglichkeit, dass der Gesuchte sich meldete, um den Verdacht von dem Transporter abzulenken. Vielleicht würde er sich als Besitzer des fraglichen Autos zu erkennen geben, aber mit einer harmlosen Erklärung aufwarten. Und dann würde die Falle zuschnappen.

Alison Parrotts Mörder wurde nie gefasst, obwohl die Polizei von Toronto 50 000 Dollar Belohnung für sämtliche Hinweise aussetzte, die zu seiner Verhaftung führten. Der Mord hatte die Beamten sehr erschüttert. Meine Kollegen in Quantico und ich bedauern es sehr, dass wir uns in den meisten Fällen nicht intensiver an den Ermittlungen beteiligen und unsere Vorschläge selbst in die Tat umsetzen können. Ich mache der Polizei von Toronto keinen Vorwurf, es ist eine sehr fähige Behörde. Zum Zeitpunkt dieses Mordes betrug ihre Aufklärungsquote mehr als 90 Prozent; im Vorjahr war nur ein einziger Fall ungelöst geblieben. Engagiert klapperten die Beamten jedes Fotogeschäft in der Stadt ab und beschrieben den Gesuchten anhand unseres Profils. Allerdings wurden einige meiner weiteren Ratschläge nicht befolgt. Jeder hat seine eigenen Methoden und Vorgehensweisen, und wenn wir nicht mehr vor Ort sind, landen viele unserer Tipps in der Schreibtischschublade. Bis heute bin ich davon überzeugt, dass es möglich sein muss, diesen Mann zu fassen, obwohl das nach so vielen Jahren wahrscheinlich um einiges schwieriger ist als damals. In Fällen, bei denen wir annehmen, dass Täter und Opfer einander gekannt haben, wählen wir eine konservativere Herangehensweise – schließlich ist der Kreis der Verdächtigen begrenzt. Doch wenn es sich beim Täter offensichtlich um einen Fremden handelt, muss man häufig einen ungewöhnlicheren, kreativeren Weg beschreiten.

Ich würde dazu raten, die Schwachpunkte des Täters zu suchen, die natürlich bei einem Unbekannten nicht leicht zu ermitteln sind. In diesem Fall jedoch glaube ich, dass man bei der Reue des Täters ansetzen und den psychischen Druck auf ihn verstärken muss. Zum Beispiel würde ich Alisons Geburts- und Todestag nutzen, um den Täter zu einer Reaktion zu zwingen. Ich würde ihn ständig daran erinnern, was dieser Tag bedeutet. Man möchte meinen, dass ein Täter, der meine Strategie kennt und somit vorgewarnt ist, uns nicht mehr auf den Leim gehen wird. Doch nach jahrelanger Erfahrung kann ich sagen, dass er sich umso eher verraten wird, je größere Mühe er sich gibt, uns in die Irre zu führen. Durch sein Verhalten liefert er uns weitere Anhaltspunkte – denn es gibt weder ein perfektes Verbrechen noch den perfekten Verbrecher.

Für mich war Alisons Tod in doppelter Hinsicht tragisch. Nicht nur wurde das junge Leben eines von vielen Menschen geliebten und begabten kleinen Mädchens ausgelöscht, ohne dass der Täter seine gerechte Strafe bekam. Nein, dieser Mord hätte verhindert werden können. Wenn Alison von ihren Eltern oder einer anderen Aufsichtsperson zu diesem Treffen mit dem angeblichen Fotografen begleitet worden wäre, hätte die Tat nie stattgefunden. Der Mann hätte seine Fotos gemacht – wenn auch nicht für eine Zeitschrift, sondern zu seinem eigenen Vergnügen – und wäre dann seiner Wege gegangen. Die Vorstellung, dass dieser Perverse die Bilder von Kindern als Masturbationsvorlage benutzt und sich daran aufgeilt, wie knapp sie ihm entgangen sind, ist zwar ziemlich abstoßend, doch Alison hätte nie davon erfahren und wäre heute noch am Leben. Vermutlich war der Täter ziemlich erschrocken, als sie allein kam. Und es kann sein, dass er sie für selbstständig und erwachsen hielt und dadurch den letzten Rest an Hemmungen verlor.

Als Eltern können wir vielleicht nicht all die schrecklichen Verbrechen an Kindern verhindern, die mir im Laufe meines Berufslebens untergekommen sind – wir sind aber auch nicht völlig machtlos. Es ist jedoch unumgänglich, dass wir uns vergegenwärtigen, wie diese Verbrechen normalerweise ablaufen, und uns ein Bild von der Persönlichkeit und den Motiven des Täters machen. Ich sage es zwar nur sehr ungern, aber wir dürfen nicht mehr so vertrauensselig sein. Es tut mir leid, dass ich meinen Kindern diese Botschaft vermitteln muss, doch wir können die Augen nicht vor den Realitäten unserer modernen Welt verschließen. Das heißt nicht, dass wir überängstlich werden und hinter jedem Busch ein Ungeheuer vermuten müssen. Kindesentführungen kommen statistisch gesehen eher selten vor, und meistens ist der Täter das Elternteil, dem das Sorgerecht entzogen wurde. Also brauchen wir uns nicht verrückt zu machen. Wir müssen nur vorsichtig und wachsam sein.

Etwa 65 Kilometer von dem Ort entfernt, an dem Alison Parrotts Leiche gefunden wurde, hatte ein völlig anderer Tätertyp zugeschlagen. Dieser Mann war ein wirkliches Ungeheuer und hatte den Tod von Kristen French auf dem Gewissen – wie sich später herausstellen sollte, gingen noch zwei weitere Morde auf sein Konto.

Kristen Dawn French muss ein außergewöhnliches junges Mädchen gewesen sein. Sie stammte aus St. Catharines in Ontario, das in der Nähe der Niagarafälle und an der Grenze zum Bundesstaat New York liegt. Kristen war eine Schönheit mit langem, seidig-schwarzem Haar und das ganze Glück ihrer Familie. Bei ihren Freunden und den Lehrern der Holy Cross Secondary School, in der sie mit ausgezeichneten Noten glänzte, war sie sehr beliebt. Seit ihrer Kindheit lief sie gerne Schlittschuh und hatte sich inzwischen zu einer begabten Eiskunstläuferin entwickelt. Ihre Freundinnen berichteten, dass sie stets gut gelaunt, hilfsbereit und ausgeglichen war. Gerade hatte sie ihren ersten Freund kennengelernt und war bis über beide Ohren verliebt.

Am 16. April 1992, kurz vor 15 Uhr – es war ein verregneter Gründonnerstag –, einen knappen Monat vor ihrem 16. Geburtstag, verschwand Kristen French auf dem Heimweg von der Schule. Dough und Donna French waren gewohnt, dass ihre Tochter stets pünktlich kam. Wenn sie sich doch einmal verspätete, rief sie immer an, um Bescheid zu sagen. Zuerst überlegten sie deshalb, ob Kristen vielleicht in der Schule nachsitzen musste, aber da das so überhaupt nicht zu ihr passte, verwarfen sie diesen Gedanken rasch. Als Kristen um 17 Uhr 30 noch immer nicht zu Hause war, meldete Donna ihre Tochter bei der Polizei als vermisst.

Zumindest einige Hinweise gab es: Fünf Zeugen hatten Beobachtungen gemacht, die vielleicht Aufschluss über Kristens Verschwinden geben konnten. Ein Mitschüler hatte Kristen gesehen, wie sie in ihrer Schuluniform – grün karierter Faltenrock, Strumpfhose, Pullover mit V-Ausschnitt, weiße Bluse und weinrote Slipper – nach Hause ging. Der Zeuge selbst war zu diesem Zeitpunkt, um 14 Uhr 50, mit seinem Kleintransporter in die Unwell Road eingebogen. Ein weiterer Zeuge hatte einen beigen Chevrolet Camaro mit verrostetem Heck und Grundierungslack an den Seiten bemerkt, der etwa zwei Minuten später vor der Grace Lutheran Church gehalten hatte. Drei Minuten danach hatten die beiden Männer im Auto durch das heruntergekurbelte Fenster mit Kristen gesprochen. Der Fahrer war zwischen 24 und 30 Jahre alt gewesen und hatte braunes Haar gehabt. Eine dritte Zeugin, die ihre Tochter in der Innenstadt abholen wollte, glaubte ein Mädchen gesehen zu haben, das sich gegen einen der Wageninsassen zur Wehr setzte. Der Mann hatte versucht, sie auf den rotbraunen Rücksitz des Autos zu ziehen. Doch die Zeugin war davon ausgegangen, dass es sich nur um eine scherzhafte Rangelei oder einen kleinen Streit zwischen einem Liebespärchen handelte. Die Zeugen Nummer vier und fünf waren Autofahrer, die nur knapp einem Zusammenstoß mit dem Camaro entgangen waren, als dieser gegen 15 Uhr den Parkplatz der Kirche mit überhöhter Geschwindigkeit verließ. Andere Zeugen meinten, sie hätten einige Tage vor der Entführung ein ähnliches Auto in der Gegend um Holy Cross und in der Nähe der Lakeport High School gesehen. Deshalb vermutete die Polizei, dass die Täter Kristen und andere Schülerinnen schon seit Tagen beobachtet und die Entführung sorgfältig geplant hatten.

Die Ermittlungen liefen schon bald auf Hochtouren. Polizeipsychologen versuchten, den Zeugen durch Hypnose weitere Erinnerungen an den besagten Nachmittag zu entlocken. Einige der Zeugen erwähnten ein älteres Paar, das während der Entführung an der Kirche vorbeigekommen war und erschrocken auf das Auto und Kristen gedeutet hatte. Es wurde nie festgestellt, ob es diese Leute wirklich gab. Jedenfalls haben sie sich nie gemeldet.

Alle diese Informationen waren wichtig. Allerdings habe ich schon oft erlebt, dass auch Hinweisen Bedeutung beigemessen wurde, die eigentlich gar nichts mit dem Fall zu tun hatten. Eine unwichtige oder sogar falsche Information kann die ganze Ermittlung in eine Sackgasse führen. Deshalb empfehle ich stets, sich stärker auf die Analyse des Verbrechens selbst zu konzentrieren als auf einzelne Hinweise.

Die Spurensicherung hatte die Reifenabdrücke auf dem Parkplatz identifiziert und außerdem eine abgenutzte, zusammengefaltete Karte von Kanada und eine Haarsträhne gefunden, die anscheinend von Kristen stammte. Am Karfreitag machte sich die ganze Stadt auf die Suche nach dem vermissten Mädchen. Als Michelle Tousignant, eine gute Freundin von Kristen und ebenfalls Eiskunstläuferin, mit ihrer Mutter die Linwell Road entlangfuhr, bemerkte sie einen linken weinroten Schuh, der aussah wie Kristens. Sie übergab ihn zwei Polizisten, die gerade auf Kristens üblichem Heimweg sämtliche Häuser abklapperten. Donna French erkannte den mit einer Einlage ausgestatteten Schuh als den ihrer Tochter.

Die Suche und die Ermittlungen dauerten an. Auch die Schüler von Holy Cross ließen ihre Freundin nicht im Stich und schmückten Bäume und Masten als Symbol der Hoffnung und des Gedenkens mit grünen Bändern. Dough French appellierte in den Medien an die Entführer, ihm seine Tochter unversehrt zurückzugeben, während seine Frau sich mit den Gedanken an die Leiden quälte, die Kristen wohl im Augenblick durchmachte. Fast jede Nacht wurde sie von Albträumen gepeinigt, in denen ihre Tochter sie um Hilfe rief. Doch ganz gleich, was sie auch tat, sie konnte sie nicht finden.

Kristens Verschwinden gab zu einer weiteren schrecklichen Sorge Anlass, denn in dieser relativ friedlichen Gegend Kanadas trieb ein Serienmörder sein Unwesen. Am 14. Juni des vergangenen Jahres hatte Leslie Erin Mahaffy – wie Kristen French knapp 16 Jahre alt – um 19 Uhr das Haus verlassen. Sie lebte am Westufer des Ontariosees, gegenüber von St. Catharines, einer Region, die man auch »Das Goldene Hufeisen« nennt.

Das hübsche Mädchen, das die neunte Klasse der Burlington High School besuchte, wollte zu einer Totenfeier in das Bestattungsinstitut Smith. Ein Schulfreund namens Chris Evans war zusammen mit drei anderen jungen Leuten bei einem Verkehrsunfall ums Leben gekommen. Leslie hatte ihrer Mutter Debbie, Lehrerin im nahe gelegenen Halton, versprochen, wie vereinbart um 23 Uhr zu Hause zu sein.

Diese Streitereien wegen des pünktlichen Nachhausekommens gehörten zu den Problemen und Konflikten, die seit einiger Zeit zwischen Mutter und Tochter herrschten. Leslie war immer ein kluges, aufgewecktes und selbstständiges Mädchen gewesen. Doch als sie 15 wurde, entwickelte sie die für Pubertierende typische Überspanntheit und Aufsässigkeit. Trotz der Verbote ihrer Eltern blieb sie abends immer länger aus und kam manchmal die ganze Nacht nicht nach Hause. Einmal wurde sie sogar beim Ladendiebstahl ertappt. Vielleicht verstärkten sich die Probleme auch dadurch, dass ihr Vater Robert, den alle nur Dan nannten, oft wegen seines Berufs als Ozeanograf verreisen musste.

Nach der Trauerfeier kamen Leslie und ein paar Mitschüler in einer Waldlichtung zusammen, einem beliebten Treffpunkt der Jugendlichen, um ein paar Dosen Bier zu trinken und ihres verstorbenen Freundes zu gedenken. Es war schon fast 2 Uhr nachts, als sich Leslie in Begleitung eines Freundes, der sie nach Hause bringen wollte, auf den Heimweg machte. Das Elternhaus war dunkel. Leslie schickte ihren Freund mit den Worten weg, dass sie die Standpauke ihrer Eltern schon allein überstehen würde. Also verabschiedete sich der Junge und versprach, Leslie am nächsten Morgen zur Beerdigung abzuholen.

Doch als Leslie ins Haus wollte, stellte sie fest, dass alle Türen verschlossen waren. Ihre Mutter hatte sie ausgesperrt, um ihr eine Lektion zu erteilen. Leslie würde klingeln und sie wecken müssen und somit keine Möglichkeit haben, die Gardinenpredigt und die nachfolgende Bestrafung hinauszuschieben.

Aber Leslie ging zur Upper Middle Road, rief ihre Freundin Amanda Carpino an und fragte sie, ob sie bei ihr übernachten könnte. Doch Amanda traute sich nicht, ihre Mutter Jacqueline zu fragen. Sie wusste, dass Leslie schon seit längerer Zeit Schwierigkeiten mit ihrer Mutter hatte, denn Mrs Mahaffy hatte Mrs Carpino ihr Herz ausgeschüttet. Zufällig rief Amandas kleine Schwester, die in dieser Nacht bei einer Freundin schlief, kurz darauf an, weil sie sich schlecht fühlte und abgeholt werden wollte. Also zog sich Jacqueline Carpino gegen halb drei an und fuhr los. Da sie das Telefonat zwischen Leslie und Amanda mitbekommen hatte, nahm sie die Upper Middle Road, um Leslie aufzulesen.

Allerdings hatte Leslie inzwischen offenbar beschlossen, doch nach Hause zu gehen und das Donnerwetter hinter sich zu bringen.

Aber Leslie kam nie zu Hause an. Als Debbie Mahaffy am nächsten Morgen aufwachte, war ihre Tochter verschwunden. Da Leslie schon öfter spontan bei einer Freundin übernachtet hatte, machte sich Debbie erst Sorgen, als ihre Tochter nicht zu Chris Evans' Beerdigung erschien. Debbie fand das merkwürdig, weil Leslie auf jeden Fall hatte hingehen wollen. Um 16 Uhr 30 bekam sie es schließlich mit der Angst zu tun und meldete Leslie bei der Polizei in Halton als vermisst. In den nächsten Tagen plakatierten Leslies Familie und Freunde mehr als 500 Steckbriefe in Burlington und Halton und hofften auf Hinweise.

Am 29. Juni 1991, exakt zwei Wochen nach ihrem Verschwinden, wurde Leslies zerstückelte Leiche, in Betonklötze eingegossen, im

Ufergewässer des nahe gelegenen Gibson Lake gefunden. Die Autopsie ergab, dass sie brutal vergewaltigt worden war.

Alle Eltern, deren Kind Opfer eines Gewaltverbrechens geworden ist, durchleben dieselben schrecklichen Zweifel. Sie zermartern sich das Hirn und quälen sich mit der Frage, ob sie die Tat vielleicht hätten verhindern können. Debbie Mahaffy machte da keine Ausnahme. Nach Leslies Verschwinden grübelte sie darüber nach, ob ihre Tochter noch am Leben wäre, wenn sie sie in jener Nacht nicht ausgesperrt hätte.

Noch bevor Leslies Eltern Gelegenheit hatten, ihre Tochter zu beerdigen, wurde Nina DeVilliers, ebenfalls ein Mädchen aus dem Ort, ermordet aufgefunden. Es gab zwar keine eindeutigen Hinweise auf einen Zusammenhang, doch zwei Mädchenmorde in derselben Gegend konnten kein Zufall sein. Seit November des vergangenen Jahres wurde außerdem Terri Anderson, auch sie 15 Jahre alt, vermisst. Sie war eine gute Schülerin und Cheerleader an der Lakeport High School, gleich neben Holy Cross. Um 2 Uhr nachts war sie aus ihrem Haus in der Linwell Road verschwunden. Sie war gerade von einer Party zurückgekehrt, wo sie angeblich zum ersten Mal mit LSD experimentiert hatte.

Das war die Situation, während die Tage zu Wochen wurden und Kristen French verschollen blieb. Die Polizei fahndete nach einem beigen Camaro. Auf Plakatwänden in ganz Ottawa war das gesuchte Auto abgebildet, und wer einen beigen Camaro gesehen hatte, konnte eine gebührenfreie Nummer anrufen. Währenddessen befragte die Polizei jeden, der ein ähnliches Auto fuhr, und markierte den betreffenden Wagen dann mit einem Aufkleber an der Windschutzscheibe.

Am Donnerstag, dem 30. April 1992, zwei Wochen und einen Tag nach Kristens Verschwinden, entdeckte der 49-jährige Schrotthändler Roger Boyer eine nackte Leiche. Boyer war auf der Suche nach ausrangierten landwirtschaftlichen Geräten gewesen, die man vielleicht noch verkaufen konnte. Die Tote lag, seitlich zusammengerollt und wie schlafend, im Gebüsch am Straßenrand. Ihr schwarzes Haar war zwar kurz geschnitten wie bei einem Jungen, doch wegen der Figur und der kleinen Hände und Füße war Boyer sicher, dass es sich um eine Frau oder ein Mädchen handelte.

Nur ein schmales Waldstück trennte die Stelle von den Halton Hills Memorial Gardens in Burlington, dem Friedhof, wo Leslie Mahaffy begraben war.

Boyer rief die Polizei, die kurz darauf eintraf und das Gelände absperrte. Doch es dauerte nicht lang, bis die Medien trotzdem von dem Leichenfund erfuhren. Man erging sich in besorgten Spekulationen, und schließlich war Detective Leonard Shaw gezwungen, die schlimmsten Befürchtungen zu bestätigen. Seit einem Unfall in ihrer Kindheit fehlte Kristen die Spitze des kleinen Fingers an der linken Hand. Und als Shaw die linke Hand der Leiche untersuchte, war er sich seiner Sache sicher.

Der Obduktionsbericht trug noch zum allgemeinen Entsetzen bei. Todesursache war Erwürgen. Wie Leslie Mahaffy war auch Kristen geschlagen und vergewaltigt worden. Da die Leiche noch so gut erhalten war, musste Kristen bis vor ein paar Tagen, vielleicht sogar bis vor 24 Stunden noch am Leben gewesen sein. Also hatte der Täter sie mindestens anderthalb Wochen gefangen gehalten.

Mehr als 4000 Trauergäste erschienen zu Kristens Beerdigung, die am 4. Mai in der St. Alfred's Church in St. Catharines stattfand. Der Andrang war so groß, dass die Kirche keinen Platz für alle bot. Über 1000 Trauernde mussten den Gottesdienst von draußen verfolgen. Kristen wurde im Familiengrab neben ihren Großeltern beigesetzt. Selbst die in dem Fall ermittelnden Beamten, Detectives wie Spurensicherungsspezialisten, waren tief betroffen, wie es bei erfahrenen Polizisten nur selten vorkommt.

Im »Goldenen Hufeisen« ging die Angst um. Nach der Entdeckung von Kristens Leiche wurde die »Operation Grünes Band« ins Leben gerufen, die größte Personenfahndung in der Geschichte der kanadischen Polizei. Die Sonderkommission, benannt nach der Aktion von Kristens Schulkameraden, wurde von Inspector Vince Bevan geleitet, einem altgedienten Beamten der Niagara Police. In ganz Kanada hieß die Verbrechensserie bald nur noch »die Schulmädchenmorde«.

Am 21. Mai wurde Terri Andersons Leiche im Wasser des Hafens Port Dalhousie im Ontariosee gefunden. Eine genaue Todesursache konnte nicht festgestellt werden, und die Polizei führte ihren Tod schließlich auf eine Überdosis Drogen zurück.

In den Medien wurde wild über einen Zusammenhang zwischen den Morden an Terri Anderson, Leslie Mahaffy und Kristen French spekuliert, obwohl die Polizei alles tat, um die Gemüter zu beruhigen. Inspector Bevan war ein engagierter, systematischer Ermittler, der nur wenig Geduld mit der Presse hatte. Überhaupt musste man den Umgang der Sonderkommission mit den Medien und der Öffentlichkeit als problematisch bezeichnen. Die Polizei von Halton hatte bislang die Strategie verfolgt, Informationen bekannt zu geben, um auf diese Weise vielleicht wertvolle Hinweise zu bekommen. Die Polizei in Niagara hingegen ließ nur ungern etwas nach außen dringen, wodurch die Medien dazu ermuntert wurden, in wichtigen Fällen selbst zu recherchieren.

Meiner Erfahrung nach ist die Öffentlichkeit häufig ein nützlicher Partner, wenn es darum geht, einen gefährlichen Verbrecher hinter Gitter zu bringen. Obwohl es manchmal ratsam ist, gewisse Fakten und Informationen zurückzuhalten, vertrete ich die Auffassung, dass man so weit wie möglich mit Presse und Fernsehen zusammenarbeiten und die Bevölkerung zur Mithilfe aufrufen sollte.

Die »Sonderkommission Grünes Band« verfolgte nicht nur Spuren und wertete die Autopsieberichte aus, sondern schaltete auch das FBI ein. Man wandte sich an Special Agent Chuck Wagner aus unserem Büro in Buffalo, New York. Buffalo liegt jenseits der kanadischen Grenze im Süden des »Goldenen Hufeisens«, und das dortige Büro unterhielt schon immer gute, für beide Seiten nützliche Kontakte zur örtlichen Polizei und zur Royal Canadian Mounted Police. Chuck, koordinierender Beamter in Buffalo, rief Gregg McCrary bei der Investigative Support Unit in Quantico an. Diese Abteilung ist so organisiert, dass jeder Mitarbeiter für einen bestimmten Landesteil zuständig ist. Gregg, früher Lehrer an der Highschool und Träger des schwarzen Gürtels in der asiatischen Kampfsportart Shorinji Kempo, war beim FBI in New York tätig gewesen, bevor wir ihn nach Quantico holten.

Schon beim ersten Blick in die Fallunterlagen fiel Greg der Ort ins Auge, an dem Kristen Frenchs Leiche entdeckt worden war – ganz in der Nähe von Leslie Mahaffys Grab. Leslie war in Burlington entführt und bei St. Catharines aufgefunden worden. Kristen hatte der Täter in St.

Catharines verschleppt und bei Burlington beseitigt. Greg hielt das nicht für einen Zufall. Entweder bestand zwischen den beiden Verbrechen ein Zusammenhang, oder der zweite Täter wollte zumindest diesen Eindruck erwecken. Jedenfalls stellte Kristens Ermordung eine Reaktion auf den Mord an Leslie Mahaffy dar.

Nach Greggs Auffassung waren beide Morde von einem Fremden begangen worden. Nichts wies darauf hin, dass Täter und Opfer einander gekannt hatten, obwohl die Mädchen wahrscheinlich schon einige Zeit vor den Morden beobachtet worden waren. Bei beiden Verbrechen war der Täter ein großes Risiko eingegangen. Kristen wurde in Gegenwart von Zeugen am helllichten Tag auf dem Parkplatz einer Kirche entführt, Leslie im Garten ihres eigenen Hauses unter dem Schlafzimmerfenster ihrer Eltern.

Bei dieser Art von Verbrechen stellen wir uns einen jungen, ungebildeten, wenig vorausdenkenden Täter vor, der verzweifelt darauf aus ist, seine lebhaften sexuellen Fantasien abzureagieren. Wenn er dann noch ein hohes Risiko eingegangen ist, rechnen wir damit, dass er sein Opfer über einen relativ langen Zeitraum hinweg am Leben lässt – was laut Autopsieergebnis in Kristen Frenchs Fall ja auch geschehen war.

Allerdings hatten die Augenzeugen von zwei Tätern gesprochen – das machte eine andere Bewertung des Täterverhaltens nötig. Verüben zwei Täter am helllichten Tag und unter Inkaufnahme eines großen Risikos gemeinsam eine Entführung, müssen wir von einem höheren Grad an Planung ausgehen. Zwar verliert der Aspekt der sexuellen Fantasie dadurch nicht an Bedeutung, aber es heißt, dass die Täter ihr Verbrechen systematisch vorbereitet haben. Und das wiederum weist darauf hin, dass wir es mit älteren, erfahreneren Kriminellen zu tun haben. Auch dass die Mädchen, Schülerinnen an zwei verschiedenen Highschools, verfolgt und beobachtet worden waren, deutete in diese Richtung. Bei einem Einzeltäter wäre zu vermuten gewesen, dass es sich um sein erstes Verbrechen handelte. Bei zwei gemeinsam vorgehenden Tätern setzten wir jedoch eine ausgeklügelte, berechnende Vorgehensweise voraus.

Dass die Leichen in den beiden aufschlussreichsten Fällen auf völlig verschiedene Weise beseitigt worden waren, gab Grund zu der Annahme, dass die Morde auf das Konto von zwei verschiedenen Tätern gingen. Allerdings hielt Gregg das angesichts der Umstände für unwahrscheinlich. Er hatte eher den Eindruck, dass der Täter risikofreudiger oder gerissener geworden war. Offenbar hatte er sich viel Mühe gegeben, die Leiche zu zerstückeln, den Beton zu mischen und zu gießen, die Klötze in sein Auto zu laden und sie zum Gibson Lake zu fahren. Und dann war die Leiche trotz all seiner Arbeit gefunden worden. Weshalb sich also noch einmal solche Umstände machen? Ein weiterer Grund für die in diesem Punkt geänderte Vorgehensweise konnte auch sein, dass das Selbstbewusstsein des Mörders gewachsen war. Vielleicht wollte er sich vor der Polizei mit seinem »Werk« brüsten. Indem er seine letzte Beute ganz in der Nähe deponierte, wollte er die Beamten wissen lassen, dass er Leslie Mahaffy ebenfalls auf dem Gewissen hatte. Doch ganz gleich, wie die Erklärung auch lautete und welche der beiden Alternativen zutraf – festzustellen war jedenfalls, dass der Täter seine Aktivitäten steigerte. Er hatte angefangen, seine Fantasien auszuleben, und einen anderen Menschen überredet oder gezwungen, ihm dabei zu helfen.

Die sexuellen Übergriffe bei Kristen und das Abschneiden ihres langen Haares wiesen auf einen Mann hin, der Frauen hasste und verachtete und das starke Bedürfnis hatte, sie zu erniedrigen, um sich mächtig oder zumindest nicht minderwertig zu fühlen. Aller Wahrscheinlichkeit nach war er nicht zu einem normalen Sexualleben fähig. Wenn er dennoch eine Ehefrau oder Freundin hatte, wurde sie von ihm sicher sexuell gedemütigt und unterdrückt.

Vor einigen Jahren hatte Gregg das Täterprofil eines unbekannten Serienmörders erstellt, der in Rochester, New York, einige Prostituierte und obdachlose Frauen getötet hatte. Anhand der ihm bekannten Fakten war Gregg zu dem Schluss gekommen, dass der Mann unter sexuellen Problemen, vermutlich unter Impotenz, litt. Da die Brutalität der Verbrechen ständig zugenommen hatte, schlug Gregg eine Überwachung des letzten Leichenfundortes vor, da er sicher war, dass der Täter dorthin zurückkehren würde. Diese Strategie führte schließlich zur Verhaftung von Arthur Shawcross. Er wurde des mehrfachen Mordes ohne Vorsatz für schuldig befunden und zu einer Haftstrafe von 250 Jahren verurteilt. Die

Vernehmungen anderer Prostituierter, die Shawcross aufgesucht hatte, ergaben, dass er nur dann eine Erektion und einen Orgasmus bekam, wenn die Frau, mit der er Verkehr haben wollte, sich tot stellte.

Gregg ging davon aus, dass es bei einem Täterpaar vermutlich einen Anführer und einen Mitläufer gab. Es kommt zwar selten vor, dass zwei Täter gemeinsam eine Vergewaltigung und einen Sexualmord begehen, aber auch solche Fälle haben wir schon erlebt und untersucht. Zu nennen wären beispielsweise Kenneth Bianchi und sein Cousin Angelo Buono, die als »Hillside-Würger« in den späten Siebzigerjahren Los Angeles in Angst und Schrecken versetzten. Davor trieben James Russell Odom und James Clayton Lawson jun. ihr Unwesen. Die beiden hatten sich in der psychiatrischen Anstalt in Atascadero, Kalifornien, kennengelernt, wo sie wegen Vergewaltigung einsaßen.

Clayton Lawson malte Russell Odom in allen Einzelheiten aus, wie er nach seiner Entlassung Frauen in seine Gewalt bringen und foltern wollte. Geschlechtsverkehr interessierte ihn im Gegensatz zu Odom nicht. Nachdem Odom 1974 wieder auf freiem Fuß war, suchte er Lawson in South Carolina auf. Ein paar Nächte später vergewaltigten, töteten und verstümmelten sie eine junge Frau, Kassiererin in einem 7-Eleven-Supermarkt, wo sie zuvor eingekauft hatten. Odom war der Mitläufer und gab verängstigt zu, das Mädchen vergewaltigt zu haben. Den Mord jedoch stritt er ab. Er wurde der Vergewaltigung, des illegalen Waffenbesitzes und der Beihilfe zum Mord für schuldig befunden. Lawson, der Anführer, der sich während seiner gesondert stattfindenden Verhandlung im Gerichtssaal geläutert gab, wehrte sich heftig gegen den Vorwurf der Vergewaltigung. »Ich wollte sie nur kaputt machen«, beharrte er. Er wurde wegen vorsätzlichen Mordes verurteilt und 1976 in South Carolina auf dem elektrischen Stuhl hingerichtet.

Wenn es überhaupt noch ein abartigeres Zwiegespann geben kann, dann Lawrence Bittaker und Roy Norris. Wie Odom und Lawson lernten sich auch diese beiden hinter Gittern kennen. In diesem Fall war es die California Men's Colony in San Luis Obispo, wo die beiden feststellten, dass sie beide Spaß daran hatten, junge Frauen zum Gehorsam zu zwingen, zu quälen und sexuell zu missbrauchen. Nach ihrer Entlassung auf

Bewährung im Jahr 1979 fuhren sie zusammen nach Los Angeles. Ihr Plan lautete, für jede Altersstufe zwischen 13 und 19 ein junges Mädchen zu entführen, zu foltern, zu vergewaltigen und zu töten. Fünf Mädchen waren ihren brutalen Machenschaften bereits zum Opfer gefallen, als es der sechsten gelang, nach der Vergewaltigung zu fliehen und die Polizei zu verständigen. Norris, der Mitläufer, brach während des Verhörs zusammen, gestand und lieferte seinen dominanten Partner ans Messer, um der Gaskammer zu entgehen. Außerdem führte er die Polizei zu den Leichen. Einem Skelett ragte noch Bittakers Eispickel aus dem Ohr. Bittaker, der keinerlei Reue zeigte und zu den abstoßendsten Menschen gehört, denen ich je begegnet bin, wurde im Todestrakt des Gefängnisses zu einer Art Berühmtheit. Wenn ihn seine Bewunderer unter den Mithäftlingen um ein Autogramm baten, unterschrieb er mit »Zange Bittaker«, nach einem seiner liebsten Folterinstrumente.

Das soll nicht heißen, dass ein solcher Mensch nicht auch in der Lage ist, tiefe, echte Gefühle zu empfinden. Special Agent Mary Ellen O'Toole und ich hatten Gelegenheit, mit Bittaker in San Quentin zu sprechen. Uns fiel auf, dass Bittaker in den Stunden, die wir bei ihm verbrachten, Mary Ellens Blick ständig auswich. Er konnte sie einfach nicht ansehen. Als wir seine Verbrechen erwähnten, weinte er bittere Tränen. Allerdings weinte er nicht um seine Opfer, sondern weil er erwischt worden war und sein Leben ruiniert hatte.

Gregg McCrarys Bild vom Anführer der Männer, die Kristen French umgebracht hatten, sah ähnlich aus. Vermutlich war er zwischen 25 und 30 Jahre alt, was mit den Beschreibungen der Zeugen übereinstimmte. Und ganz sicher verfügte er über die Fähigkeit, andere Menschen auszubeuten und auszunutzen und die Umstände für seine Zwecke einzusetzen. Wie Lawrence Bittaker und Clayton Lawson – und im Gegensatz zu Alison Parrotts Mörder – verspürte er keinerlei Reue und Schuld wegen der Leiden, die er dem Opfer und dessen Familie und Freunden zugefügt hatte. Nach jedem Mord bekam er Appetit darauf, wieder einen Menschen zu quälen und noch mehr Blut zu vergießen.

Sicherlich verhielt er sich auch im Privatleben dominant. Viele Sadisten sind verheiratet oder haben eine feste Beziehung. Falls das auf unseren

Unbekannten zutraf, prügelte und misshandelte er wahrscheinlich auch seine Partnerin. Schon Kleinigkeiten wie die Frage, wo er gewesen war oder wohin er ging, konnten ihn in Rage versetzen.

Vermutlich hatte er bereits einige Sexualdelikte begangen, sei es nun Exhibitionismus oder Voyeurismus. Irgendwann war es dann zu sexuellen Übergriffen gekommen, auch wenn diese nicht aktenkundig geworden waren. Aber es gab bestimmt einen Menschen – seine Frau, seine Freundin oder sein Komplize –, der seine Vorgeschichte kannte. Gregg ging davon aus, dass der Gesuchte einen handwerklichen Beruf ausübte und entweder an Werkzeugmaschinen oder in einem Eisen verarbeitenden Betrieb arbeitete. Möglicherweise hatte er zu Hause eine eigene Werkstatt. Und schließlich musste ein Ereignis stattgefunden haben, das seine Mordlust ausgelöst hatte. Vielleicht hatte seine Frau ihn endlich vor die Tür gesetzt. Vielleicht hatte er seine Stelle verloren oder einen beruflichen Rückschlag einstecken müssen. Vielleicht traf auch beides zu.

Die Polizei suchte weiter nach dem beigen Camaro und folgte jeder Spur, doch die Ermittlungen zogen sich ergebnislos dahin. Da man nicht wollte, dass der Fall in Vergessenheit geriet, beschloss die »Sonderkommission Grünes Band«, sich an die Öffentlichkeit zu wenden, etwas, wozu wir in Quantico schon seit einiger Zeit geraten hatten.

Am Dienstag, dem 21. Juli 1992, strahlte der Fernsehsender CHCH-TV in Hamilton zeitgleich mit sämtlichen anderen Stationen in Kanada eine Sendung mit dem Titel »Die Entführung von Kristen French« aus. Der Leiter der Sonderkommission, Vince Bevan, und Kate Cavanagh, Profilerin der Provinzpolizei von Ontario, kamen darin ebenso zu Wort wie Chuck Wagner und Gregg McCrary, der aus Quantico zugeschaltet wurde.

Ziel der Sendung war es, sich mit Polizeiberichten, Grafiken, Zeugenaussagen und Bildern der Orte, an denen der Camaro beobachtet worden war, an die Öffentlichkeit zu wenden. Die Bevölkerung sollte die wichtigsten Fakten des Falls erfahren, denn vielleicht erinnerte sich ja ein Zuschauer an etwas, das der Polizei weiterhelfen konnte. Zum ersten Mal sprach die Polizei vor laufenden Kameras von den beiden Männern im Auto, die Zeugen gesehen hatten und die vermutlich an der Entführung beteiligt gewesen waren. Eine Telefonzentrale wurde mit geschulten Freiwilligen besetzt, die während der Sendung und in den Wochen danach telefonische Hinweise entgegennahmen. Da eine Straßenkarte gefunden worden war, fragten Bevan und Dan McLean, der durch die Sendung führte, gleich am Anfang nach einem Mann, der sich auf verdächtige Weise nach dem Weg erkundigt oder um eine Auskunft gebeten hatte. Besonderes Augenmerk galt auch dem Auto, da sich über das Nummernschild der Besitzer ermitteln lassen könnte.

Als Gregg McCrary nach der Hälfte der Sendung zugeschaltet wurde, erläuterte er die wichtigsten Aspekte des Täterprofils und erklärte, welche Schlüsse sich vom Verhalten des zwischen 25 und 30 Jahre alten Unbekannten auf seine Persönlichkeit ziehen ließen. Gregg beschrieb die typische Beziehung zwischen dem Anführer und dem Mitläufer bei einem Sexualverbrechen. Er schilderte die Verhaltensmerkmale des Täters und zählte auf, wie sich diese in den Tagen und Wochen nach Kristens Ermordung vermutlich verändert hatten.

Ganz sicher war es in der Zeit zwischen dem 16. und dem 30. April – dem Tag, als Kristens Leiche gefunden wurde – zu starken Unregelmäßigkeiten im Alltag des oder der Täter gekommen. Wir wussten, dass Kristen etwa zu diesem Zeitpunkt noch gelebt haben musste. Das hieß, dass der Täter damit beschäftigt war, sie in ihrem Gefängnis mit Nahrung zu versorgen, zu bewachen und sie immer wieder zu quälen, um seine Fantasien auszuleben. Allerdings bedeutete das nicht zwangsläufig, dass er an diesen Tagen nicht zur Arbeit erschienen war – falls er überhaupt einer Arbeit nachging. Aber er hatte sicher geistesabwesend und zerfahren gewirkt und sich gegenüber Freunden und Kollegen merkwürdig verhalten. Bestimmt verfolgte er aufmerksam die Ermittlungen und die Berichte in der Presse, sprach häufig über den Fall und freute sich diebisch darüber, dass die Polizei so wenig Fortschritte machte. Wenn er in einer festen Beziehung lebte, war diese seit einiger Zeit wahrscheinlich noch stärker von Spannungen belastet als gewöhnlich, und es kam häufig zu heftigen Wutausbrüchen.

Der wichtigste Zweck unserer Täterprofile ist, die Menschen im Umfeld des Täters auf dessen Verhalten aufmerksam werden zu lassen, damit sie uns helfen, ihn zu fassen. Indem wir die Informationen an die Öffentlichkeit bringen, ermöglichen wir den Angehörigen und Freunden des Gesuchten, selbst als »Profiler« tätig zu werden.

Fast alle Serienmörder – vor allem diejenigen, die ihre Verbrechen nach einem bestimmten System verüben – interessieren sich brennend für die Medienberichte über den Fortgang der Ermittlungen. Es erstaunt uns längst nicht mehr, wenn wir bei einer Hausdurchsuchung Alben mit Zeitungsausschnitten und Videoaufzeichnungen von Nachrichtensendungen finden. Da wir annahmen, dass Kristens Mörder diese groß angekündigte Sendung ansehen würden, stellte Dan McLean Gregg die Frage, was der Täter seiner Ansicht nach jetzt empfand.

»Er steht unter Druck«, antwortete Gregg. Doch dieser sei nicht Folge von Schuldgefühlen oder Reue, sondern Angst davor, entdeckt und festgenommen zu werden.

»Und wenn Sie jetzt zuschauen«, wandte sich Gregg direkt an Kristen Frenchs unbekannten Mörder, »möchte ich Ihnen sagen, dass Sie auf jeden Fall gefasst werden. Lassen Sie uns nur noch ein wenig Zeit.«

Wenn einem Zuschauer die Verhaltensweisen, die Gregg und Sergeant Cavanagh beschrieben hatten, bekannt vorkamen und wenn derjenige sich meldete, würde die Verhaftung eher früher als später stattfinden. Doch es würde, wie Gregg betonte, mit hundertprozentiger Sicherheit dazu kommen. Der Mörder brauche sich also keine falschen Hoffnungen zu machen.

Gregg wies weiterhin warnend darauf hin, dass Freunde und Familie des Täters in großer Gefahr schwebten, je mehr sich der Druck auf den Täter erhöhte. Er würde sich immer aggressiver und unberechenbarer verhalten und seine Angst und Wut schließlich nicht mehr beherrschen können. Am meisten gefährdet waren die beiden Menschen, die wahrscheinlich von seinen Verbrechen wussten, also sein gehorsamer Komplize und seine Frau oder Freundin. Da diese Personen im Gegensatz zum Haupttäter wahrscheinlich mit schweren Schuldgefühlen kämpften, weil sie an der Ermordung von Unschuldigen beteiligt gewesen waren, forderten Gregg und die Polizei sie dringend auf, sich zu melden. Ansonsten würden sie möglicherweise die nächsten Opfer werden.

»Wenn Sie uns jetzt zuschauen, rufen Sie uns an. Es ist zu Ihrem eigenen Besten«, sagte Vince Bevan.

Mit dieser proaktiven Methode waren wir in der Vergangenheit sehr erfolgreich gewesen. Zum Beispiel im Fall Donna Lynn Vetter: Die Stenotypistin, die in einem Büro des FBI arbeitete, war von einem Einbrecher vergewaltigt und brutal ermordet worden. Unser damaliger Chef vertrat die Ansicht, dass hart durchgegriffen werden musste. Niemand sollte glauben, ungeschoren mit einem Mord an einer Mitarbeiterin des FBI davonzukommen. Zwei der erfahrensten und besten Beamten aus Quantico – Roy Hazelwood, Ausbilder in der Verhaltensforschung, und Jim Wright von der Investigative Support Unit – wurden sofort im Dienstjet zum Tatort geschickt.

Nach eingehender Untersuchung der Wohnung und dem Studium des vorläufigen Autopsieberichts waren Roy und Jim sich einig, dass hier ein Einbrecher die Nerven verloren hatte. Ursprünglich hatte er nicht vorgehabt, sein Opfer zu ermorden. Außerdem hatten die beiden Ermittler ziemlich genaue Vorstellungen von dem Gesuchten – seinen Lebensumständen, seinem Bildungsstand, seinem Wohnort, seiner unterdrückten Wut und seinen Schwächen. Sie waren sicher, dass er die Tat einem Menschen gestehen würde, dem er vertraute – entweder einem Kollegen oder der Frau, mit der er in einer abhängigen, jedoch von Gewalt geprägten Beziehung lebte. Und diese Person schwebte nach Ansicht der beiden Beamten nun in Gefahr. In der kurzen Zeit, die ihnen vor ihrer Rückkehr nach Quantico blieb, gaben sie den örtlichen Medien Interviews, erklärten einige (nicht alle) Aspekte ihres Täterprofils und drängten den Vertrauten des Mörders, sich zu melden, bevor er ebenfalls ermordet wurde.

Nach einigen Wochen setzte sich ein Mann, der bei einigen bewaffneten Raubüberfällen Komplize des Mörders gewesen war, mit der Polizei in Verbindung. Der Täter wurde festgenommen, und da der Abdruck seiner Handfläche mit einem Abdruck übereinstimmte, den man am Tatort gefunden hatte, wurde er unter Anklage gestellt. Tatsächlich traf das Täterprofil in fast allen wichtigen Punkten zu: Der Täter war ein 22-jähriger Mann, der bei seiner Schwester lebte und finanziell von ihr abhängig war. Zur Zeit der Morde war seine Freiheitsstrafe wegen Vergewaltigung gerade zur Bewährung ausgesetzt worden. Der Mann kam vor Gericht, wurde für schuldig befunden, zum Tode verurteilt und vor einigen Jahren hingerichtet.

Einen vergleichbaren Fahndungserfolg erhofften wir uns auch von der in ganz Kanada ausgestrahlten Sendung.

Und wirklich – das stellte sich später heraus – hatte Kristen Frenchs Mörder das Programm eingeschaltet und zeichnete es sogar auf Video auf.

Er hieß Paul Kenneth Bernardo, und er freute sich voll Überheblichkeit hämisch darüber, dass das Täterprofil in vielen Punkten nicht auf ihn zutraf. Er war zwar wirklich 28 Jahre alt, arbeitete aber weder als Handwerker noch in einem Metallbetrieb. Der hochintelligente junge Mann hatte am College seinen Abschluss in Betriebswirtschaft gemacht und war als Trainee bei der Firma Price Waterhouse tätig gewesen. Dann jedoch hatte er das schwierige Staatsexamen zur Zulassung als Wirtschaftsprüfer nicht bestanden und lebte seit einigen Jahren – und das nicht schlecht – vom Schmuggel amerikanischer Zigaretten über die kanadische Grenze. Seine Ware verkaufte er meistens an Rockerbanden. Außerdem besaß er keinen beigen Camaro, sondern einen Nissan-Kombi 240SX mit Goldlackierung. Dieses Auto hatte er auch bei der Entführung auf dem Parkplatz der Kirche benutzt. Es ist bekannt, dass sich Zeugenbeobachtungen bei einem Verbrechen nie hundertprozentig decken, und nun wurde ich wieder in meiner Ansicht bestätigt, sie nicht immer für bare Münze zu nehmen. Bernardo hatte auch keinen gehorsamen Komplizen. Bei der Person, die ihm geholfen hatte, Kristen French ins Auto zu ziehen, handelte es sich um seine hübsche blonde 23-jährige Frau Karla Leanne Homolka, mit der er seit knapp einem Jahr verheiratet war.

In jener Nacht, als Leslie Mahaffy aus ihrem Elternhaus ausgesperrt worden war, hatte Paul sie zu Karla gebracht. Er hatte Leslie schon seit einiger Zeit verfolgt, sah sie dann auf der Veranda sitzen und verwickelte sie in ein Gespräch. Sie erzählte ihm von ihrem Missgeschick und schnorrte eine Zigarette von ihm. Dann stieg sie zu ihm ins Auto, um sich weiter zu unterhalten. Da bedrohte er sie mit einem Messer, verband ihr die Augen und fuhr sie zu seinem Haus.

Die Polizei suchte also nach einem Komplizen und einem Auto, die es gar nicht gab.

»Die werden mich nie erwischen!«, rief Bernardo aus, der mit Karla vor dem Fernseher saß. Agent McCrarys Prophezeiung, er werde früher oder später sowieso festgenommen werden, fand er lachhaft.

Allerdings war Paul Bernardo anscheinend entgangen, dass Cavanaghs und McCrarys Profil in einigen Aspekten doch passte. Bernardo verdiente seinen Lebensunterhalt zwar nicht mit den Händen, aber er besaß tatsächlich eine Hobbywerkstatt im Keller und hatte Werkzeuge daraus benutzt, um Leslie Mahaffys Leiche zu zerstückeln. Den Beton hatte er in aus Pappdeckel gefalzte Formen gegossen. Außerdem misshandelte und demütigte er seine Frau tatsächlich systematisch und zwang sie im Bett zu sadistischen Praktiken. Er erniedrigte sie, indem er sie in den Vorratskeller ihres gemieteten Hauses sperrte oder sie neben dem Bett auf dem Fußboden schlafen ließ. Wegen seiner Impotenz verlangte er ständig, dass sie ihm Verständnis vorspiegelte. Überdies forderte er von Karla – wie von seinen früheren Freundinnen und seinen Opfern –, dass sie ihn mit »König« und »Gebieter« ansprach, während er sie in einem inszenierten Ritual würgte, anal vergewaltigte oder ihr sonstige sexuelle Gewalt antat.

Bernardo hatte bereits einiges auf dem Kerbholz. Er war der Polizei zwar nicht namentlich bekannt, aber seine Taten hatten bereits Angst und Schrecken verbreitet.

Bernardo war der berüchtigte »Vergewaltiger von Scarborough«.

Der »Vergewaltiger von Scarborough« hatte zwischen Mai 1987 und Mai 1990 in besagtem Vorort von Toronto sein Unwesen getrieben. Er schlich sich spätnachts von hinten an Frauen an, wenn sie gerade aus einem Bus stiegen, überwältigte und vergewaltigte sie. Bei seinen Übergriffen quälte er seine Opfer auch psychisch, drohte ihnen, sie zu ermorden, und beschimpfte sie als Fotze, Nutte und Hure. Während unserer Arbeit am Profil des Vergewaltigers fuhr Gregg McCrary nach Toronto, und die Personenbeschreibung, die er von der dortigen Polizei bekam, passte ziemlich gut auf den selbstsicheren Mann vor dem Fernseher.

Aufgrund der ganz unterschiedlichen Vorgehensweisen erkannte keine Ermittlungsbehörde, dass es sich bei dem »Vergewaltiger von

Scarborough« und dem Schulmädchenmörder um ein und dieselbe Person handelte. In Scarborough hatte der Täter seinen Opfern an Bushaltestellen aufgelauert und sie von hinten überfallen, und er hatte sie nicht getötet. Der Schulmädchenmörder hingegen hatte seine Opfer am helllichten Tag oder vor ihrem Elternhaus entführt. Allerdings wurde allgemein übersehen, dass zwischen den ersten Vergewaltigungen in Scarborough und Leslie Mahaffys Ermordung einige Jahre lagen.

Wir aber waren uns schon in Scarborough sicher gewesen, dass sich die Wut des Vergewaltigers steigern und dass er aus seinen Erfahrungen lernen würde.

Obwohl Paul Bernardo nicht vorbestraft war, hatte die Polizei bereits eine Akte über ihn angelegt. Am Dienstag, dem 29. Mai 1990, hatte die *Toronto Sun* ein Phantombild des »Vergewaltigers von Scarborough« nach der Beschreibung seines jüngsten Opfers veröffentlicht. Die Zeichnung sah Paul Bernardo so ähnlich, dass einige seiner Freunde witzelten, ob er vielleicht der Täter gewesen sei. Einer von ihnen nahm diesen Verdacht sogar so ernst, dass er sich mit der Polizei in Verbindung setzte. Deshalb statteten die Beamten Bernardo einen Besuch ab. Der Verdächtige zeigte sich freundlich und kooperativ und war einverstanden, sich Blut-, Haar- und Speichelproben abnehmen zu lassen.

Er wurde zwar offiziell nie von dem Verdacht freigesprochen, aber man stellte die Ermittlungen ein. Damals war ein DNA-Test noch eine mühevolle und zeitraubende Angelegenheit. Das Polizeilabor war völlig überlastet, sodass es Jahre gedauert hätte, jedem Hinweis nachzugehen und die Proben zu testen. Außerdem stand Paul Bernardo als unbescholtener Bürger nie ganz oben auf der Liste der Verdächtigen, und seine Proben wurden deshalb nicht überprüft. Ansonsten wären Leslie Mahaffy und Kristen French vielleicht heute noch am Leben.

Den Tod eines weiteren Mädchens hatte die »Sonderkommission Grünes Band« gar nicht erst untersucht, da niemand einen Mord in Betracht gezogen hatte: Karla Homolkas jüngere Schwester Tammy.

Die 15-jährige Tammy Lyn Homolka war wie ihre ältere Schwester blond und hübsch. Am frühen Vormittag des 24. Dezember 1990 war Tammy im General Hospital von St. Catharines gestorben, nachdem sie im Haus ihrer Eltern unter mysteriösen Umständen plötzlich das Bewusstsein verloren hatte. Paul und Karla waren zu diesem Zeitpunkt im Haus gewesen und angeblich vor dem Fernseher eingeschlafen. Sie seien von Tammys Röcheln und Keuchen wach geworden, hätten festgestellt, dass das Mädchen an akuter Atemnot litt, und einen Krankenwagen gerufen. Die Polizei sah den Tod als Unfall. In Wahrheit aber hatte es Paul, Karlas Verlobter, darauf abgesehen, mit der 15-Jährigen zu schlafen. Er brachte Karla dazu, ihre Schwester unter Betäubungsmittel zu setzen, damit er sie vergewaltigen konnte, während sie bewusstlos war. Immer noch unter Einfluss des Medikaments, war Tammy an ihrem eigenen Erbrochenen erstickt. Im darauffolgenden Frühjahr heirateten Paul und Karla mit allem Pomp und Prunk – am selben Tag wurden die Teile von Leslie Mahaffys Leiche im Gibson Lake gefunden.

Nun stellt sich natürlich die Frage, warum eine intelligente, sympathische junge Frau ausgerechnet den Mann heiratet, der ihre Schwester vergewaltigt und getötet hat. Warum lässt sie sich von ihm schlagen, demütigen und quälen und hilft ihm zu allem Überfluss noch bei der Entführung, Vergewaltigung und Ermordung unschuldiger junger Mädchen?

Ich wünschte, es gäbe darauf eine einfache Antwort – aber leider sind wir trotz unserer jahrelangen Studien über sadistische Sexualtäter und ihre fügsamen Opfer nicht dazu in der Lage, eine solche Antwort zu geben. Wir wissen nur, dass so etwas viel zu oft vorkommt. Mithilfe von Roy Hazelwoods Pionierforschungsleistungen auf diesem Gebiet konnten wir jedoch die Schritte ermitteln, in denen sich eine anfangs relativ harmlose Beziehung zu einer sadistischen entwickelt.

Zuerst sucht sich der Sadist eine naive, unselbstständige oder hilflose Frau aus. Vielleicht stellt sie deshalb so eine leichte Beute für ihn dar, weil sie gerade in einer von Gewalt geprägten Beziehung lebt und ihren neuen Freund verständlicherweise als Retter betrachtet.

Dann schmeichelt sich der Sadist, je nach Situation, mit Charme, Geschenken und emotionaler und finanzieller Unterstützung bei der Frau ein oder spielt sich als ihr Beschützer auf. Sie hält ihn deswegen für einen liebenswürdigen und zuverlässigen Menschen und verliebt sich in ihn.

Auch Paul Bernardo war charmant, gut aussehend, gewandt und bei Frauen sehr erfolgreich.

Sobald der Sadist sein Ziel erreicht hat, versucht er, seine Partnerin zu sexuellen Praktiken zu überreden, die ihr ungewöhnlich, ja bizarr oder pervers erscheinen. Anfangs kommt das nur hin und wieder vor. Doch bald wird es zur Regel und bewirkt, dass die Frau ihren eigenen Willen verliert. Auch die Wertvorstellungen und Normen, mit denen sie aufgewachsen ist, verblassen allmählich, was wiederum dazu führt, dass sie sich von bisherigen Freunden und ihrer Familie entfernt. Schließlich soll niemand von ihrem Sexualleben erfahren.

Diese Isolation verstärkt der Sadist noch, indem er ihr den Kontakt zu anderen Menschen verleidet. Alles, was sie tut, jeden Schritt vor die Tür, jede Aktivität im Alltag, muss sie vor ihm rechtfertigen. Er will im Mittelpunkt ihres Lebens stehen, sodass für nichts anderes mehr Raum bleibt. Vielleicht nimmt er ihr die Kreditkarten ab und gibt ihr Taschengeld. Vielleicht besteht er darauf, dass sie um eine bestimmte Zeit zu Hause ist, und bestraft sie hart, wenn sie sich verspätet. Alles, was er als Zeichen von Ungehorsam oder Treuebruch versteht, kann fürchterliche Konsequenzen für die Partnerin nach sich ziehen.

Wenn die Frau schließlich sämtliche Kontakte zur Außenwelt abgebrochen hat, ist sie ganz und gar von diesem sadistischen Mann abhängig. Sie tut alles, um sich seine Liebe und Zuneigung zu erhalten und zu verhindern, dass seine Wut und seine Tobsuchtsanfälle sich gegen sie richten. Diese sind allerdings kaum auf ihr Verhalten bezogen, sondern reine Willkür. Jede Handlung, jedes Wort des Sadisten bestätigt die Frau in ihrem neuen Selbstbild, sodass sie sich schlecht, unterlegen, dumm oder minderwertig vorkommt. Sie glaubt, den Zorn und die Strafen verdient zu haben, die sie nun regelmäßig über sich ergehen lassen muss. Es wurden Hunderte von Karten, Briefen und Zetteln gefunden, die Karla an Paul geschrieben hatte. In ihnen entschuldigte sie sich für ihre Fehler und gelobte Besserung.

Diese Fünf-Schritte-Analyse erfasste auch zutreffend Karla Homolkas Entwicklung, nachdem sie Paul Bernardo kennengelernt hatte. Wie sich später herausstellte, hatte Kristen French während ihrer Gefangenschaft den klugen Einfall gehabt, Karla zu einer gemeinsamen Flucht zu ermutigen. Doch Karla war inzwischen so willenlos und hatte so wenig Vertrauen in eine unabhängige Zukunft, dass sie nur noch an Paul dachte. Sie fürchtete sich vor seinem Zorn und vor der strengen Strafe, die ihr drohte, wenn er hinter ihre Absichten kam. Diese Angst war stärker als der Widerwillen beim Anblick der Vergewaltigung und Folter und auch stärker als das Wissen, dass dieses unschuldige Mädchen anschließend ermordet werden würde.

Obwohl einige Angehörige und Freunde wussten, dass Paul Karla gelegentlich schlug, verschlossen alle die Augen vor der Wirklichkeit, dass es sich um eine Gewaltbeziehung handelte. Karla erfand immer neue Ausreden für ihre blauen Flecke und Striemen. Entweder war sie gestürzt, in einen Autounfall verwickelt gewesen oder von einem der vierbeinigen Patienten der Tierklinik, in der sie arbeitete, angegriffen worden. Selbst an dem Tag, als Karla ihr Hochzeitskleid anprobierte, bemerkten ihre Freundinnen große Blutergüsse an ihrem abgemagerten Körper. Doch keine von ihnen sprach sie darauf an.

Hin und wieder machte Paul Karla gegenüber Anspielungen, dass er sie eines Tages umbringen werde. Während seiner sexuellen Rituale würgte er sie sogar mit derselben Schnur, mit der er die beiden Mädchen erdrosselt hatte. Außerdem erpresste er sie mit der Drohung, er werde ihren Eltern die Wahrheit über Tammys Tod erzählen, wenn sie nicht schwieg. Und das hätte Karla nicht ertragen.

Die meisten Sadisten sind Narzissten, die nur um sich selbst kreisen, und Paul Bernardo war da keine Ausnahme. Er hatte ein Faible für Designeranzüge, hielt sich für einen Unternehmer und gab der Welt die Schuld an seinem Scheitern. Er wiegte sich in dem Glauben, er könne immer so weitermachen, indem er sich seine früher so extrovertierte und lebenslustige Frau unterwarf und gleichzeitig sexuellen Abenteuern mit anderen Frauen und entführten jungen Mädchen nachging. Er träumte sogar davon, sich einen Harem von Sexsklavinnen zu halten. Schon lange vor seiner ersten Vergewaltigung hatte er die Angewohnheit entwickelt, junge Mädchen vom Auto aus durchs Schlafzimmerfenster beim Entkleiden zu beobachten. Oft gelang es ihm sogar, solche Szenen auf Video aufzunehmen. Glaubt man den Akten, fiel das niemandem auf, und er wurde auch nie angezeigt. Allerdings bleibt die Frage, ob solche Zeugen ernst genommen worden wären.

Wie erwartet war es unserem Appell über die Medien zu verdanken, dass Paul Bernardo schließlich das Handwerk gelegt werden konnte. Allerdings ist nicht sicher, ob Karla wirklich an Gregg McCrarys Worte dachte, als sie sich über Mittelsmänner mit der Polizei in Verbindung setzte. Doch wahrscheinlich war es ihr nicht länger möglich, ihre Situation zu beschönigen; außerdem war inzwischen auch Freunden und Familie klar geworden, dass Karla misshandelt wurde. Aber dennoch waren einige Anläufe nötig, bis sie es endlich schaffte, Paul zu verlassen.

Ihr Anwalt versuchte, eine Absprache mit der Staatsanwaltschaft zu treffen, die ihr ein geringeres Strafmaß zubilligte, wenn sie gegen ihren Mann aussagte. Karla ließ sich sieben Wochen lang im Northwestern General Hospital psychiatrisch untersuchen. Schließlich einigte man sich auf eine Gefängnisstrafe von zwölf Jahren, womit auch die Familien von Leslie Mahaffy und Kristen French einverstanden waren. Paul Bernardo wurde am 17. Februar 1993 verhaftet. Wie es typisch für einen sadistischen Sexualstraftäter ist, entpuppte auch er sich als Feigling, dem es nur darum ging, seine Haut zu retten. Nach seiner Einlieferung ins Gefängnis fand bei ihm nach Gregg McCrarys Worten eine massive »Verhaltensänderung« statt. Er beschwerte sich bei den Behörden, er habe Angst vor der Rache seiner Mithäftlinge, und musste zu seinem eigenen Schutz in Isolationshaft verlegt werden.

Die Gerichtsverhandlung gegen ihn wurde in Kanada zu einem »Jahrhundertprozess«, ähnlich wie in den Vereinigten Staaten das Verfahren gegen O. J. Simpson im Sommer 1995. Der Richter verhängte eine absolute Nachrichtensperre, was in Kanada rechtlich möglich ist.

Während der wochenlangen Zeugenvernehmungen erzählte Karla die ganze Geschichte ihrer Beziehung. Es kamen auch weitere schreckliche Details ans Licht: Paul hatte alles auf Video aufgenommen, nicht nur die Übergriffe gegen Karla, sondern auch die Vergewaltigung und Ermordung der jungen Mädchen. Karla sagte aus, Paul habe sie gezwungen, den Film von Leslies Vergewaltigung anzusehen, um sie unter Druck zu setzen und gefügig zu machen. Außerdem habe sie Kristen auf Pauls Befehl das lange schwarze Haar abschneiden müssen. Paul habe sämtliche Berichte über den »Vergewaltiger von Scarborough« penibel verfolgt. Auch für die Ermittlungen im Fall der Schulmädchenmorde habe er sich brennend interessiert – genau wie wir vorhergesagt hatten.

Und wie Gregg bereits in seinem Täterprofil prognostiziert hatte, hörte sich Paul Bernardo die schockierenden Zeugenaussagen der überlebenden Opfer ohne eine Gefühlsregung oder den leisesten Anflug von Reue und Mitleid an. Er bedauerte nur, dass er gefasst worden war und dass seine Frau, seine Sexsklavin, ihn verraten hatte. Er gab die Vergewaltigungen zu. Die Schuld an den Morden jedoch schob er Karla in die Schuhe.

Am Freitag, dem 1. September 1995, befanden ihn die Geschworenen nach eintägiger Beratung für schuldig in allen neun Anklagepunkten. Die beiden schwersten Verbrechen – vorsätzlicher Mord an Leslie Mahaffy und Kristen French – hatten ohnehin eine lebenslängliche Freiheitsstrafe zur Folge, die erst nach mindestens 25 Jahren zur Bewährung ausgesetzt werden könnte. [Anm. d. Verlags: Alle Begnadigungsgesuche wurden bis dato abgelehnt.]

Ein besonders tragischer Aspekt im Fall Paul Bernardo ist, wie viele Gelegenheiten zur Aufklärung verpasst wurden. Warum hat man die Anlagen einer kriminellen, sadistischen Persönlichkeit bei ihm nicht früher erkannt? Warum hat man den »Vergewaltiger von Scarborough« nicht anhand der DNA-Analyse geschnappt, bevor er zum Mörder wurde? Warum hat seine Frau ihn trotz aller Misshandlungen nicht verlassen, bevor sie selbst zur Mittäterin bei einem Kapitalverbrechen wurde? Warum haben ihre Freunde und ihre Familie die Augen vor der Wirklichkeit verschlossen? Warum ist Karla nicht mit Kristen geflohen? Und die für uns alle wohl schwerwiegendste Frage: Warum wurde zwei hübschen, intelligenten jungen Mädchen die Chance genommen, erwachsen zu werden, sich zu verlieben, Familien zu gründen und ihre vielversprechende Zukunft zu genießen?

Haben wir als Profiler aus unseren Fehlern gelernt? Selbstverständlich! Würden wir dieselben Fehler wieder begehen? Wahrscheinlich schon. Angesichts der Spuren und der Zeugenaussagen würden wir noch immer nach zwei Männern suchen – einem Anführer und einem Mitläufer. Inzwischen ziehen wir jedoch in Betracht, dass eine gefügige Frau ebenfalls zur Komplizin bei einem grausamen Verbrechen werden kann.

Wie ich bereits erwähnte, hatte uns die Polizei von Toronto auch bei der Fahndung nach dem »Vergewaltiger von Scarborough« um unsere Mithilfe gebeten. Also reisten Gregg McCrary und ich zu Besprechungen nach Toronto. Zu den proaktiven Strategien, die wir vorschlugen, gehörte der Einsatz eines »geplanten Ziels«. Diese Methode führt bei Bankräubern zum Erfolg und besteht darin, den Täter dazu zu bringen, an einem bestimmten Ort zuzuschlagen. Allerdings wurde unsere Anregung nie in die Tat umgesetzt. Mit diesen Bemerkungen soll nicht einer bestimmten Person oder Behörde der Schwarze Peter zugeschoben werden. Ich möchte damit nur bewirken, dass wir alle wachsamer werden. Wir müssen unseren Blick für Dinge schärfen, die uns unstimmig oder merkwürdig erscheinen. Dann könnten in Zukunft vielleicht einige Tragödien verhindert werden.

In den meisten Fällen ist es wichtig zu wissen, wonach man sucht, und den Feind zu kennen. In den Fünfzigerjahren, als alles noch weniger kompliziert war, galt J. Edgar Hoover nicht nur als Hardliner in der Verbrechensbekämpfung, sondern auch als strenger, aber liebevoller Vater der amerikanischen Jugend. Damals benutzte das FBI eine Zeichnung, um Kinder vor möglichen Gefahren zu warnen. Das Bild zeigte einen Mann, der hinter einem Baum hervorkommt und einem unschuldigen, vertrauensseligen Kind eine Tüte Bonbons hinhält. Bild und Botschaft waren eindeutig. Nimm keine Bonbons von Fremden.

Die Absicht war löblich, und in den Fünfzigerjahren war die Welt vielleicht auch noch ein bisschen mehr in Ordnung als heute. Inzwischen jedoch hat uns die Erfahrung leider gelehrt, dass Bonbons von Fremden unsere geringste Sorge sind.

Genau das traf auf einen dritten Fall in Kanada zu, zu dem ich ebenfalls als Berater hinzugezogen wurde. Wie bei den Morden an Parrott, Mahaffy und French ging es erneut um die Vergewaltigung und Ermordung eines unschuldigen Kindes. Allerdings fand das Verbrechen wieder unter anderen Umständen statt als die beiden ersten – und wir lernten wieder etwas dazu.

Als ich mich im Januar 1985 in Toronto aufhielt, um die Staatsanwaltschaft bei ihrer Anklagestrategie gegen Tien Poh Su zu beraten, wandten sich die Detectives John Shephard und Bernard Fitzpatrick an mich. Die beiden Beamten, Fahnder bei der Regionalpolizei von Durham, baten mich, sie zu einem Leichenfundort zu begleiten und ihnen meine Interpretation dazu zu sagen. Ich war erschöpft, denn ich hatte den ganzen Tag bei Gericht verbracht und wollte mich eigentlich nur noch in meinem Hotelzimmer bei einem Drink erholen. Die Detectives hatten den Fall bereits an Special Agent Oliver Zink, damals FBI-Profilkoordinator in Buffalo, weitergeleitet, weshalb ich davon ausging, dass der Vorgang ohnehin bald auf meinem Schreibtisch in Quantico landen würde. Doch als ich weitere Einzelheiten erfuhr, war mir klar, dass meine Mithilfe umgehend gefragt war.

Am 3. Oktober des vergangenen Jahres hatte die neunjährige Christine Marion Jessop auf dem Heimweg von der Schule einen Kaugummi gekauft. Seitdem war das Mädchen, das in Queensville, Ontario, nördlich von Toronto, lebte, nicht mehr gesehen worden. Tagelang suchten Polizei und Freiwillige nach der Vermissten – aber vergeblich.

Die Angst ging um in dem kleinen, eigentlich verbrechensfreien Städtchen. Man nahm an, dass das Kind von jemandem entführt und verschleppt worden war, der sich auf der Durchreise befunden hatte. Der Bürgermeister und die Behörden forderten alle Eltern auf, ihre Kinder vor Fremden zu warnen und ihnen zu verbieten, Süßigkeiten und andere Geschenke von unbekannten Personen anzunehmen. Nach dem Entsetzen über Christines Verschwinden machte sich ein regelrechter Verfolgungswahn breit. Es waren traurige Feiertage in Queensville.

Am Silvestertag ging ein Farmer mit seinen beiden Töchtern über ein Feld im nahe gelegenen Sunderland. Sie waren auf der Suche nach dem Besitzer eines streunenden Hundes, den sie beobachtet hatten. Plötzlich entdeckten sie eine zusammengekrümmte Kinderleiche. Vom Bauch abwärts war die schon fast vollständig skelettierte Leiche bis auf ein Paar weißer Socken mit blauem Rand unbekleidet. Weitere, ziemlich verrottete Kleidungsstücke und ein Paar Nike-Turnschuhe wurden in der Nähe gefunden. Im Gras neben der Leiche lag ein Segeltuchbeutel. Er enthielt eine Blockflöte aus Plastik, deren Mundstück mit Isolierband verklebt war. Genau so eine Flöte hatte Christine am Tag ihres Verschwindens im Musikunterricht bekommen. Die Autopsie und ein Vergleich des Gebisses mit den Unterlagen eines Zahnarztes ergaben, dass es sich bei der Toten tatsächlich um Christine handelte. Jemand hatte mit einem Messer auf sie eingestochen, und Blut- und Spermaspuren in ihrem Höschen wiesen darauf hin, dass sie sexuell missbraucht worden war. Meine älteste Tochter Erika war damals im gleichen Alter wie Christine.

Auf dem Weg zum Fundort in einem Zivilfahrzeug der Polizei erklärten mir die beiden Detectives die wichtigsten Hintergründe des Falls. Bei den Eltern des Mädchens war an jenem Tag niemand zu Hause gewesen. Janet, die Mutter, war mit Christines 14-jährigem Adoptivbruder Kenneth beim Zahnarzt gewesen und hatte dann Robert, den Vater, im Gefängnis besucht, wo er wegen eines Wirtschaftsvergehens einsaß.

Wir wussten, dass Christine die Blockflöte an diesem Tag bekommen hatte. Die Musiklehrerin bestätigte der Polizei, dass das Mädchen sich sehr darüber gefreut hatte. Außerdem wussten wir vom Kauf des Kaugummis. Die Verkäuferin im Queensville General Store erinnerte sich an ein dunkles Auto, das ein Stück weiter an der Straße geparkt hatte. Alle Bewohner der Stadt nahmen an, dass es sich um den Wagen des verdächtigen Fremden handelte, der Christine entführt hatte. Ich hingegen hielt das für eine falsche Spur, die wahrscheinlich in keinem Zusammenhang zu dem Fall stand. Christine war nicht auf der Straße in ein Auto gezerrt worden. Wir wussten, dass sie zu Hause angekommen war, denn ihr Fahrrad stand in der Garage. Das Haus lag etwa 75 oder 100 Meter von der Straße entfernt, und ich konnte mir nicht vorstellen, dass ein Fremder das Risiko eingegangen war, einfach die Auffahrt hinaufzuspazieren. Dass niemand zu Hause war, konnte er ja nicht wissen. Wenn man in einem Gewaltverbrechen ermittelt, hat man ständig mit Leuten zu tun, die helfen wollen und deshalb alles erwähnen, was ihnen einfällt und wichtig erscheint. Wir müssen dann die Spreu vom Weizen trennen und tatsächliche Hinweise von zufälligen Beobachtungen unterscheiden.

Ich erhielt auch Gelegenheit zu einem Gespräch mit Christines Eltern, die mir ein anschauliches Bild von ihrer Tochter vermittelten. Ich erinnere mich noch gut, wie ich Stunden später nachts auf dem Rücksitz des Polizeiautos saß. Wir hatten den Leichenfundort inspiziert und uns Christines Elternhaus und weitere wichtige Punkte in der Stadt angesehen. »Der Mörder war kein Fremder«, sagte ich zu den Detectives. »Er lebt in der Stadt. Er kannte Christine mit Sicherheit und wohnt nahe genug, um ihr Haus zu Fuß erreichen zu können.«

Die beiden Beamten tauschten bedeutungsvolle Blicke aus und sahen mich dann an. »Können Sie das noch heute für uns aufschreiben?«, fragte der eine.

»Es ist ein Uhr morgens«, antwortete ich. »Ich bin vollkommen erschöpft.« Aber da es ihnen offenbar so wichtig war, bat ich sie um einen Kassettenrekorder. Nachdem sie mich zurück ins Hotel gefahren hatten, legte ich mich in meinem Zimmer aufs Bett, breitete den Autopsiebericht vor mir aus und diktierte meine Überlegungen auf Band.

Vielleicht lag es an meiner Müdigkeit, denn ich merkte, dass ich in eine Art Trance versank, wie es bei mir gelegentlich vorkommt. Auf einmal stand mir das Verbrechen lebhaft vor Augen.

Über Christine, das Opfer, wusste ich, dass sie ein intelligentes, neugieriges und begeisterungsfähiges Kind gewesen war. Bestimmt hatte sie sich sehr über ihre neue Flöte gefreut, doch als sie nach Hause gekommen war, war niemand da gewesen, dem sie davon hätte erzählen können. Sicher hatte sie deshalb jemandem in der Nachbarschaft einen Besuch abgestattet, einem Menschen, der ihr zuhören und sich für ihre Fortschritte im Musikunterricht interessieren würde. Und dieser Mensch war nach meiner Ansicht mit hoher Wahrscheinlichkeit der Mörder.

Der Täter hatte sie in einem Auto wegbringen müssen. Wenn er nicht riskieren wollte, auf der Fahrt durch die Stadt beobachtet zu werden, musste er Nebenstraßen nehmen. Aber ganz gleich, für welchen Weg er sich entschieden hatte, er kannte sich jedenfalls in der Gegend aus – denn ansonsten hätte er nicht das abgelegene Feld in Sunderland gewählt.

Meiner Vorstellung nach war es dann ähnlich weitergegangen wie im Fall Alison Parrott. Christine bemerkt irgendwann unterwegs, dass sie nicht das Ziel ansteuern, das der Täter angegeben hat, vermutlich ins Gefängnis zu ihrem Vater. Sie bekommt es mit der Angst zu tun, worauf der Täter ein Messer zieht. Doch er schafft es nicht gleich, das zierliche, schmale neunjährige Mädchen an der Gegenwehr zu hindern, was darauf hinweist, dass er kein erfahrener Mörder ist. Die Situation hat sich spontan ergeben, als sie ihn besuchte.

Christine war ein sehr extrovertiertes, freundliches Kind. Vielleicht hatte der Täter ihre Aufgeschlossenheit und Offenheit missverstanden und glaubte, dass ihr seine sexuellen Annäherungsversuche willkommen sein würden. Schließlich kreisten seine Fantasien entweder um Christine oder um kleine Mädchen oder Teenager im Allgemeinen, was bei sexuell unreifen Tätern häufig vorkommt. Wahrscheinlich hat er angefangen, sie zu befummeln oder sie zum Oralverkehr zu zwingen. Ich ging davon aus, dass er mit der Familie gut bekannt war, und als sie begann, um Hilfe zu schreien oder zu weinen, wusste er, dass sie es ihrer Mutter erzählen würde. Also musste er sie töten. Die Stichwunden an ihrem ganzen Körper deuteten darauf hin, dass sie sich heftig zur Wehr gesetzt hatte. Trotz ihrer Verletzungen versuchte sie bis zum Schluss zu fliehen. Bei der Autopsie wurde festgestellt, dass ein Messerstich bis hinunter zur Rippe eingedrungen war.

Meiner Meinung nach war der Täter zwischen Anfang und Mitte 20, obwohl sich sein genaues Alter in diesem Stadium der Ermittlungen noch schwer bestimmen ließ. Seine geringe Kontrolle über seine Fantasien und seine Schwierigkeiten dabei, ein kleines Mädchen festzuhalten, waren ein Indiz dafür, dass es sich auch um einen älteren, emotional zurückgebliebenen Mann handeln konnte. Wahrscheinlich hatte die Polizei diesen Mann bereits vernommen.

Den großen Abstand zwischen den Stichwunden interpretierte ich als Anzeichen dafür, dass sich das Opfer gesträubt hatte. Auch das bestätigte mich in der Annahme, dass der Täter nicht sehr erfahren sein konnte.

Möglicherweise war es sein erster Mord, obwohl ich vermutete, dass er bereits wegen Belästigung, Voyeurismus oder Brandstiftungen aktenkundig geworden war. Ein älterer oder erfahrener Täter hätte sein Opfer wahrscheinlich eher erdrosselt oder mit einem stumpfen Gegenstand erschlagen, was bei Weitem keine so schmutzige Angelegenheit ist, wie auf jemanden mit einem Messer einzustechen. Die Leiche wurde viele Kilometer entfernt von der Stelle aufgefunden, wo das Mädchen entführt worden war. Das konnte heißen, dass der Täter sie möglichst weit weg von seinem Wohnort verstecken wollte. Auch der Zustand der Leiche, einfach abgelegt und eher nachlässig versteckt, deutete für mich auf einen wenig systematisch vorgehenden Täter hin. Sicher machte er einen leicht schlampigen Eindruck, war ein Nachtmensch, schlief tagsüber und ging – wenn überhaupt – einer Arbeit nach, die keine besonderen geistigen Anforderungen an ihn stellte. Auch sein Auto war sehr wahrscheinlich ungepflegt und älteren Baujahrs.

Ich glaubte, dass das momentane Leben des Täters durch verschiedene belastende Situationen bestimmt war. Da ich aus Art und Methode des Verbrechens schloss, dass er nicht in einer Ehe oder einer festen Beziehung lebte, waren die Gründe gewiss nicht in diesem Bereich zu suchen. Vielleicht hatte er berufliche Probleme oder war gerade arbeitslos geworden. Vielleicht wohnte er bei seinen Eltern oder bei älteren Verwandten, die ihn unter Druck setzten. Was immer die Ursache sein mochte, sie stand ganz gewiss in Zusammenhang mit seinem geringen Selbstbewusstsein. Möglicherweise litt er unter irgendeiner Entstellung oder Verstümmelung, einem Sprachfehler, einer Hautkrankheit oder sonst einem Manko, weswegen er glaubte, bei Frauen seines Alters keine Chancen zu haben. Bestimmt spielte er oft mit Kindern in der Nachbarschaft und hatte Freunde, die jünger waren als er.

Während des Kampfes hatte er sicher einige Blutspritzer abbekommen, was bedeutete, dass er nach der Tat sofort nach Hause zurückgekehrt war, um sich zu waschen und seine Kleider zu beseitigen. Jemand, der ihn zu diesem Zeitpunkt beobachtet hatte, musste bemerkt haben, dass etwas nicht stimmte. Auch sein Verhalten im Alltag hatte sich vermutlich verändert. Er wirkte verkrampft und angespannt, klagte über Schlafstörungen oder rauchte und trank mehr als sonst. Wenn er in der Nähe wohnte, hatte ihn die Polizei bestimmt vernommen. Um den Verdacht von sich abzulenken, hatte er sich übertrieben hilfsbereit und kooperativ gezeigt und sich auch auf andere Weise in die Ermittlungen eingemischt, um auf dem Laufenden zu bleiben. Da er seinen Mord nicht geplant hatte, musste er nun besonders sorgfältig zu Werke gehen, damit er nicht gefasst wurde. Falls er glaubte, unter Verdacht zu stehen, würde er die Gegend nicht verlassen, da er befürchtete, dass das als Schuldeingeständnis gewertet werden könnte. Außerdem war gewiss jemandem aufgefallen, dass er immer wieder zum Fundort der Leiche zurückkehrte. Und auch dafür hatte er sich eine Ausrede einfallen lassen müssen.

Ich umriss auch einige proaktive Methoden, die den Täter möglicherweise dazu bringen würden, sich zu verraten. Am nächsten Morgen übergab ich den Detectives das Tonband, und man ließ es sofort abtippen.

Bald erfuhr ich, warum sich Shephard und Fitzpatrick so für meine Einschätzung interessierten. Mein Persönlichkeitsprofil passte fast haargenau auf einen der Vernommenen. Er hieß Guy Paul Morin, war Ende 20 und lebte mit seinen Eltern direkt neben den Jessops. Morin war musikinteressiert und spielte Klarinette im Gemeindeorchester. Christine kannte ihn gut. Außerdem wiesen einige Spuren wie Stückchen abgeblätterter Farbe aus seinem Haus und Fasern von Christines Kleidung auf seine Täterschaft hin.

Im April 1985 wurde er verhaftet und unter Anklage gestellt, obwohl ihn die Polizei beim Verhör nicht zu einem Geständnis bringen konnte. Ich glaube, dass das ganze Städtchen seine Festnahme eher mit gemischten Gefühlen sah: Es musste einfach ein Fremder, ein Auswärtiger, gewesen sein. Kein Mensch, der Christine kannte, hätte ihr so etwas antun können. Guy Morin sah weder aus wie ein Ungeheuer, noch benahm er sich so.

Aber das traf ja auch auf Paul Bernardo zu.

Um zusätzliche Beweise zu bekommen, wurde ein verdeckter Ermittler ins Gefängnis eingeschleust und wie ein gewöhnlicher Häftling zu Morin in die Zelle gesteckt – eine Taktik, die in Kanada erlaubt ist. Später in der Verhandlung sagte der Polizist aus, Morins Äußerungen deuteten stark auf seine Schuld hin. Doch Morin stritt alles ab.

Von diesem Punkt an nahm der Fall einen merkwürdigen und tragischen Verlauf. Christines Eltern ließen sich scheiden, und Morins Eltern wurden finanziell ruiniert. Außerdem erkrankte sein Vater schwer. Bei der ersten Verhandlung in London, Ontario, Anfang 1986, erklärte sich Morin für nicht schuldig. Doch mitten im Prozess verkündete sein Verteidiger, die Geschworenen sollten auf geistige Unzurechnungsfähigkeit erkennen, falls sie ihn doch für schuldig befinden sollten. Doch Morin wurde aus Mangel an Beweisen freigesprochen.

Der Kronanwalt unternahm den ungewöhnlichen Schritt, Berufung gegen diese Entscheidung einzulegen. Und so hob das Appellationsgericht in Ontario das Urteil im Juni 1987 wieder auf und ordnete ein neues Verfahren an. Im folgenden Jahr wurde der Beschluss vom Obersten Kanadischen Gerichtshof bestätigt.

Im Spätherbst 1991 fand ein zweiter Prozess statt, der sechs Monate dauerte. Nach achttägiger Beratung kamen die Geschworenen zu einem Schuldspruch, und Morin wurde in die Strafanstalt in Kingston eingewiesen.

1995 jedoch ergab eine DNA-Analyse, die zur Zeit des Mordes noch nicht möglich gewesen war, dass die DNA aus Morins Blutprobe nicht mit den Spermaspuren in Christines Unterwäsche übereinstimmte. Morin wurde aus dem Gefängnis entlassen und rehabilitiert. Der Mordfall Christine Jessop blieb weiterhin ungeklärt. [Anm. d. Verlags: 2020 wurde anhand einer DNA-Probe Calvin Hoover als Täter identifiziert. Er hatte 2015 Selbstmord begangen.]

Als Polizeibeamte wie auch als Eltern ist uns bei solchen chaotischen und widersprüchlichen Ergebnissen überhaupt nicht wohl. Hielt ich Guy Paul Morin noch immer für schuldig? Dies zu entscheiden ist Aufgabe eines Gerichts, nicht meine. Niemand in meiner Abteilung würde sich anmaßen, einen Täter mit absoluter Sicherheit bestimmen zu können. Wir können nur den Typ Mensch beschreiben, der aufgrund unserer Informationen und seines Verhaltens vor und nach der Tat möglicherweise als Täter infrage kommt. Auf diese Weise hoffen wir, den Ermittlern vor Ort dabei zu helfen, den Kreis der Verdächtigen einzugrenzen.

Von allen Dingen, mit denen ich mich in meinem Beruf beschäftigen musste, gehen mir Gewaltverbrechen an Kindern am meisten nahe. Der

Eindruck von einem Tatort oder die Fotos eines Opfers lassen einen nicht mehr los. Ich habe so viel gesehen, dass ich meine Kinder, als sie noch kleiner waren, am liebsten mit Handschellen an meinem Handgelenk oder dem meiner Frau festgeschlossen und sie nicht mehr aus den Augen gelassen hätte.

Das Problem ist, einen Mittelweg zu finden. Wie soll man seine Kinder schützen und ihnen gleichzeitig die Freiheit geben, sich zu selbstständigen Menschen zu entwickeln? Als Erika zum ersten Mal allein mit dem Auto wegfuhr beziehungsweise mit einem Jungen ausging, wurde ich fast wahnsinnig vor Angst. Einer meiner besten Freunde in der Abteilung, eigentlich ein unkomplizierter Mensch mit viel Sinn für Humor, unterzieht die Verehrer seiner Tochter jedes Mal einem strengen Verhör, bevor er die jungen Leute aus dem Haus lässt. Wir haben einfach schon zu viel Schreckliches erlebt.

Wahrscheinlich können wir als Eltern nur hoffen, dass es uns gelingt, stets aufmerksam und auf der Hut zu sein und unseren Kindern die nötige Vorsicht beizubringen, ohne sie zu überängstlichen Nervenbündeln zu erziehen. Wir müssen ihnen Verhaltensregeln, Werte und das Vertrauen vermitteln, dass sie mit jedem Problem zu uns kommen können. Und ich wäre der Letzte, der behauptet, dass das keine Gratwanderung ist.

KAPITEL VIER

IST DENN ÜBERHAUPT NICHTS MEHR HEILIG?

Cassandra Lynn Hansen, genannt Cassie, war sechs Jahre alt und lebte in Eagan, Minnesota, einem südlich von St. Paul gelegenen Vorort. Sie war ein Jahr älter als meine Tochter Erika. Als ich ein Foto des kleinen Mädchens mit dem schulterlangen dunkelblonden Haar sah, erinnerte sie mich an eine reizende kleine Elfe. Sie lächelte strahlend und hatte niedliche Grübchen.

Am Abend des 10. November 1981 besuchte Cassie mit ihrer Mutter und ihrer jüngeren Schwester einen Familiengottesdienst, der in einem Kellerraum der Jehovah Evangelical Lutheran Church in St. Paul stattfand. Nachdem sie ihrer Mutter Bescheid gesagt hatte, ging sie den Flur entlang und die Treppe hinauf zur Damentoilette. Eine Frau aus der Gemeinde, die ihr im Treppenhaus begegnete, war die Letzte, die sie lebend sah. Als Cassie nicht zurückkam, suchte Ellen, ihre Mutter, sie in der Toilette. Aber es war niemand da. Ellen lief aus dem Gebäude und rief draußen laut nach ihrer Tochter. Auch andere Gemeindemitglieder beteiligten sich an der Suche, und als diese ergebnislos blieb, rief man schließlich die Polizei.

Am nächsten Morgen wurde die Leiche des Mädchens in einem Müllcontainer hinter einer Autowerkstatt in der Grand Avenue entdeckt. Die Straße war etwa viereinhalb Kilometer von der Kirche entfernt. Die Kleine trug noch ihr hellblaues Kleidchen. Die schwarzen Lackschuhe des Kindes fand man zwei Straßen weiter. Nur Cassies Haarspangen blieben verschwunden.

Der Mord an diesem Mädchen gehört zu den erschütterndsten Fällen, mit denen ich je zu tun hatte. Außerdem habe ich nur selten erlebt, dass proaktive Strategien und die Mithilfe engagierter und mutiger Bürger derart erfolgreich waren.

Die Einwohner von Minneapolis und St. Paul, den sogenannten Zwillingsstädten, nahmen die Nachricht von Cassies Ermordung mit Entsetzen und Abscheu auf. Ein niedliches, fröhliches kleines Mädchen war während einer Messe aus einem Gotteshaus entführt und getötet worden – war denn überhaupt nichts mehr heilig?

Bei der Autopsie wies zwar nichts auf eine Vergewaltigung hin, aber man stellte geringe Spermaspuren der Blutgruppe 0 und einige Schamhaare an ihrer marineblauen Strumpfhose sicher. Nach den Würgemalen an ihrem Hals zu urteilen war der Tod durch Strangulieren eingetreten, wahrscheinlich mit einem zirka sechs Zentimeter breiten Gürtel. Schürfwunden an Cassies Brust ließen vermuten, dass der Täter ihren Leib mit einem weiteren Gürtel gefesselt hatte. Und es gab noch ein Detail, das die Polizei geheim hielt, um anhand dessen falsche Geständnisse aussortieren zu können: Gesicht und Kopf der Sechsjährigen zeigten Kratzwunden und Spuren von Schlägen.

Cassies Eltern lebten getrennt, und das kleine Mädchen hatte bei seiner Mutter gewohnt. Die Polizei kam sehr rasch zu dem Ergebnis, dass weder Vater noch Mutter als Verdächtige infrage kamen. Ellen erklärte den Ermittlern, sie habe ihrer Tochter beigebracht zu schreien, wenn sie sich von einem Fremden bedroht fühlte, und sie hatte diese Lektion verstanden. Erst vor Kurzem hatte Cassie ihre vierjährige Schwester Vanessa ins Haus gezogen, als diese mit einem Fremden sprach.

Wie häufig in derartigen Fällen waren die Zeugenaussagen widersprüchlich und verwirrend. Die Frau, die Cassie auf der Treppe gesehen hatte, hatte auch einen etwa 50- bis 60-jährigen Weißen bemerkt. Er habe grau meliertes Haar und ein derbes Gesicht gehabt und eine Brille mit dunklem Rahmen getragen.

Ein Immobilienmakler, der sich kurz nach Cassies Verschwinden unweit der Kirche auf der Straße aufgehalten hatte, berichtete von einem Weißen Mitte 20. Dieser habe ein regloses Kind, vermutlich ein sechs- bis siebenjähriges Mädchen, getragen. Später beschrieb ein anderer Zeuge einen ähnlich aussehenden Mann, den er in einer Seitenstraße beobachtet haben wollte – sie führte direkt zu dem Müllcontainer, in dem Cassies Leiche gefunden worden war.

Die Polizei von St. Paul tat alles, um den Täter zu schnappen. Das Büro des FBI in Minneapolis wurde hinzugezogen, und man ging einigen vielversprechenden Spuren nach. Trotzdem verstrichen die Weihnachtsferien, und bis Januar war noch niemand verhaftet worden, obwohl alle Beamten sich die größte Mühe gaben, den Mörder des kleinen Mädchens zu fassen.

Ende Februar 1982 setzten sich die Special Agents Bill Hagmaier und Brent Frost aus Minneapolis mit mir in Verbindung und baten mich, ein Persönlichkeitsprofil des Täters zu erstellen. Es war meine erste Zusammenarbeit mit Bill – sie sollte sich als schicksalhaft erweisen. Noch im selben Jahr wurde er nach Quantico in die Abteilung Verhaltensforschung versetzt. Als ich im Dezember 1983 schwer krank war, sammelte Bill im Kollegenkreis Geld, damit meine Frau und mein Vater nach Seattle fliegen und mich im Krankenhaus besuchen konnten. Später war er Mitarbeiter der Investigative Support Unit und gehörte bis zu meiner Pensionierung im Frühjahr 1995 zu den führenden Köpfen der Abteilung. Heute leitet er das Ressort »Serienmörder und Kindesentführung« in Quantico.

Nachdem ich am 3. März alle für den Fall aussagekräftigen Unterlagen analysiert hatte, erläuterte ich Bill, Brent und den Ermittlern der Polizei von St. Paul in langen Telefonaten mein Täterprofil. Zu Letzteren gehörte Captain Donald Trooien, Leiter der Kommission für Tötungsdelikte und Sexualverbrechen. Er hatte erst im Januar ein Seminar zum Thema »Ermittlung bei Sexualverbrechen« in Quantico besucht und dort einen Vortrag meiner Abteilung gehört. Ebenfalls dabei waren sein Stellvertreter Robert LaBath, Lieutenant Larry McDonald, Sergeant Roger Needham und Sergeant Darrell Schmidt. Wie in Quantico üblich, wollte ich gar nicht erst hören, welches Bild sich die Ermittler im Laufe der Untersuchung von dem Verdächtigen gemacht hatten. Mein Profil sollte möglichst objektiv sein und einzig und allein auf den greifbaren Anhaltspunkten basieren.

Wenn man sich die Begleitumstände des Verbrechens ansah – Entführung in einer Kirche –, musste es sich um einen männlichen Weißen handeln, dessen sexuelle Fantasien wahrscheinlich schon immer um Kinder gekreist hatten. Bestimmt gehörte der Täter derselben ethnischen Gruppe an wie Cassie, obwohl es sich um ein »Verbrechen aus Gelegenheit« handelte, war es keine spontane Tat gewesen. Dieser Mann suchte absichtlich Orte auf, an denen er Kinder anzutreffen hoffte, die er unauffällig beobachten konnte, ohne dass die Eltern Verdacht schöpften. Bei einem Profil ist es immer am schwierigsten, das Geburtsjahr des Täters festzulegen, da seine emotionale Entwicklung, seine Lebenserfahrung und sein tatsächliches Alter weit auseinanderklaffen können. Doch aufgrund vergangener Fälle wussten wir, dass sich eine sexuelle Fixierung auf Kinder für gewöhnlich zwischen dem 20. und dem 25. Lebensjahr in einem Verbrechen manifestiert. Meiner Ansicht nach war der Täter deshalb mindestens Anfang 30 – nur eine Schätzung, wie ich betonte. Vier Monate vor dem Mord an Cassie hatte ich den berüchtigten Fall des »Trailside Killer« abgeschlossen; eine Serie von Morden an Frauen, die in den dicht bewaldeten Parkgeländen nördlich von San Francisco gewandert waren. Auch damals hatte alles auf einen männlichen Weißen um die 30 hingedeutet. Doch als David Carpenter, Dozent für Industriedesign in San José, als Täter verhaftet wurde, war er bereits 50 Jahre alt. Er hatte jedoch mit Mitte 20 zum ersten Mal eine Haftstrafe wegen eines Sexualdelikts verbüßt – genau in dem von uns vermuteten Alter. Allerdings spielte das genaue Alter von Cassandra Hansens Mörder keine maßgebliche Rolle; klar war für mich, dass er sich schon öfter sexuell an Kindern vergangen hatte, auch wenn es nicht unbedingt zu einem Mord gekommen sein musste. Schließlich war es ihm gelungen, das Kind rasch und unbemerkt aus der Kirche zu schaffen, was auf ein gewisses Maß an Berechnung und Erfahrung hinwies. Vielleicht hatte ihn sogar die Herausforderung gereizt, ein Kind aus einer Kirche zu entführen. (Kinderschänder, mit denen ich gesprochen habe, erzählten, ein Kind aus einem belebten Einkaufszentrum zu verschleppen, ohne dass jemand sie bemerkte oder aufzuhalten versuchte, sei für sie der größte »Kick« gewesen.)

Während die Tat an sich eine gewisse Verbrechenserfahrung und Geschicklichkeit vermuten ließ, sprach der Umstand, dass der Täter sich für ein Kind entschieden hatte, eine andere Sprache: Offenbar war er nicht in der Lage, sich Erwachsenen gegenüber altersgemäß zu verhalten. Da es ihm nie gelungen wäre, einen Teenager oder eine erwachsene Frau zu überwältigen, musste es ein hilfloses Kind sein. Er hatte zwar ein kleines Mädchen entführt und getötet – und ich glaubte, dass Cassie seinem Idealbild von einem Opfer entsprach –, doch es hätte ebenso einen kleinen Jungen treffen können. Trotzdem war der von uns Gesuchte vielleicht verheiratet oder hatte eine feste Freundin, aber es handelte sich gewiss um eine infantile, oberflächliche Beziehung zu einer unselbstständigen und unreifen Frau. Arthur Shawcross, der in Rochester, New York, mehrere Prostituierte vergewaltigte und ermordete, hatte vor diesem Verbrechen eine 15-jährige (meiner Ansicht nach viel zu kurze) Haftstrafe wegen Mordes an einem Jungen und einem Mädchen abgesessen. Zur Zeit der Prostituiertenmorde ging Shawcross einer Arbeit nach, war verheiratet und hatte gleichzeitig eine Geliebte.

Ich erklärte den Ermittlern, dass es viel über den Gesuchten aussagte, dass er sein Opfer aus einer Kirche entführt hatte. Möglicherweise wusste er selbst nicht genau, warum er ausgerechnet in diese Kirche gegangen war. Vielleicht gehörte er gar nicht dieser Glaubensrichtung an. Aber wahrscheinlich hatte er sich eingeredet, dass er religiöse Gründe hätte und zu Gott beten wollte. Er hielt sich für einen hochmoralischen Menschen und glaubte, seine Anweisungen direkt von Gott zu empfangen. Hatten wir es mit einem paranoiden Schizophrenen zu tun? Ich nahm an, dass er zumindest unter religiös geprägten Halluzinationen oder Wahnvorstellungen litt, in denen seine pädophilen Neigungen eine Rolle spielten. Ich prophezeite meinen Kollegen, dass sie nach der Verhaftung des Täters in dessen Wohnung umfangreiche Tagebücher, Sammelmappen oder sogar Gedichte finden würden, die sich mit Kindern – womöglich sogar mit dem Opfer – befassten. Bestimmt besaß er auch eine oder mehrere Bibeln mit unterstrichenen Passagen oder sorgfältigen Anmerkungen am Rand. Ich stellte mir einen neurotischen Einzelgänger vor, vermutlich übergewichtig, aber groß und kräftig, denn schließlich war es ihm gelungen, ein sich sträubendes Kind aus der Kirche zu schaffen, ohne Aufsehen zu erregen. Ein attraktiver Mann war er gewiss nicht. Falls er zwischen Mitte 20 und Mitte 30 war, litt er vielleicht an einer Entstellung oder einer Sprachbehinderung und hatte deshalb nur ein schwaches Selbstbewusstsein. War er 40 bis 50 Jahre alt, dann war er sicher übergewichtig und hatte schütteres Haar. Da er kaum Freunde hatte, blieben ihm nur die Tagebücher und Sammelalben, um seine Gefühle zu äußern. Manche dieser Männer zeichnen ihre Gedanken auf Tonband oder Video auf, filmen Kinder beim Aussteigen aus dem Schulbus und schreiben ihre Gefühle beim Anblick der Objekte ihrer Begierde nieder. Falls sie Angst bekommen oder mit ihrer baldigen Verhaftung rechnen, werden sie ihre Unterlagen wahrscheinlich verstecken. Doch nur wenn es gar nicht anders möglich ist, sind sie bereit, sie zu vernichten. Schließlich handelt es sich um die Dokumentation einer lebenslangen Obsession.

Für diesen Tätertyp dreht sich normalerweise alles um den jüngsten Fall und den Fortgang der Ermittlungen. In sein Sammelalbum wird er jeden verfügbaren Zeitungsausschnitt einkleben, vor allem, wenn ein Foto dabei ist. Das Foto von Cassie, das die Polizei mir gezeigt hatte, war auch in den Zeitungen veröffentlicht worden, und ich war überzeugt, dass der Täter es ausgeschnitten hatte.

Vielleicht war er auch bei der Beerdigung gewesen und hatte öfter das Grab besucht. Außerdem hatte er ein Andenken an das Kind behalten – mir war aufgefallen, dass Cassies Haarspangen fehlten –, und es ist schon vorgekommen, dass solche Täter derartige Gegenstände ans Grab mitnehmen und zu ihrem Opfer »sprechen«. Vielleicht hatte unser Mann diese Andenken auch einem anderen Kind geschenkt und so sein Besessen-Sein von dem toten Mädchen auf sein nächstes Opfer übertragen.

Auch der Fundort der Leiche war symbolisch bedeutsam. Der Täter hatte das kleine Mädchen auf den Müll geworfen, nachdem er genug von ihm hatte, und damit wollte er sagen, dass er mit ihm tun konnte, was er wollte. Er empfand sein Handeln als berechtigt. Das passte zu meiner Theorie, dass er unter religiösen Wahnvorstellungen litt. Er wiegte sich in dem Glauben, in direktem Kontakt mit Gott zu stehen, und er konnte so den Mord vor sich rechtfertigen. Schließlich hatte Gott ihm ja befohlen, dafür zu sorgen, dass diese reine Seele in den Himmel kam. Möglicherweise hatte das Mädchen – in seiner Einbildung – auch eine Strafe verdient oder sollte Buße tun, und er war dabei Gottes Werkzeug. Deshalb ging der Täter seit dem Mord wahrscheinlich häufiger zur Kirche als früher – oder er bekämpfte seine innere Anspannung mit Alkohol und Drogen.

Handelt es sich um einen sehr symbolträchtigen Tatort, ist zu erwarten, dass der Täter früher oder später dorthin zurückkehrt. Deshalb ist eine Überwachung des Friedhofs oder einer anderen Örtlichkeit, die mit dem Opfer oder dem Verbrechen in Zusammenhang steht, häufig erfolgreich. Deshalb schlug ich vor, in den Medien immer wieder darauf hinzuweisen, wo Cassie begraben war.

Ich war überzeugt, dass wir es mit einem Serienmörder zu tun hatten. Bei den meisten dieser Täter ist es in den Stunden, Tagen oder Wochen vor dem Verbrechen zu einem auslösenden Ereignis gekommen. Oft handelt es sich dabei um den Verlust des Jobs oder der Partnerin – obwohl jeder negative Zwischenfall, insbesondere eine wirtschaftliche Notlage, zum Ausbruch von Gewalt führen kann. Wichtig ist nur, dass der Täter etwas erlebt, das ihn überfordert. Er fühlt sich ungerecht behandelt und denkt, dass die ganze Welt gegen ihn ist. Wenn er dann ein Kind sieht und kein Erwachsener in der Nähe ist, sodass niemand ihn bemerken oder aufhalten wird, schlägt er sofort und instinktiv zu. So stellte ich es mir zumindest vor, da ich ja annahm, dass der Gesuchte sich bereits früher sexuell an Kindern vergangen hatte.

Der Polizei gab ich den Tipp, öffentlich zu erklären, dass die Ermittlungen gut vorankamen – auch wenn sie noch nicht mit einem Verdächtigen aufwarten konnten. Dem stellvertretenden Leiter der Mordkommission LaBath riet ich zu einer Stellungnahme im Fernsehen mit der Äußerung, er werde den Fall lösen und den Täter hinter Schloss und Riegel bringen, selbst wenn das bis zu seiner Pensionierung dauern sollte. Auf diese Weise würde man den Gesuchten emotional unter Druck setzen.

Wie ich schon in anderem Zusammenhang erwähnt habe, würde sich dieser Druck beim Täter möglicherweise in erhöhtem Alkoholkonsum niederschlagen, aber das genügte mir noch nicht. Vielleicht hatte er sein

Verbrechen ja einer dritten Person gestanden, die nun in immer größerer Gefahr schwebte, je weiter die Ermittlungen vorankamen. Während der Gesuchte darüber nachgrübelte, ob die seit der Tat verstrichene Zeit nun ein gutes oder ein schlechtes Zeichen bedeutete – hieß es, dass er unentdeckt bleiben würde oder dass man ihm schon auf der Spur war? –, würde seine Verzweiflung zunehmen. Und das konnte nur zu leicht zu einem weiteren Verbrechen führen.

Wenn die Polizei einen Verdächtigen im Visier hatte, sollte sie den Druck auf den Betreffenden erhöhen. Als John Wayne Gacy der Entführung mehrerer kleiner Jungen in der Umgebung von Chicago verdächtigt wurde, begann die Polizei von Des Plaines eine offene Beschattung und verfolgte Gacy auf Schritt und Tritt. Zuerst nahm der beleibte Bauunternehmer das mit Humor und lud zwei der Detectives sogar zum Essen ein. Da er wusste, dass die Polizei ihn nicht wegen einer Lappalie verhaften würde, trieb er ein Spiel mit ihnen, indem er offen gegen die Verkehrsregeln verstieß und Marihuana rauchte. Doch der Druck wuchs, und schließlich verlor Gacy die Nerven. Er bat die Beamten in sein Haus, wo sie Leichengeruch bemerkten. Schließlich nahm ihn die Polizei wegen Verdachts auf Drogenmissbrauch fest, besorgte sich einen Durchsuchungsbeschluss und entdeckte im Fundament des Hauses die ersten von 33 Leichen.

Ich dachte, dass wir in diesem Mordfall mit einer ähnlichen Methode Erfolg haben würden. Wenn der Verdächtige zur Kirche ging, würden Polizisten ihn begleiten. Besuchte er ein Restaurant, würden sie ihm dorthin folgen. Er würde sehen, wie Beamte bei seinen Nachbarn klingelten. Und ich hatte eine weitere Idee, um ihn aus der Reserve zu locken: Eine Frau sollte ihn regelmäßig anonym anrufen und ins Telefon schluchzen. Wenn man einem Verdächtigen richtig zusetzen will, muss man sich etwas einfallen lassen.

Wahrscheinlich schlug unser Mann nur nachts zu. Während nächtlicher Streifenfahrten vor seinem Haus würden die Polizisten sicher feststellen, dass bei ihm noch Licht brannte. Außerdem war er bestimmt ein ruheloser Mensch und fuhr nach Einbruch der Dunkelheit mit dem Auto durch die Gegend. Fluchtgefahr bestand nicht, denn er wusste mit

Sicherheit, dass er damit nur die Aufmerksamkeit der Ermittler erregt hätte. Außerdem glaubte er ja, zumindest teilweise im Recht zu sein. Damals gab es bereits eine Methode namens PSE *(psychologic stress evaluation)*. Sie diente der Bewertung psychischer Stressfaktoren und war bei manchen Kollegen, vor allem im Mittleren Westen, sehr beliebt. PSE verfolgte das Ziel, mithilfe einer Bewertungsskala und eines elektronischen Geräts, ähnlich einem Lügendetektor, zu ermitteln, ob ein Verdächtiger während einer Vernehmung log. Ich persönlich halte nicht viel davon, besonders nicht, wenn man einen Täter vor sich hat, der sein Verbrechen für berechtigt hält. Aus unserem Täter würde man auf diese Weise nichts herausbekommen, selbst wenn man ihm den Mord an dem kleinen Mädchen auf den Kopf zusagte. Meiner Ansicht nach gab es nur eine Frage, mit der man ihn vielleicht aus der Reserve locken konnte: Man musste ihn fragen, ob er auf die Leiche masturbiert hatte, denn schließlich waren ja Spermaspuren an ihren Oberschenkeln gefunden worden.

Nachdem ich den Mann beschrieben hatte, der meiner objektiven Einschätzung nach für Cassie Hansens Entführung und Ermordung verantwortlich war, berichtete die Polizei, sie habe im Rahmen der Ermittlungen mehr als 500 Verhöre durchgeführt. Es gebe 108 Verdächtige.

Einer von ihnen sei besonders auffällig. »Als Sie uns die Merkmale des Täters schilderten, trafen etwa zehn wichtige Punkte auf diesen Mann zu«, sagte Captain Trooien.

Der Verdächtige war ein 50-jähriger, 1,80 Meter großer weißer Taxifahrer namens Stuart W. Knowlton. Die Polizei hatte ihn befragt, da er mit seinem Wagen am Tag von Cassies Verschwinden in der Nähe der Kirche gesehen worden war. Doch er verweigerte die Vernehmung und den Lügendetektortest. Knowlton war gedrungen, hatte kurzes graues, schütteres Haar und trug eine Brille. Die Polizei erzählte mir, er besuche häufig Kirchen in der Gegend und habe sich in der Vergangenheit mehrfach an Kindern, auch an seinen eigenen, vergangen. Nach Rücksprache mit uns behandelte die Polizei ihn als Hauptverdächtigen und legte die Liste der übrigen möglichen Täter erst einmal beiseite.

Doch trotz aller Verdachtsmomente reichten die Beweise für eine Festnahme nicht aus, und so war Knowlton noch auf freiem Fuß. Zufällig war er jedoch etwa drei Wochen vor unserer Telefonkonferenz auf dem Heimweg von einem Auto angefahren worden. Ein Unterschenkel musste ihm amputiert werden, und weil er sich zur Rehabilitation im Ramsey County Nursing Home befand, stellte die Überwachung kein Problem dar.

Während Knowlton im Krankenhaus lag, versuchte eine Frau, die seine Bekanntschaft gemacht hatte, in der Nähe von Orlando, Florida, wieder zu Kräften zu kommen. Sie hieß Dorothy Noga und hatte zur Zeit von Cassies Tod als Masseurin in St. Paul gearbeitet. Das war zwar nicht gerade ihr Traumberuf, doch sie verdiente 2000 Dollar wöchentlich, sodass ihr Mann zu Hause bleiben und die vier Kinder versorgen konnte. Die Ermittler rekonstruierten, dass Knowlton am 11. November 1981 zum ersten Mal Lee Lenores Sauna aufgesucht hatte, wo Dorothy Noga beschäftigt war – also am Tag nach Cassies Entführung, als man ihre Leiche gefunden hatte. Interessanterweise bat Knowlton die Masseurin, ihm ein Alibi zu verschaffen, falls ihn jemand eines Verbrechens beschuldigen sollte, das an diesem Tag stattgefunden habe. Dorothy Noga wurde nicht ganz schlau daraus, aber sie ließ sich seine Visitenkarte geben, auf die er auch seine private Adresse und Telefonnummer notierte.

Die Nachricht von der Ermordung des kleinen Mädchens hatte Dorothy Noga entsetzt; allerdings schöpfte sie keinen Verdacht gegen Knowlton. Aber es fiel ihr ein anderer ihrer Kunden ein, der ihr gestanden hatte, dass er von Sex mit Kindern träumte, denn in der intimen Atmosphäre des Massageraums vertrauten viele Männer Dorothy ihre Geheimnisse an. Also gab Dorothy der Polizei einen anonymen Hinweis.

Da der Gedanke an das Verbrechen Dorothy Noga einfach nicht losließ, beschloss sie einige Tage später, dass sie mögliche sachdienliche Informationen nicht weiter verweigern durfte. Wieder rief sie die Polizei an, nannte diesmal ihren Namen und erklärte sich zu einer Vernehmung bereit. Während des Gesprächs rutschte zufällig ein Foto von Knowlton aus der Mappe eines Detectives und fiel zu Boden. Dorothy Noga erkannte Knowlton als den Mann, der sich am Tag nach dem Mord von ihr hatte massieren lassen. Sie fragte, ob es sich um einen Verdächtigen handele. Die Detectives bestätigten das, sagten aber, der Mann verweigere die Aussage.

Dorothy vermutete, dass er vielleicht bereit sein würde, mit ihr zu sprechen, und erbot sich, ihn anzurufen. Allerdings lehnte die Polizei diesen Vorschlag ab, da man den Vorwurf der ungesetzlichen Beschaffung von Informationen fürchtete. Schließlich hatte Knowlton sich mit seinem Anwalt in Verbindung gesetzt, der ihm geraten hatte zu schweigen.

Dorothy Noga jedoch wollte sich von der Polizei keine Vorschriften machen lassen und rief die Nummer auf Knowltons Visitenkarte an. Sie war davon überzeugt, dass sie den Mann zum Reden bringen konnte. Die 32-jährige Masseurin war eine gute Zuhörerin und schaffte es meistens, dass Männer ihr ihre Sorgen anvertrauten.

Also schritt sie zur Tat, und bald telefonierte sie fast täglich mit Knowlton, manchmal mehrere Stunden lang. Offenbar war er einsam und verzweifelt und steigerte sich in den Mordfall Cassie Hansen hinein. Dorothy Noga war sicher, dass sie auf der richtigen Spur war.

Gleichzeitig jedoch zehrten die Gespräche an ihren Nerven und schlugen ihr aufs Gemüt. Knowlton unterhielt sich mit ihr, als wären sie beide ein Liebespaar, und ihr war nicht ganz wohl dabei, ihn in diesem Glauben zu lassen. »Es deprimierte mich so, mit ihm zu reden, dass ich am liebsten aufgegeben hätte. Oft saß ich nur da und weinte«, erzählte sie später dem *St. Paul Dispatch*.

Doch da sie selbst Mutter von vier Kindern war, hatte sie Mitleid mit Cassies trauernder Familie. Sie wollte dazu beitragen, dass sich eine solche Katastrophe nicht wiederholte. Sie berichtete später, dass Knowlton ihr in einem der Telefonate schließlich den Mord an Cassie gestand. Deshalb ließ Dorothy Noga nicht locker, nahm die Gespräche auf Band auf, informierte die Polizei und übergab ihr die Tonbandaufzeichnungen. Nun waren die Beamten davon überzeugt, dass diese Methode Erfolg haben würde, und sie ermutigten die Frau, den Kontakt zu Knowlton aufrechtzuerhalten. Allerdings erwähnte Knowlton nach dem Beginn der Tonbandaufzeichnungen nicht mehr, dass er etwas mit dem Tod der kleinen Cassie zu tun habe. Aber er sprach weiterhin häufig über den Fall.

Am 13. Dezember, einen guten Monat nach dem Mord, hörten die Anrufe schlagartig auf. Es war Mr Nogas 34. Geburtstag, und Dorothy war in der Comfort-Center-Sauna beschäftigt. Später konnte sie sich nur noch erinnern, dass sie in einem Krankenzimmer im St. Paul-Ramsey Medical Center aufgewacht war – im selben Krankenhaus, in das auch Stuart Knowlton nach seinem Autounfall eingeliefert werden sollte. Am Fuße des Bettes stand ihre Mutter und sah sie besorgt an. Dorothy Noga war mit einem Messer angegriffen worden. Der Täter hatte ihr die Kehle aufgeschlitzt und sie auf dem Fußboden liegen gelassen, wo sie fast verblutet wäre. Für die Ärzte war es ein Wunder, dass sie überlebt hatte. Im Krankenhaus wurde sie rund um die Uhr bewacht, und sie konnte der Polizei eine vage Beschreibung des Angreifers liefern. Man zeigte ihr Fotos möglicher Verdächtiger. Ein Mann wurde festgenommen, aber aus Mangel an Beweisen wieder auf freien Fuß gesetzt.

Die Polizei hatte sofort Knowlton im Verdacht, und als man mir von dem Vorfall berichtete, war auch ich dieser Ansicht. Sicher hatte er sich Dorothy anvertraut, um sich etwas von der Seele zu reden, doch als der Druck auf ihn wuchs, war ihm wahrscheinlich klar geworden, dass er sich in eine prekäre Lage gebracht hatte. Also hatte er die Person beseitigen wollen, die für ihn vielleicht zur Bedrohung werden konnte.

Für den Überfall auf Dorothy Noga gab es keine Zeugen, und auch die Spurensicherung führte nicht zu brauchbaren Ergebnissen. Die Frau hatte alles gesagt, was sie wusste. Nach ihrer Entlassung aus dem Krankenhaus zog sie mit ihrer Familie nach Florida, um wieder zu Kräften zu kommen. Außerdem wollte sie so dem Täter entfliehen, der bestimmt einen zweiten Anschlag auf sie verüben würde.

Doch auch die Gespräche zwischen Stuart Knowlton und einer Frau, die er erst kürzlich kennengelernt hatte, erwiesen sich als fruchtbar. Janice Rettman war im gleichen Alter wie Dorothy Noga und Leiterin des Wohnungsamtes von St. Paul, ein hoher Posten mit viel Verantwortung. Die zierliche, lebenslustige rotblonde Frau war im Rathaus als durchsetzungsfähige Verwaltungsbeamtin bekannt.

Janice Rettman begegnete Knowlton am 16. März 1981, acht Monate bevor Cassie Hansen entführt und ermordet wurde. Er sprach in ihrem Amt vor und berichtete, dass ihm eine Räumungsklage drohe. Er müsse aus seiner Sozialwohnung in den Roosevelt Homes ausziehen. Seine Frau wolle ihn verlassen und die beiden Kinder mitnehmen. Außerdem seien der Familie die Sozialhilfe und die vom Sozialamt verteilten Essensmarken gestrichen worden, ohne die sie nicht über die Runden kommen könnten. Er habe gerade erst als Taxifahrer zu arbeiten begonnen und sich bei verschiedenen Kirchen und gemeinnützigen Organisationen nach Hilfsangeboten erkundigt. Doch niemand habe sich zuständig gefühlt. Janice Rettman stellte fest, dass die Räumungsklage aufgrund von zwei Beschwerden gegen Knowlton erfolgt war. Die erste bezog sich auf einen Vorfall im vergangenen Herbst, als Knowlton zwei 14-jährige Mädchen zum Kartenspielen in seine Wohnung eingeladen hatte. Dort hatte Knowlton ihnen angeblich erklärt, wie Kinder zur Welt kommen, und über Sex, Empfängnisverhütung und Menstruation gesprochen. Dann habe er den Mädchen angeboten, ihnen seinen Penis zu zeigen. Als die Eltern der Mädchen Anzeige erstatteten, hatte die Polizei das Wohnungsamt informiert. Knowlton erhielt daraufhin eine Abmahnung. Wenn so etwas noch einmal vorkäme, würde er mit seiner Familie die Wohnung räumen müssen.

Später, im Februar, hatte Knowlton eine Neunjährige aufgefordert, vor ihm die Hose auszuziehen. Dieser Zwischenfall verängstigte und schockierte das Mädchen so sehr, dass es seitdem unter Albträumen litt.

Damals lebte Knowlton vorübergehend in einer möblierten Wohnung, nur einige Straßen von dem Frauenhaus entfernt, wo seine Frau mit den Kindern untergebracht war.

In seinen Gesprächen mit Janice Rettman nahm Knowlton, was seine pädophilen Neigungen anging, kein Blatt vor den Mund. Obwohl es sonst nicht ihre Art war, beschloss Janice Rettman spontan, ihm nicht ihren richtigen Namen zu nennen, und stellte sich stattdessen als Janice Reever vor. Sie erklärte ihm, sie sei dazu verpflichtet, jeden Verdacht auf Kindesmissbrauch bei den Behörden zu melden. Außerdem riet sie ihm zu einer Therapie.

Als Janice Rettman aus den Nachrichten erfuhr, dass Cassandra Hansens Leiche gefunden worden war, fiel ihr sofort der Mann ein, der im März bei ihr gewesen war. Er hatte gesagt, er habe verschiedene Kirchen aufgesucht. Und seine möblierte Wohnung lag nur zehn Blocks von der Jehovah Evangelical Lutheran Church entfernt. Einige Tage später rief die Frau Stuart Knowlton an, um sich nach seiner Wohnsituation zu erkundigen. Er wirkte verstört und wortkarg. Doch ein paar Tage danach meldete er sich bei ihr. Offen wie immer berichtete er, die Polizei habe kurz vor Janice Rettmans letztem Anruf seine Wohnung durchsucht. Das habe ihn so getroffen, dass er nicht in der Lage gewesen sei, mit ihr zu sprechen. Er erzählte, er mache Entsetzliches durch, fühle sich sehr einsam und brauche einen Menschen, mit dem er reden könne und der ihn besuche.

Da Janice Rettman wusste, dass die Polizei in ihren Ermittlungen gegen Knowlton nicht weiterkam, beschloss sie wie Dorothy Noga, tätig zu werden.

»Kein Kind darf Opfer eines Verbrechens werden«, erklärte sie später der Reporterin Linda Kohl vom *St. Paul Dispatch*. »Alle Erwachsenen sind dafür verantwortlich, dass Kindern kein Leid geschieht. Es war mir sehr wichtig, der Polizei dabei zu helfen, den Täter zu fassen und dazu beizutragen, dass dieser Mensch nie wieder ein Kind anrührt. Wir alle tragen Verantwortung für Kinder, ganz gleich, ob es nun unsere eigenen oder die anderer Leute sind.«

Ich bin davon überzeugt, dass unsere Gesellschaft um einiges sicherer und menschlicher wäre, wenn es mehr Menschen wie Janice Rettman gäbe.

Da Janice Rettman in einer Behörde der Stadtverwaltung arbeitete, wandte sie sich direkt an Polizeichef William McCutcheon und bot ihre Hilfe an. Wie schon bei Dorothy Noga schüttete Knowlton nun auch dieser Frau am Telefon sein Herz aus. Er sprach von den Vorwürfen des Kindesmissbrauchs, die zu der Räumungsklage geführt hätten, von seinen Eheproblemen und davon, dass er es einfach nicht schaffe, einer regelmäßigen Arbeit nachzugehen. Durch die Musik von Johnny Cash sei er im vergangenen Jahr zum Glauben bekehrt worden. Janice Rettman machte sich während der Telefonate Notizen, tippte sie ab und übergab sie der Polizei. Viele der Informationen über Knowlton, die die Polizei besaß, stammten aus Janice Rettmans gesammelten Dossiers. Und bald wurde klar, dass mein Täterprofil in vielen Punkten auf den Hauptverdächtigen zutraf.

Nach dem fast tödlich ausgegangenen Überfall auf Dorothy Noga hatte sich die Lage zugespitzt. Janice Rettman fürchtete zwar ebenfalls um ihr Leben, hielt aber durch. Doch sie fertigte zur Sicherheit Kopien ihrer Abschriften an, falls ihr etwas Ähnliches wie Dorothy zustoßen sollte.

Warum riskierte Janice Rettman ihr Leben, um den Täter zu überführen? Was unterschied sie beispielsweise von den 38 Nachbarn, die tatenlos zuhörten, als Winston Mosely am Vormittag des 13. März 1964 Kitty Genovese vor ihrem Wohnhaus in Kew Gardens, einem vornehmen Teil von Queens, erstach? Natürlich gibt es darauf einige einleuchtende Antworten: Ms Rettman hatte Sozialpädagogik studiert. Sechseinhalb Jahre hatte sie ehrenamtlich bei VISTA gearbeitet – einer staatlich geförderten Organisation, die Bildungsprogramme für die ärmeren Bevölkerungsschichten anbietet. Außerdem war sie schon immer abenteuerlustig gewesen und hatte mit 18 ihr Elternhaus in Texas verlassen, um die Universität zu besuchen. Allerdings verraten uns all diese Erklärungen nichts über ihre persönlichen Eigenschaften, die dazu beitrugen, dass sie maßgeblich an der Aufklärung des Falls beteiligt war. Sie engagierte sich schlichtweg deshalb, weil sie es für ihre Pflicht hielt – genauso wie Dorothy Noga.

Mein ganzes Berufsleben habe ich damit zugebracht, die verschlungenen Motive von Verbrechern nachzuvollziehen. Doch letztendlich läuft es auf eine grundsätzliche Erkenntnis hinaus: Jeder Verbrecher steht vor der Wahl, ein Verbrechen zu begehen oder nicht. Das Gleiche gilt für einen Menschen, der das Richtige tut: Er hat sich entschieden, aktiv zu werden. Wir alle sind für unser Handeln verantwortlich.

Knowlton gestand Janice Rettman zwar nicht den Mord an Cassie Hansen, aber die Tat war bei ihm regelrecht zur fixen Idee geworden. Janice Rettman bekam es mit der Angst zu tun, als er erzählte, er habe »Visionen« von dem Fall, und sein »sechster Sinn« sage ihm, dass zwischen Cassie Hansens Ermordung und dem Mordversuch an Dorothy Noga ein Zusammenhang bestehe. Außerdem sprach er über verschiedene Einzelheiten, auch über die Methode, mit der die Leiche beseitigt worden war.

Und in einem dieser Telefonate verplapperte er sich schließlich.

Er erwähnte, dass Cassie Hansen vor ihrem Tod geschlagen worden war, was die Polizei ja geheim gehalten hatte, um falsche Geständnisse auszusondern.

Kurz nach diesem »Versprecher« erlitt Knowlton den bereits erwähnten Autounfall, durch den er einen Unterschenkel verlor. Janice Rettman besuchte ihn im Krankenhaus und später im Ramsey County Nursing Home. Zu den ersten dieser Besuche brachte sie in ihrer Handtasche einen Kassettenrekorder mit. Danach stattete die Polizei sie mit einem am Körper versteckten Mikrofon aus. Außerdem fiel ihr eine hervorragende proaktive Strategie ein: An manchen Tagen trug sie schwarze Lackschuhe, ähnlich wie die von Cassie. Das war allein ihre Idee gewesen – schade, dass sie nicht von mir stammte.

Als die Polizei mir von Janice Rettmans Aktivitäten berichtete, erklärte ich den Beamten, dass diese Methode bei einem so schwer greifbaren und »unkooperativen« Verdächtigen am erfolgversprechendsten sei. Ich schlug weitere Wege vor, die vielleicht zum Ziel führen würden. Ms Rettman könne ihm zum Beispiel ein hübsches Tagebuch schenken, in dem er seine Gedanken und Gefühle niederschreiben könne.

Obwohl Knowlton jegliche Verantwortung für den Mord und den Mordversuch abstritt, meinte er gegenüber Janice Rettman, es müsse irgendwo in der Stadt einen Doppelgänger von ihm geben. Auch diese Information war wichtig, da sie zeigte, dass er nun einen neuen Weg gefunden hatte, sein Verbrechen zu verarbeiten. Daran erinnerte ich mich drei Jahre später, als ich in Sheriff Jim Metts Büro in Lexington County, South Carolina, wieder einem Verdächtigen gegenübersaß. Der dunkelhaarige, pummelige, bärtige Mann hieß Larry Gene Bell und war Elektrikergeselle. Dank einer tragfähigen Kombination aus Täterprofil, proaktiven Techniken, erstklassiger Polizeiarbeit, gerichtsmedizinischer Analyse und der Mithilfe großartiger und tapferer Familien hatte man Bell schließlich verhaften können. Er stand unter dem Verdacht, die 17-jährige Shari Faye Smith und die 9-jährige Debra Helmick grausam ermordet zu haben. Ich wusste, dass die Chancen für ein Geständnis gleich null waren. In South Carolina gibt es die Todesstrafe, sodass der Verdächtige sich damit selbst dem Henker ausgeliefert hätte – ich sah keinen Weg, ihn zu überreden.

Deshalb erklärte ich ihm, jeder Mensch habe gute und schlechte Seiten. Der Richter und die Geschworenen würden in ihm jedoch nur den kaltblütigen Mörder sehen, während ich ihm die Möglichkeit geben wollte, mehr von sich zu erzählen.

»Larry, hat der Mensch, der hier vor mir sitzt, diese Tat begangen?«, fragte ich ihn.

Er antwortete mit Tränen in den Augen: »Ich weiß nur, dass der Larry Gene Bell, der ich jetzt bin, so etwas nie getan hätte. Aber der böse Larry Gene Bell war es vielleicht.«

Mehr konnten wir aus ihm nicht herausbekommen. Doch die Darstellung der Anklage, die von Bezirksstaatsanwalt Don Meyers vertreten wurde, war sehr überzeugend. Nach knapp einem Monat Verhandlung brauchten die Geschworenen keine Stunde, um Bell der Entführung und des vorsätzlichen Mordes für schuldig zu befinden. Mehr als elf Jahre später wurde Bell am frühen Morgen des 4. Oktober 1996, einem Freitag, auf dem elektrischen Stuhl hingerichtet.

Nachdem die Polizei im Mai 1982 sicher war, dass es sich bei Stuart Knowlton um den Hauptverdächtigen handelte, setzte man die zuvor erwähnten proaktiven Techniken ein. Dann meldete sich Dorothy Noga beim Polizeipräsidium von St. Paul und sagte, sie könne sich inzwischen wieder an den Tag des Überfalls erinnern. Knowlton sei zu ihr in die Sauna gekommen und habe ihr wütend vorgeworfen, ihn verraten zu haben. Er habe in der Jehovah Evangelical Lutheran Church nur das Klo benutzen wollen, als er das kleine blonde Mädchen gesehen habe, das allein zur Damentoilette gegangen sei.

Er wartete, bis sie wieder herauskam, und fragte sie dann, ob sie mit ihm auf dem Flur ein Spiel spielen wolle. Dann brachte er Cassie nach draußen zu seinem Taxi, bedrängte sie sexuell, forderte sie auf, seinen Penis zu berühren, und rieb ihn zwischen ihren Schenkeln. Das habe in ihm ein Glücksgefühl ausgelöst. Doch das kleine Mädchen hörte nicht auf zu weinen, deshalb hielt er ihr den Mund zu. Und plötzlich atmete sie nicht mehr. So lautete jedenfalls die Version, die er Dorothy Noga erzählte.

Nach diesem Geständnis zog Knowlton ein Messer, jagte die Frau durchs Zimmer und stieß ihr die Waffe in den Hals. Dorothy Noga verlor das Bewusstsein.

Am 26. Mai war die Polizei zu der Ansicht gelangt, dass die Verdachtsmomente für eine Durchsuchungsanordnung ausreichten. Dem Antrag wurde entsprochen. Bis dahin hatte man Einzelheiten der Ermittlungen in diesem medienwirksamen Fall so weit wie möglich vor Journalisten geheim gehalten.

Dass Spermaspuren auf Cassies Strumpfhose gefunden worden waren, passte zu Knowltons Darstellung. Al Robillard vom FBI-Labor bestätigte, dass die an Cassies Leiche sichergestellten Schamhaare und die Haupthaare an ihrem Rollkragenpullover von Knowlton stammten. Bei der mikroskopischen Untersuchung wurde bei beiden Haarproben eine ungewöhnliche Krankheit entdeckt, die zu einer unregelmäßigen Färbung des einzelnen Haars führt. Außerdem passte Knowltons Blutgruppe zu den Spermaspuren auf Cassies Kleidung.

Stuart Knowlton wurde wegen Entführung und vorsätzlichen Mordes an Cassandra Hansen vor Gericht gestellt. Nach einer Untersuchung in einer staatlichen Nervenklinik befand man ihn für geistig zurechnungsfähig. Auf seine eigene Bitte hin wurde sein Fall nur vor einem Richter und ohne Geschworene verhandelt. James M. Lynch, Bezirksrichter aus Ramsey, führte den Vorsitz. Thomas Poch vertrat die Anklage, und Philip Vilaume und Jack Nordby waren Knowltons Verteidiger. In der Vorverhandlung erklärten sie sich mit einer Verurteilung wegen Mordes ohne Vorsatz einverstanden, allerdings ohne Schuldeingeständnis.

»Das kam überhaupt nicht infrage«, erinnerte sich Poch.

Dana McCarthy, die mit ihrem Sohn denselben Abendgottesdienst besucht hatte wie Cassie kurz vor ihrem Verschwinden, sagte aus, sie habe kurz nach dem kleinen Mädchen einen Mann die Treppe hinaufgehen sehen. Im Gerichtssaal identifizierte sie diesen Mann als Stuart Knowlton.

Als Janice Rettman in den Zeugenstand gerufen und gefragt wurde, ob sie schwöre, »die Wahrheit und nichts als die Wahrheit zu sagen«, bedachte sie den Gerichtsdiener mit einer aufmunternden Geste und antwortete: »Darauf können Sie Gift nehmen.« Ihre Aufzeichnungen waren beeindruckend, und sie wirkte völlig glaubwürdig. Ganz das Gegenteil bei Knowlton. Er gab vor, er sei zum Zeitpunkt von Cassies Entführung Taxi gefahren. Als Taxifahrer hätte er eigentlich ein Fahrtenbuch führen müssen, das sein Alibi bestätigt hätte. Doch er behauptete, das Fahrtenbuch habe sich in einer Aktenmappe befunden, und diese sei – wahrscheinlich von einem Fahrgast – gestohlen worden. Wo genau er in jener Nacht gewesen sei, wisse er nicht mehr.

Donald Whalen, ein Mitarbeiter aus der Taxizentrale, sagte aus, er habe während des Abends öfter versucht, Knowlton über Funk zu erreichen, aber der habe nicht geantwortet. Patricia Jones, Geschäftsführerin eines anderen Taxiunternehmens, bezeugte, Knowlton hätte ihr am Tag, an dem Cassies Leiche gefunden wurde, Blankoformulare für das Fahrtenbuch abkaufen wollen, obwohl diese bei seinem eigenen Unternehmer, wie Whalen bestätigte, reichlich vorhanden waren.

Im Laufe des Prozesses stellte sich heraus, dass Knowlton bereits ein siebenjähriges Mädchen sexuell missbraucht und deshalb einige Zeit in einer psychiatrischen Klinik in Traverse City, Michigan, verbracht hatte.

Die Verhandlung dauerte 13 Tage. 48 Zeugen wurden gehört und mehr als 100 Beweisstücke vorgelegt. Knowlton selbst trat nicht in den Zeugenstand. Richter Lynch befand Knowlton des vorsätzlichen Mordes und eines Notzuchtverbrechens ohne Vorsatz für schuldig und verurteilte ihn zu lebenslänglicher Haft. Nach den Gesetzen in Minnesota kam eine Entlassung auf Bewährung für ihn frühestens im Jahr 2001 in Betracht. [Anm. d. Verlags: Knowlton starb 2006 in Haft.]

Knowlton hörte sich die Urteilsverkündung ungerührt an und beteuerte dann in einem zehnminütigen wirren Monolog seine Unschuld. »Gott ist mein Zeuge, und ich schwöre hier und heute, dass ich Cassandra Lynn Hansen nicht aus der Kirche entführt habe«, sagte er dem Richter.

Interessanterweise stritt er den Mord nicht ab, ein Hinweis auf einen komplizierten psychologischen Selbstrechtfertigungsmechanismus.

Wie ich bereits früh vermutet hatte, betonte er seine starke Gläubigkeit, ohne jedoch eines seiner Verbrechen zuzugeben. »Ich hätte kein Recht, jemandem das Leben zu nehmen, denn Gott hat mir dieses Recht nicht zugestanden«, erklärte er. »Ich hatte keinen Grund, irgendeinen Groll gegen Cassandra Lynn Hansen oder Dorothy Noga zu hegen.«

Verteidiger Vilaume, den das Urteil offenbar mehr erschütterte als seinen Mandanten, verkündete öffentlich, er glaube fest an Knowltons

Unschuld. Doch er räumte ein, dass Lynch ein gerechter Richter sei und den Prozess gut und unvoreingenommen geführt habe.

Cassies Mutter Ellen, die in der Verhandlung ebenfalls als Zeugin aussagte, engagierte sich nach Ende der Tragödie in Aufklärungsinitiativen über Kindesmissbrauch. Sie trat für eine strengere Anwendung der Gesetze ein, die das Leben und die Unversehrtheit von Minderjährigen schützten. Da sie wusste, dass Knowlton von seinem Vater geschlagen und sexuell missbraucht worden war, forderte sie in Interviews Gefängnisstrafen für Eltern, die sich an ihren Kindern vergingen, damit diese Kinder nicht ihrerseits wieder zu Kinderschändern würden. »Nur wenn es gelingt, den Teufelskreis des Inzests zu durchbrechen«, sagte sie, »wird auch der Kindesmissbrauch abnehmen.« Am wichtigsten sei, missbrauchten Kindern Mut zu machen, damit sie sich ihren Eltern, anderen Verwandten, Lehrern oder Freunden der Familie anvertrauten.

Ellen Hansen und ihr Mann William hatten sich größte Mühe gegeben, ihre Kinder Cassie und Vanessa vor möglichen Gefahren zu warnen. Die beiden Mädchen wussten, dass sie nicht mit Fremden sprechen oder mitgehen durften. Wenn sie sich bedroht fühlten, sollten sie schreien und davonlaufen. Deshalb können es sich die Hansens bis heute nicht erklären, wie es dem Täter gelang, ihre Tochter wegzulocken oder zu verschleppen.

Zuerst wurde Knowlton in der psychiatrischen Abteilung des Staatsgefängnisses in Oak Park Heights untergebracht. Später jedoch verlegte man ihn in die Strafanstalt St. Cloud, da die Gefängnisverwaltung um sein Leben fürchtete. Nicht einmal Sträflinge dulden einen Kindermörder in ihrer Mitte.

Ich möchte im Folgenden den Eindruck korrigieren, dass sich nur Mädchen vor Kinderschändern in Acht nehmen müssen oder dass sich die Täter nur ganz kleine Jungen aussuchen. Halbwüchsige Burschen im Alter von Alison Parrott und Kristen French sind zwar nicht so gefährdet wie ihre Altersgenossinnen, können aber ebenfalls zum Opfer von Sexualverbrechen werden.

Einer von ihnen war der 13-jährige Shawn Moore. Sein Fall verdeutlicht wieder einmal, wie viel ein Täterprofil dazu beitragen kann, dass sich die Ermittler auf den richtigen Verdächtigen konzentrieren.

Shawn war zierlich für sein Alter – nur 1,42 Meter groß und etwa 38 Kilo schwer –, aber er war ein hübscher Junge mit glattem, halblangem blonden Haar, haselnussbraunen Augen und einem gewinnenden Lächeln. Mein Kollege, Special Agent Jim Harrington, bezeichnete ihn als Jungen, »der es noch weit gebracht hätte«. Am Nachmittag des 31. August 1985, es war ein Samstag, das Wochenende vor dem Labor Day, half er seinem Vater beim Rasenmähen. Die Familie bewohnte ein Einfamilienhaus in Green Oak Township in der Nähe von Brighton, Michigan, etwa 45 Kilometer nordwestlich von Detroit. Für diese Jahreszeit war es ziemlich heiß, fast 35 Grad, und die Gartenarbeit war bei diesem Wetter ziemlich anstrengend. Deshalb fragte Shawn seinen Vater, ob er mit dem Rad zum nächsten Lebensmittelgeschäft fahren dürfe. Bis zum Pump N Pantry waren es keine drei Kilometer. Allerdings lag der Laden in der Nähe der alten Bundesstraße 23, wo besonders an einem Feiertagswochenende reger Verkehr herrschte. Doch da Shawn sich unbedingt eine Limonade kaufen wollte, ließ ihn Bruce Moore, Vertriebschef bei der *Ann Arbor News,* wenn auch ungern, losradeln. Natürlich ermahnte er ihn wie immer, vorsichtig zu sein.

Shawn kehrte nie zurück. Sein rotbraun und silbern lackiertes Zehngang-Tourenrad, Marke Huffy, wurde einen Tag später neben dem Lebensmittelladen am Straßenrand gefunden. Von dort bis zum Revier der Staatspolizei waren es etwa anderthalb Kilometer. Das Fahrrad mit dem 78 Zentimeter hohen Rahmen war noch viel zu groß für Shawn, aber er würde ja noch wachsen, und er hatte hart gearbeitet, um die Hälfte des Kaufpreises zu bezahlen. Sein Vater sagte, Shawn sei sehr stolz auf das Rad gewesen. Niemals hätte er es freiwillig auf der Kiesböschung liegen gelassen. Auch dass er einfach einen längeren Spaziergang gemacht hatte, war unwahrscheinlich, denn die Familie wollte an diesem Abend ins Kino. Als wir die Zeit seines Verschwindens rekonstruierten, bemerkten wir anhand von Protokollen, dass ein Sheriff von Livingston County mit seinem Wagen nur einen Häuserblock entfernt gewesen sein konnte.

Die Zeugenaussagen widersprachen sich. Eine Frau glaubte einen blonden Mann Anfang 20 gesehen zu haben. Er sei mit einem Jeep davongefahren, auf dessen Kühlerhaube seitlich das Wort »Renegade« in blauen Buchstaben stand. Eine andere Frau beobachtete einen Mann um die 40 in einem Lastwagen. Und eine dritte bemerkte einen »dicken, unsportlichen« 40-jährigen Mann, der den Jungen verfolgte. Die Zeugen waren sich außerdem nicht einig, ob der Junge verängstigt und in Bedrängnis gewesen sei. Hatte der Mann ihn wirklich verfolgt oder nur mit ihm gesprochen und ihn vielleicht nach dem Weg gefragt? Jede dieser Personenbeschreibungen konnte die Ermittlungen in eine völlig andere Richtung lenken.

Am Dienstag nach dem Labor-Day-Montag wurde das FBI hinzugezogen, um die vermutliche Entführung zu untersuchen. Inzwischen hatte sich bereits eine Sonderkommission gebildet, die sich aus Mitarbeitern der verschiedenen Behörden zusammensetzte. Zu ihr gehörten Vertreter der Staatspolizei von Michigan, der Polizei von Brighton und des Büros des Sheriffs. Die Staatspolizei leitete die Ermittlungen. Als sie Special Agent Ken Walton, den Leiter des FBI-Büros in Detroit, um seine Hilfe baten, gab dieser den Fall an Jim Harrington, den FBI-Profilkoordinator vor Ort, weiter. Viele, die später mit mir in der Investigative Support Unit tätig waren, haben einmal als Profilkoordinatoren angefangen.

Das Büro in Detroit war mein erster Einsatzort gleich nach der Ausbildung beim FBI gewesen. In Detroit war stets eine Menge los, und ich habe bei der dortigen Polizei viel gelernt. Meine ersten Erfahrungen in der Erstellung von Täterprofilen sammelte ich bei informellen Verhören von Serienbankräubern. Sobald Jim Harrington alle Informationen über Shawn Moores Verschwinden beisammenhatte, rief er mich an.

Er erläuterte mir die Einzelheiten telefonisch, und wir erarbeiteten gemeinsam ein Täterprofil, das wir der Sonderkommission fernmündlich übermittelten. Zwei vorherrschende Theorien in diesem Fall kamen uns unwahrscheinlich vor. Die erste lautete, dass Shawn von einem Mann überfallen worden war, der ihn schon seit Tagen oder Wochen beobachtet hatte. Die zweite war, dass der Täter in Shawns Familie zu suchen war. So schrecklich und unglaublich es auch klingen mag, doch es gibt immer wieder Eltern, die ihre Kinder aus den verschiedensten Gründen umbringen. Gewöhnlich melden sie sie dann als vermisst oder täuschen eine Entführung vor. Als objektive Ermittler müssen wir deshalb stets

Eltern, Geschwister, Ehepartner und andere Personen verdächtigen, die dem Opfer nahestanden.

Einige Kollegen empfanden das Verhalten der Eltern Bruce und Sharon Moore, einer Grundschullehrerin, als eigenartig. Sie machten keinen wirklich erschütterten Eindruck und schienen übertrieben zuversichtlich, dass ihr Sohn bald und wohlbehalten zurückkehren würde. Das ließ uns zwar aufmerken, doch als Jim die Moores aufsuchte, erlebte er ein liebevolles, einfühlsames Elternpaar mit ausgeprägten Wertvorstellungen. Darin, dass sie ihre Trauer nicht offen zur Schau trugen, sah Jim eher den Versuch, ihrer Umgebung während dieser Tragödie Standhaftigkeit und Hoffnung zu vermitteln. Nach dem Gespräch mit ihnen war er gerührt und beeindruckt. Auch ein Persönlichkeitsbild des Opfers ergab, dass Shawn ein ausgeglichener Junge war, was auf eine behütete Kindheit hinwies.

Auch die Theorie vom Verfolger erschien uns nicht sehr sinnvoll. Es war einfach zu riskant, einen 13-Jährigen am helllichten Tag auf einer belebten Straße vom Rad zu zerren. Wenn der Täter den Jungen schon seit Längerem beobachtet hatte, hätte er sicher einen weniger auffälligen und gefährlichen Weg gefunden, ihn zu entführen. Deshalb waren wir sicher, dass es sich um eine spontane Tat gehandelt hatte, die von einem Fremden begangen worden war.

Was verrieten uns die Umstände der Entführung über den Gesuchten? Zunächst einmal musste er sich in der Gegend auskennen. Er war nicht einfach auf der Durchreise und zufällig am richtigen Ort gewesen. Außerdem hatte er zur Tatzeit wahrscheinlich Drogen oder Alkohol im Blut – denn so leichtsinnig ging nur ein Mensch vor, der unter dem Einfluss eines enthemmenden Rauschmittels stand.

Wie immer bei dieser Art von Verbrechen und bei diesem Opfertyp vermuteten wir, dass es sich bei dem Täter um einen weißen Mann Anfang bis Mitte 20 handelte. Gewiss war er kein glücklicher Mensch, sondern litt unter Komplexen und einem geringen Selbstbewusstsein, was er ständig zu kompensieren versuchte. Vielleicht fuhr er einen aufgemotzten Mackerschlitten, war ein Waffennarr und ging gern zum Jagen oder Fischen. Doch all das benutzte er lediglich als Fassade, hinter der er seine Vorliebe für kleine Jungen verbarg. Auch seine Freundin, falls er eine hatte, diente diesem Zweck. Sie war ebenfalls nur Tarnung, und er hatte eine rein platonische Beziehung zu ihr, um vor sich selbst und seiner Umgebung als »normal« dazustehen. Ich bezweifelte, dass er jemals eine heterosexuelle Beziehung gehabt hatte. Wenn doch, hatte er die Erfahrung sicher als beängstigend, ungenügend oder unbefriedigend empfunden. Sein wirkliches Interesse galt Jungen, in deren Gesellschaft er sich wohler fühlte als in der seiner Altersgenossen. Trotzdem versuchte er vermutlich, sich mit Geld oder Geschenken bei ihnen einzuschmeicheln. Wahrscheinlich war er ein nachgiebiger, schwacher Mensch. Selbst als er beschlossen hatte, einen 13-Jährigen zu entführen, hatte er sich einen zierlichen Jungen ausgesucht, der sich vermutlich leichter einschüchtern und überwältigen ließ.

Gewiss war unser Täter nicht sehr gebildet und ging keiner qualifizierten Arbeit nach. Allerdings war er berufstätig, denn er besaß das Geld für die Pflege und den Unterhalt eines Autos. Vielleicht war er ungelernter Arbeiter, hatte zwar die Highschool abgeschlossen, aber nicht das College besucht. Da er sich gern als richtiger Mann aufspielte, hatte er möglicherweise mit dem Gedanken gespielt, zur Armee zu gehen, war aber dann zu dem Schluss gekommen, dass er das wohl nicht durchstehen würde. Falls er sich doch für einige Zeit verpflichtet hatte, war er sicher unehrenhaft entlassen worden. Wir gingen davon aus, dass er seine Tat nur unter der enthemmenden Wirkung von Drogen oder Alkohol hatte verüben können. Wahrscheinlich war der alkoholisierte Zustand bei ihm keine Ausnahme, und das deutete wiederum darauf hin, dass er keinen verantwortungsvollen Posten bekleidete und außerdem aus der Gegend stammte, sich also auch angetrunken dort zurechtfand.

Obwohl der Gesuchte sich Mut angetrunken hatte, musste er über einige Erfahrung verfügen, um seine Tat so offensichtlich reibungslos ausführen zu können. Wir empfahlen der Polizei, nach einem Täter zu suchen, der bereits wegen Sexualdelikten vorbestraft war oder zumindest vergleichbare Entführungen auf dem Kerbholz hatte. Wenn diese Festnahmen zu Haftstrafen oder Einweisungen in eine psychiatrische Anstalt geführt hatten, musste es dazu Unterlagen geben.

Dass er den Jungen entführt hatte, bedeutete, dass er die Gegend gut kannte und bereits ein Versteck ins Auge gefasst hatte, wo niemand ihn stören würde. Vermutlich war der Täter finanziell nicht unabhängig. Obwohl sein Verhältnis zu seinen Eltern nicht das beste war, wohnte er bei ihnen oder einem anderen Verwandten, vielleicht einer älteren Schwester oder einer Tante. Deshalb konnte er Shawn nicht zu sich nach Hause mitnehmen und hatte sich eine Stelle im Wald ausgesucht, an der bestimmt niemand vorbeikommen würde. Da er zum Jagen oder Fischen ging, handelte es sich dabei möglicherweise um eine Hütte, die leicht mit dem Auto zu erreichen war, einem Freund oder Familienmitglied gehörte oder keinen Besitzer hatte. Die Moores waren zwar zuversichtlich, dass Shawn unversehrt zurückkommen würde, doch Jim und ich machten uns auf das Schlimmste gefasst. Da der Junge nach dem ersten oder zweiten Tag nicht wieder aufgetaucht war, befürchteten wir, der Entführer würde ihn überhaupt nicht mehr freilassen. Irgendwann würden wir dann eine Leiche finden, und zwar irgendwo am Straßenrand oder im Wald, wenige Autominuten von der Stelle entfernt, an der die Entführung stattgefunden hatte.

Ich war davon überzeugt, dass mein Täterprofil in den meisten Punkten zutraf. Man kann über das Alter des Gesuchten zwar nur schwer konkrete Aussagen treffen, doch in diesem Fall war ich mir ziemlich sicher. Hier in dieser Gegend, sagte ich der Polizei, treibe sich der Verdächtige herum, auf den unsere Beschreibung passte. Vielleicht hatten die Beamten sogar schon mit ihm gesprochen.

Unsere bisherigen Untersuchungen und Erfahrungen sagten uns, dass der Entführung ein Ereignis vorangegangen war, durch das sich der Täter unter Druck gesetzt gefühlt hatte. Wahrscheinlich handelte es sich um eine der beiden häufigsten Ursachen: Arbeitsplatzverlust oder das Ende einer Beziehung. In diesem Fall war beides möglich, doch da das Verbrechen an einem Feiertagswochenende stattgefunden hatte, tippten wir auf einen Vorfall im Privatleben. Menschen vom Typ des Gesuchten sind an Feiertagen oft einsam, traurig und deprimiert, und wenn das auf den Täter zutraf, hatte er vielleicht nach einer Gelegenheit gesucht, um seine Spannungen loszuwerden. Ich nahm an, dass er von jemandem zurückgewiesen worden war, der in seinen Augen dem entführten Jungen ähnelte. Also war Shawn ein Ersatz, ein Stellvertreter, an dem der Gesuchte die Wut und den Zorn über seine Niederlage abreagieren konnte.

Mit jedem Tag, der verging, schwand unsere Hoffnung auf einen glücklichen Ausgang der Entführung. Gestützt auf unser Profil, machte sich die Polizei auf die Suche nach einem Tätertyp, der unserer Beschreibung entsprach. Die Beamten konzentrierten ihre Ermittlungen auf einen Mann Anfang 20 mit blondem oder hellbraunem Haar, der einen Jeep fuhr. Die Beschreibung wurde an die umliegenden Polizeibezirke und die Medien verteilt. Außerdem wurden Flugblätter mit einem Foto von Shawn, einem Phantombild des Täters und einem Foto des Autos, wie es der Verdächtige laut Zeugenaussagen fuhr, in Umlauf gebracht: ein Jeep Renegade mit hartem Verdeck, weiß oder hell-metallic und mit der Aufschrift »Renegade« oder »Cherokee« in großen blauen Buchstaben seitlich an der Motorhaube. Außerdem waren auf dem Flugblatt zwei Telefonnummern angegeben: die der Sonderkommission und eine, bei der Anrufer anonyme Hinweise hinterlassen konnten.

Wir waren überzeugt, dass der Gesuchte in der näheren Umgebung wohnte, und es konnte dort nicht allzu viele Männer geben, auf die diese Beschreibung passte. Deshalb bin ich seit jeher ein Befürworter der Methode, die Öffentlichkeit um Mithilfe zu bitten. In fast allen Fällen gibt es kooperationswillige Bürger, die etwas beobachtet haben. Man muss ihnen nur klarmachen, dass ihre Informationen wichtig für uns sind.

Diesmal verdankten wir diesen wertvollen Hinweis einem Kollegen: Ein Polizist aus Livonia, einer Kleinstadt zwischen Brighton und Detroit, rief die Zentrale der Sonderkommission an und erzählte von einem jungen Mann namens Ronald Lloyd Bailey.

»Den Typen müssen Sie sich mal ansehen«, sagte der Beamte. »Wir haben ihn schon öfter hopsgenommen, weil er auf kleine Jungen steht. Bestimmt ist das Ihr Mann.«

Die Sonderkommission nahm Bailey unter die Lupe. Jim und ich erschraken fast, als wir feststellten, wie gut unser Profil auf ihn passte. Er war 26 Jahre alt, weiß, hatte die Highschool abgeschlossen und wohnte auch in der Gegend, und zwar in Livonia. Seinen Lebensunterhalt verdiente er als Ausfahrer, und er lebte bei seinen Eltern, mit denen er sich nie gut verstanden hatte. Alfred, sein Vater, war streng und karriereorientiert. Seine Mutter hatte ihn schon von Kindheit an vor Mädchen gewarnt. Wie sich herausstellte, befürchtete Al Bailey schon seit einer Weile, Ron könne bei Shawn Moores Verschwinden die Hände im Spiel gehabt haben. Ron hatte sich vor Kurzem einen Jeep Renegade mit hartem Verdeck in Silber-Metallic gekauft. Er war klein und schwächlich, hatte glattes, halblanges blondes Haar wie Shawn und war als Einzelgänger bekannt, der schon öfter durch sein Verhalten gegenüber kleinen Jungen aufgefallen war. Er war sogar dreimal in einer psychiatrischen Anstalt gewesen.

Eine Gruppe von Ermittlern der Staatspolizei stattete Bailey am 10. September einen Besuch ab, doch der hatte ein Alibi: Am Tag von Shawn Moores Verschwinden sei er mit einem kleinen Jungen, den er kannte, in Caseville beim Bootfahren und Angeln gewesen. Aber da die Fische nicht gebissen hätten, seien sie schon am Montag, dem Labor Day, zurückgekommen. Am Morgen danach hatte Al Bailey seinem Sohn gesagt, dass Shawn vermisst wurde; die Polizei suche nach einem Auto, wie Ron eines besaß. Außerdem besaß Ron die Schlüssel zu einer Jagdhütte in der Nähe von Gladwin, die der Familie seiner angeblichen Freundin Debbie gehörte. Ron hatte mit Debbies Bruder in der darauffolgenden Woche hinfahren wollen und gewusst, dass niemand die Hütte bis dahin benutzen würde.

Als die Ermittler sich jedoch mit dem Jungen unterhielten, mit dem Bailey das Wochenende verbracht haben wollte, erzählte dieser eine ganz andere Geschichte. Er kenne Ron Bailey zwar und habe mit ihm zum Fischen fahren wollen, aber seine Mutter habe es ihm verboten.

Die Beamten wollten wissen, wie Ron auf diese Absage reagiert habe.

Der Junge antwortete, er sei sehr ärgerlich und enttäuscht gewesen.

Am nächsten Tag fuhren die Beamten wieder zu Bailey und konfrontierten ihn mit diesen Widersprüchen. Aber Bailey beharrte auf seiner Version und verlangte einen Anwalt. Dieser verbot ihm, weitere Fragen zu beantworten. Bei einer Gegenüberstellung wurde Bailey nicht durch die Zeugen identifiziert, weshalb die Polizei ihn freilassen musste.

Doch die Ermittler gaben noch nicht auf, denn Bailey war ihr Hauptverdächtiger und der Einzige, auf den das Täterprofil passte. Außerdem hatte er kein Alibi, und die Aussage des Jungen deutete darauf hin, dass – wie wir vermutet hatten – der Tat ein auslösendes Ereignis vorangegangen war. Deshalb wurden einige Beamte damit beauftragt, Bailey rund um die Uhr zu beobachten. Ich war überzeugt, dass er zum Fundort der Leiche zurückkehren und die Polizei dorthin führen würde.

Aber Bailey hob einige 100 Dollar an einem Geldautomaten ab, fuhr zum Flughafen und kaufte bei Delta Airlines ein Ticket für den Flug 807 nach Florida. Er checkte ohne Gepäck ein. Allerdings wurde er bei seiner Ankunft schon von der Polizei erwartet, die ihn bis in die Wälder verfolgte.

In der Zwischenzeit, am 13. September, wurde Shawn Moores nackte Leiche, zugedeckt mit Zweigen, Laub und Gestrüpp, am Rand einer Straße entdeckt. Sein Schädel und der Großteil seines Brustkorbes waren zu erkennen. Da die Leiche bei warmer Witterung so lange im Freien gelegen hatte und von wilden Tieren und Insekten angefressen worden war, konnte die genaue Todesursache bei der Obduktion nicht mehr festgestellt werden. Klar war nur, dass es sich um einen Mord handelte. Zeugen meldeten sich und berichteten, dass sie einen Jeep, ähnlich dem von Bailey, am Wochenende von Shawns Verschwinden in der Nähe der Hütte gesehen hatten. Nun waren die Ermittler überzeugt, genug gegen den Verdächtigen in der Hand zu haben, und wiesen ihre Kollegen in Florida an, Ron zu verhaften.

Nach einigem Suchen wurde er in einem Geräteschuppen entdeckt, übersät von Moskitostichen. Er ließ sich widerstandslos abführen.

Weitere Ermittlungen förderten interessante Details zutage. Ron Bailey hatte unzählige sexuelle Kontakte mit Gleichaltrigen und kleinen Jungen hinter sich. Offenbar hatte er auch zweimal mit einer Frau geschlafen. Die erste war Krankenschwester in der psychiatrischen Anstalt gewesen, in der er stationär behandelt worden war. Er war damals etwa 15 Jahre alt gewesen, sie über 20.

Im Laufe der Verhöre erfuhren die Detectives, wie sich die Tat ereignet hatte.

Ron Bailey hatte ein Ferienwochenende in der Hütte geplant und war ziemlich ärgerlich gewesen, als sein kleiner Freund abgesagt hatte. Er hatte sogar wütend den Telefonhörer aufgeknallt. Dann hatte er in seinem gesamten Bekanntenkreis herumgefragt, ob jemand ihn begleiten wollte. Aber niemand hatte Zeit. Debbie musste babysitten, ein Freund war krank, ein Cousin war zu einer Hochzeit eingeladen, ein anderer wurde in seinem College erwartet. Also fuhr Ron auf der Suche nach Spaß in seinem Auto durch die Gegend, trank dabei Bier und rauchte Marihuana. Einige Stunden lang kurvte er so herum, klapperte all seine Freunde ab und hielt nur ab und zu an, um zu tanken oder sich mit Bier und Zigaretten einzudecken.

Eine Weile blieb er bei einer Party in Brighton, verabschiedete sich aber bald und stieg wieder in sein Auto. Als er weiterfuhr, kam er an einem Revier der Staatspolizei von Michigan vorbei. Bei einem Lebensmittelladen an der Bundesstraße 23 machte er erneut halt und besorgte sich zwei Päckchen Zigaretten.

Vor besagtem Lebensmittelladen entdeckte er einen Jungen: Shawn Moore. Er trug ein beiges T-Shirt, graue Joggingshorts und blaue Turnschuhe und saß mit einer Limoflasche auf dem Bordstein. Der schlanke blonde Junge sah genau so aus, wie Ron selbst gern ausgesehen hätte. (Später nannte er Shawn »den Hübschesten von allen«.) Ron fand, dass er einen einsamen Eindruck machte. Also blieb er in seinem Jeep sitzen und beobachtete ihn eine Weile.

Danach fuhr er wieder in Richtung Bundesstraße und überlegte, ob er das Wochenende in Cincinnati verbringen sollte. Dann aber entschied er sich für Ann Arbor, wusste aber nicht genau, welche Landstraße dorthin führte. Er befand sich gerade auf der Zubringerstraße zur Route 23, als er Shawn auf seinem Rad bemerkte und in ihm den hübschen Jungen vom Lebensmittelladen wiedererkannte. Er überholte ihn, hielt etwa zehn Meter vor ihm an und ging ihm entgegen.

»Hey, ich möchte dich was fragen!«, rief er. Shawn bremste. Ron sprach etwa eine Minute lang mit ihm und erkundigte sich, ob diese Straße der richtige Weg nach Ann Arbor sei.

»Du kommst jetzt mit!«, befahl er plötzlich. »Ich habe ein Messer.« Er hatte wirklich eines, das jedoch im Jeep lag.

Verängstigt gehorchte Shawn, sagte aber, dass er nicht zu lange wegbleiben dürfe. Ron legte dem Jungen den Arm um die Schulter und führte ihn zum Auto. Shawns neues Rad blieb am Straßenrand zurück. Ron fuhr los, zuerst nach Süden, dann nach Norden. Dabei versuchte er zu plaudern und fragte Shawn, wie es in der Schule liefe.

Auf halber Strecke zwischen Flint und Saginaw beschloss er, zur Hütte zu fahren, zu der er einen Schlüssel besaß. Er sagte, er habe Shawn für einen Freund gehalten und gar nicht daran gedacht, dass der Junge fliehen könnte. Nicht einmal als er anhielt, um wieder Zigaretten zu kaufen und Shawn zur Toilette ging, machte er sich darüber Gedanken und wartete im Jeep. Als die Beamten wissen wollten, ob er kein Mitgefühl mit Shawns Eltern gehabt hätte, antwortete er: »Auf diese Idee bin ich gar nicht gekommen.«

Die spartanisch eingerichtete Hütte bestand lediglich aus einem Schlafraum und einer Küche. Die Toilette befand sich hinter dem Haus. Ron trank noch mehr Bier, rauchte Zigaretten und Marihuana und überredete auch Shawn dazu. Dann ließ er Shawn mit seinem geladenen .22er Gewehr und seiner Schrotflinte spielen. Später öffnete er ein paar Konservendosen und erwärmte den Inhalt auf dem Herd. Schließlich legte er sich mit seinem Opfer in das untere der beiden Stockbetten schlafen. Am nächsten Morgen war Ron ziemlich verkatert, noch verstärkt durch das Meskalin und das Valium, das er beides regelmäßig konsumierte. »Lässt du mich wirklich wieder nach Hause, ohne mir wehzutun?«, fragte Shawn.

»Klar«, erwiderte Ron. »Wenn ich dir wehtun wollte, hätte ich das längst schon gemacht.«

Am Nachmittag trank Ron weiter und animierte auch den Jungen dazu. Dann zwang er Shawn zum Oralverkehr und masturbierte bis zum Orgasmus auf den Bauch des Jungen. Vorher hatte er sich den Jungen gefügig gemacht, indem er ihm Alkohol und Marihuana verabreicht und ihm gedroht hatte. Seine sexuellen Attacken wurden immer heftiger. Allerdings bedauerte er später, dass er Shawn dasselbe angetan hatte, was er einmal durch einen älteren Mann hatte erleiden müssen. Als er sich erneut an Shawn verging, schlang er dem Jungen einen Gürtel mit verstellbarer Schließe um den Hals und zog ihn zusammen. Seinem Opfer erklärte er, das steigere die Lust.

Dann habe er sich auf einmal »echt komisch gefühlt« und nicht mehr klar denken können. Er ging draußen spazieren und versuchte, wieder klar im Kopf zu werden. Doch danach kehrte er in die Hütte zurück, setzte sich rittlings auf Shawn und zog den Gürtel langsam noch enger zu. Zuerst wehrte sich Shawn, aber Ron hielt ihn fest, bis er den Widerstand aufgab und schließlich still war. Von Alkohol und Drogen betäubt, schlief Ron erleichtert ein und verbrachte die Nacht neben Shawn im Bett.

Als er am Montagmorgen aufwachte, tastete er nach Shawns Schenkel. Er war kalt; der nackte Körper des Jungen war schon starr. Den Gürtel trug er noch eng zusammengezogen um den Hals. Ron erschrak furchtbar und fuhr so schnell hoch, dass er sich den Kopf am oberen Bett stieß. Er rannte aus der Hütte und übergab sich. Er erklärte später, er habe einen »Mordskater« gehabt, er habe geweint und versucht, sich das alles zu erklären. Er habe es nicht über sich gebracht, Shawn ins Gesicht zu sehen. Um sich zu beruhigen, habe er ein paar Bier getrunken und einen Joint geraucht.

Immer noch in Panik, fuhr Bailey in seinem Jeep herum und suchte nach einem Ausweg. Um das Schwindelgefühl loszuwerden, frühstückte er in einem Restaurant. Danach setzte er sich wieder ins Auto und verbrachte einige Zeit am Flussufer, bevor er wieder zur Hütte zurückkehrte. Er packte die starre Leiche an einem Arm und einem Bein, schleppte sie zur Ladefläche des Jeeps und brachte sie zur Straße, wo er sie mit Zweigen, Laub und Farnen zudeckte. Dann fuhr er die 30 Kilometer zurück nach Saginaw.

Wie wir vermutet hatten, hatte er sich nicht zum ersten Mal an einem kleinen Jungen vergangen. Im September 1973, als Bailey 14 Jahre alt war, hatte er einen 15-Jährigen mit dem Messer bedroht, vom Rad gezerrt, in seine Gewalt gebracht, ihm die Hände gefesselt und ihn vergewaltigt, bevor er ihn schließlich freiließ. Das Opfer erkannte ihn auf einem Foto in seinem Schuljahrbuch. Dieser Vorfall führte zu Baileys erster Einweisung ins Hawthorne Center.

Nach 14 Wochen wurde er wieder entlassen. Doch im Juni des darauffolgenden Jahres nahm man ihn erneut fest, weil er einen Zwölfjährigen mit einem Messer bedroht und an den Genitalien berührt hatte. Diesmal dauerte sein Aufenthalt in Hawthorne acht Wochen. Er galt während dieser ganzen Zeit als »Musterpatient».

Im nächsten Mai griff er einen Zehnjährigen mit einem Anglermesser an, brachte ihn auf dem Fahrrad zu einem Feld, setzte ihn unter Drogen und zog ihm die Hose aus. Dann zwang er den Jungen, Tabletten zu schlucken, und würgte ihn, um sich auch sexuell zu befriedigen. Als der Junge zu sich kam, war Bailey verschwunden, doch er erkannte ihn wieder. Al Bailey wollte seinen Sohn wieder nach Hawthorne einweisen lassen, aber stattdessen schickte man ihn ins Wayne County Youth Home. Dort kam man zu dem Schluss, dass Ron eine längerfristige stationäre Behandlung nötig hatte, und empfahl seine Rückverlegung nach Hawthorne. Bis zur endgültigen Entscheidung wurde er in die Obhut seiner Eltern entlassen. Offenbar war das nicht die richtige Lösung gewesen, denn im August rief Al die Polizei an und meldete, sein Sohn sei »durchgedreht«. Noch am selben Tag wurde Ron zum dritten Mal nach Hawthorne gebracht.

Sieben Wochen später – er hatte auch dort einen kleineren Jungen befummelt – brach Ron aus dem Heim aus, wurde aufgegriffen und erneut ins Wayne County Youth Home eingewiesen. Nach einigen Wochen verlegte man ihn ins Northville Regional Psychiatric Hospital. Wieder lief er davon und pendelte seitdem zwischen Aufenthalten im Jugendheim und in der psychiatrischen Anstalt hin und her.

Rons Therapien verliefen stets nach dem gleichen Muster. Wenn er nach einem Vorfall verhaftet wurde, stritt er erst einmal alles ab und erfand dann eine neue Version der Abläufe, die ihn von jeglicher Schuld freisprach. Einmal behauptete er zum Beispiel, er habe den betreffenden Jungen nur gewürgt, um ihn am Schreien zu hindern. In der Nähe hätten sich nämlich Bauarbeiter befunden, von denen er sich bedroht gefühlt habe. Schließlich aber gab er das Verbrechen gewöhnlich zu, schwor, er habe sich geändert, und versprach, es nie wieder zu tun.

1977 bestätigte sein Therapeut Dr. José Tombo, der Patient mache ausgezeichnete Fortschritte. Als Ron dabei ertappt wurde, wie er Drogen nahm und Mitpatienten sexuell bedrängte, nannte Dr. Tombo das angesichts der Krankheitsgeschichte des Patienten »eine normale Entwicklungsphase«. Im Oktober 1977 wurde Ron entlassen. Die Diagnose lautete »pubertäre Anpassungsreaktion«. Wegen der ihm vorgeworfenen

Straftaten bekam er fünf Jahre auf Bewährung mit der Auflage, seine Therapie bei Dr. Tombo ambulant fortzusetzen.

Im Februar 1980 zog Ron mit einem Freund nach Summerfield, Florida, wo er bis Mai 1983 wohnte und bei einem Autoreifenlieferanten arbeitete. Er gab zu, während seiner Zeit dort mehrere 14- bis 16-jährige Jungen entführt und missbraucht zu haben. Meist suchte er sich Opfer aus, die zierlich und blond waren und so aussahen wie er selbst in diesem Alter. Um seine Lust zu steigern, schlang er seinen Opfern Gürtel oder Gummibänder um den Hals. Seiner Schätzung nach war es in der Gegend von Hernando und Daytona Beach drei- bis fünfmal zu derartigen Vorfällen gekommen. Einmal sprach er einen Jungen auf einem Campingplatz an und forderte ihn auf, ihm »einen zu blasen«. Die Eltern des Jungen benachrichtigten die Polizei. Bailey wurde wegen Anstiftung eines Minderjährigen zu einer Gesetzeswidrigkeit angeklagt und wieder zu einer Bewährungsstrafe verurteilt.

Am 18. Juli 1984, einem Mittwoch, entdeckten zwei Jungen die teilweise bekleidete Leiche des 15-jährigen Kenny Myers aus Ferndale. Die Kleinstadt liegt an der Grenze von Wayne County, nördlich von Detroit am Ufer des Flusses Middle Rouge. Dieser verläuft durch den Edward Hines Park, der in Westland, südwestlich der Stadt liegt. Die beiden Jungen hielten den Wagen eines zufällig vorbeikommenden Sheriffs an. Kennys Mutter hatte ihren Sohn vor zwei Tagen als vermisst gemeldet, da er nach dem Abendessen noch einmal weggegangen und nicht nach Hause gekommen war. Sein blaues Zehngangrad, Marke Columbia, wurde noch am selben Tag in Detroit gefunden. Das blaue Sporttrikot, das er getragen hatte, entdeckte man am nächsten Tag neben einem Tennisplatz am Park. Kenny war mit einem Gürtel erdrosselt worden, und bei der toxikologischen Untersuchung stellte man Spuren von Alkohol und Marihuana in seinem Blut fest.

Eine Zeugin in Detroit hatte einen schmutzigen, verbeulten braunen Kombi mit weißem Dach beobachtet. Dieser Wagen war einem weißen Jungen auf den Fersen, der ein blaues Fahrrad fuhr. Der Fahrer sei ausgestiegen, habe den Jungen vom Rad gestoßen und ins Auto gezerrt und sei dann davongerast. Die Frau hatte den Mann für den Vater des Jungen und den Vorfall für eine elterliche Strafaktion gehalten. Da ihr die Angelegenheit trotzdem merkwürdig vorgekommen war, hatte sie versucht, die Autonummer zu notieren, sie aber nicht lesen können.

Der Fall Myers blieb unaufgeklärt, und die Ermittlungen gingen nur schleppend voran, bis Ronald Bailey wegen Mordes an Shawn Moore festgenommen wurde. Die Übereinstimmungen zwischen den Morden brachten die Polizei auf den Gedanken, dass Bailey auch für Kenny Myers' Tod verantwortlich war. Schließlich war beide Male ein schlanker, etwa 1,50 Meter großer und 45 Kilo schwerer weißer Junge vom Rad in ein Auto gezerrt, unter Alkohol und Drogen gesetzt und mit einem Gürtel erwürgt worden.

Bei Bailey wurde ein Zettel mit einem Namen und einer Adresse gefunden. Die Staatspolizei von Michigan setzte sich mit dem jungen Mann in Verbindung, der zugab, Ron zu kennen. Ron habe im vergangenen Jahr einen verbeulten braunen Kombi mit weißem Dach besessen. Außerdem habe er ihm öfter Bier und Marihuana angeboten. Die Polizei machte das Auto ausfindig. Es war ein Buick-Kombi, Baujahr 1970, den Bailey bis zum 10. Dezember 1984 gefahren hatte, bevor er sich einen 1985er Toyota-Pritschenwagen kaufte. Als Kenny Myers ermordet wurde, arbeitete Ron bei Hank Greenfield, dem Besitzer einer Firma namens A.R.A. Systems Coffee Service in Livonia. Den Buick ließ er etwa einen Monat lang auf dem Firmengelände stehen, bis Greenfield genug hatte und ihn aufforderte, das Auto zu entfernen.

Ein Halbwüchsiger berichtete der Polizei von Livonia, er sei von einem Mann in einem alten Buick-Kombi entführt worden. Er identifizierte den Fahrer als Bailey und sagte aus, er sei von ihm zum Hines Park gebracht worden. Dort habe der Mann ihn zum Oralverkehr gezwungen, ihn dann zurückgefahren und in der Nähe seines Elternhauses abgesetzt. Andere Jungen meldeten ähnliche Zwischenfälle.

Als Kenny Myers gefunden wurde, fehlte etwas an der Leiche: eine schwarze Kunststoffarmbanduhr. Kennys Mutter erklärte, ihr Sohn habe die Uhr etwa einen Monat vor seinem Verschwinden auf einem Flohmarkt gekauft. Lieutenant Mike Smith vom Büro des Sheriffs in Livingston County äußerte in einer Besprechung der Sonderkommission, Ron

Bailey habe sich seit seiner Überführung aus Florida in einem Punkt merkwürdig verhalten. Offenbar interessiere er sich hauptsächlich für den Verbleib einer billigen schwarzen Plastikuhr, die ihm abgenommen worden war, und wollte ständig wissen, wann er sie zurückbekommen würde. Später gab er zu, dass er sich unter dem Zwang gefühlt habe, die hübschesten der von ihm entführten Jungen umzubringen – diejenigen, die ihn an ihn selbst erinnerten.

In dieser Geschichte gibt es mehrere Punkte, die von den sogenannten Experten leider gern übersehen werden.

Vor der Verhandlung wurde Bailey von einigen Psychiatern und Psychologen untersucht, die im Auftrag der Staatsanwaltschaft und der Verteidigung Gutachten erstellen sollten. Baileys Verteidiger waren der Ansicht, dass die Chancen für ein Erkennen auf geistige Unzurechnungsfähigkeit gut standen. Immerhin war ihr Mandant seit seiner Jugend wiederholt in psychiatrischen Anstalten gewesen. Seine Krankenakten belegten seine Aussage, in seinem Elternhaus habe eine typische krank machende Situation geherrscht: ein strenger, unnahbarer Vater und eine dominante Mutter, die ihn häufig bestrafte und ihn vor Frauen warnte. Außerdem behauptete Ron, Dr. José Tombo, sein Psychiater in Northville, habe ihn mehrfach zum Sex gezwungen. Andere Patienten bestätigten dieses kriminelle Verhalten des Therapeuten. Baileys Version der Ereignisse lautete, er habe in den entführten Jungen Freunde gesehen und sich selbst gehasst. Beim Mord an Shawn habe er wirklich geglaubt, sein jüngeres Selbst zu töten und somit die Welt vor dem Schaden zu bewahren, den sein älteres Selbst anrichten würde.

So weit, so gut. Anfangs beharrte Ron (typisch für seine Gewohnheit, zuerst alles abzustreiten) darauf, Shawns Tod sei »ein Unfall« gewesen. Doch Dr. Harley Stock und Dr. Lynn Blunt, die im Auftrag der Staatsanwaltschaft ein Gutachten erstellten, entlockten Ron ein Geständnis. Schon auf dem Weg zur Hütte in Gladwin hatte er gewusst, dass er den Jungen umbringen musste und dass er ihn nicht lebend freilassen konnte. Auf die Frage, warum er Shawn nicht schon am ersten Abend getötet habe, antwortete er: »Wir hatten noch keinen Sex gehabt.« Weiterhin gab er zu, dass eines der Mordmotive Eifersucht gewesen sei.

Durch den Mord an Shawn wollte er verhindern, dass der Junge irgendwann einmal eine andere sexuelle Beziehung einging – wahrscheinlich meinte er damit: zu Frauen. Obwohl all diese Äußerungen auf eine psychische Labilität hinweisen, bedeutet das noch lange nicht, dass Ron geistig unzurechnungsfähig war. Er war in der Lage, seine Verbrechen zu planen, Vorbereitungen zu treffen und überlegt zu handeln. Seine Motive enthalten keinen Hinweis darauf, dass er richtig und falsch nicht unterscheiden konnte. Vielmehr belegen sie sein egozentrisches und narzisstisches Denken, die Grundlage für kriminelles – nicht psychotisches – Verhalten. Bezüglich der Begriffe geistige Unzurechnungsfähigkeit und psychische Labilität herrscht heutzutage einige Verwirrung. Ein Mensch, der im Sinne des Gesetzes geistig unzurechnungsfähig ist, kann richtig und falsch nicht unterscheiden. Ein kriminell veranlagter Mensch kennt diesen Unterschied zwar, setzt sein Vorhaben aber trotzdem aus freien Stücken in die Tat um – aus Wut, Eifersucht oder einfach aus purem Vergnügen.

Und was war mit dem angeblichen sexuellen Missbrauch durch Dr. Tombo – hatte dieses Erlebnis nicht zu »geistiger Unzurechnungsfähigkeit« führen können?

Falls Dr. Tombo seinen Patienten tatsächlich sexuell missbraucht hatte (er stritt das ab), hatte er damit dem Jungen, der unter schweren Persönlichkeitsstörungen und Selbsthass litt, sicher keinen Dienst erwiesen. Ein solches Vergehen stellt einen schweren und zu verurteilenden Bruch des Vertrauensverhältnisses zwischen Arzt und Patient dar und sollte hart bestraft werden. Doch wie der psychiatrische Gutachter der Staatsanwaltschaft betonte, durfte man einen weiteren Aspekt nicht außer Acht lassen: Als Bailey sich in Tombos Behandlung begab, hatte sich sein sexuell aggressives Verhalten bereits manifestiert. Er hätte eine kompetentere Therapie, ein anderes Elternhaus und eine bessere Erziehung gebraucht. Und Jugendrichter, die seinen Zustand erkannt und rechtzeitig die geeigneten Maßnahmen ergriffen hätten.

Allerdings kann keiner dieser Umstände rechtfertigen, dass ein Mensch einen anderen aus freien Stücken und vorsätzlich umbringt. »In der gesamten Krankengeschichte des Angeklagten«, schlossen die Psychiater der Staatsanwaltschaft, »gibt uns sein Verhalten nicht den geringsten Hinweis auf eine latente psychische Erkrankung.«

Offenbar waren die Geschworenen im Gerichtssaal in Livingston County derselben Meinung. Bailey sagte zwar als Zeuge aus und versuchte, durch vorgespiegelte Zerknirschung und Reue Mitleid zu erregen, aber er wirkte unglaubwürdig. Dr. Joel Dreyer, der Psychiater der Verteidigung, diagnostizierte bei Bailey eine »pseudopsychopathische Schizophrenie«. Doch dem hatte Dr. Stock seine eigene Diagnose entgegenzusetzen: gestörte Borderline-Persönlichkeit, homosexuelle Pädophilie und sexueller Sadismus, aufgrund dessen Bailey anderen Schmerzen zufügte, um sich sexuell zu befriedigen. Dr. Stock kam zu dem Schluss, dass Bailey an einer Persönlichkeitsstörung litt, jedoch richtig und falsch unterscheiden könne und in der Lage sei, frei zu bestimmen, ob er einem anderen Menschen Schaden zufügen wolle. »Die Opfer, die sich wehrten, wurden getötet«, erklärte Stock. »Die eingeschüchterten Opfer wurden freigelassen. Manchmal setzte sich der Angeklagte später sogar noch einmal mit ihnen in Verbindung.« Allerdings, hatte sich dieses Verhaltensmuster bereits verändert, als Bailey Shawn Moore begegnete.

Letztendlich war es der Gebrauch des Gürtels als Strangulationsinstrument, der die meisten Geschworenen davon überzeugte, dass Bailey klar denken konnte und vorsätzlich gehandelt hatte. Es hatte mehr als eine Minute gedauert, Shawn zu erdrosseln, und während der ganzen Zeit hatte Ron ihm die Hände festhalten und ihn an der Gegenwehr hindern müssen. Die Geschworenen befanden Bailey der Entführung und des vorsätzlichen Mordes für schuldig. Anfangs saß er seine Strafe in Michigan ab, doch wie bei Stuart Knowlton drohten seine Mitgefangenen, ihn zu ermorden. Zu seiner eigenen Sicherheit wurde er deshalb in ein Gefängnis in einem anderen Bundesstaat verlegt.

Nach jedem Gewaltverbrechen, besonders nach einem Mord, versuchen wir, etwas daraus zu lernen – vor allem aus den tragischen Komponenten.

Und von diesen gab es im Fall Ronald Bailey mehr als genug. Zuerst einmal hielten die Behörden seine Straftaten anfangs nicht für schwerwiegend genug, um hart durchzugreifen. Dann fand der Mord an Kenny Myers in den Medien kaum Erwähnung, obwohl dies vielleicht zu wertvollen Hinweisen aus der Bevölkerung geführt hätte. Wäre zum Beispiel allgemein bekannt gewesen, was für ein Auto der Gesuchte vermutlich fuhr, hätte Baileys Chef Hank Greenfield den auf seinem Firmengelände abgestellten Wagen sicher gemeldet. Schließlich ärgerte er sich schon seit einem Monat über das Schrottauto. Und dann wäre Shawn Moore vielleicht heute noch am Leben.

Meiner Ansicht nach hat sich die Polizei bei der Untersuchung des Mordes an Shawn Moore völlig richtig verhalten. Man wandte sich rechtzeitig an uns und benutzte unser Profil bei der Fahndung nach dem Täter. Ich bin sicher, dass anderen Jungen ein schreckliches Schicksal erspart geblieben ist, weil es der Sonderkommission gelang, Bailey zu schnappen.

Aber ich habe aus dem Fall Bailey noch etwas anderes gelernt: Psychiater, Psychologen und Sozialarbeiter verfolgen edle Ziele und tun ihr Möglichstes, um leidenden Menschen zu helfen. Allerdings bin ich nach jahrelanger Erfahrung der Auffassung, dass man einen Menschen wie Ron Bailey nicht einfach nur als Patienten betrachten kann, ohne sich auch seine Taten einmal richtig anzusehen. Damit meine ich, dass es zwar die Aufgabe eines Psychologen ist, dem Patienten zu helfen, aber er muss gleichermaßen an die Menschen denken, mit denen dieser Patient in Kontakt kommen wird, wenn man ihn wieder in die Freiheit entlässt. (Ron zum Beispiel war meist nur einige Wochen oder Monate in stationärer Behandlung und kehrte dann zu seinen alten Gewohnheiten zurück.)

Es ist verständlich, dass man sich in seinen Patienten einfühlen möchte, ein Grund, warum viele Psychiater die Polizeiberichte lieber gar nicht lesen und kaum etwas über das Verbrechen wissen wollen. Sie befürchten, dadurch Vorurteile gegen die Patienten zu entwickeln und ihre Objektivität zu verlieren. Mich hingegen erinnert das eher an einen Kunsthistoriker, der sich weigert, Gemälde von Picasso zu betrachten, um den Künstler wirklich unvoreingenommen würdigen zu können.

Dr. Joel Dreyer, der Ron Baileys Zustand als »posttraumatisches Stresssyndrom in einem bereits verwirrten Geist« bezeichnete, ging sogar noch weiter. Er schrieb: »Meiner Ansicht nach sind die Erfahrungen, die der Angeklagte im Northville State machen musste, noch abscheulicher als die von ihm begangenen Verbrechen. Das Krankenhaus war dazu verpflichtet, ihm zu helfen, und schon im hippokratischen Eid heißt es: ›Schade niemandem.‹« Eine Seite davor steht in dem Bericht: »In diesem Augenblick wurde mir klar, dass ich es nicht mit einem Täter, sondern mit einem Opfer zu tun hatte.«

Entschuldigen Sie, Herr Doktor, aber wir sollten doch die Tatsachen nicht aus dem Blickfeld verlieren. Es ist durchaus möglich, dass Ron Bailey in so mancher Situation zum Opfer geworden ist – aber damit steht er nicht allein. Ron Bailey jedoch hat gemordet. Er hat andere Menschen getötet, die wir nicht mehr lebendig machen können. Er selbst wurde nicht Opfer eines Mordes. Und wenn wir vergessen, dass dieser junge Mann ebenso wie viele andere seiner Sorte sehr wohl ein Täter ist, tun wir den Opfern unrecht: Kenny Myers, Shawn Moore, Cassie Hansen und ihre Leidensgenossen sind die wahren Unschuldigen.

Die forensische Psychiatrie krankt daran, dass der Psychiater auf das angewiesen ist, was sein Gegenüber ihm erzählt. Wer sich freiwillig in eine Therapie begibt, tut das, weil er unglücklich ist oder psychische Probleme hat. Und wenn man Hilfe braucht, liegt es im eigenen Interesse, dem Therapeuten die Wahrheit zu sagen. Als Angeklagter jedoch verfolgt man vor allem das Ziel, die Institution, in die man eingewiesen wurde, auf dem schnellsten Wege wieder zu verlassen. Also wird man dem Therapeuten gegenüber das Blaue vom Himmel herunterlügen, um das zu erreichen. Der Psychiater seinerseits wünscht sich, dass sich der Zustand seines Patienten bessert, denn so kann er einen beruflichen Erfolg verbuchen und fühlt sich außerdem als guter Mensch. Er will glauben, was der Patient ihm sagt, und ihm die Chance eröffnen, in die Normalität zurückzukehren. Doch dadurch setzt er möglicherweise das Leben weiterer potenzieller Opfer aufs Spiel, und das ist ein Preis, den ich nicht zu zahlen gewillt bin.

Letztendlich stellt sich die Frage, ob in unserer Gesellschaft überhaupt noch etwas heilig ist. Und wenn die Antwort darauf »Ja« lautet, hoffe ich, dass das Leben unschuldiger Kinder ganz oben auf der Liste steht.

KAPITEL FÜNF

IM NAMEN DER KINDER

Wenn man die Eingangshalle des National Center for Missing and Exploited Children (NCMEC – Zentrum für vermisste und missbrauchte Kinder) in Arlington, Virginia, betritt, ist man erstaunt: Man könnte sich ebenso gut im Foyer eines Bürogebäudes oder einer Anwaltskanzlei befinden. Die Menschen sind freundlich und sehen aus wie ganz gewöhnliche Angestellte. Das ist besonders erstaunlich, wenn man bedenkt, mit welchen Abscheulichkeiten sie sich Tag für Tag auseinandersetzen. Doch schon ein Blick auf die Plakate, Fotos und Tafeln an den Wänden macht dem Betrachter klar, wie ernsthaft und engagiert sich die Mitarbeiter des Zentrums ihrer Aufgabe widmen.

Die Atmosphäre ändert sich beim Gang durch die Korridore, wo Fotos lachender Kinder hängen, darunter viele Sechs- und Siebenjährige mit Zahnlücken, klassische Schulfotos, aufgenommen vor einem künstlichen Wald oder einer Wiese. Die Gesichter der Kinder sind glücklich, aber wir wissen, dass sich ihr Leben drastisch verändert hat, nachdem die Aufnahmen entstanden. Dennoch machen die Mitarbeiter keinen bedrückten Eindruck. Hier herrscht eher ein geschäftiges Klima: Leute eilen vorbei, telefonieren, tippen etwas in den Computer oder machen Notizen. Jeder tut mindestens zwei Dinge gleichzeitig; die Fotos an den Wänden scheinen zur Eile zu mahnen.

Die Belegschaft ist denselben zermürbenden Belastungen ausgesetzt wie ich vor meinem fast tödlichen Zusammenbruch in Seattle: Jeder Fall ist wichtig, immer ist die Zeit knapp. Darf man sich überhaupt anderen Dingen widmen, solange das Leben so vieler unschuldiger junger Menschen auf dem Spiel steht? Darf man sich Zeit zum Mittagessen nehmen oder am Ende des Arbeitstags nach Hause gehen, abschalten und womöglich mit den eigenen Kleinen spielen? Diese Kinder, die einen von den Wänden anblicken – ohnehin nur der *aktenkundige* Bruchteil von Fällen vermisster und/oder missbrauchter Opfer –, stehen für die unaussprechlichsten Grausamkeiten.

Betrachten Sie ein beliebiges Foto und stellen Sie sich vor, welche Qualen dieses Kind durchlitten hat. Fragen Sie sich, ob dieser Junge, dieses Mädchen noch lebt und wie lange die Angehörigen bereits auf eine Nachricht warten. Wenn Sie sich die Gesichter nacheinander ansehen, wird Ihnen auffallen, dass es sich um ganz gewöhnliche Kinder handelt. Cassie Hansen war ein hübsches kleines Mädchen, Alison Parrott eine vielversprechende Sportlerin – doch Kinderschänder suchen sich ihre Beute nicht nur nach Schönheit oder Begabung aus.

Viele Kinder sind eher zufällige als bewusst ausgewählte Opfer. Es ist der kleine Junge, der ohne Begleitung zur Toilette geht, oder das Mädchen, das auf dem Heimweg von der Schule verschwindet. Vielleicht ist es die Tochter einer Frau, die selbst als Kind missbraucht wurde, sich aus mangelndem Selbstbewusstsein hilflos und einsam fühlt und sich für den falschen Mann als Partner entschieden hat.

An einer anderen Wand befinden sich unter einem Schild mit der Aufschrift »Aufgeklärt« weitere Kinderfotos. Zuerst ist man gerührt, weil man vermutet, dass die Familie wieder glücklich vereint ist. Doch dahinter verbirgt sich nur, dass das Kind gefunden und nach Hause gebracht wurde – aber nicht unbedingt lebend.

Das NCMEC ist eine private gemeinnützige Organisation und wurde 1984 im Rahmen des Gesetzes zur Aufklärung der Fälle vermisster Kinder (Missing Children Act) eingerichtet. Sie arbeitet Hand in Hand mit dem Justizministerium, Abteilung Jugendrecht und Deliktprävention, und unterhält Büros in Kalifornien, Florida, New York, South Carolina und Virginia. 1990 schloss sich die Organisation mit dem Adam Walsh Child Resource Center zusammen, das das Ehepaar John und Reve Walsh 1981 nach der Entführung und Ermordung ihres sechsjährigen Sohns in Florida ins Leben gerufen hatten. NCMEC »unterstützt maßgeblich auf nationaler Ebene Bemühungen zur Auffindung vermisster Kinder. Sie schärft die Aufmerksamkeit der Öffentlichkeit, um der Entführung, Belästigung und dem sexuellen Missbrauch von Kindern vorzubeugen«, so der Wortlaut einer Broschüre.

Mithilfe des Adam Walsh Children's Fund leistet das NCMEC Familien vermisster Kinder Beistand, treibt Gesetzesänderungen zum Schutz von Kindern voran, klärt Angehörige auf und regt interessierte Bürger an, sich für den Schutz von Kindern in den Vereinigten Staaten einzusetzen.

Weder die Polizei noch andere Behörden sind durch irgendein Bundesgesetz dazu verpflichtet, Kinder beim NCMEC zu melden. Zudem werden aufgrund von Angst und Scham der Opfer derartige Delikte tabuisiert – ein weiterer Grund, warum in unserem Land nur ungenaue Daten über das wahre Ausmaß dieser Problematik existieren. Dem National Committee to Prevent Child Abuse (Nationales Komitee zur Verhinderung von Kindesmisshandlung) zufolge wurden 1995 in den USA schätzungsweise 350 000 Fälle von Kindesmissbrauch registriert. Bei 90 Prozent der Täter handelte es sich um eine Person aus dem Bekanntenkreis – für gewöhnlich ein Familienmitglied. Die Hotline 1-800-THE-LOST des NCMEC verzeichnete in den ersten zehn Jahren ihres Bestehens über 900 000 Anrufe von Bürgern, die Kinder als vermisst und möglicherweise missbraucht meldeten. Im gleichen Zeitraum trug das Center zur Auffindung von mehr als 28 000 Kindern bei.

Man kann sein Kind am besten schützen, wenn man den Feind kennt. Wegen meines Berufs und des Grauens, mit dem ich ständig konfrontiert werde, habe ich bei Pam und meinen Kindern möglicherweise zu viel des Guten getan. Aber man muss immer wachsam sein.

Häufiger als bei anderen Gewaltdelikten werde ich bei diesen Verbrechen immer wieder gefragt, was für ein Mensch es fertigbringt, ein unschuldiges Kind zu entführen, sexuell zu missbrauchen und/oder zu töten. Da wir mittlerweile wissen, dass das Bild des angsteinflößenden Fremden im Trenchcoat für die Mehrzahl der Kinderschänder nicht repräsentativ ist, müssen wir uns fragen, woran man sie erkennen kann.

Wie andere Delinquenten auch legen diese Täter – sowohl vor als auch nach dem verübten Verbrechen – bestimmte Verhaltensweisen an den Tag, die Aufschluss über ihre Persönlichkeitsstruktur geben.

Beginnen wir mit Sexualstraftätern, die selbst in der »Hierarchie« anderer Gewaltverbrecher ganz unten angesiedelt sind. So wie es unterschiedliche Typen von Vergewaltigern gibt (der Vergewaltiger, der den Kavalier spielt, im Gegensatz zu dem sadistischen oder gewalttätigen Notzuchttäter), so gibt es auch unterschiedliche Typen von Kinderschändern. Special Agent Ken Lanning, über Jahre hinweg mein Kollege in Quantico und einer der führenden Experten auf diesem Gebiet, hat sich mit dieser Problematik eingehend beschäftigt und Aufsätze darüber verfasst. Er definiert den Kinderschänder vom gesetzlichen Standpunkt als jemanden, der »gesetzeswidrig sexuelle Handlungen an Kindern vornimmt«. Als Kinder gelten Personen, die zur Zeit des Verbrechens unter 18 Jahre alt sind. Neben dieser weit gefassten Definition unterscheiden viele Experten, darunter auch Ken und der bekannte forensische Psychologe Dr. Park Elliott Dietz, der meiner Einheit beratend zur Seite stand, verschiedene Arten von Kinderschändern.

Zunächst gibt es die echten Pädophilen, die Sex mit Kindern suchen und dies als Mittel zum Ausleben ihrer Fantasien benutzen. Andere wiederum sind sexuell eigentlich an Erwachsenen interessiert, haben aber gleichermaßen Sex mit Kindern. Da sie aus Unterlegenheitsgefühlen zu dem wahren Objekt ihrer sexuellen Begierde keinen Kontakt herstellen können, bedienen sie sich ersatzweise des Kindes. Dietz und Lanning differenzieren zwischen Männern mit eindeutig pädophilen Vorlieben und Tätern, die Kinder missbrauchen, weil die Gelegenheit günstig ist.

Möglicherweise wird ein Pädophiler sich real niemals an einem Kind vergreifen und eine sexuelle Beziehung zu einem Erwachsenen unterhalten. Seine sexuellen Wünsche lebt er auf andere Weise aus, gibt sich Fantasievorstellungen hin, in denen Kinder eine Rolle spielen, befriedigt sich mit Puppen oder sucht sich einen Sexualpartner mit kindlichen Zügen. Vielleicht ist seine Geliebte flachbrüstig und schmal gebaut oder hat eine Stimme wie ein kleines Mädchen. In diesen Verhaltensweisen liegt nichts Kriminelles. Ein Pädophiler bedient sich möglicherweise erwachsener Prostituierter, um seine Fantasien auszuleben. Das lässt sich in etwa mit einem Fußfetischisten vergleichen: Solange seine Partnerin nichts dagegen hat, vor ihm mit hohen Absätzen auf und ab zu stolzieren, es zulässt, dass er ihr die Zehennägel lackiert, wird niemandem Schaden zugefügt.

Viele dieser Männer haben eine ausgeprägte Vorliebe für Kinderpornografie, betont Ken. Sie sammeln und tauschen Fotos, Videos und Zeitschriften wie Jungen Baseballbildchen. Aus Untersuchungen wie aus eigener Erfahrung weiß ich inzwischen, dass viele Gewaltverbrecher sadomasochistische Pornografie konsumieren. Darauf achten wir stets, wenn wir einen Durchsuchungsbeschluss für die Wohnung eines Verdächtigen beantragen, dem Vergewaltigung oder ein sadistischer Sexualmord zur Last gelegt wird. Damit will ich aber nicht sagen, dass Pornografie Begierden auslöst, die nicht bereits vorhanden wären. Ein Verbrecher stellt nicht selten eine Szene nach, die er gelesen oder gesehen hat, wie beispielsweise Tien Poh Su, der Mörder von Deliana Heng in Kanada. Doch bei Männern mit einer derartigen Persönlichkeitsstruktur bricht diese Neigung bei gegebenem Anlass ohnehin durch. Allgemein gilt, dass die meisten Menschen, die Pornografie konsumieren, beileibe keine Bedrohung darstellen und niemals zu Verbrechern werden. Daher lehne ich die Einschränkung der im ersten Verfassungszusatz garantierten Meinungsfreiheit ab, denn nur eine Minderheit der Männer benutzt Pornografie zur Bestätigung ihres gewalttätigen und frauenfeindlichen Verhaltens.

Mit Kinderpornografie verhält es sich anders. Bereits ihre Existenz ist Nachweis dafür, dass ein Verbrechen – die Herstellung des Produkts – stattgefunden hat. Ferner macht ein Pädophiler sich allein durch deren Konsum und Weitergabe des Kindesmissbrauchs schuldig. Dabei spielt es keine Rolle, ob er an der Herstellung des pornografischen Materials beteiligt war. Wie die Erwachsenenmörder Paul Bernardo, Bittaker und Noris und Lake und Ng stellen die Täter ihre Kinderpornografie selbst her, indem sie ihre illegalen sexuellen Begegnungen in Bild und/oder Ton festhalten und sie auf diese Weise immer wieder von Neuem durchleben können. Wieder andere gehören einem Ring von Kinderschändern an. Das heißt: Mehrere Erwachsene, normalerweise enge Freunde der Familie des Kindes, keine direkten Angehörigen, schließen sich zusammen, um Jungen und Mädchen sexuell auszubeuten und zu missbrauchen. Auch wer Kinderpornografie erwirbt – ob über den Versandhandel, den Ladentisch oder einen Dritten –, macht sich des Missbrauchs schuldig, selbst wenn er noch nie ein Kind angefasst hat. Es gelten dieselben Gesetze wie beim Handel mit Fotos von vergewaltigten Frauen.

Auch wenn sich ein Pädophiler nichts »Böses« dabei denkt, Kinderpornografie zu konsumieren – er macht das Kind trotzdem zum Opfer. Und ähnlich wie beim Fetischismus besteht immer die Gefahr einer Eskalation. Genügen Fantasien nicht mehr, bekommt der Täter möglicherweise Lust, sie an einem Kind auszuleben, und bedient sich entweder eines Strichmädchens oder -jungen, vergreift sich an einem Kind aus seinem Bekanntenkreis oder bringt ein ihm fremdes Kind in seine Gewalt. Vielleicht rechtfertigt er sein Verhalten, indem er zwischen käuflichem Sex und der Entführung und Vergewaltigung eines Nachbarkinds unterscheidet – aber in dem Moment, da er sich einem Kind zuwendet, ist der Tatbestand des kriminellen Missbrauchs gegeben. Realistisch gesehen müssen wir jedoch nicht befürchten, dass jeder Mann, in dessen sexuellen Fantasien Kinder eine Rolle spielen, tatsächlich ein Kind missbrauchen wird. Doch meines Erachtens ist hier Aufmerksamkeit geboten.

Ich teile ferner Ken Lannings Ansicht, dass nicht alle pädophil orientierten Männer Sittlichkeitsverbrecher sind, genauso wenig wie alle Sittlichkeitsverbrecher unter die Kategorie »pädophil« fallen. Der sogenannte Sittlichkeitsverbrecher aus Gelegenheit kann von unterschiedlichsten Motiven geleitet sein. Manche tragen möglicherweise Aggressionen mit sich herum, die sie nur an den Wehrlosesten abreagieren können – unter anderem auch an älteren Menschen oder an Prostituierten.

Die Gefahr einer Eskalation ist bei diesen Tätern ebenfalls nicht auszuschließen. Begeht ein Täter aus einem Impuls heraus ein Verbrechen an einem Kind und kann er unerkannt entkommen, mag ihn das zu Folgetaten ermuntern. Die Delikte werden brutaler, der Täter hemmungsloser, die Übergriffe häufen sich, und Fantasien werden zunehmend extensiver ausgelebt. Der Fall Arthur Shawcross in Rochester, New York, ist Beispiel für eine solche Entwicklung. Gregg McCrary erarbeitete ein Konzept zur Ergreifung des Mannes, nachdem sich herausgestellt hatte, dass Shawcross immer wieder die Verstecke der Leichen aufsuchte und dort einige

Zeit zubrachte. Wie sich nach seiner Festnahme zeigte, hatte es sich bei seinen ersten beiden Opfern nicht um Prostituierte oder obdachlose Frauen gehandelt, sondern um ein Mädchen und einen Jungen.

Vermutlich gibt es mehr spontane Kinderschänder als solche, die sich ihre Opfer gezielt auswählen. Doch ein pädophiler Täter wird im Lauf seines Lebens gewiss weiterhin Kinder sexuell missbrauchen, da sein neurotisches Denken nur um dieses eine Thema kreist und er sich seinen Trieben ausgeliefert fühlt. Es gibt sowohl den spontanen Kinderschänder, der ein Kind ein einziges Mal missbraucht, als auch den Wiederholungstäter.

In einer Veröffentlichung des NCMEC mit dem Titel »Kinderschänder – Verhaltensanalyse zur Strafverfolgung für Polizeibeamte in Fällen sexueller Ausbeutung von Kindern« unterteilt Ken diese Täter in vier Gruppen: sexuell gehemmte Täter, skrupellose Täter, Täter ohne eindeutige sexuelle Präferenzen und gesellschaftlich gescheiterte Täter. Sexuell gehemmte Täter missbrauchen ihre eigenen Kinder, weil sie am leichtesten verfügbar sind. Es überrascht nicht, dass diese Verbrecher meistens nur ein geringes Selbstbewusstsein haben und Sex mit Kindern suchen, weil sie sich an Erwachsene nicht heranwagen. Sie greifen eher zu Tricks und Versprechungen, als ein Kind zum Mitgehen zu zwingen. Für gewöhnlich geht der Tat ein Frustrationserlebnis voraus.

Auch der skrupellose Typ beutet seine eigenen Kinder aus, doch er macht sich ebenso andere Opfer durch Manipulation oder Druck gefügig. Dieser Typ verhält sich vermutlich in allen Lebensbereichen ausbeuterisch: Er nutzt Frau und Freunde aus, lügt und betrügt zu Hause und am Arbeitsplatz und nimmt sich bedenkenlos, was er braucht. Als gewissenloser Mensch handelt er meist impulsiv.

Fragt man diesen Tätertyp – das Gleiche gilt für den Täter ohne eindeutige sexuelle Präferenzen –, weshalb er ein Kind missbraucht, erhält man vielfach nur ein Achselzucken als Antwort. Der wahllos zuschlagende Täter geht sogar noch einen Schritt weiter. Er belästigt Kinder aus Langeweile und weil es für ihn eine neue Erfahrung und eine aufregende Abwechslung bedeutet. Ken nennt diese Menschen Experimentierer, was heißt, dass sie alles ausprobieren: Gruppensex mit Erwachsenen, Partnertausch, Sadomaso – lauter Aktivitäten, die nicht als Delikt gelten, solange die erwachsenen Teilnehmer sich freiwillig zur Verfügung stellen und bis ein Kind ins Spiel kommt, vielleicht sogar das eigene. Vertreter dieser Tätergruppe stammen im Gegensatz zu anderen Typen spontan handelnder Delinquenten meist aus einer höheren Gesellschaftsschicht und ziehen den Kreis ihrer Opfer weiter. Sie beschränken sich nicht auf Kinderpornografie, sondern verfügen über eine ganze Palette sexueller Stimulanzien.

Der gesellschaftlich gescheiterte Typus des spontanen Kinderschänders weist große Ähnlichkeiten mit den in den anderen Kapiteln beschriebenen Tätern auf. In unserer Einheit hatten wir es vornehmlich mit dem Typus des skrupellosen und gesellschaftlich gescheiterten Täters zu tun. Ein Mensch dieser Art ist ein sozialer Außenseiter, der als Jugendlicher kaum gleichaltrige Freunde hat und auch in zunehmendem Alter meist noch bei seinen Eltern oder einem älteren Verwandten lebt. Weder Kinder noch ältere Menschen oder Prostituierte wirken auf ihn provozierend. Doch wählt er sich als Opfer entweder ein Kind, das er gut kennt, oder ein ihm fremdes und benutzt es als Ersatz für einen ebenbürtigen Partner. Dieser Tätertypus wird nicht von einem sexuellen Verlangen nach Kindern angetrieben, seine sexuelle Neugier richtet sich vielmehr auf Erwachsene, denen gegenüber er sich aber unsicher fühlt. Sammelt er pornografisches Material, so beschränkt sich dieses auf Darstellungen von Erwachsenen. Aufgrund seines sozialen Außenseitertums besteht die Gefahr, dass sich feindselige Gefühle und Wut anstauen, die sich ein Ventil suchen. Entlädt sich schließlich sein Zorn, kann ein solcher Mensch sehr gefährlich werden; oft kommt es dazu, dass er sein Opfer foltert und tötet.

Anfang der Achtzigerjahre, als das Profilerstellungsprogramm in Quantico noch im Aufbau begriffen war, hatte ich es einmal mit diesem Typus des gescheiterten und skrupellosen Menschen zu tun.

Die Polizei in Dickinson, North Dakota, darf mit Recht stolz auf ihre Arbeit sein. Im März 1983 verzeichnete sie nur einen einzigen ungelösten Mordfall, dabei handelte es sich allerdings um einen ganz besonders abscheulichen Doppelmord, der fast zwei Jahre zurücklag. Zur Unterstützung ihrer Ermittlungen bat man uns um die Erstellung eines Täterprofils.

Der Schilderung der Ermittler zufolge wollte in den frühen Morgenstunden des 16. November 1981 ein Arbeiter, der im Swanson Motel in

Dickinson ein Zimmer bewohnte und an den Wochenenden nach Hause fuhr, wie jeden Morgen im Büro des Motels einen Kaffee trinken. Doch an diesem Tag entdeckte er dort die Leiche der 52-jährigen Motelbetreiberin Priscilla Dinkel. Sie lag, geknebelt und mit dem Gesicht nach unten, auf dem Boden. Um Handgelenke und Hals war ein Kabel gewickelt. Nachthemd und Morgenmantel hatte der Täter nach unten geschoben, sodass ihr Oberkörper teilweise nackt war.

Die herbeigerufene Polizei fand im Haar der Toten Holzsplitter und machte bei der Durchsuchung der Räume eine weitere grausige Entdeckung: Dannelle Lietz, die siebenjährige Enkelin von Ms Dinkel, lag unter Decken verborgen tot auf ihrem Bett. Auch bei ihr war um den Hals ein Kabel geschlungen, die Handgelenke wiesen Druckmale von Fesseln auf. Die Obduktion ergab, dass beide Opfer erwürgt worden waren. Dannelle war überdies vor ihrem Tod sexuell missbraucht worden.

In den folgenden 18 Monaten hatten die Ermittler zahlreiche Spuren verfolgt, waren aber zu keinem konkreten Ergebnis gelangt.

Bei der Auswertung des Falles beschäftigte ich mich zunächst mit den Lebensumständen des Opfers. Priscilla Dinkel war erst vor Kurzem nach Dickinson gezogen, um die Leitung des Motels zu übernehmen. Die Zimmer waren werktags normalerweise an Arbeiter vermietet, die in den florierenden Energieunternehmen der Region beschäftigt waren und zum Wochenende nach Hause fuhren. Das Motel lag in einem Stadtteil, dessen Charakter sich durch den Zustrom der Zeitarbeitskräfte rasch veränderte. Der Polizeichef rief die Einheimischen sogar dazu auf, Haustüren abzuschließen – das war bis dahin in Dickinson nicht üblich gewesen.

Zwar wies in Priscilla Dinkels Lebensweise selbst nichts auf eine Gefährdung hin, doch ihre Arbeit, die Lage des Motels und die wechselnden Gäste waren Grund genug für mich, sie als hoch gefährdete Person einzustufen. Ihre Enkelin hingegen hatte sich schlichtweg zur falschen Zeit am falschen Ort befunden. Da sie ein Kind war, hatte sie keinen Einfluss auf ihr Leben und ihre Umgebung, und meiner Einschätzung nach war sie ein Zufallsopfer.

Der unbekannte Täter hatte ausreichend Zeit gehabt, beide Opfer zu fesseln und zu misshandeln. Ms Dinkel wurde nicht sexuell missbraucht, sondern mittels eines stumpfen Gegenstands durch einen Hieb auf den Kopf bewusstlos geschlagen. Außerdem zerschnitt ihr der Täter Büstenhalter und Unterwäsche, zwanghafter Ausdruck von Hass, Aggression und dem Bedürfnis nach Dominanz und Kontrolle. Der Mann hatte auch Dannelle den Schädel eingeschlagen. Ehe er den Tatort verließ, stahl er noch Geld aus der Motelkasse.

Da er sich offensichtlich eine ganze Weile am Tatort aufgehalten hatte und sich dort ungestört zu fühlen schien, hielt ich ihn für einen Täter, dem Opfer und Ort nicht fremd waren. Aber nichts deutete auf einen vorsätzlichen Mord, sondern eher auf ein spontanes Verbrechen hin, aus dem sowohl eine gewisse Planlosigkeit als auch Einfallsreichtum sprachen. Der Täter hatte sich der Gegebenheiten bedient und sich mit Lampen- und Staubsaugerkabeln beholfen, um seine Opfer zu fesseln.

Aus dem Anblick des Tatorts schloss ich, dass der Täter unter Alkoholeinfluss gestanden hatte. Die offenkundige Aggression, die er an dem älteren Opfer abreagiert hatte, deutete auf einen Alkoholiker mit gespaltener Persönlichkeit. Als Einzelgänger und ohne Ausstrahlung auf Frauen trat er unter Alkoholeinfluss wahrscheinlich lautstark und streitbar auf. Allerdings nur gegenüber Personen, die er meinte dominieren zu können. Seine Beziehungen zu Frauen waren vermutlich problematisch.

Da Doppelmorde meist keine Ersttaten sind, war der Killer wahrscheinlich bereits früher mit dem Gesetz in Konflikt geraten und hatte wegen eines Überfalls, Raubs oder Einbruchs gesessen. Täter mit dieser Handschrift verfügen normalerweise über durchschnittliche Intelligenz, doch dieser Mann besaß kaum höhere Schulbildung. Falls er überhaupt eine Arbeit ausübte, dann sicher keine, die seinen Verstand forderte, sondern eher eine körperliche Tätigkeit als Hilfsarbeiter, Mechaniker oder Lastwagenfahrer. Möglicherweise sah er ungepflegt aus, wie jemand, der dringend ein Bad, eine Rasur und einen Friseurtermin benötigte.

Unter allen Anhaltspunkten in der Wohnung, die auf den Charakter des Täters hinwiesen, ließen sich aus denjenigen im Zimmer des Mädchens die eindeutigsten Rückschlüsse ziehen. Da die Großmutter bei dem Angriff auf Dannelle bereits tot war, konnte der Mann seine Fantasien ausleben und sich problemlos des Mädchens bemächtigen. Indem er die

Kleine missbrauchte, bediente er sich ihrer und bestärkte sich in seinem momentanen Machtgefühl. Der Umstand, dass er im Anschluss an die Tat die Bettdecken über sie geworfen hatte, verriet allerdings viel über seine Gefühle danach. Damit hatte er versucht, sein Verbrechen ungeschehen zu machen, er empfand Abscheu und Ekel angesichts seines Vorgehens und wurde von Reue geplagt. Im Gegensatz dazu hatte ihm das Verbrechen an der Großmutter offenbar nicht leidgetan.

Anzeichen von Reue wie an diesem Tatort lassen vermuten, dass der Gesuchte auch nach dem Delikt von Gewissensbissen gequält wird. Vielleicht würde er mit jemandem darüber reden wollen oder versuchen, etwas über den Stand der Ermittlungen herauszufinden; er würde womöglich mehr als gewöhnlich trinken, sein Äußeres verändern oder sogar das Grab des Mädchens besuchen.

Das Einzige, was ich – wie so oft – nicht einzuschätzen vermochte, war das Alter des Unbekannten. Er konnte sowohl um die 20 als auch Anfang 50 sein. Daher empfahl ich der Polizei, sich auf das Verhalten nach der Tat und die anderen Profilmerkmale zu konzentrieren, anstatt nach einem Täter bestimmten Alters zu suchen. Ich gab auch zu bedenken, dass er sicher die Stadt verlassen hatte, nachdem das öffentliche Interesse abgeebbt war. Wie stets bat ich die Ermittler, mich anzurufen, wenn sie Fragen hätten oder proaktives Vorgehen und/oder Verhörmethoden erörtern wollten.

Die Polizei von Dickinson vernahm annähernd 30 Verdächtige. Am Tatort war nur ein Fingerabdruck gefunden worden, der nachweislich von einem Ermittler stammte. Ein DNA-Test war daran gescheitert, dass in einem defekten Gefrierschrank des Labors die Probe unbrauchbar geworden war. Darüber hinaus fand sich nicht ein einziger Zeuge, der einen Hinweis hätte liefern können.

Trotzdem gab die Polizei von Dickinson nicht auf. Sie konsultierte sogar eine Psychologin in einem anderen Bundesstaat, schickte ihr einige persönliche Gegenstände der Opfer und Fotos von Verdächtigen und bekannten Sexualtätern aus der Gegend. Tatsächlich hielt die Psychologin einen davon für den Gesuchten. Die Verdachtsmomente gegen diesen Mann verdichteten sich: Der Sheriff von Missoula, Montana, meldete, der Verdächtige habe sich angeblich vor Kindern entblößt und sich außerdem gegenüber Freunden über die Morde in Dickinson geäußert. Daraufhin wurde er von der Polizei ausführlich vernommen; einen Lügendetektortest lehnte er ab. Zudem wurde zum Vergleich mit Bissspuren auf Dannelles rechter Wange ein Abdruck von seinem Gebiss genommen. Doch dieser Vergleich brachte keinen Aufschluss.

Jerry Theisman vom Bureau of Criminal Investigation von North Dakota und Absolvent der FBI Academy wandte sich im Dezember 1985 mit der Bitte an uns, eine Bewertung darüber abzugeben, ob dieser Mann als Verdächtiger infrage komme. Wir hielten es jedoch für ziemlich unwahrscheinlich, dass jemand, der eine brutale Vergewaltigung und einen Doppelmord auf dem Gewissen hatte, das Risiko einging, in seiner Nachbarschaft als Exhibitionist aufzutreten. Außerdem hatte der Dickinson-Mörder Geld aus der Kasse entwendet, und der Verdächtige schien keineswegs in Geldnöten zu sein.

Die Polizei von Dickinson nannte uns einen weiteren Verdächtigen, der mit dem von mir erstellten Profil nahezu übereinstimmte. Der Lügendetektortest, dem er sich zu Beginn der Ermittlungen unterzogen hatte, ließ auf bewusste Irreführung schließen. Leider hatte er die Stadt mit unbekanntem Ziel verlassen. Dieser Mann namens William Thomas Reager hatte zur Tatzeit ein Zimmer in dem Motel bewohnt und kannte nicht nur die Opfer, sondern hatte Dannelle oft betreut und anscheinend ein Auge auf ihre Mutter geworfen, die Melody hieß. Wenn er zu Besuch kam, nahm er Dannelle stets auf den Schoß und legte ihr zum Missfallen von Mutter und Kind seine Hand aufs Bein. Einige Tage vor dem Mord hatte Dannelle die Mutter gebeten, sie nicht mehr in seine Obhut zu geben. In der Nacht nach dem Mord wurde Reager wegen Trunkenheit am Steuer festgenommen und von der Polizei verhört. Jetzt, Jahre später, forschte die Polizei nach seinem Aufenthaltsort.

1991 wandte sich Sergeant Chuck Rummel, der den Fall übernommen hatte, erneut an uns. Da ich damals auswärts beschäftigt war, nahm sich Jud Ray der Sache an. Mithilfe des National Crime Information Center und computergestützter Nachforschungen hatte Rummel den Verdächtigen in Batesville, Arkansas, aufgespürt. Die dortige Polizei wurde aus Dickinson informiert, dass Reager als Verdächtiger wegen Doppelmords gesucht wurde. Zufällig arbeitete man in Batesville gerade an einem ungelösten Fall aus dem Jahr 1988, einem Mord an einer 77-jährigen Frau. Im Juni 1988 hatte man Della T. Hardings Leiche unter einer Brücke in einem ausgetrockneten Flussbett gefunden. Tags zuvor war jemand in ihre Wohnung eingebrochen und hatte sie gefesselt, geschlagen und erwürgt. Reager wohnte zur damaligen Zeit ungefähr anderthalb Kilometer von Harding entfernt.

Es gelang, Reager in dem Ort Clinton in Arkansas festzunehmen. Rummel verhörte ihn dort im Büro des Sheriffs, nachdem er zuvor Jud Ray konsultiert hatte. Da wir vorhergesagt hatten, dass der Täter die Vergewaltigung und den Mord an Dannelle Lietz bereuen würde, und auch aufgrund des früheren Lügendetektortests, bei dem er vermutlich gelogen hatte, bearbeiteten Rummel und Jerry Theisen den Verdächtigen so lange, bis er schließlich gestand. Außerdem nannte er Einzelheiten, die bis dahin nicht an die Öffentlichkeit gedrungen und selbst der Polizei neu waren. Beispielsweise hatte Reager in jener Nacht nicht nur Bargeld vom Tatort entwendet.

Reagers Aussage zufolge war er im Büro aufgetaucht, um mit Ms Dinkel über ihre Tochter Melody zu reden. Er wollte Melody näher kennenlernen, ein Wunsch, den ihre Mutter mit Spott quittierte. Daraufhin wurde Reager wütend und »lief Amok«, wie er es nannte, nahm ein Stück Holz vom Tisch und schlug damit auf sie ein. Gerade als er die Großmutter fesselte, trat Dannelle ins Zimmer. Wie ich vermutet hatte, ging er auf das Mädchen los, um die Kontrolle über die Situation zu behalten. Außer dem Geld stahl er ein Foto von Dannelle und ihrer Mutter und eine Zierschale, zwei Gegenstände, die nicht als vermisst gemeldet worden waren. Der Mörder hatte also Erinnerungsstücke an sein Verbrechen mitgenommen.

Bei Reager handelte es sich um einen Weißen, der zur Tatzeit 39 Jahre alt war und wegen leichten und schweren Diebstahls, Scheckfälschung und Einbruchs vorbestraft war. Er besaß eine durchschnittliche Intelligenz, er hatte als Handwerker, Lastwagenfahrer, Tellerwäscher und auf dem Rummelplatz gearbeitet. Er hatte auch wegen Trunkenheit am Steuer eingesessen. Auf Fotos war er stets unordentlich gekleidet. Nach dem

Doppelmord veränderte er sein Äußeres und färbte sich sein graues Haar nicht mehr. Außerdem gab es Probleme mit Frauen: Von seiner zweiten Frau, die er geheiratet hatte, während er noch mit der ersten verheiratet gewesen war, lebte er getrennt. Als er verhaftet wurde, stand er angeblich kurz vor der dritten Eheschließung. Laut den Aussagen seiner zweiten Frau war er ein »gefühlsarmer« Mensch; das Eheleben sei schwierig gewesen und er habe häufig getrunken. Seine Darstellung der Ereignisse jener Nacht bestätigte seinen Zorn und Hass auf Ms Dinkel, die ihn als Freier ihrer Tochter nicht ernst genommen hatte.

Reager wurde im März 1991 nicht nur wegen des Doppelmordes in North Dakota, sondern auch wegen Mordes an Della T. Harding in Arkansas verurteilt. Die Ermittlungen ergaben, dass Reager in den zehn Jahren zwischen den Verbrechen in Dickinson und seiner Verhaftung im ganzen Land umhergereist war. Auch die Polizei in Dallas, Texas, vermutete einen Zusammenhang zwischen ihm und diversen Morden an älteren Frauen in Texas.

Wir müssen den Behörden von Dickinson für ihre Ausdauer dankbar sein. Zehn Jahre lang wurden immer wieder neue Beamte mit diesem Fall beauftragt, und alle haben tatkräftig und fachmännisch an seiner Lösung gearbeitet. Nicht selten versinken Ermittler in Lethargie, sobald der anfängliche Schwung verflogen ist und der Fall langweilig wird. Für mich besteht kein Zweifel, dass Reager so lange gemordet hätte, bis man ihn entweder wegen eines anderen Vergehens geschnappt hätte, er gestorben wäre oder aus Altersgründen kein Verbrechen mehr hätte begehen können. Aber bis dahin wäre noch eine lange Zeit vergangen.

Im Fall Harding hatte es sich wie bei dem Doppelmord um eine alte, wehrlose Frau gehandelt, die Reager gekannt und die er zuvor besucht hatte. Auch ihr hatte er einen Schlag auf den Kopf versetzt, der Tod trat jedoch durch Erwürgen ein. Beide Male hatte der Täter Elektrokabel benutzt und Geld entwendet. Reager gestand die drei Morde, versuchte jedoch später, alles abzustreiten, obwohl er sogar seiner Verlobten gegenüber seine Schuld zugegeben hatte. Das Schicksal wollte, dass die Gesetze der Natur ihn richteten, bevor die Gesetze des Menschen ihn ereilten. Nachdem Reager wegen dreifachen Mordes angeklagt worden war – und

Don McSpadden, der Leiter des Teams von Staatsanwälten von Arkansas, angekündigt hatte, er würde im Fall Harding auf Todesstrafe plädieren –, traf ihn ein tödlicher Herzinfarkt. Obwohl man einen Kerl wie ihn nur zu gern verurteilt sehen möchte – vor allem nach so langen Jahren –, dauerten damals in Arkansas Prozesse auf Todesstrafe mindestens zehn Jahre. Frank Dinkel, Ehemann des einen und Großvater des zweiten Opfers, erhielt seine Genugtuung schon früher. Nach Reagers Verhaftung zitierte ihn die *Bismarck Tribune:* »Ich hatte immer darauf gehofft, dass der Fall noch vor meinem Tod aufgeklärt wird.«

Im Unterschied zu Reager suchen sich pädophile Täter ihre jungen Opfer bewusst aus. Sie handeln nicht aus der augenblicklichen Situation heraus oder einem Gefühl von Verunsicherung, sondern weil sie sexuell auf Kinder fixiert sind. Ihr berechenbares, wiederkehrendes Zwangsverhalten ist wie eine Handschrift und trägt rituelle Züge, selbst wenn die Tatausführung dadurch riskanter und schwieriger wird. Der Täter entführt beispielsweise selbst dann ein bestimmtes Opfer nach seinem starren Plan, wenn er es nur unter Schwierigkeiten unbeobachtet in seine Gewalt bekommen kann und seine Fluchtmöglichkeit gefährdet ist.

Dieser Tätertypus stammt häufiger aus einer höheren Gesellschaftsschicht als der Kinderschänder, der nur bei einer günstigen Gelegenheit zugreift und der sich vielleicht nur einmal in seinem Leben an einem Kind vergreift. Zwar sind alle Pädophilen sexuell an Kindern interessiert, andererseits hat jeder eine individuelle, fest umrissene Vorstellung von seinem Opfer. Im Allgemeinen werden Jungen gegenüber Mädchen bevorzugt, doch je jünger das Kind ist, desto mehr verliert das Geschlecht an Bedeutung.

Ausgehend von den unterschiedlichen, aber vorhersehbaren Verhaltensmustern unterscheidet Ken Lanning drei Typen: den Täter, der sich mit Tricks und Versprechen einschmeichelt, den introvertierten Täter und den Sadisten.

Ein Lehrer zum Beispiel, der sich an seinen Schülern sexuell vergeht, oder ein Trainer, der sich an Kinder in seiner Jugendmannschaft herangemacht hat, zählt zu der erstgenannten Gruppe. Er versteht mit Kindern umzugehen, umwirbt sie mit Geschenken oder lässt ihnen besondere

Beachtung zuteilwerden. Dadurch gewinnt er nach und nach ihr uneingeschränktes Vertrauen. Er weiß, wie man mit Kindern redet, und sucht sich diejenigen als Opfer aus, die auf seine Tricks am schnellsten hereinfallen. Besonders das einsame, vernachlässigte Kind, dem es zu Hause an Zuneigung mangelt, wird sich durch die Aufmerksamkeit geschmeichelt fühlen und entsprechend reagieren.

Hier ist Ihr Instinkt zum Schutz Ihrer Sprösslinge gefragt. Wenn jemand auffallend die Nähe zu Kindern sucht und mehr Zeit mit ihnen verbringt als mit Erwachsenen, sollten Sie achtsam werden. Damit möchte ich beileibe nicht jeden rührigen Trainer oder einsamen alten Mann in Ihrem Viertel als verkappten Sittenstrolch hinstellen. Wir sollten einander nicht mit übermäßigem Misstrauen begegnen und uns dadurch der Freude an zwischenmenschlichen Beziehungen berauben.

Auch müssen Sie Ihre Zehnjährige nicht unbedingt wissen lassen, dass Sie ihren Softballtrainer für abartig veranlagt halten. Beobachten Sie Ihre Tochter und begleiten Sie sie zu den Spielen. Erhärtet sich Ihr Verdacht, verhindern Sie alle Situationen, in denen sie mit dem Trainer allein ist. Und bemühen Sie sich um eine gute Beziehung zu Ihrem Kind, damit es auf die Zuwendung einer anderen Person nicht blind reagiert. Bedauerlicherweise ließ mir mein Dienst im FBI nicht viel Zeit für meine Familie, aber meine Kinder haben hoffentlich genug Vertrauen zu mir und Pam entwickelt, um zu wissen, dass sie sich jederzeit an uns wenden konnten, wenn sie mit einer Person zu tun hatten, die ihnen nicht geheuer war. Denn Täter dieses Typus machen sich vor allem an einsame, schlecht behütete Kinder heran. Kurzum, Sie brauchen keine Supermama oder kein Superpapa zu sein, sondern nur achtzugeben, mit wem Ihre Sprösslinge Umgang pflegen, und ansonsten Ihrem Gespür zu folgen.

Dieser Tätertypus baut sich zuweilen so etwas wie einen privaten Kinderkreis auf, um stets Zugriff zu haben: die Pfadfindergruppe, die Kinder aus der Klasse oder aus der Nachbarschaft. Er widmet sich ihnen und hört sich ihre Sorgen und Nöte an. Er weiß, wie er mit ihnen umgehen muss und wie er sie manipulieren kann. Dabei nutzt er seine Autorität als Erwachsener aus, die ihm den Gehorsam der wohlerzogenen Kinder garantiert. Falls ihn keines seiner Opfer verrät, setzt er sein Treiben ungehindert fort, bis das Kind zu alt wird und damit für ihn an Reiz verliert. Erst dann legen die meisten Opfer die erlittene sexuelle Ausbeutung offen, es sei denn, der Täter macht sie mit Drohungen oder sogar unter Anwendung von Gewalt mundtot – mit denselben Mitteln also, mit denen er sie zuvor vermutlich wiederholt am Entkommen oder am Anzeigen der Taten gehindert hatte.

Anders die Vorgehensweise des introvertierten Tätertyps, der seinem sexuellen Drang in gleichem Maß ausgeliefert ist, aber weniger Gespür für Kinder besitzt. Er ähnelt mehr dem Klischee des unheimlichen Fremden im Regenmantel, der sich in Parks und auf Spielplätzen herumtreibt und Kinder beobachtet. Manchmal kann man ihn erkennen. Er ist stets auf der Lauer und greift zuweilen blitzschnell zu. Ihm geht es nur um kurze sexuelle Kontakte, und er bevorzugt ihm unbekannte oder kleinere Kinder. Er lebt seine Fantasien in obszönen Telefongesprächen mit Kindern aus, entblößt sich vor ihnen und hat Sex mit Kinderprostituierten. Ist ihm die Möglichkeit, an ein Opfer heranzukommen, verwehrt, heiratet er vielleicht sogar eine Frau mit kleinen Kindern oder zeugt welche mit ihr, um sich dann an ihnen zu vergehen.

Der sadistische Kinderschänder ist der abstoßendste und gefährlichste der drei Typen. Um sich sexuell zu erregen und zu befriedigen, muss er – ebenso wie der Mörder und Vergewaltiger erwachsener Personen – das Kind psychisch und/oder physisch quälen. Mit List oder Gewalt bemächtigt er sich des Kindes und foltert es dann auf die eine oder andere Weise, um sich sexuell abzureagieren. Sadistische Kinderschänder treten zwar nicht sehr häufig in Erscheinung, aber sie sind diejenigen, die ihre Opfer meistens entführen und ermorden.

Erschreckend sind auch solche Fälle, in denen Verführertypen zu Sadisten wurden. Es lässt sich nicht sagen, ob solche Täter unterschwellig schon zuvor sadistisch waren und sich erst durch bestimmte Reizsituationen als Sadisten entpuppten oder ob sie sich mit der Zeit, durch zunehmende Selbstsicherheit und Erfahrung als Kinderschänder, dazu entwickelt haben.

Im Unterschied zu Tätern, die Kinder missbrauchen, weil sich ihnen gerade die Gelegenheit dazu bietet, zeigt ein Pädophiler Verhaltensweisen, die selbst Eltern erkennen können. Als Heranwachsender hat er möglicherweise wenig Umgang mit Gleichaltrigen, weil sein sexuelles Interesse Kindern gilt. Als Erwachsener ist er wenig sesshaft und verschwindet oft plötzlich, wenn er das Misstrauen von Eltern oder der Polizei spürt. Falls er Militärdienst leistet, wird er möglicherweise ohne Angaben von Gründen aus der Armee entlassen. Vielfach kann er bereits eine lange Liste von Verhaftungen vorweisen, zum Beispiel wegen Belästigung und Verdachts auf Kindesmissbrauch, Verstoßes gegen das Kinderarbeitsgesetz, Einreichung ungedeckter Schecks und Amtsanmaßung. Eine frühere Haftstrafe wegen sexuellen Missbrauchs lässt auf wiederholtes Vergehen an mehreren Kindern schließen – hat er einmal ein Kind aus der Nachbarschaft missbraucht, wird er es schließlich auch bei anderen versuchen.

Wiederholte Versuche, Kinder zu verführen, erfordern ein hohes Maß an Planung und sind sehr risikoreich. Im Gegensatz zu dem Tätertypus, der nur die günstige Gelegenheit nutzt, investiert der pädophile Täter viel Zeit und Energie in seine wiederholten Annäherungsversuche an das Kind. Er bereitet die Tat bis ins kleinste Detail vor, um zu einem »optimalen« Ergebnis zu gelangen. Auch sein Lebensstil lässt seine sexuellen Neigungen erahnen. Heutzutage als alleinstehender 25-Jähriger noch bei den Eltern zu leben entspricht der zunehmenden Nesthockermentalität und ist keineswegs ungewöhnlich. Auffällig könnte hingegen sein, wenn er als Erwachsener keinerlei Interesse am anderen Geschlecht zeigt. Er könnte auch als Single leben, beispielsweise in einer Wohnung, die mit verschiedenerlei Spielzeug, Puppen und anderen Gegenständen ausgestattet ist, an denen Kinder Freude haben. Die Lockmittel sind auf das Geschlecht und Alter seines bevorzugten Opfers abgestimmt und gehören normalerweise nicht zum Inventar eines kinderlosen Haushalts.

Möglich bei diesem Tätertypus ist auch, dass er eine Beziehung zu einer Frau unterhält, wenngleich eine Beziehung voller Extreme. Die Partnerin wird entweder schwach und kindhaft oder dominant und ihm überlegen sein. Auch wenn die Freundinnen oder Ehefrauen solcher Männer in der Regel über ihr Intimleben schweigen, räumen sie bei einem vertraulichen Gespräch unter vier Augen unter Umständen ein, dass ihr Ehemann beziehungsweise Geliebter sexuelle Probleme hat. Ein solcher Mensch sammelt Kinderpornos und hat vielleicht auch selbst entsprechende Fotos gemacht. Wie der Mann, auf den ich Pam beim Tanzabend der Mädchen aufmerksam gemacht habe, werden manche dieser Kerle auch von Fotos bekleideter und nicht sexuell aufreizend posierender Kinder erregt. Er nimmt vielleicht seine Kamera mit in den Park, verknipst einen Film nach dem anderen und lebt seine Fantasien an den Fotos aus. Im Unterschied zu vielen normal veranlagten Männern, die mit Lust Dessous betrachten, wirken vielleicht schon die Seiten mit Kinderbekleidung in einem gewöhnlichen Versandhauskatalog erregend auf ihn.

Obwohl sich viele Pädophile zumindest eine Zeit lang in ein soziales Gefüge einordnen, scheint doch manches an ihrer Lebensweise merkwürdig. Leute, die übermäßiges Interesse an unseren Kindern zeigen, wirken auf uns verdächtig, und ein Erwachsener, der in Passagen, Einkaufszentren und Parks herumschleicht und offenbar keine gleichaltrigen Freunde hat, fällt auf. Ein Pädophiler weiß, dass er seine sexuellen Neigungen verheimlichen muss, daher fällt ihm ein enger sozialer Umgang mit anderen Erwachsenen schwer. Freunde sucht er sich meist in pädophilen Kreisen, weil er sich dort anerkannt und gut aufgehoben fühlt.

Diese Individuen bedienen sich im Allgemeinen einer idealisierenden oder verdinglichenden Sprache, bezeichnen Kinder beispielsweise als unschuldig, rein und sauber und sprechen über sie als »Objekte, Projekte und Eroberungen«. Ken Lanning zitiert aus entsprechenden Briefen: »Dieses Kind ist fast noch fabrikneu.« Oder: »Ich arbeite schon seit sechs Monaten an diesem Projekt.«

Pädophile suchen sich ihre jungen Opfer sehr gezielt aus, wobei das tatsächliche Alter des Kindes weniger wichtig ist als die Wirkung, die es auf sie ausübt. Mit anderen Worten: Einem, der es auf ein 10-jähriges Mädchen absieht, ist eine 14-Jährige mit dem Aussehen und Auftreten einer 10-Jährigen lieber als eine 10-Jährige, die wie eine 14-Jährige wirkt.

Aber vergessen Sie nicht, dass das eine oder andere genannte Anzeichen Ihren Nachbarn noch lange nicht zum Kinderschänder stempelt. Treffen indes sämtliche dieser Merkmale auf ihn zu, müssen wir wachsam sein und als Eltern unserem gesunden Menschenverstand und unseren Instinkten vertrauen. Die beschriebenen Charakteristika erleichtern uns, mögliche Gefahren zu erkennen, doch ersetzen sie keinesfalls die elterliche Fürsorge und die Unterweisung des Kindes im Umgang mit einer denkbaren Bedrohung. Aber vieles ist auch Glückssache.

Doch nicht immer können Eltern ihr Kind schützen, zumal wenn eines der Elternteile zum Täter wird. So schrecklich die Vorstellung für uns auch sein mag, aber viele Kinder fallen Mitgliedern ihrer eigenen Familie zum Opfer, also den Menschen, deren Rat, Zuwendung und Unterstützung Kinder suchen. Ein inzestuöser Kinderschänder kann das Profil eines der oben beschriebenen Tätertypen haben, die Palette reicht auch hier vom sexuell Gehemmten bis hin zu dem, der sich bei seinem Opfer einschmeichelt. Und er kann genauso grausam und berechnend vorgehen: etwa der introvertierte Typ, der vielleicht heiratet, aber mit seiner Frau nur schläft, um ein Kind zu zeugen, das er später missbrauchen kann (was für ihn allerdings recht problematisch ist, weil er ja nicht bestimmen kann, ob das Kind das von ihm bevorzugte Geschlecht haben wird). Der Verführertyp unter den Kinderschändern hingegen befreundet sich vielleicht mit einer Frau (oder heiratet sie sogar), die bereits Kinder des von ihm bevorzugten Geschlechts und Alters hat, und bietet sich ihnen als Vaterfigur an. Sobald die Kinder so weit herangewachsen sind, dass sie für ihn an Reiz verlieren, sucht er sich eine andere Familie und beginnt das Spiel von vorn. Ein solcher Mensch wird mit seiner Partnerin nur dann Geschlechtsverkehr haben, wenn es sich nicht mehr umgehen lässt, und dabei wird er sich ausmalen, er treibe es mit Kindern, oder er wird die Frau bitten, sich als Kind zu verkleiden oder zu brabbeln wie ein Baby.

Doch nicht nur Väter vergreifen sich an Kindern. Peter Banks, Leiter eines NCMEC-Büros, der lange Jahre als Polizeibeamter in Washington, D. C., in Fällen von Kindesmissbrauch ermittelt hat, schildert folgenden herzergreifenden Fall: Ein Ehepaar – Mann und Frau arbeiteten beide als Sergeants bei der Polizei – hatte Probleme mit seinem ältesten Sohn. Zunächst brachte er schlechte Noten nach Hause und fiel wegen renitenten Verhaltens auf. Es folgten kleinere Delikte wie Ladendiebstahl, die schließlich in einem regelrechten Raubzug mündeten – er fuhr nach Georgia, stahl dort ein Auto und wurde geschnappt, als er einen Lebensmittelladen ausraubte. Als man den Jungen in Handschellen abführte, fragte ihn seine Mutter, wie sie verhindern könne, dass sein jüngerer Bruder ebenfalls auf die schiefe Bahn gerate.

Da antwortete der Junge: »Haltet ihn bloß von Großvater fern.« Der Vater der Mutter hatte mit der Familie unter einem Dach gelebt und den ältesten Sohn offensichtlich jahrelang sexuell missbraucht. So hatte die Mutter am selben Tag sowohl ihren Sohn als auch den eigenen Vater verloren.

Weshalb hatte dieser Junge nicht bereits früher den Eltern die schreckliche Wahrheit gesagt? Weil Inzestopfer sehr viel zu verlieren riskieren, wenn sie gestehen, dass sie missbraucht wurden. Die Gesellschaft bestraft sie – wenngleich unabsichtlich – auf vielfältige Weise. Man überlege sich einmal, welche Folgen es für das Kind – abgesehen von der erlittenen Schmach, Angst und Demütigung – haben kann, wenn es sich einem Familienmitglied anvertraut. Bestenfalls werden umgehend Maßnahmen zum Schutz des Kindes ergriffen. Doch statt den Täter vor die Tür zu setzen, wird das Kind aus seiner vertrauten Umgebung gerissen. Es verliert sein Zuhause, seine Geschwister und Freunde, seine Schule, seinen Hund – einfach alles. Schlimmstenfalls aber verweigert die Person, an die sich das Kind Hilfe suchend wendet, aus Unwillen oder Unfähigkeit jegliche Hilfe. Dadurch verstärkt sich in dem Kind das Gefühl, zu unbedeutend zu sein, als dass jemand Zeit und Mühe aufbringen möchte, ihm zu helfen. Das Kind wird dadurch noch mehr psychisch traumatisiert, weil es auf die Weise erfährt, dass sein Peiniger mit seinen Drohungen wohl recht hatte und es nichts nützt, sich jemandem anzuvertrauen.

Aber selbst wenn der Täter nicht aus dem Familienkreis stammt, ist es für ein missbrauchtes Kind schwer, darüber zu berichten. Zu Beginn des Missbrauchs erzählt es niemandem davon, weil es sich durch die Aufmerksamkeit dieses Erwachsenen geschmeichelt fühlt und die möglichen Folgen nicht abzuschätzen vermag. Und später wird dieser Kinderschänder es mit ebenso großem Geschick verstehen, das Kind am Reden zu hindern, wie er es verstanden hat, es zu verführen. Um welchen Tätertypus es sich auch handelt – das Kind wird immer befürchten, dass es selbst oder seine Familie von dem Peiniger körperlich gequält wird.

Auch andere Gefühle kommen ins Spiel – Scham und Verstörtheit. Der Täter erpresst vielleicht das Kind emotional. Und da viele Kinderschänder ein großes Talent darin entwickeln, immer mit mehreren Kindern gleichzeitig Umgang zu haben (in ihrer Funktion als Trainer oder als der »nette Typ«, der mit den Kindern aus der Nachbarschaft zelten geht oder andere Freizeitaktivitäten mit ihnen unternimmt), nutzen sie mitunter die Gruppendynamik, um ihre Opfer unter Kontrolle zu halten, und bedienen sich der Konkurrenz oder des Gruppenzwangs unter den Kindern, um neue Opfer anzulocken oder sich derjenigen zu entledigen, die das »passende« Alter überschritten haben.

Der erwachsene Kinderschänder ist erfahrener, einfallsreicher, gefährlicher als ein Kind und versteht zu manipulieren. Das Gefühl von Sicherheit und Selbstvertrauen ist der einzig wirkliche Schutz für Ihr Kind. Beides müssen Sie ihm mit auf den Weg geben und es unentwegt darin bestärken.

Ken Lanning erläutert, wie ein Kinderschänder meistens reagiert, wenn gegen ihn ermittelt oder Anklage erhoben wird. Natürlich streitet er zunächst einmal alles ab und gibt sich überrascht, entsetzt, vielleicht sogar entrüstet, dass man ihn beschuldigt. Er könnte auch versuchen, es als Missverständnis des Kindes hinzustellen, und scheinheilig zu fragen: »Ist es denn ein Verbrechen, ein Kind zu streicheln?« Je nach Umfeld stellen sich möglicherweise seine Familienangehörigen, Nachbarn oder Arbeitskollegen hinter ihn und bescheinigen ihm einen lauteren Charakter.

Kann er sich aufgrund unwiderlegbarer Fakten nicht herausreden, wird er vielleicht das Geschehene herunterspielen und erklären, er habe doch nur ein Kind berührt oder er habe es nur einmal getan. Er behauptet vielleicht, er habe das Kind zwar gestreichelt, aber nicht aus sexuellen Beweggründen. Oft ist ein solcher Kinderschänder rechtlich versiert und gesteht deshalb ein weniger schwerwiegendes Vergehen. In einem solchen Fall kommen ihm seine Opfer manchmal unabsichtlich zu Hilfe, weil sie sich schämen. Heranwachsende Jungen zum Beispiel streiten womöglich ab, sexuell missbraucht worden zu sein, selbst wenn entsprechende Beweisfotos vorliegen. Oder die Opfer machen falsche Angaben über die Häufigkeit des Missbrauchs.

Eine andere übliche Art, alles abzustreiten, ist die Rechtfertigung: Der Beschuldigte behauptet, er würde dem Kind mehr Aufmerksamkeit schenken als dessen Eltern, und da sei es doch sinnvoller, wenn er es über Sex aufkläre. Oder aber er hätte unter Stress gestanden und/oder zu viel getrunken. Solche Täter versuchen fortwährend, ihre Begierden und Handlungen vor sich selbst zu rechtfertigen – denn sie wollen nicht glauben, dass sie sexuell abartige Kriminelle sind. Meist soll dem Kind die Schuld in die Schuhe geschoben werden: Das Opfer habe ihn verführt und er habe nicht gewusst, wie alt es sei. Oder es sei in Wirklichkeit ein Strichmädchen beziehungsweise -junge. Selbst wenn dies zuträfe, hätte eine kriminelle Tat stattgefunden, denn es spielt überhaupt keine Rolle, ob bei einer sexuellen Handlung mit einem Kind dieses Kind damit einverstanden ist.

Zu den Rechtfertigungsversuchen gesellen sich Lügenmärchen, und je schlauer der Kinderschänder, desto hinterhältiger die Täuschung. Ein Pädophiler wollte der Polizei einmal weismachen, Kinder hätten ein Sexvideo produziert, das er an sich genommen habe, um es den Eltern auszuhändigen. Weniger einfallsreiche Kinderschänder versuchen verzweifelt, ihren Hals aus der Schlinge zu ziehen, indem sie vorgeben, psychisch krank zu sein. Oder sie appellieren an das Mitleid der anderen, weil sie hoffen, durch gezeigte Reue und zur Schau gestellten Gemeinschaftssinn Verständnis für sich – den verwirrten, aber im Grunde doch prima Kerl – zu wecken. In absurder Verdrehung der Tatsachen versuchen sie sich womöglich dadurch zu verteidigen, dass sie auf ihr Engagement für die Gemeinschaft, zum Beispiel durch freiwillige Arbeit mit Kindern, hinweisen, wobei es ihnen in Wirklichkeit doch nur darum ging, sich Zugang zu ihren Opfern zu verschaffen.

Stets muss man damit rechnen, dass der Täter sich wegen einer minderschweren Straftat schuldig bekennt, um ein öffentliches Verfahren zu umgehen. Das hat zwar den Vorteil, dass dem Kind das Trauma einer Aussage vor Gericht erspart bleibt. Es kann aber zu Verwirrung führen, wenn der Angeklagte auf »schuldig und unschuldig zugleich« plädiert. Denn er könnte sich schuldig bekennen, aber abstreiten, dass seine Tat ein Verbrechen gewesen sei, oder sich aufgrund geistiger Unzurechnungsfähigkeit für nicht schuldig erklären. Letztendlich wird dann die Öffentlichkeit niemals die Wahrheit erfahren, und das Kind wird sich vielleicht fragen, weshalb sein Peiniger nicht von Rechts wegen für schuldig erklärt wird.

Wie viele andere Verbrecher, deren Leben außer Kontrolle gerät, nachdem sie entlarvt worden sind, ist ein Kinderschänder, der hinter Gittern landet, höchst suizidgefährdet. Da viele von ihnen aus der Mittelschicht stammen und nicht vorbestraft sind, wird im Falle eines Selbstmords die Polizei möglicherweise dafür verantwortlich gemacht – und wieder bleibt das oder bleiben die Opfer fassungslos zurück.

Viele Kinderschänder sind selbst Missbrauchsopfer. Sicher entschuldigt das nicht ihr eigenes Vergehen, aber es wirft doch ein Licht auf den Opfer-Täter-Kreislauf, mit dem wir bei unserer Arbeit immer wieder konfrontiert sind. Peter Banks empfiehlt, auf einem Polizeirevier in den Akten die Namen sexuell missbrauchter oder ausgebeuteter Kinder festzustellen und sie mit den Namen der jugendlichen Straftäter, Prostituierten und Gewaltverbrecher zu vergleichen. Häufig tauchen in allen drei Akten dieselben Namen auf. Natürlich wird nicht jedes missbrauchte Kind als Erwachsener zum Verbrecher. Doch fast alle erwachsenen Straftäter sind als Kind sexuell missbraucht worden. Dadurch geraten sie womöglich später auf die schiefe Bahn und vergehen sich selbst an anderen (Kindern und/oder Erwachsenen) oder werden zu sogenannten »berufsmäßigen« Opfern – Frauen, die sich zum Beispiel immer wieder mit gewalttätigen Männern einlassen oder bereits in jungen Jahren der Prostitution nachgehen. Die Gesellschaft muss sich darüber klar werden, dass sie erntet, was sie gesät hat. Wenn uns auffällt, dass bei einem Kind etwas nicht stimmt, und wir nicht gleich für Abhilfe sorgen, riskieren wir, mit allen daraus erwachsenden Konsequenzen leben zu müssen.

Als man im Oktober 1993 Richard Allen Davis der Entführung und Ermordung der zwölfjährigen Polly Klaas in Petaluma, Kalifornien, überführt hatte, machte er für seine Entwicklung die eigene schwere Kindheit verantwortlich. In ihrem Schlussplädoyer stellten seine Verteidiger die Mutter des Angeklagten als eine gefühlskalte Frau dar, die sogar einmal seine Hand über eine Flamme gehalten und ihn nach der Scheidung vom Vater nur noch sich selbst überlassen habe. In einem letzten, wenngleich erfolglosen Versuch, die Todesstrafe abzuwenden, verwies die

Verteidigung auf das gewalttätige Verhalten des Vaters, der das Kind einmal durch einen Kinnhaken schwer verletzt hatte.

Im Gegensatz zur Kindheit von Davis versuchten Pollys Eltern ihrer Tochter ein so sicheres Zuhause wie nur möglich zu schaffen. Und ausgerechnet dort – und das ist das besonders Tragische an diesem Fall – fiel sie einem Verbrechen zum Opfer. Es war für den Entführer eine hoch riskante Tat.

Spätnachts brach Davis unbemerkt in das Haus von Pollys Mutter in Petaluma ein und entführte Polly mit vorgehaltenem Messer vor den Augen zweier ihrer Freundinnen, mit denen sie eine Nachthemdparty feierte. Pollys Mutter und Halbschwester schliefen zur Tatzeit nebenan. Da der Täter ein solch hohes Risiko eingegangen war, vermuteten die Ermittler zunächst, er müsse aus dem engeren Umkreis der Familie stammen und Zugang zum Haus besessen haben. Die Polizei verdächtigte sogar den von der Mutter getrennt lebenden geschiedenen Vater, auf irgendeine Weise seine Finger im Spiel zu haben. Als die Einwohner des verschlafenen Städtchens im Norden Kaliforniens erfuhren, dass nicht er, sondern ein Fremder in das Haus eingedrungen war, war das Entsetzen umso größer.

Während sich die Ermittler einige Stunden nach dem Verbrechen mit Pollys Vater als mutmaßlichem Täter befassten, geriet Davis etwa 40 Kilometer nördlich von Petaluma, bei Santa Rosa, in eine Polizeikontrolle. Die Beamten suchten nach einer Person, die einem Anruf zufolge unbefugt ein Grundstück betreten hatte. Dabei stießen sie auf Davis, der sich gerade abmühte, seinen weißen Ford Pinto aus einem Graben herauszufahren. Nichts ahnend vernahmen sie ihn, inspizierten sein Auto und ließen ihn dann laufen. Sie wussten nicht, dass die Polizei von Petaluma nach einem Mann fahndete, und konnten nicht ahnen, dass Davis das Mädchen – das zu diesem Zeitpunkt noch lebte – vorübergehend in der Nähe versteckt hielt. Davis fuhr zurück zu seinem Opfer, erwürgte es und ließ die Leiche in einer Senke neben einer Schnellstraße liegen.

Ein zweites Zusammentreffen zwischen Davis und der Polizei führte schließlich zur Aufklärung des Falles Klaas. Davis wurde wegen Trunkenheit am Steuer festgenommen, und die Polizei verglich seinen Handflächenabdruck mit demjenigen, den Pollys Entführer hinterlassen hatte.

Davis legte ein Geständnis ab und beschrieb die Stelle, an der er die Leiche abgelegt hatte. Vor Gericht versuchte die Verteidigung die Entführung und Ermordung des Kindes als Folge eines missglückten Einbruchsversuchs zu erklären und bestritt, dass er versucht habe, Polly sexuell zu missbrauchen. Die Staatsanwaltschaft indes präsentierte Zeugen aus der Nachbarschaft, die Davis nur wenige Tage vor der Entführung in dem Viertel gesehen hatten, in dem Polly wohnte. Daraus war zu schließen, dass er sie ausspioniert hatte, wie er es auch schon früher bei anderen weiblichen Opfern getan hatte. Das Gericht schenkte seinen Behauptungen keinen Glauben.

Natürlich können Eltern nicht wie Wachhunde am Bett ihrer schlafenden Kinder stehen. In dem geschilderten Fall hatte die Justiz versagt. Davis befand sich zur Tatzeit auf Bewährung, nachdem er eine Haftstrafe von 16 Jahren wegen einer früheren Entführung zur Hälfte abgesessen hatte. Sein Erwachsenenleben hatte er bis dahin größtenteils in Gefängnissen verbracht, weil sich in seinem Werdegang ein Verbrechen an das andere gereiht hatte und er wie viele Kriminelle zunehmend gewalttätiger wurde. Anstatt sich wieder in die Gesellschaft einzugliedern, beging er nach jeder Freilassung noch schwerere Verbrechen als zuvor. Auf Davis' Vorstrafenliste standen unter anderem tätlicher Angriff mit einer Waffe, Entführung und Raub. Um zu veranschaulichen, dass das Verbrechen in Petaluma nur ein Mosaikstein in Davis' gefährlichem Verhaltensmuster war, lud die Staatsanwaltschaft ehemalige Opfer vor, die immer noch unter den Folgen der Taten litten. Im Schlussplädoyer nannte Staatsanwalt Greg Jacobs die Vergewaltigung und den Mord an Polly »ein schweres Verbrechen gegen alle Menschlichkeit« – und diesen Worten pflichtete die Wählerschaft Kaliforniens offenbar bei. Pollys Fall gab in Kalifornien weitgehend den Ausschlag zur Einführung eines Gesetzes, das für Wiederholungstäter die Todesstrafe fordert – eine der schärfsten Bestimmungen in der gesamten amerikanischen Gesetzgebung.

Die Verteidigung führte nicht nur Davis' schwierige Kindheit ins Feld, sondern verwies auch auf die Alkoholprobleme und den Drogenmissbrauch des Täters. Zwar unterstütze ich gerne jeden Menschen, der sich aufrichtig darum bemüht, solche Probleme in den Griff zu bekommen und sein Leben in eine positive Richtung zu lenken, doch Davis hatte eine bewusste Wahl getroffen, als er seine Verbrechen beging. Zum Glück erklärte ihn das Gericht für das Verbrechen an Polly verantwortlich. Obwohl seine Verteidiger die Jury beschworen, nicht die Todesstrafe zu verhängen, weil Davis Reue zeige, bewies ihr Mandant das genaue Gegenteil, als er unverfroren bei der Verkündung des Schuldspruchs die anwesende Presse mit einer obszönen Geste bedachte. Für vorsätzlichen Mord an einem Kind in Tateinheit mit Entführung, Einbruchdiebstahl und versuchter Vergewaltigung verhängte das Gericht die Todesstrafe, zu vollstrecken mittels Giftspritze. [Anm. d. Verlags: Bis dato sitzt Davis in der Todeszelle.]

Bei der Entführung und dem Mord an der neunjährigen Amber Hagerman am 13. Januar 1996 in Arlington, Texas, war der Täter ein fast ebenso großes Risiko eingegangen. Vor den Augen von Passanten zerrte er das Mädchen vom Fahrrad. Wäre er dabei etwas geschickter und schneller gewesen, hätte er die Umstehenden sicherlich täuschen können, die auf die Schreie des Mädchens aufmerksam geworden waren. Er hätte bloß ihr Rad auf seinen Lieferwagen werfen und etwas sagen müssen in der Art: »Jetzt ist aber Schluss, meine Kleine, jetzt geht's ab nach Hause!« Ich will damit sagen, dass wir bei einer Auseinandersetzung zwischen einem Erwachsenen und einem Kind in der Öffentlichkeit nicht unbedingt davon ausgehen dürfen, dass dieser Erwachsene der Vater des Kindes ist, der hier gerade seinen Sohn oder seine Tochter zur Ordnung ruft, weil das Kind nicht gehorchen will oder sich schlecht benimmt.

Weshalb können sich manche Kinderschänder, die Kinder in der Umgebung sexuell nötigen, jedoch nie ein Kind entführen, geschweige denn töten, unauffällig in eine Gesellschaft einfügen, während andere, wie Davis, Kinder mit gezücktem Messer gewaltsam verschleppen? Ken Lanning und Dr. Ann Burgess von der University of Pennsylvania, die mit uns in den Siebziger- und Achtzigerjahren eine umfangreiche Studie über Serientäter erstellt haben, arbeiteten die Unterschiede heraus, die zwischen Kinderschändern bestehen, die als Teil ihres Verbrechens Kinder entführen, und jenen, die dies unterlassen. Aus den Analysen geht hervor, dass es sich bei den Tätern zumeist um gesellschaftliche Außenseiter handelt, die in der Regel das Kind vor der Entführung nicht gekannt haben. Das liegt zum Teil daran, dass sie im Unterschied zu anderen Sexualtätern weniger Kontakt zu Kindern haben. Daran hindert sie ihr gering entwickeltes Sozialverhalten, das ihnen auch erschwert, Beziehungen zu Frauen einzugehen, selbst wenn diese nur als äußeres Alibi dienen. Deshalb sind sie meistens auch unverheiratet. Da sie also nicht fähig sind, ein Kind mittels Lockmittel und Verführung in ihre Gewalt zu bringen, tragen sie oft Waffen bei sich, die eher dazu dienen, das Opfer einzuschüchtern und sich seiner zu bemächtigen, als ihm körperlichen Schaden zuzufügen. Wie bei anderen Kinderschändern gibt es bei Kindesentführern in aller Regel Anzeichen für eine problematische Kindheit.

Die Kindesentführung gliedert sich in vier Phasen: die Planung, die Entführung selbst, die Zeit nach der Entführung, die Befreiung/Freilassung des Opfers. In der Planungsphase gibt der Täter sich Fantasien hin, die er sexuell ausleben möchte, wenn auch zunächst nicht unbedingt an einem Kind. Dann konkretisiert er seine sexuellen Wunschträume, indem er mit Gleichgesinnten, die ihn vielleicht sogar ermutigen, darüber spricht oder sich pornografische Darstellungen besorgt, um sich in einen Erregungszustand zu versetzen. Eine plötzlich eintretende Situation der Anspannung könnte zum Auslöser werden, um die Fantasien in die Tat umzusetzen; falls sich keine Gelegenheit bietet, führt der Täter selbst eine herbei. Ist er bereit, braucht er nur noch das passende Opfer.

Um nicht gefasst zu werden, sucht sich der Entführer ein ihm völlig fremdes Kind, mit dem er nicht in Verbindung gebracht werden kann. Ken bezeichnet solche Täter als »kopfgesteuert«, weil sie sich an eine vorgeplante Vorgehensweise halten, Risiken abwägen, günstige Gelegenheiten zu ihrem Vorteil nutzen und sich nicht auf ein bestimmtes Opfer festlegen. Vorauszuplanen und bei der Wahl des Opfers achtsam vorzugehen erhöht für den Entführer die Chance, unerkannt zu bleiben – sofern ihm nicht aus Unbeherrschtheit und Nachlässigkeit Fehler unterlaufen.

Im Gegensatz dazu geht es dem »fantasiegesteuerten« Täter mehr um ein Ritual. Er hat bereits in der Planungsphase das Opfer genau vor Augen und ist auch dann nicht flexibel genug, seinen Plan abzuändern oder davon abzuweichen, wenn dies sein Risiko erhöht. Diese Zwanghaftigkeit genau festgelegter Vorstellungen erschwert es ihm oft, die Entführung zu Ende zu führen.

Wirklich kompliziert wird es für den Täter erst in der Phase nach der eigentlichen Entführung. Will er an dem Kind seine Fantasien ausleben, muss er es am Leben lassen und ausreichend lange verstecken. Ein sadistischer Kinderschänder beispielsweise wird das Kind in einem schallisolierten Raum festhalten, damit er es ungestört quälen und seine Gewalt und Dominanz bis zur Gänze auskosten kann. Der Kinderschänder, der sich sein Opfer nach genau festgelegten Kriterien aussucht, träumt vielleicht von einem Szenario wie im Märchen, das sich in der Realität nicht verwirklichen lässt und weitreichender Planungen bedarf. Dazu dient ihm häufig ein abgelegener Raum oder ein Käfig, in dem er sein Opfer festhalten kann.

Fühlt sich der Täter durch die Medien zu stark unter Druck geraten oder erkennt er, dass die Situation seinen Fantasien nicht genügt, muss er das Kind loswerden – tot oder lebendig. Entsprechend der Art der Entführung setzt er es einfach am Straßenrand ab oder sogar in der Nähe von dessen Zuhause. Oft taucht ein Kind, das nicht von einem Familienmitglied entführt worden war, lebendig wieder auf. Je länger das Opfer allerdings vermisst wird, desto geringer ist die Chance eines positiven Ausgangs. Mitunter begeht der Täter auch Selbstmord. Für manche Kinderschänder gehört die Ermordung des Opfers zum Ritual, andere hingegen töten, weil sie keinen anderen Ausweg mehr wissen. Richard Allen Davis behauptete, er hätte nicht beabsichtigt, Polly Klaas umzubringen. Aber nachdem er sie eine Weile im Auto umhergefahren hatte, schien es ihm, als bliebe ihm keine andere Wahl. Er wollte nicht mehr ins Gefängnis und glaubte, nur auf diese Weise die Situation in den Griff zu bekommen.

Bei der Profilerstellung eines Kindermörders spielt der Tatort, der sich vielfach mit dem Fundort der Leiche deckt, eine entscheidende Rolle. Auch eine möglichst rasche Entdeckung der Leiche sagt uns viel über den Gesuchten. Ein planvoll vorgehender Mörder verschleppt sein Opfer – ob tot oder lebendig – weit weg. Er entledigt sich der Leiche an einem Ort, an dem sie nicht so schnell gefunden werden kann und der so beschaffen ist, dass er mögliche Spuren zerstört, wie beispielsweise Wasser. Wenn er es auf Schockwirkung abgesehen hat, legt er die entsprechend zugerichtete Leiche an einem Ort ab, wo sie rasch gefunden wird, um die Öffentlichkeit zu entsetzen. Wie andere planvoll handelnde Gewalttäter sind Kinderschänder mit dieser Handschrift von durchschnittlicher oder überdurchschnittlicher Intelligenz und verfügen über soziale Fähigkeiten. Sie planen ihre Verbrechen, suchen sich unter Fremden ihr Opfer aus, ohne dabei Präferenzen zu setzen (die Auswahl des Opfers kann zufällig oder auch nach bestimmten Vorlieben erfolgen), und töten, um ein Geheimnis zu haben, wegen des Nervenkitzels, um sadistische Triebe auszuleben oder aus anderen Gründen. Planvoll handelnde Kindermörder können ebenso psychopathische Serientäter sein. Diese vergehen sich an ihren Opfern noch gewalttätiger, bevor sie sie töten. Planlos vorgehende Täter hingegen sind eher sexuell gestört und vergewaltigen daher das Kind oft erst dann, wenn es bewusstlos oder bereits tot ist. Da sie von geringerer Intelligenz sind, planen sie häufig die Entführung gar nicht im Voraus, sondern töten eher unabsichtlich – etwa weil sie dem Kind zu große Gewalt antun. Aufgrund ihres gesellschaftlichen Außenseitertums neigen sie dazu, sich ein Kind als Opfer zu wählen, das sie kennen. Manchmal haben sie nicht einmal die Möglichkeit, die Leiche wegzuschaffen, und lassen sie daher meist am Tatort oder an einer anderen Stelle liegen, wo man sie schnell finden kann, oder sie wird einfach irgendwo abgelegt oder notdürftig verscharrt.

Aber, so traurig das ist, auch manche Eltern bringen ihre Kinder um und täuschen dann eine Entführung vor, um den Verdacht von sich abzulenken. So geschehen im Fall von Susan Smith, der sich 1995 in South Carolina zutrug. Je jünger das ermordete Kind, desto wahrscheinlicher findet sich der Täter innerhalb der Familie. Meistens wurde dann das Kind nicht sexuell misshandelt. Ein typisches Szenario könnte folgendermaßen aussehen: Eine einsame, verzweifelte, alleinstehende Mutter sieht ihre einzige Chance auf ein bisschen Glück in einem bestimmten Mann, der zwar beteuert, sie zu lieben, aber nicht an ihrem Kind oder ihren Kindern interessiert ist. Oder, noch weiter zugespitzt, er sagt ihr vielleicht, er wolle sie heiraten und mit ihr eine Familie gründen.

Findet man die Leiche des Kindes, stehen die Chancen gut, den Täter zu erwischen. Eltern gehen für gewöhnlich bei der Beseitigung der Leiche ihres Kindes nicht so gleichgültig vor wie ein Mörder, der keine persönliche Bindung zu dem Opfer hat. Möglicherweise schlagen sie das tote Kind in Plastik ein und vergraben es an einer Stelle, die für sie eine Bedeutung hat. Falls sie ihre Tat bereuen, bringen sie die Ermittler vielleicht bewusst oder unbewusst sogar auf die richtige Spur, damit das Kind entdeckt wird und angemessen bestattet werden kann.

Wegen der sehr lockeren Familienverhältnisse heutzutage werden immer häufiger Erwachsene zu Tätern, die mit Kindern in einem Haushalt leben, ohne deren Eltern zu sein. So sorgte beispielsweise der heimtückische Mord an der zwölfjährigen Valerie Smelser in Clarke County, Virginia, landesweit für Aufsehen: Norman Hoverter, der Lebensgefährte ihrer Mutter, wurde des Mordes an dem Mädchen angeklagt. Außerdem hatte er Valerie und ihre drei Geschwister jahrelang missbraucht.

Als Valerie im Januar 1995 nach einer Rast am Straßenrand verschwunden war, meldeten Hoverter und Valeries Mutter Wanda Smelser das Kind als vermisst. Tags darauf fand man die nackte Leiche in einer Schlucht. Als sich herumsprach, wie ausgemergelt das Mädchen gewesen war, äußerten ehemalige Nachbarn und andere Bekannte ihren Verdacht auf Kindesmissbrauch. Die Familie war dem Jugendamt bereits bekannt. Doch durch den Umzug der Smelsers, durch Finanznot und Personalknappheit bei der Behörde und eine ständige Zunahme von Missbrauchsfällen glitten Valerie und ihre Geschwister irgendwie durch die Maschen der Behörden.

Vor dem Prozess legten die Staatsanwälte einen detaillierten Bericht über die Misshandlungen vor: Hoverter und Smelser hatten Valerie in den Keller gesperrt und manchmal nackt an die Tür gekettet. Sie musste in eine alte Kaffeekanne urinieren und ihre Notdurft auf dem Boden verrichten. Die Mahlzeiten durfte sie nicht mit der Familie einnehmen, sondern musste sich Essensreste erbetteln und nachts stehlen, um ihren Hunger zu stillen. Getötet wurde sie, nachdem sie versehentlich die

Kaffeekanne auf dem Küchenfußboden umgestoßen hatte. Hoverter prügelte auf sie ein, drückte ihr das Gesicht in die Urinlache und schmetterte ihren Kopf so gegen eine Wand, dass ein Loch im Mauerwerk zurückblieb. Obwohl sich der Verteidiger der Mutter ursprünglich darauf berufen wollte, dass Wanda Smelser selbst von Hoverter unter Druck gesetzt worden war – was dem typischen Wiederholungsverhalten geschlagener Frauen entsprach –, erhob sie gegen das Urteil wegen Freiheitsberaubung und Totschlag im Affekt keinen Einspruch. Sie gab zwar ihre Mitschuld an den Folterungen und dem Mord an ihrer Tochter nicht zu, erkannte aber an, dass die Beweislast gegen sie sprach. Auch Hoverter beugte sich dem Urteil – eine lebenslängliche Haftstrafe wegen Freiheitsberaubung und vorsätzlichen Mordes.

Die bis jetzt geschilderten Kindermorde und Sexualverbrechen wurden ausschließlich von Männern begangen, mit Ausnahme der Fälle, in denen beide Eltern zu Tätern wurden (und die keine typischen Missbrauchsfälle sind) oder in denen Frauen als Komplizinnen eines dominanten männlichen Partners agierten (wie Bernardo und Hoverter). Allerdings gibt es auch Kinderschänderinnen und Entführerinnen. Meiner Meinung nach wissen alle, die sich beruflich mit Kindesmissbrauch befassen, dass weit mehr Täterinnen ihr Unwesen treiben, als die Statistiken vermuten lassen. Während ein Mann, der mit einem jungen Mädchen schläft, von der Gesellschaft als »greiser Lustmolch« gebrandmarkt wird, betrachtet man Sex zwischen einem Knaben und einer erwachsenen Frau nach wie vor häufig als eine Art »Initiationsritus«.

In einigen bekannten Fällen wurden sogar Säuglinge und Kleinkinder in Tagesstätten missbraucht. Hier sind hauptsächlich Frauen für die Pflege der Kleinen zuständig. Sie umsorgen und baden sie, ziehen sie an und aus, untersuchen und berühren sie. Die Opfer können sich nicht äußern, und Außenstehenden bleibt vielleicht verborgen, dass die Pflegeperson sich nicht richtig verhält. Dagegen treten Frauen beim Missbrauch älterer Kinder für gewöhnlich nur als Komplizinnen in Erscheinung. Doch decken sich Vorgehensweise und Handschrift nur selten mit denen der bereits beschriebenen Pädophilen. Meist liegen der Tat andere psychische Bedürfnisse und Probleme zugrunde. Möglicherweise waren die

Täterinnen als Kinder und/oder in einer Partnerbeziehung selbst über Jahre hinweg sexuellem Missbrauch ausgeliefert. Frauen, die fremde Kinder entführen, sind anderen Zwängen ausgesetzt als Betreuerinnen im Tagesheim, die sich an Kleinkindern vergreifen. Nicht sexuelle Lust, sondern der sehnliche Wunsch, eine Leere in ihrem Leben mit einem Kind zu füllen, veranlasst sie zu einem ungewöhnlichen Verbrechen: der Entführung eines Säuglings.

Laut verschiedener Untersuchungen von privaten Organisationen in Zusammenarbeit mit dem FBI sind Säuglingsentführungen selten. Von den etwa 4,2 Millionen Neugeborenen pro Jahr in den USA werden schätzungsweise weniger als 20 entführt. Doch wegen der enormen Folgen, die eine Kindesentführung für Eltern, Schwestern und Krankenhausmitarbeiter hat, gilt ihnen unsere besondere Aufmerksamkeit. Wie bei anderen Vergehen an Kindern ist es auch hier schwierig, an zuverlässiges Datenmaterial heranzukommen, denn die Dunkelziffer ist hoch. So wissen wir beispielsweise nicht, wie viele vereitelte Entführungen es jährlich gibt. Insbesondere Krankenhäuser melden derartige Zwischenfälle aus Eigeninteresse nur ungern bei den Behörden. Das gilt landesweit für kleine wie große Kliniken, hauptsächlich jedoch für Hospitäler in Großstädten.

Jeder, der Kinder hat, kann sich kaum ausmalen, was es heißt, nach der unbeschreiblichen Freude über die langersehnte Geburt des Babys mit Schrecken und Entsetzen feststellen zu müssen, dass das Neugeborene verschwunden ist – fortgeschafft von der »Schwester«, die das Kleine für eine Untersuchung in die Säuglingsstation bringen musste, oder von der »Mitarbeiterin der Verwaltung«, die die üblichen Fotos anfertigen wollte. Es gibt Mütter, die – von der Geburt körperlich und seelisch erschöpft – der Entführerin ihr Neugeborenes regelrecht in die Arme gelegt haben. Manchmal schnappt sich eine Frau in Schwesterntracht einfach ein Baby aus der Säuglingsstation und spaziert damit aus dem Krankenhaus. Einige Täterinnen schmuggeln das Kind unter ihrem weiten Mantel oder in einer großen Schultertasche hinaus. Andere verstecken es nicht einmal.

Neugeborene werden überwiegend aus Kliniken entführt. Doch zuweilen geschieht das Verbrechen auch im Elternhaus, beispielsweise wenn sich eine Babysitterin auf eine Anzeige in der Tageszeitung vorstellt. Die

Frau wartet nur, bis die Mutter oder ein anderes Familienmitglied den Raum verlässt, und verschwindet einfach mit dem Baby.

Natürlich wirkt die Täterin nicht verdächtig. Andernfalls würde ja niemand sein Baby in ihre Obhut geben. Anhand früherer Untersuchungen und neuerer Studien haben wir ein recht exaktes Täterinnenprofil erstellen können: Säuglingsentführungen werden fast immer von Frauen verübt. Häufig sind diese übergewichtig und wirken verhaltensunauffällig. Viele arbeiten in verantwortungsvollen Positionen. Die meisten sind nicht vorbestraft. Altersmäßig gliedern sie sich in zwei Gruppen: 16 bis 21 beziehungsweise 32 bis 45 Jahre, was den Eckdaten der Gebärfähigkeit einer Frau entspricht. Mutterschaft ist für die Säuglingsentführerinnen offenbar von zentraler Bedeutung, da sie unter mangelndem Selbstvertrauen leiden und ihr Leben erst in einer Rolle als Ehefrau und Mutter bestätigt sehen. Viele von ihnen haben zwar bereits eigene ältere Kinder, doch kein Baby versorgen zu können gibt ihnen das Gefühl, versagt zu haben, sodass ihnen ihr Leben sinnlos vorkommt. Also hat ihr Verbrechen weitaus komplexere emotionale Ursachen, als das sonst der Fall ist. Die gängigen Motive (zum Beispiel beim erpresserischen Menschenraub), sexuelle Gründe oder Machtgelüste spielen hier keine Rolle.

Auch die auslösenden Faktoren decken sich nicht mit den herkömmlichen Mustern. Im Unterschied zu dem gesellschaftlich gescheiterten Mann, der ein Kind ermordet, nachdem er seinen Job verloren hat oder von seiner Freundin verlassen worden ist, hat die Tat einer Entführerin eher etwas mit ihrer Fantasie über eine Rolle als Mutter zu tun. Auslöser kann der Verlust eines Kindes durch eine Fehlgeburt, Totgeburt oder sogar eine Abtreibung sein; die bevorstehende Menopause, eine kürzliche Totaloperation oder eine vor dem Scheitern stehende Partnerschaft, die die Frau durch die Existenz eines Babys retten möchte.

Interessanterweise gehen die Täterinnen überlegt zu Werke, belügen aber sich selbst. Sie planen die Entführung gründlich. Monatelang spielen sie ihrem Lebensgefährten oder Ehemann, der Familie und den Arbeitskollegen eine Schwangerschaft vor, in die sie sich so sehr hineinsteigern, dass sich sogar ihr Körperumfang verändert. Sie gehen zu den regulären »Kontrolluntersuchungen«, zu denen sie sich von ihrem Partner hinfahren lassen, treffen Vorbereitungen für den Mutterschaftsurlaub, kümmern sich um die Babyausstattung und sprechen über die bevorstehende Geburt. Berichten zufolge stehlen die Frauen zuweilen sogar aus der Arztpraxis die Urinprobe einer Schwangeren oder entwenden die Ultraschallaufnahme einer anderen Patientin, um sie ihrem Partner zu zeigen. Ihr Verhalten kann so überzeugend sein, dass ihre Freundinnen sie mit Geschenken für das Baby überhäufen. Ihr oftmals erheblich älterer oder jüngerer und im Allgemeinen ein wenig naiver Partner lässt sich möglicherweise von der Aufregung der Vorbereitungen anstecken. Eine Frau, die ein Kind aus einer Klinik entführen will, kundschaftet häufig die Säuglings- und Wöchnerinnenstationen verschiedener Krankenhäuser aus, um sich mit den Gegebenheiten vertraut zu machen und die Risiken abzuschätzen. Außerdem möchte sie herausfinden, mit wie viel Neugeborenen an einem bestimmten Tag zu rechnen ist. Plant sie, das Baby aus seinem Zuhause zu entführen, studiert sie die Geburtsanzeigen und Babysittergesuche in den Zeitungen. Ihr Lügengebäude ist so perfekt konstruiert, dass sie oft selbst fest daran glauben, in anderen Umständen zu sein. Einige entwickeln sogar Symptome einer Scheinschwangerschaft. Sogar die Tatsache, dass nahezu alle Entführungen dieser Art aufgeklärt werden, schreckt sie nicht ab. Vielfach wird die Frau sogar von ihren nächsten Angehörigen und Freunden verraten, wenn sich ihr Baby als das entführte Neugeborene entpuppt, über das in den Medien berichtet wird.

Die Entführung selbst erfolgt genau nach Plan – ob sie sich nun über neun Monate erstreckt oder nur wenige Stunden gedauert hat. Bei einer Entführung aus dem Krankenhaus besorgt sich die Frau bereits davor Schwesternkleidung. Sie kennt sich im Gebäude aus und kann auch die anderen Schwestern davon überzeugen, dass sie zur Belegschaft des Krankenhauses gehört. Ihre Taktik ist meist bis ins Kleinste durchdacht. Sie kennt die Namen der Mütter und deren Babys und kann als Familienmitglied auftreten, das Mutter und Kind besuchen möchte. Die Entführung aus dem häuslichen Umfeld birgt hingegen geringere Risiken, da weniger Hürden zu überwinden sind als im Krankenhaus und nicht so viele Leute das Kind schützen können. Die Wahl des Kindes ist für die Entführerin nicht so wichtig, mehr Gedanken macht sie sich über den Ablauf und den

Ort der Entführung selbst. Da sie allein von dem Wunsch nach einem Kind getrieben wird, ist das Geschlecht des Babys nebensächlich, doch viele Täterinnen suchen sich ein Kind, das die gleiche Hautfarbe hat wie sie oder der angebliche Vater.

Wenn die Entführerin Gewalt anwendet – was selten vorkommt –, dann im häuslichen Umfeld oder vor dem Krankenhaus, indem sie die Herausgabe des Kindes auf dem Parkplatz des Krankenhauses mit vorgehaltener Waffe erzwingt oder ein Elternteil in der Wohnung mit der Pistole bedroht. Je schwieriger eine Frau an ein Kind herankommt – möglicherweise hat sie bereits mehrere erfolglose Entführungsversuche hinter sich –, desto größer ist die Bereitschaft, Gewalt anzuwenden und aus Verzweiflung höhere Risiken einzugehen.

Manchmal wird sogar ein Elternteil oder ein Babysitter ermordet, wenn er sich der Verwirrten in den Weg stellt.

Die 30-jährige Joan Witt wurde getötet, als sie ihre vier Tage alte Tochter Heather einer Kidnapperin zu entreißen versuchte. Bei der Entführung, die im November 1987 in Jacksonville, Florida, stattfand, schoss die 19-jährige Wendy Leigh Zabel mehrmals auf Mrs Witt und verletzte die Großmutter des kleinen Mädchens mit einem Messer. Zabel wünschte sich nichts sehnlicher als ein Baby und hatte sich bereits jahrelang bemüht, eines zu bekommen.

Während der Vorbereitung der Entführung hatte sie die Säuglingsstation des Krankenhauses besucht, in dem Heather geboren wurde. Aber da ihr der Ort für ihr Vorhaben zu riskant erschien, suchte sie sich die Adresse der Witts heraus, klingelte an der Haustür und bat darum, ihren Mann anrufen zu dürfen, da bei ihr angeblich die Wehen eingesetzt hatten. Joan Witt und die 56-jährige Großmutter waren mit dem Baby allein zu Hause. Besorgt rieten sie Zabel, das nahe gelegene Baptist Medical Center aufzusuchen, in dem Heather vor wenigen Tagen geboren worden war. Als Wendy Zabel von der Toilette zurückkam, bedrohte sie die beiden Frauen mit einem Messer und einer Pistole und zwang sie, das Baby herauszugeben.

Was anschließend geschah, überraschte selbst die Täterin. Sie wusste zwar, dass jede Mutter an ihrem Kind hängt, hatte aber nicht damit gerechnet, Gewalt anwenden zu müssen. Sie näherte sich dem Bettchen, doch die beiden Frauen versperrten ihr den Weg. Als Joan das Kind packte, ins Freie rannte und um Hilfe schrie, stach Zabel die Großmutter nieder und schoss auf sie. Anschließend richtete sie die Waffe auf Joan. Ein Schuss traf sie ins Bein und zwei Schüsse in den Bauch. Danach floh Zabel mit dem Baby.

Zabels Verhalten weist die Merkmale anderer Kindesentführungen auf: Das Verbrechen wurde am helllichten Tag verübt. Die Täterin verschaffte sich mit Überredungskunst Zugang ins Haus, anstatt einzubrechen. Der Tatort wurde überstürzt verlassen. Monatelang hatten sich die Täterin und ihr Partner auf die Geburt des Kindes vorbereitet und Babyausstattung gekauft. Er hatte seinen Kollegen erzählt, dass Zabel in anderen Umständen war. Erwiesenermaßen zweifelte niemand im Bekanntenkreis des Paares an der Schwangerschaft, obwohl Zabel zum Zeitpunkt der »Niederkunft« bereits elf Monate »schwanger« war. Zunächst verdächtigte man Zabels Freund der Tat. Doch wurde er aufgrund eines einwandfreien Alibis entlastet. Außerdem war ihm nicht nachzuweisen, dass er gewusst habe, das Baby sei nicht ihr gemeinsames Kind gewesen. Er unterzog sich einem Lügendetektortest, der die Wahrheit seiner Aussage bestätigte.

Im Unterschied zu den vielen Kindesentführungen, die mithilfe von Hinweisen aus der Nachbarschaft aufgedeckt werden, verriet Zabel sich durch die Waffe, die sie unweit des Hauses in den Straßengraben geworfen hatte.

Diese Frau war nie zuvor mit dem Gesetz in Konflikt geraten. Ihr Vater war ein pensionierter Beamter der Autobahnpolizei in Wisconsin, ihrem Heimatstaat. Ungefähr vier Jahre nach der Entführung berichtete Zabel in einem Interview über ihr geringes Selbstbewusstsein, unter dem sie zeitlebens gelitten hatte. Sie fand sich zu groß, zu dick und unattraktiv. Nachdem sie nachweislich einmal eine Scheinschwangerschaft gehabt hatte, sahen Familie und Freunde keinen Anlass, die erneute Schwangerschaft anzuzweifeln.

Wendy Zabel wurde zu dreimal lebenslänglich verurteilt. Nach einer Abmachung mit der Staatsanwaltschaft erklärte sie sich der bewaffneten

Entführung, des vorsätzlichen Mordes und des versuchten vorsätzlichen Mordes für schuldig und verzichtete auf Berufung, um der Todesstrafe zu entgehen.

Beim Wiederauffinden des Kindes kommt den Medien oftmals eine Schlüsselrolle zu. Doch die Art und Weise, wie Presse und Fernsehen den Fall darstellen, kann für die Betreuung des Kindes durch die Entführerin entscheidend sein. Der Vorfall darf nicht den Eindruck einer Entführung erwecken, die Entführerin nicht als Unmensch hingestellt werden. Schließlich will man verhindern, dass sie in Panik gerät, flieht und/oder dem Baby Gewalt antut. Nicht die Bestrafung der Täterin soll hervorgehoben werden, sondern die Hoffnung auf die sichere Rückkehr des Kindes. Die Freunde der Entführerin, ihre Familie, die Nachbarn und Arbeitskollegen sollen sich angesprochen fühlen. Die Täterinnen sollen Mitleid mit der Familie des kleinen entführten Wesens bekommen und daraufhin das Neugeborene möglicherweise etwas erbarmungsvoller betrachten.

Ein Fall, den wir aufklären konnten, nachdem die Polizei einen anonymen telefonischen Hinweis erhalten hatte, war für unsere Einheit zum Teil deshalb so aufschlussreich, weil es sich um das Lehrbuchbeispiel einer Kindesentführung handelte. Am Vormittag des 20. Juni 1988, ungefähr um 9 Uhr 30, trat im High Point Regional Hospital in High Point, North Carolina, eine Frau in Schwesternkleidung ans Bett von Renee McClure, einer jungen Mutter. Die »Schwester« wollte den kleinen Jason Ray mitnehmen, weil er »gewogen werden« sollte. Als wenig später die echte Schwester ins Zimmer kam, ahnte sie, was geschehen war. Die örtliche Polizei wurde auf der Stelle benachrichtigt, das FBI noch am selben Nachmittag eingeschaltet.

Tags darauf ging der anonyme Anruf ein. Gleichzeitig erschien ein Zeuge, der die Mitteilung des Anrufers bestätigte. Aufgrund dieser Hinweise konnten Brenda Joyce Nobles wegen Entführung und ihre Tochter Sharon Leigh Slaydon wegen Komplizenschaft von der Polizei und FBI-Agenten verhaftet werden. Die Tochter hatte zwar vermutet, dass das Baby nicht von ihrer Mutter war, sie aber gleichwohl nicht angezeigt. Jason fand man in einem Schrank in einem der hinteren Schlafzimmer. Um sein Aussehen zu verändern, war ihm das Haar abgeschnitten worden, aber er war wohlauf.

Die Vernehmung der beiden Frauen ergab, dass Nobles' Lebensgefährte – ein Mann im Alter von ungefähr 70 Jahren –, sie nur dann heiraten wollte, wenn sie ihm einen Sohn gebären würde. Da Brenda Nobles Gebärmutter jedoch bereits vor Jahren entfernt worden war, was sie ihrem Freund verschwiegen hatte, musste sie sich etwas einfallen lassen. Im Dezember 1987 erzählte sie ihm und anderen Familienangehörigen, sie sei schwanger, und begann, Unmengen zu essen. Ihre zunehmende Körperfülle sollte überzeugend wirken. Als Ms Slaydon im Mai 1988 im High Point Hospital entband, nutzte Brenda die Gelegenheit und machte sich mit der Wöchnerinnenstation vertraut. Am 19. Juni 1988 besuchte sie dort eine andere Verwandte und warf erneut einen Blick in die Säuglingsabteilung. Als sie Jason McClure sah, entschloss sie sich, ihren Plan auszuführen.

Ihrem Partner zufolge hatte sie sich am Morgen des 20. Juni nicht wohl gefühlt und vermutet, die Wehen würden noch am selben Tag einsetzen. Als er von der Arbeit nach Hause kam, lag Brenda Nobles im Bett und neben ihr »sein Sohn«. Angeblich hatte sie noch am Vormittag in einer ambulanten Klinik entbunden. Voller Stolz lud er Freunde und Verwandte ein, um den Stammhalter zu feiern. Nicht einen Augenblick lang hatte er ihre Geschichte oder die wahre Identität des Jungen angezweifelt. Allerdings gab es eine andere Person, der die Sache nicht geheuer war und die die Polizei benachrichtigte. Nobles wurde wegen Entführung zu zwölf Jahren Gefängnis verurteilt.

Die beiden Fälle Zabel und Nobles zeigen, dass diese Täterinnen keine Berufsverbrecherinnen sind. Sie hinterlassen Spuren, denen die Ermittler nachgehen können. Auch wenn sie Schwesterntracht tragen, achten sie nicht darauf, dass niemand vor und während der Tat ihr Gesicht sieht. Damit liefern sie der Polizei eine Beschreibung ihrer Person, die sofort überall in Umlauf gebracht werden kann. Oft entledigen sie sich noch am Tatort eines Teils ihrer Verkleidung, hinterlassen Fingerabdrücke und andere Indizien, die Aufschluss über ihre Identität geben.

Außerdem verüben sie das Verbrechen bevorzugt in der Nähe der eigenen Wohnung. Häufig gibt die Durchsicht von Krankenhausunterlagen mit Fehl- oder Totgeburten aus jüngster Zeit Aufschluss. Vielleicht hat sich die Entführerin um eine Stelle beworben oder sogar früher einmal in dieser Klinik gearbeitet. Wird das Baby aus seinem Zuhause entführt, hat jemand möglicherweise das Fluchtauto gesehen. Die nützlichsten Hinweise kommen von Personen, die der Entführerin nahestehen. Zuweilen schöpft jemand Verdacht, weil das Neugeborene aussieht wie ein drei Monate altes Baby, da der Unterschied jedem, der sich jemals ein Baby näher angesehen hat, sofort ins Auge fällt. Glücklich präsentiert die Entführerin den Freunden »ihr« Baby, doch die Geburt selbst kann sie nur vage beschreiben. Sie hat niemanden informiert, als die Wehen einsetzten, und nicht einmal dem angeblichen Vater rechtzeitig Bescheid gegeben, damit er sie im Krankenhaus besucht. Außerdem existiert keine Geburtsurkunde. Werden diese Merkwürdigkeiten zusammen mit einer exakten Beschreibung des Babys und der Entführerin rasch und breit gestreut an die Öffentlichkeit gebracht, kann das Kind oftmals relativ schnell den Eltern wieder zurückgebracht werden.

Kleinkindentführungen werden hauptsächlich von Frauen verübt, doch gibt es auch Ausnahmen. Im Sommer 1991 erhielt die Polizei in Aurora, Colorado, einen Anruf von Charles Neil Ikerd und seiner Schwiegermutter Maize D. Hester. Charles' 18-jährige Frau Terra Ann und die drei Monate alte Tochter Heather Louise waren verschwunden. Da Terra unter Wochenbettdepressionen litt, vermuteten Charles und auch Terras Therapeutin, sie hätte sich einfach nur einen Tapetenwechsel gegönnt. Doch ihr Verschwinden ließ ihm und Maize, bei der die junge Familie wohnte, keine Ruhe, und sie gaben vorsichtshalber eine Vermisstenmeldung auf.

Drei Wochen später wurde Terra von einem Straßenarbeiter in einem Feld knapp 50 Kilometer vor der Stadt ermordet aufgefunden. Ihre Leiche wies zwei Einschüsse in der Brust und einen im Kopf auf. Kein Anzeichen sexuellen Missbrauchs, keine Spur von Heather. Die Körperposition der Leiche und das Fehlen von Patronenhülsen deuteten darauf hin, dass der Fundort nicht mit dem Tatort identisch war. Aus dem Verwesungszustand der Leiche und dem Bewuchs des Erdreichs ringsum schlossen Experten der University of Colorado, dass Terra schätzungsweise zwei Tage nach ihrem Verschwinden getötet worden war.

Wie bereits an anderer Stelle betont, kann die Analyse der Lebensumstände des Opfers entscheidend zur Lösung eines Falles dieser Art beitragen. Daher setzten wir Ermittler ein, die herausfanden, dass Terra am Tag ihres Verschwindens mit Heather den Sportclub besucht hatte, in dem sie erst drei Tage zuvor einen Job angenommen hatte. Sie bekam an jenem Tag ihren Gehaltsscheck und brachte ihn zur Bank. Anschließend kehrte sie nach Hause zurück, zog sich um und ging erneut mit Heather weg. Das Telefongespräch, das sie mit ihrer Mutter zwischendurch führte, klang keineswegs besorgniserregend. Am Nachmittag beobachtete jemand aus der Nachbarschaft, wie sie mit dem Kind in das Auto eines weißen Mannes stieg. Danach hatte sie niemand mehr gesehen.

Als Erster geriet ihr Ehemann Charles unter Tatverdacht. Die Ehe des Paares war nicht sehr harmonisch gewesen, und er wirkte über das Verschwinden seiner Frau und seiner Tochter längst nicht so bestürzt, wie man allgemein erwartet hätte. Doch sein Alibi war wasserdicht: Er arbeitete in einem Schnellimbiss und hatte zur Tatzeit alle Hände voll zu tun gehabt. Auch verfügte er weder über genügend Geld noch über ausreichende planerische Fähigkeiten, um einen professionellen Killer zu engagieren. Bei eingehender Prüfung des Lebenswandels der Ermordeten stieß die Polizei immerhin auf drei Männer, mit denen sie befreundet gewesen war. Einer von ihnen besaß sogar ein Fahrzeug, das mit der Beschreibung des Autos übereinstimmte, in das Terra am Nachmittag ihres Verschwindens eingestiegen war. Der zweite, ein alkohol- und drogenabhängiger Mann, geriet unter Tatverdacht, weil er gedroht hatte, sie umzubringen, wenn sie einen anderen heiratete. Der Dritte im Bunde war Militärpolizist bei der Air Force in Colorado Springs. Er verfügte über eine Dienstwaffe mit dazugehöriger Munition. Möglicherweise handelte es sich dabei um die Tatwaffe. Sein Alibi – er hatte an einer Beisetzung in einem anderen Bundesstaat teilgenommen – ließ ihm noch ausreichend Zeit, die junge Frau auf der Rückreise umzubringen.

Die Beamten verfolgten eine Vielzahl von Spuren, ohne zu einem zuverlässigen Ergebnis zu gelangen oder etwas über den Verbleib des Babys herauszufinden. Am 8. August schalteten sich die Behörden von Topeka, Kansas, ein. Auf ihrer Crime Stoppers Hotline – einem Bürgertelefon für sachdienliche Hinweise – wurde ein versuchter Babyhandel in Kentucky gemeldet. Auf das Kind passte die Beschreibung der kleinen Heather Ikerd. Anhand der Unterlagen der Polizei von Kansas identifizierten die Behörden von Colorado den Mann als Ralph Blaine Takemire, einem Motorradfan um die 45 mit Wohnsitz in Kansas. Als man die Familie Ikerd nach dem Mann befragte, stellte sich heraus, dass es sich bei »Onkel Ralph«, wie Terras Schwiegervater ihn nannte, um einen langjährigen Freund der Familie handelte, der über den 4. Juli bei ihnen zu Gast gewesen war und viel Zeit mit Terra und der Kleinen verbracht hatte. Beiden hatte er je ein Harley-Davidson-T-Shirt geschenkt. Die Familie hielt es für reinen Zufall, dass sich sein Besuch und das Verschwinden von Terra und Heather zeitlich deckten. Onkel Ralph war ein alter Freund, der ihrer Ansicht nach nie und nimmer eine Entführung und einen Mord begehen konnte.

Da die Ermittlungsbehörden ganz anderer Meinung waren, begann die Spezialeinheit des FBI-Büros in Kansas City noch am selben Abend mit der Überwachung von »Onkel« Ralphs Haus. Ihr Verdacht bestätigte sich: Takemire hielt ein Baby versteckt. Als Takemire am folgenden Morgen das Haus verließ, stellten sie ihn zur Rede und retteten Heather. Sie lebte und war wohlauf. Takemire gestand sowohl den Mord an Terra als auch Heathers Entführung und wurde per Bundesgesetz in Haft genommen. Bei der Durchsuchung des Hauses und Überprüfung seines Autos fanden sich leere Patronenhülsen aus der Mordwaffe, Blutspuren und Terras blutverschmierte Handtasche. Die Pistole hatte er in einem nahe gelegenen Pfandleihgeschäft versetzt.

Bei dem Verhör durch FBI-Agenten zeigte sich, dass sich Takemires Tatmotiv mit dem vieler weiblicher Kidnapper deckte. Offensichtlich konnte er mit seiner Frau kein Kind zeugen, sehnte sich aber, besonders wenn sie sich gestritten hatten, nach einem Baby. Er hatte ihr sogar versprochen, illegal eines zu adoptieren. Als er sich während seines kurzen Besuchs bei Terras Familie einredete, dass Terra nicht in der Lage war, ein Kind großzuziehen, war seine Entscheidung gefallen.

Im Sommer 1987 wurden wir bei einem weiteren Fall um Hilfe gebeten, der sowohl wegen der Gewalttätigkeit als auch des planlosen

Vorgehens der Täterin ungewöhnlich war. Die hochschwangere Cindy Lynn Ray ging am 23. Juli zu einer Routineuntersuchung in die Klinik des Kirtland Air Force Base Hospital in einem Vorort von Albuquerque, New Mexico. Nach dem Besuch, auf dem Parkplatz, stellte sich ihr eine Frau namens Darci Kayleen Pierce in den Weg und zwang sie mit vorgehaltener Spielzeugpistole, in ihren VW Käfer, Baujahr 1964, einzusteigen. Zehn Monate zuvor hatte Pierce ihrem Mann, ihren Freunden und Familienangehörigen erzählt, sie sei nun endlich schwanger. Darci Pierce fuhr mit ihrem Opfer in ein abgelegenes Waldstück in den Manzano Mountains östlich von Albuquerque. Dort strangulierte sie Ray mit einem Stethoskop, das die werdende Mutter in ihrer Handtasche bei sich trug. Sie zerrte die Schwangere hinter einen Baum und nahm mit den Autoschlüsseln einen Kaiserschnitt vor. Nachdem sie die Nabelschnur des Neugeborenen durchgebissen hatte, ließ sie das Opfer liegen und fuhr mit dem Baby zurück nach Albuquerque. Dort erzählte sie den Leuten, das Baby sei auf dem Highway von Santa Fe zur Welt gekommen.

Ein Krankenwagen brachte Darci Pierce ins Medical Center der University of New Mexico. Doch sie lehnte es ab, sich von einem Arzt untersuchen zu lassen. Als sich herausstellte, dass das Baby nicht auf normalem Weg geboren worden war, wurde Pierce zur Rede gestellt. Sie behauptete, eine Leihmutter hätte ihr das Kind übergeben, die es mithilfe einer Hebamme in Santa Fe zur Welt gebracht hatte. Zum gleichen Zeitpunkt meldete eine Hebamme des Air Force Base Hospital eine hochschwangere Militärangehörige als vermisst. Nach dem Verhör durch die Polizei führte Darci Pierce die Ermittler schließlich zu Cindy Ray, für die allerdings jede Hilfe zu spät kam. Sie war bereits an Blutverlust und Unterkühlung gestorben.

Als Ray Pierce vom Geständnis seiner Frau erfuhr, war er entsetzt über dieses hinterhältige Verbrechen und darüber, dass sie ihn die ganze Zeit über belogen hatte. Den Sonderermittlern der Polizei von Albuquerque und der Air Force erklärte er bei der Vernehmung, er hätte elf Monate lang geglaubt, seine Frau sei tatsächlich schwanger. Darci Pierce wurde in Kirtland in Untersuchungshaft genommen und später zu lebenslänglicher Freiheitsstrafe verurteilt.

Im Fall Pierce unterrichteten glücklicherweise misstrauische Krankenhausangestellte unverzüglich die Strafverfolgungsbehörden, obgleich ihnen keinerlei Beweise für ein Verbrechen vorlagen. Auch stellten die örtliche Polizei und die Militärermittler umgehend eine effiziente Arbeitsgruppe zusammen und konnten den Fall auf diese Weise schnell lösen. Diese Art von Zusammenarbeit treffen wir bei anderen Verbrechen nicht so häufig an. Doch da im Fall einer Kindesentführung eine rasch an die Öffentlichkeit gebrachte Vermisstenmeldung der Aufklärung dienlich ist, kooperieren die Behörden intensiv mit der Öffentlichkeit und richten Telefonleitungen für sachdienliche Hinweise ein, damit die Menschen in der Nachbarschaft sofort alles melden können, was ihnen verdächtig vorkommt. In der Tat ist die Verbrechensrate auf diesem Gebiet in den vergangenen fünf Jahren erheblich zurückgegangen. Das verdanken wir zum großen Teil Leuten wie John Rabun, dem Vizepräsidenten und Leiter des NCMEC und Autor und Herausgeber eines Ratgebers zur Verhinderung von Kindesentführungen in Krankenhäusern. Mittlerweile schulen Krankenanstalten ihre Mitarbeiter gezielt, wenden wirkungsvollere Sicherheitsmaßnahmen an und richten Notrufdienste ein.

Auch wenn die beschriebenen Fälle ein glückliches Ende genommen haben und jedes Kind wohlbehalten und gesund zurückgekehrt ist, haben Eltern beziehungsweise die Mitarbeiter eines Krankenhauses unter schweren Folgen zu leiden. Nicht selten wird Anklage erhoben, doch den Schwestern machen posttraumatische Störungen mehr zu schaffen als die Angst vor Vorhaltungen am Arbeitsplatz. Selbst ausgezeichnete Schwestern mit langjähriger Berufserfahrung lassen sich nach einer Entführung möglicherweise versetzen oder quittieren den Dienst ganz, weil sie unter Schuldgefühlen und ihrer eigenen Hilflosigkeit leiden. Auch die Eltern durchleben von dem Augenblick, in dem sie begreifen, dass ihr Kind verschwunden ist, über die Phase des Wartens bis zur Rückkehr des Kindes große Ängste und kommen später schwer zur Ruhe. Eltern und Kind müssen sich wieder aneinander gewöhnen. Lange lastet die Befürchtung auf ihnen, es könnte erneut etwas geschehen. Sie entwickeln Anzeichen einer posttraumatischen Störung oder verhätscheln ihr Kind. Und selbst wenn dem Kind nach der Entführung liebevolle Zuwendung entgegengebracht wird, sind Angstzustände, Albträume und sogenannte Flashbacks nicht auszuschließen. Und schließlich müssen die Opfer bei der Gerichtsverhandlung oder einer eventuellen Schadensersatzklage das Grauen noch einmal von Neuem durchleben.

Wie bei allen Verbrechen rate ich auch hier jedem, die Vorgehensweise zu studieren und sich in die Psyche des Täters zu versetzen. Doch es gibt eine Situation, in der wir völlig hilflos sind: Wenn das Baby oder das Kind nicht gefunden wird, verzweifelt nicht nur die Familie des Opfers, sondern auch alle, die an den Ermittlungen beteiligt sind. Es gibt keine Leiche, keinen Tatort, den man untersuchen kann, man steckt fest und folgt nur vagen Vermutungen. Ist das Opfer ein Kleinkind, handelt es sich bei dem unbekannten Täter statistisch gesehen kaum um ein Familienmitglied. Wahrscheinlich ist er männlichen Geschlechts mit sexueller Motivation. Vielleicht gibt uns die Vorgehensweise einen Hinweis darauf, wie versiert der Täter ist. In erster Linie wird man sich im Umkreis von einigen 100 Kilometern jeden bekannten oder mutmaßlichen Sexualtäter ansehen und anschließend die Suche auf bekannte oder mutmaßliche Entführer von Kindern und Erwachsenen ausdehnen, was nicht unbedingt zum Erfolg führen muss. Das Ganze wird zudem dadurch erschwert, dass der eine oder andere Verdächtige aus lauter Dummheit Verbrechen gesteht, die er nie begangen hat, allein um Aufmerksamkeit zu erregen und für kurze Zeit im Mittelpunkt zu stehen. Solange man nicht nachweisen kann, ob diese Kerle das Blaue vom Himmel herunterlügen oder nicht, muss man sich die Zeit nehmen und jeder Fährte folgen, auch wenn sie noch so irreführend scheint. Man muss alles daransetzen, das Kind lebendig wiederzubekommen.

Selbst Jahre später, wenn es in den meisten Fällen anzuraten ist, sich mit dem Tod des Kindes abzufinden, hoffen die Eltern auf den Anruf ihres Kindes oder einer Person, die es durch eine Suchaktion des NCMEC wiedererkannt hat. Außerdem entwickeln Experten des NCMEC Computersoftware, mit deren Hilfe die Bilder des Kindes seinem Alter entsprechend verändert werden können, in der Hoffnung, dass sich jemand an das Gesicht erinnert. Zwischenzeitlich versuchen die Ermittler über ähnliche, kürzer zurückliegende Verbrechen in der Region Hinweise zu erhalten.

In unserer Welt drohen unseren Kindern Gefahren, angefangen von unvorhersehbaren Unfällen bis zu gewalttätigen Übergriffen durch Erwachsene. Es tröstet zu wissen, dass Sie Ihr Kind davor schützen können. Wie man beim Einsteigen ins Auto den Sicherheitsgurt anlegt, so kann man zum Schutz der Kinder Vorkehrungen treffen, ohne ihnen übertriebene Angst einzujagen. Im nächsten Kapitel werde ich auf die verschiedenen Vorsichtsmaßnahmen eingehen und erklären, wie Sie dazu beitragen können, dass zu den ohnehin viel zu vielen Kindergesichtern an der Wand des NCMEC kein weiteres hinzukommt.

KAPITEL SECHS

VERTEIDIGUNG

Wie wir gesehen haben, können Kinder einer erschreckenden Vielzahl gefährlicher menschlicher Raubtiere zur Beute fallen. Der Vergleich zwischen Raubtier und Beute ist in diesem Fall angemessen, da Kinder wie schutzlose Jungtiere der Wildnis in vielerlei Hinsicht ideale Opfer sind.

Dannelle Lietz und Christine Jessop wurden zu Opfern, weil sie wie andere ermordete Kinder keinen Einfluss auf ihr Lebensumfeld hatten. Kinder können sich ihre Familie nicht aussuchen, ebenso wenig ihre Babysitter, ihre Nachbarn, die Freunde ihrer Eltern oder ihre Schule. Sie können nicht einfach ihre Sachen packen und fortgehen, wenn ein Familienangehöriger sie körperlich misshandelt oder sexuell missbraucht, sie in einem gefährlichen Viertel wohnen oder eine Schule besuchen, in der Drogen und Waffen ein Problem sind, oder wo sie täglich auf dem Pausenhof verprügelt werden. Falls sie doch weglaufen, setzen sie sich einer unbekannten, feindseligen Umgebung aus, die wieder andere Gefahren birgt.

Doch die Mehrzahl gefährdeter Kinder sitzt in der Falle. Kinder, die missbraucht oder vernachlässigt werden, fühlen und erkennen oft gar nicht, wie unnormal ihr Leben verglichen mit dem anderer Kinder verläuft. Ich hatte beispielsweise mit einem brutalen Vergewaltiger zu tun, einem Wiederholungstäter, der als Teenager seinen Vater nahezu Abend für Abend in Bars begleiten musste. Dort suchte sich der Vater eine Prostituierte, schlug sie und stieß sie herum. Dann zogen sich beide zurück, und er hatte in Hörweite des Sohnes Sex mit ihr. Damit will ich keinesfalls die Entwicklung des Jungen entschuldigen – schließlich sind wir alle für unser Handeln selbst verantwortlich, außer wir sind buchstäblich von

Sinnen. Aber ich behaupte, es ist weitaus schwieriger, seinen Mitmenschen – ob männlich oder weiblich – mit Achtung zu begegnen, wenn es sich in der beschriebenen Art eingeprägt hat, wie Frauen offenbar zu behandeln sind.

Doch selbst für Kinder im behütetsten und intaktesten familiären Umfeld kann ihr Naturell gefährdend wirken, denn bestimmte Wesensmerkmale, die allen Kindern zu eigen sind, machen sie zu idealen Opfern. Sie sind von Natur aus neugierig, lassen sich von Erwachsenen leicht beherrschen und beeinflussen, bedürfen der Zuneigung und Aufmerksamkeit und müssen sich den Eltern auf unterschiedlichen Stufen ihrer Entwicklung auf unterschiedliche Weise widersetzen.

Eltern können ein Lied von der angeborenen Neugier ihrer Sprösslinge singen. Wie oft habe ich meine Kinder verflucht und bewundert zugleich, wie sie sich immer wieder in prekäre Situationen manövrierten. Manchmal sind sie dabei zu Schaden gekommen, oft haben Pam oder ich noch im letzten Augenblick ein Unglück abwenden können. Als meine beiden Töchter und mein Sohn größer wurden, haben mich einerseits ihre Intelligenz und ihr Einfallsreichtum, andererseits aber auch ihr zeitweiliger Mangel an Urteilsvermögen in Erstaunen versetzt. Das kleine Mädchen, das einfach auf die Straße rennt, handelt auf gefährliche Weise gedankenlos oder eigenwillig. Da sie es als ein neues aufregendes Abenteuer empfindet, wird sie nicht begreifen, dass der Tadel, mit dem sie unverzüglich für ihre Abenteuerlust bestraft wird, nur der armselige Versuch der erschöpften Eltern ist, einer unvorhergesehenen Gefahrensituation Herr zu werden.

Der Haken besteht für uns Eltern darin, dass wir unseren Kindern nicht ihre Neugier austreiben wollen, weil sie ihnen als Ansporn zur Erforschung der Welt dient und sie zu einzigartigen, interessanten Individuen heranwachsen lässt. Es ist eine schwierige Gratwanderung. Wenn wir ein Kleinkind einen Augenblick unbeobachtet am Rand des Schwimmbeckens spielen sehen, sind wir so erschrocken darüber, was womöglich geschehen wäre, wenn wir nicht da gewesen wären, dass wir durchdrehen und das Kind nie mehr allein in die Nähe eines Pools lassen. Doch sofort meldet sich ein anderes Gefühl zu Wort: »Halt – du willst ihm doch nicht einen solchen Schock versetzen, dass es bis zum Ende seines Lebens Angst vor dem Wasser hat.«

Ihre angeborene Neugierde wurde unter Umständen Megan Kanka aus Trenton, New Jersey, an einem Abend im Juli 1994 zum Verhängnis. Die lebhafte kleine Siebenjährige hatte keine Lust mehr, länger mit ihrer Schwester fernzusehen, und ging noch einmal nach draußen, um mit einer ihrer Freundinnen zu spielen, zum Beispiel Himmel und Hölle, Megans Lieblingsspiel. Als kurze Zeit später ihre Schwester sich ihnen anschließen wollte, stellte sich heraus, dass Megan gar nicht bei ihrer Freundin aufgetaucht war. Ungefähr 24 Stunden später wurde Megans Leiche im wenige Kilometer entfernt gelegenen Park gefunden. Jemand hatte sie vergewaltigt und erdrosselt und ihre Leiche in einen Spielcontainer aus Plastik geworfen.

Wie sich herausstellte, war Megan einem Bewohner aus der Nachbarschaft zum Opfer gefallen. Allerdings waren sich die Eltern der unmittelbaren Bedrohung nicht bewusst gewesen, denn abgesehen vom normalen Lärm spielender Kinder herrschte in dem Vorort eine geruhsame Atmosphäre. Niemand ahnte, dass es sich bei den drei Männern im Haus der Familie Kanka gegenüber um ehemalige Inhaftierte von Avenel handelte, einer Haftanstalt für Sexualtäter in New Jersey. Die Inhaftierten erhalten dort gleichzeitig eine Therapie, um nach Verbüßung ihrer Tat wieder ein normales Leben führen zu können. Die Bewohner erfuhren erst davon, nachdem einer der drei, Jesse Timmendequas, wegen des Mordes an Megan verhaftet worden war. Er hatte in Avenel wegen Belästigung einer Siebenjährigen eingesessen, die er fast erdrosselt hatte. Megan hatte er unter dem Vorwand in sein Haus gelockt, ihr seinen kleinen Hund zu zeigen.

Megans Angehörige und die anderen Bewohner der Gemeinde waren erschüttert. Als sie erfuhren, dass es sich bei dem Mörder um einen mehrfach verurteilten Sexualtäter handelte, verwandelte sich ihre Betroffenheit in Empörung. Sie wurden aktiv und erstritten ein Gesetz, das »Megan's Law« genannt wurde, dem zufolge Gemeinden über den Zuzug gefährlicher, auf Bewährung entlassener Sexualtäter informiert werden müssen. Laut dem Gesetzentwurf von 1994 zur Verbrechensbekämpfung sollten

Sexualtäter nach abgebüßter Haftstrafe zehn Jahre lang in ihrem Bundesstaat registriert und überwacht werden. Darüber hinaus sollten die jeweiligen Polizeibehörden benachrichtigt werden, wenn diese Personen innerhalb ihres Zuständigkeitsbereichs sesshaft werden wollen. Im Mai 1996 wurde die Vorlage als Bundesgesetz verabschiedet und für alle Einzelstaaten verbindlich. In den meisten Staaten gab es ein derartiges Gesetz bereits, allerdings mit gänzlich unterschiedlichen Inhalten. In einem Staat hatten sich die Bürger an die Polizei zu wenden, um die Adresse der in ihrer Region lebenden Sexualtäter in Erfahrung zu bringen, in einem anderen musste die Polizei Namen, Adressen und Fotos der auf Bewährung freigelassenen Sexualtäter an Bürger, Schulen, Frauenhäuser und Camps verteilen.

Das Gesetz entfachte heftige Debatten und wurde sogar in einigen Staaten vor Gericht angefochten. Die Gesetzesgegner sahen in dieser Meldepflicht ein Eindringen in die Privatsphäre, durch die der Täter doppelt bestraft würde, da man ihm dadurch die Fähigkeit abspreche, sein Leben ändern zu können. Zum anderen erhob sich die Frage, wie Eltern sich denn verhalten sollen, wenn sie erfahren, dass ein solcher Täter in ihrer Nachbarschaft wohnt. Die Anwälte der Delinquenten halten entgegen, ihren Mandanten müsse nach abgegoltener Strafe die Chance für einen Neuanfang gewährt werden.

Der größte Haken an diesem Argument ist die lebenslange Zuneigung eines Pädophilen zu Kindern.

Angenommen, eine Respektsperson käme auf mich zu und würde zu mir sagen, eigentlich sei ich ja in Ordnung, wenn da nicht meine Vorliebe für Frauen wäre, die verkehrt und pervers sei. Trotz allen Bemühens würde es mir sehr schwerfallen, daran etwas zu ändern. Ich bin Vater dreier Kinder, habe eine gute Ausbildung, gehöre der Mittelschicht an, fühle mich meiner Heimatgemeinde zugehörig und leiste meinen Beitrag zu unserem Gesellschaftssystem und unseren Sozialstrukturen. Selbst wenn ich das alles außer Acht ließe, würde es mir kaum gelingen, meine sexuellen Neigungen zu ändern und den Vorstellungen einer Autorität zu unterwerfen, um als akzeptables Glied einer gesetzestreuen Gesellschaft anerkannt zu werden. Das Gleiche gilt meines Erachtens nach auch für

Schwule und Lesben, die in mit mir vergleichbaren gesellschaftlichen und sozioökonomischen Verhältnissen leben. Ihre sexuellen Neigungen würden sich nicht verändern, bloß weil man ihnen erklärt, gleichgeschlechtliche Liebe sei »falsch«. Es hätte lediglich zur Folge, dass sie »abtauchen«, was durch die Vorurteile, die Homosexuellen entgegengebracht werden, vielfach geschehen ist. Ändern würden sie sich deshalb nicht.

Das gilt umso mehr für Pädophile, von denen viele weit weniger mit unserem Gesellschaftssystem verbunden sind als die meisten von uns. Unter ihnen sind zwar zahlreiche angesehene Akademiker und Geschäftsleute, die ihre Neigungen heimlich ausleben. Aber die Mehrheit von ihnen lebt am Rande der Gesellschaft, ähnlich wie jene Mörder oder Vergewaltiger, die sich an Erwachsenen vergreifen. Man kann diese Menschen ebenso wenig dazu bringen, die Finger von kleinen Jungen oder Mädchen zu lassen, wie man mir mein Interesse an Frauen oder einem Homosexuellen seine Zuneigung zu Männern ausreden kann; Erfahrungen und Studien haben dies gezeigt.

Aber kann man ihm nicht wenigstens klarmachen, dass er im eigenen Interesse handelt, wenn er sich zurückhält, um nicht erneut hinter Gittern zu landen? Man kann es natürlich versuchen, wie man auch versuchen kann, einen Serienvergewaltiger dazu zu bewegen, sich zusammenzureißen, obwohl er zur eigenen Befriedigung Frauen vergewaltigt. Aber ich zweifle am Erfolg. Peter Banks drückt es folgendermaßen aus: »Man wacht nicht einfach am Morgen auf und beschließt, ein Kind zu ermorden. Kinderschänder betrachten die Dinge von einer anderen Warte. Uns erscheint ihr Verhalten irrational, für sie ist es normal.«

Er fasst die Gefühle vieler Menschen in Worte, die mit vermissten und sexuell ausgebeuteten Kindern zu tun haben und den gleichen Situationen ausgesetzt sind wie er: »Es gibt Dinge, die sollten wir unter keinen Umständen dulden. Ich halte es in mancher Hinsicht für weitaus schlimmer, einem Kind die Unschuld zu nehmen, als es zu töten.«

Nachdem ich so viele inhaftierte Serientäter befragt und mich mit der zuständigen Polizei um Aufklärung von Straftaten – meist Wiederholungsstraftaten – bemüht habe, tendiert mein Vertrauen in die Resozialisierung von Verbrechern gegen null. Sie landen im Gefängnis, benehmen sich anständig und erklären ihrem Psychiater, sie fühlten sich wirklich viel besser und wüssten nun mit ihren Begierden umzugehen. Sagen sie. Aber wie sollen wir wissen, was nach ihrer Entlassung geschieht? Psychiater und Justiz haben immer noch nicht begriffen, dass *Gewaltanwendung situationsbedingt* ist, das heißt von Umgebung und Gelegenheit abhängt. Die beispielhafte Führung des Inhaftierten während der Haft lässt keinen Schluss auf sein Verhalten nach der Entlassung aus der streng reglementierten Gefängniswelt zu, in der er auf Schritt und Tritt beobachtet wird.

Arthur Shawcross, der wegen Mordes an einem Jungen und einem Mädchen in Watertown, New York, 15 Jahre lang in Haft gesessen hatte, war ein solcher Vorzeigehäftling. Wenige Monate nach seiner Entlassung wurde der gesellschaftlich gescheiterte Mann seiner Wut nicht mehr Herr und brachte in Rochester mehrere Prostituierte um. Jack Henry Abbott, ein inhaftierter Mörder, der wegen seiner eindringlichen Schilderung des Gefangenenlebens in *In the Belly of the Beast* Berühmtheit erlangte und aus Literatenkreisen Fürsprache erhielt, wurde wegen guter Führung und beispielhafter Resozialisierung entlassen. Im Unterschied zu den meisten Häftlingen genoss er Ruhm und Unterstützung, stand in gutem Ruf und besaß die Freundschaft einflussreicher Menschen. Dennoch tötete er einige Monate nach seiner Entlassung in einem Restaurant in Greenwich Village einen Kellner im Laufe eines Streits. Zwar habe ich nichts mehr über ihn gehört, aber es würde mich kaum wundern, wenn er inzwischen wieder als mustergültiger Häftling auftritt.

Ich würde zu gern wissen, ob Anwälte von Kinderschändern oder anderen Gewalttätern ihre Sprösslinge bereitwillig in die Obhut ihrer aus der Haft entlassenen Mandanten geben würden. Würden sie ihre Kinder die Versuchskaninchen für eine inoffizielle Studie über die Resozialisierung von Kinderschändern spielen lassen? Was veranlasst uns zu glauben, diese Täter würden nicht weiter Kinder beeinflussen und täuschen – insbesondere solche, von denen sie sich sexuell stark angezogen fühlen –, wo selbst wir als gebildete, vernünftige Erwachsene ihnen auf den Leim gegangen sind. Opfer und deren Familien haben es so ausgedrückt: Einverstanden, gebt den Tätern eine Chance, wenn sie ihr Verbrechen abgesessen haben und wenn ihre Opfer körperlich, geistig, gefühlsmäßig wieder ganz hergestellt beziehungsweise wieder lebendige Menschen geworden sind.

Die Mitglieder der Gemeinde, in der Megan Kanka gelebt hatte, versuchten aber noch auf andere, weniger umstrittene Weise mit dem Trauma fertigzuwerden. Der örtliche Rotary Club erwarb das Haus gegenüber der Kankas, in dem der Mörder gewohnt hatte, und ließ es auf eigene Kosten abreißen. Das Grundstück soll zu einem Spielgelände namens »Megan's Place« umgestaltet werden, auf dem sich die Kinder aus der Nachbarschaft unter Aufsicht der Eltern austoben können.

Mit Gesetzen wie Megan's Law und Vorkehrungen in Einkaufszentren, in denen die Eltern ihren Kindern Fingerabdrücke abnehmen lassen können, beschreitet die Gesellschaft zunehmend neue Wege des Kinderschutzes. Geht man in einen Laden mit Artikeln für Kinder, fallen einem neben Spielzeug, Kleidung und anderen Gegenständen des täglichen Bedarfs Riemen ins Auge, die dazu dienen, dass das Kind nicht wegläuft. Ich habe sogar batteriebetriebene Alarmkästchen gesehen, die Pieptöne aussenden, wenn sie von den Eltern zu Hause eingeschaltet werden. Mindestens einmal wurde ein solches Gerät in der Nähe der Wohnung entführter und ermordeter Kinder gefunden. Der Täter hatte das Gerät einfach weggeworfen, als er das Kind entführte.

Als meine Kinder geboren wurden, traute ich mich kaum, sie zu berühren, so zerbrechlich fand ich sie. Als sie älter wurden, legte sich diese Angst zwar, dafür entwickelten wir zunehmend Panik angesichts möglicher allgegenwärtig lauernder Gefahren: Wir versahen die Steckdosen mit Schutzvorrichtungen, verbannten Reinigungsmittel und Medikamente außer Reichweite, kauften Fahrradhelme und waren stets und überall um ihre Sicherheit besorgt. Wenn wir von den Gräueltaten wie denen an Megan Kanka, Cassie Hansen, Polly Klaas, Amber Hagerman, Shawn Moore und all den anderen Opfern hören, möchten wir unsere Kinder am liebsten keine Sekunde aus den Augen lassen oder sie in ihre Zimmer einsperren, bis sie weit über 20 Jahre alt sind.

Wir dürfen nicht außer Acht lassen, dass wir neben einer Vielzahl anderer Gefahren – wie Autounfällen oder Kinderkrankheiten – auch mit Erwachsenen rechnen müssen, die unseren Kindern Schaden zufügen können. Wir können uns als Eltern über diese Art der Gefährdung informieren und unsere Kenntnis in praktische Schutzmaßnahmen umsetzen. Wie wir wissen, ergreifen Kinderschänder jede Gelegenheit, um sich ihr potenzielles Opfer gefügig zu machen. Ist das Kind unvorbereitet, gewinnt der Täter die Oberhand, denn er ist größer, stärker. Es ist ein Erwachsener, dem man gehorchen muss, wie man durch die Anweisungen der Eltern gelernt hat. Gerissene Verbrecher nutzen das nicht nur aus, sondern gehen noch einen Schritt weiter, um ihre Autorität zu untermauern, und geben sich als Polizist oder Pfarrer aus – Menschen, denen man vertrauen kann, wie man den Kindern vermutlich beigebracht hat. Mitunter machen sich die Verbrecher die Gefühle der Kleinen zunutze, überschütten sie mit Aufmerksamkeit und verführen sie dann. Später bedrohen sie ihre Opfer und isolieren sie emotional von den Erwachsenen, die sie beschützen und ihnen helfen würden. Oder der Täter liegt auf der Lauer und passt eine Gelegenheit ab, um das Kind blitzschnell in seine Gewalt zu bringen.

Doch zum Trost möchte ich Ihnen sagen: Sie haben alle Möglichkeiten zur Verfügung – auch bei sich zu Hause –, um derartigen Verbrechen entgegenzuwirken und Unwägbarkeiten vorzubeugen. Bevor wir uns verrückt machen, sollten wir eins nicht vergessen: Es ist unwahrscheinlich, dass Ihr Kind entführt wird, aber es ist nicht vollkommen auszuschließen. Und dieser Gefahr lässt sich entgegentreten. Ihr Verhältnis zu Ihren Kindern, verbunden mit ein paar einfachen Sicherheitsregeln, bietet den besten Schutz.

Im letzten Kapitel berichtete ich von Kinderschändern, die sich Kinder mittels Zuwendung und Aufmerksamkeit gefügig machen. *Selbstwertgefühl,* so betonen Peter Banks und andere Mitarbeiter des NCMEC immer wieder, ist das beste Rüstzeug, das man seinen Sprösslingen mit auf den Weg geben kann, denn ein Pädophiler sucht sich bevorzugt emotional vernachlässigte Kinder. Wie der Löwe in Afrika auf Anhieb den schwächsten Springbock der Herde am Wasserloch erspäht, so fallen dem Täter die seelisch oder körperlich verwahrlosten und verwundbaren Kinder sofort ins Auge.

Diese Täter entscheiden sich manchmal gezielt für Familien mit nur einem Elternteil, weil der alleinerziehende Elternteil froh ist, wenn sich außer ihm noch ein Erwachsener mit dem Kind abgibt. Eltern müssen ihren Instinkten vertrauen. Bemüht sich jemand zu offensichtlich um Ihren Sohn oder Ihre Tochter, lassen Sie ihn nicht mit dem Kind allein.

In allen Familien entfernen sich Kinder und Eltern zeitweilig voneinander und durchleben schwierige Phasen. Aber selbst dann müssen Sie Ihren Kindern zu verstehen geben, dass sie geliebt werden, denn sie wollen Sätze von Ihnen hören wie: »Ich liebe dich« und: »Du bist etwas ganz Besonderes«. Da wir unsere Sprösslinge zur Genüge kritisieren, müssen wir uns andererseits mit Anerkennung um Ausgleich bemühen.

Die Kinder sollen spüren, dass sie sich Ihnen anvertrauen können, wenn ihnen unbehaglich zumute ist; aber das fällt ihnen insbesondere dann schwer, wenn sie sich durch Missachtung verbindlicher Regeln in eine prekäre Situation gebracht haben. Ein 13-Jähriger, der sich zu Hause keine erotischen Filme ansehen darf, wird vermutlich nicht eingestehen, dass er bei einem älteren Freund Videos angeschaut hat und dort etwas erlebt hat, das ihm irgendwie seltsam vorgekommen ist.

Kommunikation spielt eine wesentliche Rolle. Sie möchten, dass sich Ihre Kinder mit ihren Fragen – die nicht ausbleiben werden – an Sie wenden. Wenn Sie Ihrem Kind den Eindruck vermitteln, Sex sei für Sie ein absolutes Tabuthema, wird die Neugier Ihres Kindes dadurch keinesfalls geschmälert, sondern es wird sich die Information woanders beschaffen. Diese Gelegenheit nützt der Kinderschänder aus: Er beantwortet die Fragen des Kindes, gewinnt auf diese Weise sein Vertrauen, baut seine Hemmschwellen ab und bricht seinen Widerstand. Aber Ihr Kind läuft nicht unbedingt Gefahr, vom erstbesten krankhaft veranlagten Mann, der ihm über den Weg läuft, missbraucht zu werden, nur weil Sie sich nicht leichttun, mit Ihrem Kind über menschliche Fortpflanzung und Sexualität zu reden. Ich möchte Sie nur darauf hinweisen, dass bei Heranwachsenden andere Dinge in den Brennpunkt des Interesses treten, und die Eltern dann für sie da sein sollen, um Fragen zu beantworten und sie in ihrer Zuneigung zu bestärken.

Sollte Ihrem Kind jemals etwas zustoßen, ist es von entscheidender Bedeutung, dass es sich an Sie wenden kann. Denken Sie daran, wie schwierig es ohnehin für das Kind ist, sich jemandem anzuvertrauen, und bedenken Sie auch die Reaktionen, die seine Anschuldigung hervorruft. Wenn ein Kind schließlich doch über eine sexuelle Belästigung berichtet, die es erfahren hat, wird seine Darstellung von soundso viel Leuten angezweifelt. Jeder von uns kennt die Zeitungsartikel über den beliebten Lehrer, der des Missbrauchs an einer Schülerin beschuldigt wird. Da er in seiner Gemeinde in gutem Ruf steht, wird häufig das Kind der Lüge bezichtigt. Zieht es seine Anschuldigung zurück, weil es dem Druck nicht länger gewachsen ist, wird es zeitlebens als unglaubwürdig gelten. Solange das Kind nicht weiß, ob Sie zu ihm stehen und den Täter auch für schuldig halten, zieht es womöglich mit seiner Beschuldigung den Kürzeren. Die Täter wissen das ganz genau und drohen dem Kind damit, dass seinen Schilderungen ohnehin niemand Glauben schenkt.

Je nach Alter und Entwicklung sind Kinder mindestens so glaubwürdig wie Erwachsene, häufig sogar mehr als diese, da sie in der Regel keine Ressentiments gegen jemanden hegen. Sie sind aber vielfach über das Geschehene zu verstört, um sich verständlich machen zu können. Wie bei der Befragung erwachsener Opfer bedarf es auch hier eines erfahrenen und einfühlsamen Gesprächspartners, der herausfindet, was sich aus Sicht des Kindes zugetragen hat, ohne es dabei einzuschüchtern oder zu beeinflussen.

Obwohl der Zuwendung durch die Eltern so viel Bedeutung zukommt, können wir natürlich nicht rund um die Uhr auf unsere Kinder aufpassen. Und selbst Kinder mit dem größten Selbstvertrauen sind vielleicht einfach nur zur falschen Zeit am falschen Ort, wie uns der Fall von Dannelle Lietz gezeigt hat. Auf jeden Fall allerdings sind Kinder, die mit großem Selbstvertrauen ausgestattet sind und bestimmte Sicherheitsregeln beherrschen, Tätern nicht so vollkommen hilflos ausgeliefert.

Genau dies habe ich während meiner Tätigkeit in unserer Außenstelle in Detroit versucht klarzumachen: Es gelingt uns vielleicht nicht, Kriminelle von einem Banküberfall abzuhalten, aber wir können ihnen Hindernisse in den Weg legen, die sie davon abhalten, gerade Ihre Bank auszurauben. Dass wir uns zu Hause sichern, versteht sich von selbst. Wenn Sie eine Alarmanlage, ein Sperrschloss, einen bellenden Hund, eine gute Außenbeleuchtung oder vielleicht sogar Rundumüberwachung haben, wird der Einbrecher wahrscheinlich einen Bogen um Ihr Haus machen. Die Hemmnisse stehen einfach in keinem Verhältnis zum Risiko. Das Gleiche gilt für unsere Kinder. Und wenn wir uns gemeinsam darum bemühen, wird die Anzahl der Verbrechen an Kindern vielleicht allmählich zurückgehen.

Das NCMEC hat Richtlinien für Eltern erstellt, wie diese ihre Kinder vor gefährlichen Situationen schützen können, und »Sicherheitsstrategien« für Kinder entwickelt. Diese Strategien sollen – so wird nachdrücklich betont – den Kindern in unterschiedlichsten Situationen helfen, die richtigen Entscheidungen zum eigenen Schutz zu treffen, das heißt, keine Angst zu haben oder sich bei Bedarf abweisend zu verhalten. Sprechen Sie mit den Kindern altersgemäß. Überhäufen wir das Kleinkind mit zu vielen Informationen und Regeln, so schottet es sich ab und erinnert sich schließlich an gar nichts mehr. Das Gleiche passiert, wenn Sie bei einem älteren Kind zu sehr vereinfachen.

Kinder aller Altersgruppen sollen – so das NCMEC – zum eigenen Schutz gestärkt und nicht eingeschüchtert werden. Man darf ihnen keinesfalls Angst einjagen mit Schilderungen darüber, was »Fremde« für schreckliche Sachen machen können. Das erschreckt sie nicht nur, sondern vermittelt ihnen ein trügerisches Gefühl von Sicherheit im Umgang mit ihnen bekannten Menschen.

Die Sicherheitsregeln des NCMEC sind deshalb so hilfreich, weil sie auf das jeweilige Alter von Kindern abgestimmt sind (zum Beispiel Kenntnis der Adresse und Telefonnummer von zu Hause). Und sie zeigen auf, welches Verhalten in einem bestimmten Alter beherrscht werden sollte. Mithilfe des Adam Walsh Children's Fund hat das Krisenzentrum ein Programm mit dem Namen »Kids & Co.: Gemeinsam für Sicherheit« erarbeitet, zu dem auch Unterrichtsmaterialien, Spiele und Übungen für Kinder vom Kindergartenalter bis zur sechsten Klasse gehören. Als Eltern können Sie sich zu Hause ein eigenes Programm überlegen.

Am Ende dieses Kapitels finden Sie eine Zusammenfassung der wichtigsten Sicherheitsregeln des Programms. Dazu gehört auch die »Kumpelregel«, worunter zu verstehen ist, dass Kinder nicht allein unterwegs sein sollten, weil sie dadurch einem höheren Risiko ausgesetzt sind. Natürlich brauchen wir den Kleinen nichts von dem »Schwarzen Mann« zu erzählen, der den Kindern auflauert, die ohne Begleitung von der Schule nach Hause gehen. Sie sollen nur – auf positive Weise – lernen und nicht vergessen, mit ihren Eltern, Geschwistern, Freunden oder Klassenkameraden zusammenzubleiben. Das NCMEC hält dazu auch ein Lied bereit.

»Bescheid geben« ist ein weiteres Hilfsmittel für Sie und Ihre Kinder und bildet den Schwerpunkt des Programms »Kids & Co.«. Dem Kind wird die leicht verständliche Botschaft vermittelt: Bevor du weggehst oder etwas tust, gib mir Bescheid. Selbst ganz kleine Kinder verstehen bereits, dass sie einen Elternteil oder ihren Babysitter informieren müssen, bevor sie sich mit etwas beschäftigen möchten. Und Ihre positive Rückmeldung dem Kind gegenüber, wenn es die Regel beachtet, vermittelt ihm wiederum ein gutes Gefühl.

Peter Banks sagt dazu: »Selbstvertrauen ist die beste Waffe des Kindes zur Abwehr eines Kinderschänders.« Ein Hinweis, den man nicht oft genug wiederholen kann.

Des Weiteren lernen Kinder von Ihnen, wie man langfristig die richtigen Entscheidungen trifft. Die Täter überrumpeln Kinder häufig, indem sie sie in Situationen bringen, in denen die Kleinen nicht wissen, wie sie reagieren sollen, und machen sich dann deren Verwirrung zunutze. Ein Erwachsener sollte beispielsweise ein Kind nicht darum bitten, ihm beim Ausladen von Lebensmitteln aus dem Auto zu helfen. Mögliche Konsequenzen kann es nicht abschätzen. Sein Eifer, behilflich sein zu wollen, bringt es leicht in Gefahr. Wenn Sie mit ihm vereinbart haben, Ihnen sofort Bescheid zu geben, können Sie eine Entscheidung fällen und auf diese Weise ein Beispiel geben, was in Ordnung ist und was nicht.

Das gilt auch für körperliche Berührungen. Kinder verfügen im gleichen Maß wie Erwachsene über instinktive Warnsignale, wenn sie in eine Situation kommen, die ihnen Unbehagen bereitet. Doch vielleicht muss man sie auch ausdrücklich auf derartige Gefühle hinweisen, damit sie ihnen bewusst werden und damit sie lernen, ihren Empfindungen zu vertrauen. Jedes Kind kennt den Unterschied zwischen dem wohligen Gefühl, wenn es von Großmutter in den Arm genommen wird, und jenem anderen Gefühl, das es bei einer unangemessenen Berührung übermannt.

Ein Kind kann sich besser über seine Gefühle im Klaren werden, wenn Sie ihm die unterschiedlichen Berührungsarten verdeutlichen. Peter Banks weist darauf hin, wie beschämend es für uns alle wäre, wenn aus Angst vor Kindesmissbrauch sämtliche Umarmungen, Liebkosungen und andere Zeichen von Zuneigung zwischen Erwachsenen und Kindern gleichsam abgewürgt würden. Wenn ein Kind passende und unpassende Berührungen einzuschätzen vermag, kann es auch das Verhalten des Lehrers, des Trainers oder eines anderen Erwachsenen richtig einordnen.

Den meisten Kindern wird Respekt vor Erwachsenen eingetrichtert. Dagegen ist nichts einzuwenden, aber sie sollten wissen, dass sie unter bestimmten Umständen zu Erwachsenen auch »Nein« sagen müssen. Wenn ein Erwachsener sie so berührt, dass sie sich unbehaglich fühlen, verwirrt oder ärgerlich werden (oder angewidert, je nach Alter), ist der Anlass für ein »Nein« gegeben.

Bei jedem meiner Kinder gab es im Alter zwischen zwei und drei Jahren Phasen, in denen sie auf alles mit »Nein« reagierten. Da viele Kinder schüchterner werden, wenn sie etwas älter sind, bietet es sich an, das Neinsagen zu üben. Denken Sie sich Rollenspiele aus und erfinden Sie Situationen, die nicht allzu beängstigend sind, aber erkennbar ein »Nein« erfordern, und an denen Ihr Kind trainieren kann, Ihnen fest und ernst in die Augen zu blicken und dabei laut, selbstbewusst und verständlich »Nein« oder »Hör auf!« zu sagen. Das mag sich trivial anhören, doch wenn ein Kinderschänder den Widerstand des Kindes bemerkt – selbst wenn er nur verbal geäußert wird –, lässt er höchstwahrscheinlich von ihm ab. Die Situation ist vergleichbar mit dem Dackel, der eindeutig zu klein ist, um einen Eindringling zu bezwingen, der aber durch sein Gekläff einen unentschlossenen Täter veranlasst, sich ein weniger lärmendes Ziel zu suchen, durch das er keine Aufmerksamkeit auf sich zieht.

Ihren Kindern muss klar sein, dass ihr Körper ihnen gehört und niemand das Recht hat, sie auf eine Weise zu berühren, die ihnen missfällt. Vergewissern Sie sich, dass Ihre Sprösslinge über ihre intimen Körperteile Bescheid wissen. Sie müssen sie mit niemandem teilen, und niemand darf von einem anderen Menschen verlangen, diese Körperteile einer anderen Person zu berühren. Wenn Sie die anatomisch korrekte Bezeichnung anwenden – beispielsweise »Penis« anstatt »Pimmel« –, begreifen die Kinder, dass die Geschlechtsorgane bedeutsam sind und Achtung verdienen, und genieren sich nicht, sie zu benennen.

Manchmal muss das Kind aber seinen Körper entblößen, etwa beim Arzt oder vor dem Babysitter, der es baden soll. Doch immer sollte dafür ein plausibler Grund vorliegen. Bestehen Sie bei einer ärztlichen Untersuchung darauf, dabei zu sein. Außerdem sollten Kinder zu ihrem eigenen Schutz und zur Stärkung ihres Selbstvertrauens so früh wie möglich an die Pflege ihres Körpers herangeführt werden und sie selbst übernehmen. Außerdem sollte man ihnen zu verstehen geben, dass sie keine Schuld trifft, wenn jemand ihren Körper berühren möchte. Bestärken Sie Ihre Kinder immer wieder darin, jemanden zu suchen, dem sie sich anvertrauen können, auch wenn die erste Person, an die sie sich gewandt haben, nicht geholfen hat.

Es muss immer der Kontext einer Situation beachtet werden, damit Kinder nicht unnötig traumatisiert werden. Fast alle kleinen Kinder machen Doktorspiele und erforschen dabei auf ganz natürliche Art gegenseitig ihren Körper. Unsere Reaktion, wenn wir sie einmal dabei »ertappen«, kann für ihre zukünftige Entwicklung und ihren Umgang mit Sexualität ausschlaggebend sein. Ernsthafte Bedenken sind jedoch angebracht, wenn zwischen den Beteiligten ein erheblicher Unterschied in Alter oder Entwicklung besteht. Dann handelt es sich nicht um ein altersgemäßes Spiel, sondern um sexuelle Ausbeutung.

Mit einem für Kinder im Grundschulalter leicht einprägsamen Satz hat das NCMEC das Verhalten in einer für sie unbehaglichen Situation auf den Nenner gebracht: NEIN SAGEN – WEGLAUFEN – BERICHTEN, was so viel heißt wie: Nein sagen, zu den Eltern oder einem vertrauenswürdigen Erwachsenen laufen und darüber sprechen. Kinder müssen lernen, im gegebenen Fall ein Geheimnis weiterzugeben, auch wenn jemand ihnen absolute Schweigepflicht auferlegt hat. »Kids & Co.« unterscheidet zwischen guten Geheimnissen, die Spaß machen und die niemandem wehtun, und schlechten Geheimnissen, die man auf keinen Fall verschweigen darf. Man sollte dem Kind zu verstehen geben, wie entlastend es ist, einem Erwachsenen ein bedrückendes Geheimnis anzuvertrauen, selbst wenn damit ein Versprechen gebrochen wird. Bedenken Sie, wie schwierig es manchmal ist, jemandem etwas Angsterregendes und Verwirrendes zu erzählen. Wenn das Kind nicht sofort dazu in der Lage ist, drängen Sie es in diesem Moment nicht. Besser später als nie.

Anhand vorgegebener Spielszenarios können sogar kleine Kinder lernen, bei welchen Ereignissen es sich um ein gutes oder ein schlechtes Geheimnis handelt. Wenn Papa beispielsweise erzählt, was er Mama zum Geburtstag gekauft hat, dann haben wir es mit einem guten Geheimnis zu tun. Aber wenn der Babysitter ein Spiel vorschlägt, bei dem beide sich ausziehen und die intimen Körperteile des anderen berühren, dann handelt es sich eindeutig um ein schlechtes Geheimnis. Um sicherzustellen, dass die Kinder den Unterschied begriffen haben, soll sich jedes Kind eine entsprechende Geschichte ausdenken.

Das meiste des hier Gesagten hat mit Nachdenken und dem Gebrauch des gesunden Menschenverstandes zu tun. Das NCMEC hat diese Dinge hervorragend in Worte und Sätze gefasst, die für Kinder leicht verständlich sind und die Eltern problemlos ihren Kindern vermitteln können. Der letzte Teil dieser Richtlinien – der Schutz in Einkaufszentren, einer noch unbekannten Umgebung nach einem Wohnungswechsel oder wenn man allein zu Hause ist – behandelt ein Problem, das Eltern gern übersehen.

Zu sehr damit beschäftigt, unsere Kinder von Fremden fernzuhalten, versäumen wir, ihnen Personen zu nennen, an die sie sich vertrauensvoll wenden können, wenn wir einmal nicht verfügbar sind. Als ich klein war, wurde uns von den Eltern und deren Freunden eingeschärft, nicht mit Fremden zu reden. Aber im täglichen Leben muss man in der Lage sein, mit Leuten, die man nicht kennt, zu sprechen. Überlegen Sie einmal: Wenn Sie Ihre fünfjährige Tochter im Einkaufszentrum verloren haben und ihr eingebleut wurde, dass sie keinen Fremden ansprechen darf, dann ist sie aufgeschmissen. Wir müssen unseren Kindern erklären, welche Personen ihnen im Notfall helfen können, wie beispielsweise der Mann oder die Frau hinter einer Theke, in Uniform oder mit einem Namensschild, eine schwangere Frau, die einen Buggy schiebt mit einem Kind darin, oder der Busfahrer, Schülerlotsen, Großmütter. Damit spannt man ihnen nicht nur ein Sicherungsnetz, sondern impft ihnen darüber hinaus eine gehörige Portion Selbstvertrauen ein, weil sie ja nun wissen, wie sie sich im Zweifelsfall selbst Hilfe organisieren können. Lege ich meine Hand dafür ins Feuer, dass weder eine Schwangere noch ein Busfahrer einem Kind jemals etwas zuleide getan hat? Natürlich nicht, aber die Gefahr ist gering, auch wenn ein Restrisiko bleibt. Wir müssen unsere Kinder zu Menschenkennern erziehen, damit sie erkennen lernen, welche Menschen vertrauenswürdig sind, falls sie Hilfe brauchen.

Wenn wir ehrlich sind, hat jeder von uns – einschließlich mir, muss ich gestehen – irgendwann einmal sein Kind aus den Augen verloren. Ich rede nicht von Kidnapping, sondern von einem Einkaufsbummel mit den Kindern, bei dem das eine eben mal ein Stück weit wegspaziert. Oder wenn Sie Ihrem Kind erlaubt haben, mit seinen Freunden die Straße rauf- und runterzuradeln, es aber in eine andere Straße wechselt, zu einem der Freunde nach Hause geht und beim Fernsehen ganz und gar die Zeit vergisst. Was immer der Grund dafür sein mag, allen Eltern passiert es mindestens einmal, wenn auch vielleicht nur für wenige Minuten, dass sie nicht wissen, wo ihr Kind steckt. Man gerät dabei außer sich vor Sorge. Doch wenn man mit dem Sprössling frühzeitig über solche Dinge gesprochen hat, ist man sich wenigstens sicher, dass er weiß, wie er sich zu verhalten hat, was er sagen muss und wen er ansprechen kann, falls er Hilfe braucht.

Ist Ihr Kind über einen längeren Zeitraum hinweg unauffindbar, kann man es sich und der Polizei einfacher machen, wenn man ein Foto neueren Datums und eine Beschreibung des Kindes greifbar hat. Damit meine ich, Sie sollten die Größe und das Gewicht des Kindes kennen, seine Lieblingsjacke und seine Schuhe. Mit diesen Angaben lässt sich das Kind in den meisten jener seltenen Fälle, in denen Sie die Polizei oder andere Behörden einschalten müssen, rasch finden. Aktuelle Fotos sind ganz besonders wichtig bei kleineren Kindern, da sie sich manchmal während einiger Wochen ganz erheblich verändern, weil die Haare gewachsen und nachgedunkelt sind und sie mittlerweile Kleinkindkleidung tragen anstelle der Babysachen.

Auch von größeren Kindern werden Fotos und Beschreibungen benötigt. Außerdem müssen Sie mit ihnen besprechen, wie sie sich in unerwarteten Situationen zu verhalten haben. Wenn Kinder alleine zu Hause sind, muss geklärt werden, wie sie mit Besuchern an der Tür und mit Telefonanrufen umgehen sollen. Neben der Liste mit Notrufen und den Telefonnummern von Personen, die sie anrufen können, wenn sie Hilfe benötigen, legen Sie auch eine Aufstellung mit Namen von Personen griffbereit, denen die Tür geöffnet werden darf. Wenn jemand nicht auf der Liste verzeichnet ist, aber anscheinend unbedingt in Ihr Haus muss, sollte das Kind zunächst Sie oder einen vertrauten Nachbarn anrufen. Am Telefon soll sich das Kind so verhalten, als wäre ein Erwachsener zu Hause, auch wenn es allein ist. Gegebenenfalls täuscht es vor, den Erwachsenen zu holen, und richtet dann dem Anrufer aus, Vater oder Mutter könne leider im Augenblick nicht ans Telefon kommen.

Die genannten Hinweise helfen Kindern jeden Alters bei der Stärkung ihres Selbstvertrauens. Wenn sie wissen, dass sie niemandem ihre intimen Körperteile zeigen brauchen und in einer ihnen unbehaglichen Situation »Nein« sagen dürfen; wenn sie gelernt haben, wie man daheim anruft und im Fall einer Notsituation einen Fremden als vertrauenswürdig einschätzen kann, fühlen sie sich sicher und sind der Gefahr, möglicherweise zum Opfer zu werden, nicht so hilflos ausgeliefert.

Man stärkt Kinder auch, wenn sie sich ihren Babysitter (oder ihre Tagesmutter) selbst aussuchen dürfen. Natürlich sollten Sie jeden eventuellen Betreuer nach Referenzen fragen, die Sie auch persönlich überprüfen, und sich auch ansehen, wie das Mädchen mit Ihrem Kind umgeht. Aber Sie sollten ebenso Ihr Kind – so lautet der Rat des NCMEC – fragen, ob ihm die Person gefällt und ob es ihr vertraut. Nachdem die betreuende Person einmal Ihr Kind gehütet hat, fragen Sie bei Ihrem Kind nach, womit sie sich beschäftigt haben und wie es sich dabei gefühlt hat. Erkundigen Sie sich immer, wenn Sie Ihr Kind mit jemandem allein lassen. Bei einem neuen Babysitter (oder einer Tagesmutter) bitten Sie nicht nur um Referenzen von Familien, deren Kinder sie bereits eingehütet hat, sondern lassen Sie sich auch die Namen von Lehrern, Freunden, Nachbarn, Verwandten oder Therapeuten nennen, und fragen Sie diese ganz offen nach den Qualifikationen des Babysitters. Halten Sie dessen Namen, Anschrift, Telefonnummer und gegebenenfalls Ausweisnummer schriftlich fest. Bei Vorstellungsbesuchen von Betreuern über Babysitteragenturen erkundigen Sie sich, ob Vorstrafenüberprüfungen durchgeführt werden oder diese Personen einen Eignungstest durchlaufen müssen.

Heutzutage werden viele Kinder in Tagesstätten untergebracht. Beschränken Sie sich bei der Suche nach einem Platz für Ihr Kind nicht darauf, verschiedene Horte aufzusuchen und Ihrem Kind dort eine Weile beim Spielen zuzusehen. Das NCMEC rät, beispielsweise auch mit Busfahrern oder Hausmeistern Kontakt aufzunehmen. Überprüfen Sie bei der Polizei oder bei Sozialdiensten, ob irgendwelche Beschwerden gegen die Tagesstätte vorliegen. Versichern Sie sich, dass die Betreuungseinrichtung registriert ist und die Mitarbeiter kriminalpolizeilich überprüft worden sind. Und wenn Sie die Zeit dafür erübrigen können, bieten Sie sich als Begleitung bei Ausflügen an, helfen Sie bei bevorstehenden Veranstaltungen mit und beobachten Sie das Betreuungspersonal und den Umgang der Kinder untereinander.

Vielleicht bin ich altmodisch, aber für mich tragen nicht allein die Eltern die Verantwortung, Kinder vor Gefahren zu schützen. Ich möchte ihre Rolle keineswegs herunterspielen oder sie von der Pflicht entbinden, aber wenn sie sich derart einsetzen, sollten wir anderen ein wenig zu ihrer Entlastung beitragen. Wenn ich als Kind in Schwierigkeiten geraten war, musste ich bei meiner Rückkehr nach Hause nicht unbedingt meiner Mutter Bericht erstatten. Sie wusste bereits Bescheid. Das Informationsnetz zwischen Lehrern, Nachbarn, Streifenwagen der Polizei und besorgten Erwachsenen arbeitete schneller, als ich laufen oder radeln konnte.

Vermutlich wünschen sich die meisten meiner Kollegen bei der Polizei und gewiss all jene, die je mit einem Verbrechen zu tun hatten, dessen Opfer so alt und so groß waren wie unsere eigenen Kinder, in die Vergangenheit zurück, als sich die Menschen mehr umeinander gekümmert haben. Die ermordete Kitty Genovese ist zu einer Art Symbol dafür geworden, wie die Gesellschaft funktioniert, oder besser, nicht funktioniert. Alle sind entsetzt darüber, dass so viele Nachbarn ihre Schreie gehört hatten und niemand eingeschritten ist. Aber wir verhalten uns kaum anders.

Heute ist die Situation sogar noch düsterer. Wenn mein Vater in einem Laden ein weinendes Kind sah, ging er schnurstracks zu ihm hin und tätschelte ihm manchmal sogar tröstend die Hand. Heute befürchtet jeder, für einen Entführer oder Kinderschänder gehalten zu werden, wenn er sich einem Kind nähert. Auf alle Fälle kann man wenigstens das Kind im Auge behalten, während man einen Verkäufer oder eine Sicherheitswache im Kaufhaus auf die Situation des Kindes aufmerksam macht. Wenn Sie sich vergegenwärtigen, in welcher Gefahr das Kind möglicherweise schwebt, sind Sie da nicht geradezu verpflichtet, sich einzuschalten? Und läge Ihnen nicht auch daran, dass jemand ein Auge auf Ihr Kind hat?

Peter Banks, ehemaliger Polizeibeamter und Detektiv, bringt es auf den Punkt: »Es kann nie ein Fehler sein, wenn man in gutem Glauben interveniert.«

Die Gesellschaft ist heute gewalttätiger als früher. Meinungsverschiedenheiten werden mit Messern und Pistolen statt mit den Fäusten ausgetragen. Ein schreiendes Kind in der Wohnung nebenan, Mutter und Kind übersät mit blauen Flecken, nährt in uns den Verdacht, dass in dieser Familie etwas nicht mit rechten Dingen zugeht. Manche Leute meinen, es läge in der Natur des Menschen, sich herauszuhalten. Ich halte dies für Selbstschutz, hinter dem die Frage steht: Was ist, wenn der Mann nebenan seine Wut an *mir* abreagiert, weil ich mich eingemischt habe? Es sollte in der Natur der Menschen liegen, einander zu schützen, insbesondere jenen beizustehen, die sich nicht selbst schützen können.

Peter Banks hat uns von einem Vorfall während seiner Dienstzeit im District of Columbia erzählt. Ein Kollege hatte einen Anruf entgegengenommen und den Teilnehmer gefragt: »Weshalb melden Sie sich jetzt bei uns? Was sollen wir Ihrer Meinung nach tun?«

Daraufhin schaltete sich Banks ein. Die Anruferin berichtete von einem mysteriösen Vorfall, in den eine Nachbarin verwickelt war. Sie hatte spätnachts das kleine siebenjährige Mädchen in der Nachbarwohnung weinen und stöhnen gehört und sich Sorgen gemacht, was wohl geschehen sein mochte. Aber da das Mädchen bei ihrer Großmutter wohnte und die Frau den beiden keine Scherereien bereiten wollte, hatte sie die Polizei nicht informiert.

Aber die Sache ließ der Frau keine Ruhe. Wenn nun der Kleinen nebenan etwas zustieße und sie nichts unternähme, um ihr zu helfen? Nach ein paar Tagen meldete sie den Vorfall bei der Polizei. Die Wohnung wurde durchsucht, aber nichts Verdächtiges gefunden. Als die Frau noch einmal anrief, wurde Banks aufmerksam. Sie wusste, dass die Polizei nichts Auffälliges hatte feststellen können, aber die Frau war immer noch in großer Sorge um das Mädchen.

Banks war fassungslos – da war jemand, der aus Angst um einen anderen Menschen nicht lockerließ, und die Polizei versuchte ihn abzuwimmeln. Erneut schickte er Beamte los, und es stellte sich heraus, dass er richtig gehandelt hatte. Die Kleine war ein ungewolltes Kind. Als Baby war sie zunächst im Krankenhaus versorgt worden, später kam sie in ein Pflegeheim. Dann lebte sie bei ihrer Großmutter mütterlicherseits, die sie misshandelte, woraufhin sie erneut in einem Heim untergebracht wurde. Schließlich nahm die Großmutter väterlicherseits sie bei sich auf, die Nachbarin der Anruferin. Die Großmutter musste tagsüber und auch abends arbeiten, um finanziell über die Runden zu kommen. Als sie in jener Nacht um zwölf nach Hause kam, fand sie einen Zettel von der Lehrerin des Mädchens vor mit der Benachrichtigung, das Kind hätte die Hausaufgaben nicht gemacht. Vollkommen erschöpft und außer sich schlug sie auf ihre Enkelin mit einem Sprungseil ein. Als der Beamte das Kind untersuchte, entdeckte er auf dem Rücken, am Gesäß und an den Beinen des Mädchens rote Flecke und Blutergüsse, die augenscheinlich nicht von einer einmaligen Züchtigung stammten.

Weshalb war der Polizei bei der ersten Durchsuchung nichts aufgefallen? Erstens waren die Beamten wahrscheinlich nicht besonders gründlich vorgegangen. Zweitens nahm die Kleine die Schläge vermutlich »ohne Petzen« in Kauf, um nicht wieder fortzumüssen. Sie hatte bisher nie ein festes Zuhause gehabt und bei so vielen verschiedenen Menschen leben müssen, dass sie sich kaum mehr an deren Namen erinnern konnte. Da sie hier nun bereitwillig von der Großmutter aufgenommen worden war, sollte die Polizei auf keinen Fall herausfinden, welcher Pein sie ausgesetzt war, sonst würde man sie erneut fortschicken.

Sie wollte bei der Großmutter bleiben, und die Großmutter bemühte sich nach allen Kräften, weil auch sie das Kind behalten wollte. Ist sie ein schlechter Mensch? Bereitete es ihr Spaß, Kindern Schmerzen zuzufügen? Nein, natürlich nicht. Sie arbeitete 16 Stunden pro Tag und strafte das Mädchen hauptsächlich aus ihrer eigenen inneren Unzufriedenheit heraus. Das war ihre Art, die Situation zu bewältigen. Die Behörden stellten der Kleinen einen Betreuer zur Seite, der sich um die schulischen Angelegenheiten kümmern sollte, und unterstützten auch die Großmutter, um ihr und der Enkelin ein harmonischeres Zusammenleben zu ermöglichen. Und es gelang. Doch dazu wäre es nie gekommen, wenn sich nicht die Nachbarin eingeschaltet hätte und nicht so hartnäckig geblieben wäre, obwohl es schien, als wollte sich die Polizei der Sache nicht annehmen. Die Frau hat auf diese Weise verhindert, dass dieses Kind womöglich in irgendeiner Statistik auftauchte; und das Kind wäre mit Sicherheit auf sein späteres Leben weniger gut vorbereitet gewesen. Wir lernen daraus, dass man sich niemals zurückhalten darf. Haben Sie das Gefühl, dass etwas nicht stimmt, rufen Sie immer wieder an, vielleicht auch bei anderen Stellen, so lange, bis Sie sicher wissen, dass dem Kind geholfen wird. Und wenn Sie sich unschlüssig sind, denken Sie an Valerie Smelser, die erst brutal misshandelt und später von ihrer leiblichen Mutter Wanda und deren Lebensgefährten umgebracht worden ist.

Oder denken Sie an das kleine außergewöhnliche Mädchen, das ohne Dach über dem Kopf und drogenabhängig auf die Welt kam, weil ihre Mutter während der Schwangerschaft Kokain genommen hatte. Die Geschichte der kleinen Elisa Izquierdo ist unvorstellbar: Auf der einen Seite erfuhr sie die abgöttische Liebe und Fürsorge ihres sterbenskranken Vaters, auf der anderen Seite durchlitt sie Zeiten unbeschreiblicher Misshandlung durch die verwirrte Mutter und deren bösartigen Mann.

Als Elisa im Februar 1989 im Woodhull Hospital in New York City zur Welt kam, informierten Sozialarbeiter die Kinderfürsorge über den Zustand des Babys. Dem Vater, der als Koch in dem Obdachlosenheim arbeitete, in dem die Mutter zeitweilig wohnte, wurde unverzüglich das Sorgerecht übertragen. Obgleich Gustavo Izquierdo zu jenem Zeitpunkt nicht gerade auf Vaterpflichten eingestellt war, fand er offensichtlich

Gefallen daran und nahm die neue Verantwortung sehr ernst. Er trat der Elternvertretung des YWCA (Young Women's Christian Association) bei und meldete die einjährige Elisa in der dem YWCA angegliederten Montessori-Tagesstätte an. Er kämmte ihr das Haar, bügelte ihre Kleider und mietete zu ihrer Taufe einen großen Saal. Da Izquierdo Krebs hatte, war er aber bereits bald nicht mehr in der Lage, die Gebühren zu bezahlen. Da Elisa ein so begabtes Persönchen war, setzten sich ihre Betreuer und die Leiterin für sie ein und stellten sie Prinz Michael von Griechenland vor, dem Schirmherrn der Montessori-Kinderstätten. Er war von dem intelligenten, lebendigen und hübschen Mädchen so entzückt, dass er sich verpflichtete, die Kosten für Elisas Schulausbildung an der privaten Brooklyn Friends School bis zur zwölften Klasse zu übernehmen.

Doch neben dieser glücklichen Fügung gab es auch eine Schattenseite in Elisas Leben. Ihre Mutter, die unterdessen den Wartungsmonteur Carlos Lopez geheiratet und mit ihm einige Kinder hatte, kämpfte erfolgreich um das Besuchsrecht. Sozialarbeiter verbürgten sich 1990 für Awilda Lopez: Sie nahm keine Drogen mehr, war sesshaft geworden und hatte einen Mann, der die Familie ernähren konnte. Das Ehepaar bot an, sich in unregelmäßigen Abständen einem Drogentest zu unterziehen. Im folgenden Jahr besuchte Elisa sie ohne Aufsichtsperson.

Die Erwachsenen in Elisas Umfeld gerieten in Sorge, als das Mädchen klagte, ihre Mutter habe sie geschlagen und in einen Schrank gesperrt. Ihr Vater erzählte einem Nachbarn von Elisas Albträumen und Bettnässen. Schnitte und blaue Flecke an ihrer Vagina bewiesen sexuellen Missbrauch. Die Leiterin des Montessori-Kindergartens berichtete der Zeitschrift *TIME*, sie hätte das Brooklyn Bureau of Community Services informiert und über eine Hotline ihren Verdacht geäußert. Elisas Vater reichte beim Familiengericht eine Petition zum Entzug des Besuchsrechts der Mutter ein. 1993 besorgte Gustavo Izquierdo Flugtickets in seine Heimat Kuba – möglicherweise ein verzweifelter Versuch, seine Tochter vor den Personen zu schützen, von denen sie gequält wurde. Bevor er jedoch die Reise antreten konnte, besiegte ihn der Krebs. Er starb im Mai 1993.

Elisas Mutter beantragte nach dem Tod des Vaters das ständige Sorgerecht für ihre Tochter, das ihr auch eingeräumt wurde. Gustavo Izquierdos

Cousine Elsa Canizares sowie Betreuer, die Schulleiterin von Montessori und selbst Prinz Michael fochten den Entscheid an, unterlagen jedoch Awilda Lopez' starken Fürsprechern. Die Jugendfürsorgebehörde begründete ihre Unterstützung damit, dass sie sich ein Jahr lang ein Bild von der Familie habe machen können. Lopez' Anwalt von der Rechtshilfe berief sich auf die Erklärung seiner Sozialhelfer, nach deren Aussage Elisa und ihre Geschwister mit ihrer Mutter glücklich zusammenlebten. Außerdem hatte sich Elisas Mutter durchgesetzt und erhielt nun finanzielle Hilfe über eine aus Bundesmitteln finanzierte Initiative zur Unterstützung Bedürftiger, genannt Project Chance. Trotz vereinzelter Drogenrückfälle nahm auch Awilda Lopez an Elterngruppen teil und schien entschlossen, Ordnung in ihr Leben zu bringen.

Entweder hatte niemand die Sachlage gründlich geprüft, oder das Ehepaar Lopez hatte es hervorragend verstanden, den zuständigen Behörden vorzugaukeln, dass es auf dem Weg zu einer Musterfamilie war. Elisa wurde jedenfalls gezwungen, in eine Umgebung zurückzukehren, die mehr als problematisch war. Abgesehen von den zurückliegenden Problemen der Mutter, hatte auch Lopez bereits eine Vorstrafe wegen physischer Gewalt in der Familie. Anfang 1992, einen Monat nach der Geburt der gemeinsamen zweiten Tochter, zog er vor den Augen von Elisa, die auf Wochenendbesuch war, sein Taschenmesser heraus und fügte seiner Frau zahlreiche Stichwunden zu. Elisas Mutter verbrachte drei Tage im Krankenhaus, Lopez zwei Monate im Gefängnis.

Mit ohnehin bereits fünf Kindern waren die Mittel mehr als knapp, und der Geduldsfaden riss oft. Wer weiß, was in dem Kopf des einsamen kleinen Mädchens vor sich ging, das immer noch nach dem Sinn des Todes seines geliebten Papas suchte. Wie beängstigend musste es für sie gewesen sein, als sie ihn verlor und künftig bei den Erwachsenen leben musste, vor denen sie sich so fürchtete, dass selbst die Wochenendbesuche bei ihnen für sie Albträume gewesen waren.

Im September 1994 verlor Elisa ihren letzten Zufluchtsort: Die Mutter nahm sie aus der Montessori-Vorschule und meldete sie in einer staatlichen Schule an. Schon bald wurde die Jugendfürsorge in Manhattan informiert, dass Elisa häufig mit blauen Flecken in die Schule kam und offensichtlich nur unter Schwierigkeiten laufen konnte. Die Schule erhielt zur Antwort, die Beweismittel seien zu unzureichend, um den Verdachtsmomenten nachzugehen. Schließlich dämmerte es Lopez' Protektoren vom Project Chance. Laut *TIME* setzte sich Bart O'Connor, der Vorsitzende des Project Chance, mit dem für Elisa zuständigen Sozialhelfer von der Jugendfürsorge in Verbindung, der ihm entgegnete, er hätte »zu viel zu tun«, um der Sache nachzugehen. Doch auch O'Connor verlor allmählich den Kontakt zu der Familie, die ihm wie auch anderen aus dem Weg ging, die ihnen das Kind wegzunehmen drohten.

Am 22. November 1995, einen Tag vor dem Thanksgiving Day, brachte Awilda dem Mädchen die tödlichen Schläge bei. Die *New York Times* zitierte Elisas Tante, die mit ihrer Schwester in jener Nacht ein furchterregendes Telefongespräch geführt hatte. Lopez hatte ihr berichtet, das Mädchen würde weder essen noch trinken, wäre nicht auf die Toilette gegangen und läge »wie geistig behindert auf dem Bett«. Am folgenden Tag wandte sich Lopez an eine Nachbarin, die den Tod des Mädchens feststellte. Auch daraufhin reagierte die Mutter völlig ungewöhnlich. Anfangs weigerte sie sich, die Polizei zu rufen, dann stieg sie auf das Dach des Apartmenthauses und drohte hinunterzuspringen.

Ein Lieutenant des New Yorker Polizeidezernats bezeichnete Elisas Tod als das schlimmste Missbrauchsverbrechen, dem er je begegnet sei. Die Mutter hatte eingestanden, das Kind gegen eine Betonwand geschleudert zu haben. Außerdem musste Elisa ihre Exkremente essen und mit dem Mund den Fußboden putzen. Polizeiermittler berichteten von blauen Flecken, Spuren von Schlägen und anderen Verletzungen, mit denen Elisas Körper übersät gewesen sei. Auch sei sie mit einer Haar- und Zahnbürste sexuell missbraucht worden. Den Nachbarn zufolge, von denen viele behaupteten, sie hätten Kontakt zu Kinderschutzverbänden aufzunehmen versucht, war Elisas Mutter erneut auf Drogen und hatte sogar ein Dreirad verkaufen wollen, um Geld für mehr Crack aufzubringen. Sie hatten gehört, wie das Kind die Mutter angefleht hatte aufzuhören, doch Awilda glaubte fest, der Vater hätte einen »Fluch« auf das Kind gelegt, den sie »austreiben« müsse.

Da die Akten des Jugendfürsorgeamtes in New York vertraulich sind, werden wir nie in Erfahrung bringen, wie viele Menschen Elisa hatten retten wollen und wie und wo das System versagt hat. Polizeiliche Untersuchungen von Missbrauchsvergehen können manchmal eine undankbare, deprimierende und oftmals gefährliche Aufgabe sein. Während die Zahl der gemeldeten Fälle von Kinderschändung steigt – laut gesicherten Zahlen zwischen 1988 und 1993 um 25 Prozent –, sinkt aufgrund von Haushaltskürzungen die Anzahl der Sozialhelfer im Bereich der Jugendfürsorge. Doch Kinder benötigen unseren Schutz mehr denn je. Wenn Sie den Eindruck haben, ein Kind wird missbraucht, vernachlässigt oder befindet sich in Gefahr, versuchen Sie, so lange jemanden telefonisch zu erreichen, bis Sie Hilfe finden. Sicher erwarten Sie das Gleiche, wenn Ihrem Kind etwas zustieße und Sie nicht greifbar wären. Wenn Sie Repressalien gegen Ihre Person befürchten, wählen Sie eine der Notrufnummern, unter denen Sie Ihren Verdacht anonym äußern können.

Welche legalen Mittel wir auch anwenden, wir müssen zur Gegenwehr schreiten.

In einem Artikel der Zeitschrift *Parade* bemerkte Prinz Michael traurig, er und andere hätten trotz ihrer Bedenken gegenüber Elisas Mutter stets den Gesetzen vertraut. Gesetze können Menschen in der Tat schützen, aber zuvor muss man den Behörden einen Gesetzesverstoß zur Kenntnis bringen.

Die Kinder in Ihrer Familie sollen wissen, wie viel Ihnen daran liegt, dass sie sich beschützt wissen und glücklich sind. Wie naiv es auch klingen mag, aber Sätze wie »Ich liebe dich« und »Ich bin stolz auf dich« können zur Stärkung der Kinder gegenüber verbrecherischen Personen beitragen – angefangen bei Kinderschändern bis hin zu Gleichaltrigen, die zum Drogen- und Alkoholkonsum anstiften wollen. Die Zuversicht und Selbstsicherheit unserer Kinder und unsere Fürsorge und Unterstützung bilden zusammen einen guten Schutzschild.

Auf den folgenden Seiten drucken wir einige wichtige Richtlinien zum Schutz der Kinder ab. Unser Dank gilt allen Beteiligten, die Zeit und Energie darauf verwendet haben, diese Regeln zu formulieren.

8 Regeln für meine eigene Sicherheit

1. Bevor ich weggehe, gebe ich meinen Eltern oder der entsprechenden verantwortlichen Person immer BESCHEID. Ich sage, wohin ich gehe, wie ich dorthin gelange, wer mich begleitet und wann ich wieder zu Hause bin.
2. Bevor ich in ein Auto steige oder mit jemandem weggehe, FRAGE ich meine Eltern um Erlaubnis, auch wenn es sich um eine mir bekannte Person handelt. Bevor ich Geld, Geschenke oder Drogen annehme, FRAGE ich meine Eltern.
3. Es ist weniger gefährlich, wenn ich mit anderen zusammen irgendwohin gehe oder draußen spiele. Ich halte mich an die KUMPEL-REGEL.
4. Ich sage NEIN, wenn jemand mich auf eine Art berühren möchte, die mir Angst macht, bei der ich mich unbehaglich fühle oder die mich verwirrt. ICH LAUFE WEG und BERICHTE es einem Erwachsenen, dem ich vertraue.
5. Ich weiß, es TRIFFT MICH KEINE SCHULD, wenn mich jemand auf eine Art berührt, die nicht okay ist. Ich werde diese Berührungen nicht verschweigen, ich darf darüber sprechen, ganz gleich, was passiert ist.
6. Ich verlasse mich auf meine Gefühle und vertraue Erwachsenen die Probleme an, die ich nicht alleine lösen kann. Viele Menschen sorgen sich um mich, hören mir zu und glauben mir. Ich bin nicht allein.
7. Es ist nie zu spät, sich Hilfe zu holen. Ich kann so lange fragen, bis mir jemand hilft.
8. Ich bin etwas BESONDERES und habe Anspruch darauf, mich sicher zu fühlen. Meine Regeln lauten:
   - Bescheid geben;
   - die Kumpelregel anwenden;
   - Nein sagen, weglaufen und berichten;
   - meinen Gefühlen vertrauen und mit Erwachsenen über meine Probleme und Ängste sprechen.

Maßnahmen zur Verhinderung von Kindesentführung und -ausbeutung

Informieren Sie sich stets über den Aufenthalt Ihrer Kinder. Lernen Sie die Freunde Ihrer Kinder und deren tägliche Aktivitäten kennen.

Achten Sie auf Veränderungen im Benehmen Ihrer Kinder. Sie sind ein Signal dafür, sich mit ihnen zusammenzusetzen und über die Gründe für ihre Veränderung zu reden.

Seien Sie wachsam gegenüber Teenagern oder Erwachsenen, die übermäßiges Interesse an Ihren Kindern zeigen oder ihnen unangemessene oder teure Geschenke machen.

Ermutigen Sie Ihre Kinder, ihren Gefühlen zu vertrauen, und bestärken Sie sie in ihrem Recht, NEIN zu sagen, wenn sie spüren, dass etwas falsch ist.

Achten Sie genau auf die Ängste Ihrer Kinder, und stärken Sie sie im Gespräch mit ihnen.

Erklären Sie Ihren Kindern, dass sich ihnen niemand auf eine Weise nähern oder sie berühren darf, die ihnen unangenehm ist. Geschieht es doch, sollen sie Sie unverzüglich davon unterrichten.

Sehen Sie sich Babysitter und andere Betreuungspersonen ganz genau an, ehe Sie ihnen Ihre Kinder anvertrauen.

Merkmale sexueller Ausbeutung

Sexuelle Ausbeutung darf nicht mit Körperkontakt als Ausdruck echter Zuneigung verwechselt werden. Eine warme und gesunde Beziehung kann bestehen, wenn Erwachsene das Kind respektieren und vernünftige Grenzen beim körperlichen Umgang miteinander ziehen.

Die sexuelle Belästigung eines Kindes ist häufig eine Wiederholungstat. Viele Kinder werden unzählige Male zum Opfer. Nach einem sexuellen Übergriff zeigt sich das Kind oft sehr verwirrt, unbehaglich und nicht willens, mit Eltern, Lehrern oder einer anderen Person über das Geschehene zu sprechen. Aber es wird darüber reden, wenn Sie in Ihrer Familie ein Umfeld des Vertrauens geschaffen haben und das Kind ohne Angst vor Anklage, Vorwürfen oder Schuld sprechen kann.

Eltern sollen wachsam gegenüber Anzeichen sein, die auf sexuellen Missbrauch hindeuten:

- Verändertes Verhalten, extreme Stimmungsschwankungen, Zurückgezogenheit, Ängstlichkeit oder auffallend häufiges Weinen
- Bettnässen, Albträume, Angst vor dem Zubettgehen oder andere Schlafstörungen
- Auffallende sexuelle Aktivität oder ungewöhnliches Interesse an Sexualität
- Plötzlicher Gefühlsüberschwang, aggressives oder rebellisches Verhalten
- Regression auf infantiles Verhalten
- Angst vor bestimmten Orten, Menschen oder Tätigkeiten. Furcht, mit bestimmten Personen allein zu sein. Kinder dürfen nicht gegen ihren Willen gezwungen werden, mit einem Erwachsenen oder Teenager Zärtlichkeiten auszutauschen. Ablehnung deutet möglicherweise auf ein Problem hin.
- Schmerz, Juckreiz, Blutungen, Ausfluss oder Wundsein der Geschlechtsorgane

Grundregeln zum Schutz der Kinder

Sobald Ihre Kinder in der Lage sind, einen Satz zu formulieren, können sie auch lernen, sich selbst vor Verführung und Ausbeutung zu schützen. Auf Folgendes sollte man Kinder hinweisen:

- Wenn du dich an einem öffentlichen Ort befindest und deine Eltern verlierst, gehe nicht umher, um sie zu suchen. Gehe sofort zu einer Kasse, ins Büro des Sicherheitsdienstes oder zur Information und erkläre der zuständigen Person, dass du deine Mama oder deinen Papa verloren hast und Hilfe brauchst, um sie wiederzufinden.
- Du darfst weder in ein Auto steigen noch mit jemandem mitgehen, es sei denn, deine Eltern haben ihr Einverständnis gegeben.

- Wenn dir jemand zu Fuß oder im Auto folgt, halte dich von ihm fern. Du brauchst nicht nahe an ein Auto heranzutreten, um mit den Insassen zu reden.
- Erwachsene und ältere Leute, die Hilfe benötigen, sollten keine Kinder darum bitten. Sie sollten sich an ältere Personen wenden.
- Niemand sollte dich nach dem Weg fragen oder dich bitten, nach einem entlaufenen Hündchen zu suchen. Und lass dir von keinem erzählen, dass deine Mutter oder dein Vater nicht kommen kann und er dich jetzt zu ihnen bringt.
- Wenn jemand dich in seine Gewalt bringen will, renn schnell weg und schreie oder rufe laut: »Der Mann/die Frau will mich mitnehmen!« Oder: »Diese Person ist nicht mein Vater/meine Mutter!«
- Denke an die Kumpelregel, und mache dich niemals allein auf den Weg.

ÜBERSICHT ALTER/FÄHIGKEITEN

Entwicklungsstufe/ Klasse	1. Schuljahr	2. Schuljahr
Kenntnis		
Telefon	Eigene Telefonnummer wissen	Sich im Notfall zu helfen wissen (Arbeitsstelle Eltern, Polizei, Feuerwehr, Nachbarn)
Adresse	Eigene Adresse wissen	Eigene Adresse wissen
Kumpelregel	Wissen, wie und bei welchem Anlass die KUMPELREGEL angewandt werden soll	Wissen, wie und bei welchem Anlass die KUMPELREGEL angewandt werden soll
Bescheid geben	Wissen, wann man BESCHEID GEBEN muss	Wissen, wann man BESCHEID GEBEN muss
Arten der Berührung	»Intime Körperteile« erkennen Unterscheiden können zwischen Berührungen, die »OKAY«, und solchen, die »NICHT OKAY« sind Unterscheiden können zwischen » GUTEN« und »SCHLECHTEN« Geheimnissen	»Intime Körperteile« erkennen Unterscheiden können zwischen Berührungen, die »OKAY«, und solchen, die »NICHT OKAY« sind Unterscheiden können zwischen »GUTEN« und »SCHLECHTEN« Geheimnissen
Neinsagen-Weglaufen-Berichten	Wissen, wie und wann die Regel NEINSAGEN-WEGLAUFEN-BERICHTEN angewandt werden muss	Übliche Tricks erkennen Wissen, wie man auf ungewollte Aufmerksamkeit seitens einer älteren Person reagieren soll
Sicherheitsregeln in unterschiedlichen Situationen	Sicherheitsstrategien in Geschäften Wissen, welche Menschen in einer Notsituation helfen können	Sicherheitsstrategien in fremder Wohngegend Wissen, welche Menschen in einer Notsituation helfen können

3. Schuljahr	4. Schuljahr	5. und 6. Schuljahr	Entwicklungsstufe/ Klasse
			Kenntnis
Ferngespräche führen können	Münzfernsprecher bedienen können für Stadt- und Ferngespräche und Notrufe	Sämtliche bisher gelernten Sicherheitsstrategien und Fähigkeiten werden überprüft und anhand diverser Übungsprogramme gefestigt	Telefon
Heimatstadt/ Bundesland auf der Landkarte erkennen können	Liste mit den wichtigsten persönlichen Merkmalen einer Person ausfüllen können		Adresse
KUMPELREGEL in unterschiedlichen Situationen anwenden können	KUMPELREGEL in unterschiedlichen Situationen anwenden können		Kumpelregel
Regel BESCHEID GEBEN in unterschiedlichen Situationen anwenden können	Regel BESCHEID GEBEN in unterschiedlichen Situationen anwenden können		Bescheid geben
Kenntnisse über »intime Körperteile« vertiefen Unterscheiden können zwischen Berührungen, die »OKAY«, und solchen, die »NICHT OKAY« sind Unterscheiden können zwischen »GUTEN« und »SCHLECHTEN« Geheimnissen	Kenntnisse über »intime Körperteile« vertiefen Berührungsarten wiederholen Unterscheiden können zwischen „GUTEN« und »SCHLECHTEN« Geheimnissen		Arten der Berührung
Übliche Tricks erkennen Wissen, wie man auf ungewollte Aufmerksamkeit seitens einer älteren Person reagieren soll NEINSAGEN-WEGLAUFEN-BERICHTEN in unterschiedlichen Situationen anwenden können	Übliche Tricks erkennen NEINSAGEN-WEGLAUFEN-BERICHTEN in unterschiedlichen Situationen anwenden können		Neinsagen-Weglaufen-Berichten
Sicherheitsstrategien, wenn man allein zu Hause ist Wissen, welche Menschen in einer Notsituation helfen können			Sicherheitsregeln in unterschiedlichen Situationen

KAPITEL SIEBEN

SUE BLUE

Auf den ersten Blick wusste John Albert Collins, genannt Jack, dass Gertrude Martinus die Frau seines Lebens war. Er lernte sie im Mai 1956 im White Cannon Inn, East Rockaway, Long Island, kennen. Gertrude oder Trudy, wie sie allgemein genannt wurde, besuchte eine Tanzveranstaltung des Young Republican Club. Jack Collins und sein Kumpel Ron White saßen in der Cocktail-Lounge und feierten ihre Entlassung aus der Navy. Sie ließen sich ein eiskaltes Heineken-Bier schmecken, als Trudy auf dem Weg zur Damentoilette an ihnen vorbeikam. Jacks Freund kannte Trudy, er sprach sie an und stellte sie Jack vor.

»Als sich unsere Blicke trafen«, sagte Jack, »sah ich tief in ihr Herz und verliebte mich unsterblich.«

Bei Trudy dauerte es etwas länger. Sie war an diesem Abend in Begleitung eines Mannes, dem die Aufmerksamkeit dieses anderen ganz und gar nicht gefallen hätte.

Doch Jack ließ nicht locker. Er erkundigte sich bei Ron nach ihrer Telefonnummer. Eine Woche später rief er an und lud sie ein, mit ihm auszugehen. Sie sagte zu. Bei diesem ersten Rendezvous fragte er sie, ob sie ihn heiraten wolle.

Ihre Eltern waren verständlicherweise skeptisch gegenüber diesem stürmischen jungen Mann, der sich den Sommer über als Aushilfsarbeiter – gelegentlich auch als Müllmann – bei der Stadtverwaltung von Lynbrook, Long Island, sein Geld verdiente. Da zählte es nicht viel, dass er im Herbst an der Graduate School an der Columbia University mit dem Studium der englischen Literaturwissenschaft anfangen wollte.

Aber eigentlich konnte Thomas Martinus, Bankrevisor von Beruf, wenig einwenden. Er hatte seiner Frau, Mamie Johanna Hotze, am dritten Tag, nachdem sie sich kennengelernt hatten, einen Heiratsantrag gemacht. Im Vergleich dazu war Jack Collins geradezu eine Schlafmütze. Trudys Vater starb im Juni 1994 – nach 68 Jahren Ehe mit Mamie.

Ob aus persönlicher Überzeugung oder göttlichem Ratschluss – Jack und Trudy Collins wussten genau, was sie wollten. Sie verlobten sich im August 1956 und heirateten im Dezember desselben Jahres. Ironischerweise hatten die Eltern die Tochter, als sie noch klein war, immer wieder ermahnt: »Streng dich an, sonst wirst du am Ende noch einen Müllmann heiraten.«

Nach einem Semester an der Columbia University kam Jack zu der Erkenntnis, dass eine Promotion im Fach Englisch nicht gerade der schnellste Weg war, bald jenes Leben führen zu können, das er sich für sich und Trudy erträumte. Sie hatte eine hervorragende Stelle als Sekretärin in der Rechtsabteilung der Firma Caltex – der California Texas Oil Company –, und in seinen Augen war es (entsprechend dem männlichen Lebensgefühl der Fünfzigerjahre) geradezu eine Beleidigung seiner Männlichkeit, dass eine Frau für seinen Unterhalt aufkommen musste. Deshalb hängte er sein Studium an den Nagel und suchte sich eine Stelle in der Abteilung Einkauf der großen internationalen Maschinenbau- und Konstruktionsfirma M. W. Kellogg. Nach einem Jahr stieg er zum Einkäufer auf und besuchte neben seiner Arbeit Abendkurse an der New York University im Fach Rechtswissenschaft.

Als er seinen Schwiegersohn näher kennenlernte, war Tom Martinus in ständiger Sorge, dass Jack als frommer Katholik ein Kind nach dem anderen zeugen und Trudy ihr Leben mit der Pflege einer Schar Kinder zubringen müsse. Doch nach sieben Jahren Ehe waren Jack und Trudy noch immer kinderlos. Unterdessen hatte Jack sein Jurastudium abgeschlossen und richtete seine beruflichen Ambitionen mehr auf den diplomatischen Dienst als auf eine Laufbahn als Geschäftsmann oder Jurist. Er nahm erfolgreich an der bekanntermaßen schwierigen Prüfung für den U.S. Foreign Service teil, und mit Trudy an seiner Seite wurde er am 2. Januar 1962 im diplomatischen Empfangssaal des State Department als Beamter im Auswärtigen Dienst feierlich vereidigt.

Sie lebten jetzt in einem Vorort von Washington und nahmen Kontakt mit der katholischen Wohlfahrtsbehörde von Northern Virginia auf, um ein Kind zu adoptieren. Weil aber Jack der katholischen und Trudy der Episkopalkirche angehörte, galt ihre Ehe als »Mischehe«, was bedeutete, dass man sie als ungeeignet für eine Adoption ansah. Die Adoptionsvermittlung der Episkopalkirche führte dasselbe Argument ins Feld. Doch der Kinderwunsch von Trudy und Jack war damit keineswegs erloschen.

Im August 1963 wurde Jack Vizekonsul im US-Generalkonsulat im syrischen Aleppo, wo er für konsularische und wirtschaftliche Angelegenheiten verantwortlich war. Er hatte von einem Waisenhaus namens Crèche (Krippe) in Beirut gehört, der Hauptstadt des benachbarten Libanon, wo angeblich leicht ein Kind zur Adoption zu bekommen war.

Da Jack durch berufliche Verpflichtungen in Aleppo gebunden war, reiste Trudy zunächst allein nach Beirut. Die Crèche wurde von den Barmherzigen Schwestern geleitet, einem französischen religiösen Orden. Man führte Trudy in einen Raum mit rund 30 Bettchen, in denen Neugeborene und Babys bis zum Alter von neun Monaten lagen. Genau zu dieser Zeit fand in Syrien ein Putschversuch statt, die Grenzen wurden geschlossen, die Telefonverbindungen unterbrochen. Als versierte Diplomatengattin wartete Trudy ab, bis die politische Krise vorüber war, dann rief sie Jack in Syrien an und erklärte ihm: »Ich glaube, wir haben ein Kind gefunden.«

Genaueres wollte sie Jack nicht verraten. Sobald die Grenzen wieder geöffnet waren, brach Jack zu der 500 Kilometer langen Reise in den Libanon auf – zunächst fuhr er Richtung Süden nach Homs, dann nach Westen in Richtung Mittelmeerküste und anschließend erneut nach Süden. In Beirut traf er sich mit Trudy, und gemeinsam besuchten sie das Waisenhaus. Trudy und die Heimleiterin führten Jack in den Saal, den Trudy bereits kannte. Er ging von Bettchen zu Bettchen und betrachtete jedes Kind sehr genau. Am Ende seines Rundgangs zeigte er Trudy, für welches Kind er sich entschieden hatte.

»Ich glaube, seine Augen haben es mir angetan«, sagte Jack.

Es war auch Trudys Wahl gewesen – ein hübscher kleiner dunkelhaariger, sechs Monate alter Junge mit dunklen Augen. Die Leiterin meinte, sie könnten das Kind gleich mitnehmen, während die Schwestern in den nächsten Tagen den Papierkram erledigten. Am 25. August war der Kleine offiziell »ihr« Kind. Die Schwestern hatten ihn Robert Raja Rabeh genannt, Jack und Trudy hatten zunächst den Namen Thomas für ihn ausgesucht – nach Trudys Vater –, kamen aber nach nüchterner Überlegung zu dem Schluss, dass man ihn dann Tom Collins nennen würde, ein Spitzname, mit dem man kein Kind belasten sollte; und so entschieden sie sich schließlich für Stephen Thomas Collins.

Als Stephen eineinhalb Jahre alt war, kehrten sie in die Vereinigten Staaten zurück, und am 9. November 1964 wurde er im Federal Courthouse in Lower Manhattan zusammen mit einer ganzen Reihe frischgebackener amerikanischer Staatsbürger aus der ganzen Welt eingebürgert. Als die Reihe an ihm war, den Schwur auf sein neues Land zu leisten, hob Trudy auch die rechte Hand des Kleinen hoch. Einen Monat später flogen die drei nach Schweden, wo Jack an der US-Botschaft in Stockholm seinen Dienst antrat. Diesmal reiste der kleine Stephen mit einem amerikanischen Diplomatenpass.

In Stockholm war Jack stellvertretender Botschaftsattaché für den Bereich Wissenschaft. Bald nach ihrer Ankunft in Schweden spielten er und Trudy ernsthaft mit dem Gedanken, ein zweites Kind zu adoptieren. Sie wandten sich an das Waisenhaus in Beirut und fragten an, ob sie diesmal ein Mädchen adoptieren könnten. Aber aus verschiedenen Gründen war kein Mädchen in der gewünschten Altersgruppe verfügbar, und so beschlossen sie, noch eine Weile zu warten.

Als sie Ende 1966 in die Vereinigten Staaten zurückkehrten und eine Wohnung in Alexandria, Virginia, bezogen, hatten sie immer noch kein zweites Kind gefunden. Im März 1967 besuchte Jack eines Sonntags den Gottesdienst in der Blessed Sacrament Church und entdeckte im Pfarrblatt eine Notiz: Die katholische Wohlfahrtsbehörde hatte ihre Adoptionsvorschriften inzwischen geändert und verlangte jetzt nur noch, dass ein Elternteil katholisch sein müsse. Aufgeregt lief er nach Hause und teilte Trudy die Neuigkeit mit. Schon am Tag darauf stellten sie erneut einen Antrag. Es folgte ein kompliziertes Hin und Her von Befragungen und Hausbesuchen; ihre Erziehung von Stephen, der inzwischen schon laufen konnte, wurde bis ins kleinste Detail durchleuchtet.

Im Sommer erhielten Jack und Trudy einen Anruf von der Adoptionsstelle, die ihnen mitteilte, sie hätten möglicherweise das richtige Mädchen für sie.

Das Kind war ein Jahr alt. Ihr Taufname lautete Regina Celeste, was der Adoptionsstelle zufolge Himmelskönigin hieß, aber sie wurde allgemein nur Gina genannt. Als Jack und Trudy sie zum ersten Mal sahen, fanden sie die Kleine – mit Trudys Worten – »herzallerliebst«, obwohl es – das mussten sie zugeben – nicht ihr bester Tag war. Sie hatte eine starke Erkältung, ihr lief die Nase, und sie weinte unablässig. Auch war ihr rechter Fuß von Geburt an einwärts gedreht, und sie musste deshalb nachts mit einer Sichelfußschiene schlafen, die an beiden Fußknöcheln befestigt war, um die Unterschenkel auseinanderzudrücken – ein Gerät, das aussah wie ein mittelalterliches Folterinstrument. Davon abgesehen war sie ein entzückendes Kind, mit schönem blonden Haar und glänzender Haut. Sechs bis acht Monate später konnte die Schiene abgenommen werden, doch musste das Mädchen bis zum Alter von fünf Jahren orthopädische Schuhe tragen. Das Problem mit den Füßen hatte sich aber offenbar tief bei ihr eingeprägt, denn als sie älter wurde, trieb sie wie besessen Sport und Leichtathletik, bevorzugt Disziplinen, bei denen man viel laufen musste.

Ihr äußeres Erscheinungsbild strafte ihre bis dahin eher leidvolle Lebensgeschichte Lügen. Im Laufe ihres ersten Lebensjahres war sie in mindestens drei Pflegefamilien gewesen. Ihre leibliche Mutter, die jung und unverheiratet war, hatte sie weggegeben in der Hoffnung, ihr dadurch ein besseres Leben zu ermöglichen. Zunächst war die Kleine in der Obhut einer Militärfamilie gewesen, als diese aber versetzt wurde, hatte das ein Ende. Mit der nächsten Familie war die Vermittlungsbehörde unzufrieden. Es bestand der Verdacht, dass die Kleine schlecht behandelt wurde, woraufhin man sie zurückholte. Als Jack und Trudy sie kennenlernten und sich für sie begeisterten, hatte sie gerade eine dritte Pflegefamilie hinter sich. Sie beschlossen, ihr den Namen Suzanne Marie zu geben, Marie zu Ehren von Trudys Mutter Mamie. Damit Stephen sich nicht zurückgesetzt fühlte, versicherten sie ihm, dass sie speziell ihn als ihr Kind ausgewählt hatten, dass er für sie etwas ganz Besonderes sei und dass er jetzt ein Schwesterchen bekommen werde, das ebenfalls etwas ganz Besonderes sei.

Sie nahmen Stephen mit, als sie Suzanne abholten. »Wir hegten die Erwartung, dass alles ganz nach Plan verlaufen würde«, erinnerte sich Jack, »wir hatten uns ausgemalt, ein Mädchen wiederzusehen, das mir oder Trudy freudig entgegenlaufen würde. Stattdessen wich sie zurück, als wir auf sie zugingen, und fing an zu weinen. Wir machten noch einen Schritt auf sie zu, und sie wich einen weiteren Schritt zurück und weinte noch heftiger. Als jedoch Stephen sich ihr näherte, torkelte sie ihm auf unsicheren Beinchen entgegen und umarmte ihn. Ich glaube, von diesem Augenblick an waren sie ein Herz und eine Seele.«

»Nach allem, was sie durchgemacht hatte«, fügte Trudy hinzu, »hatte sie Angst vor Erwachsenen, und ich denke, sie war erleichtert, jemandem gegenüberzustehen, der ihr größenmäßig in etwa entsprach.«

Als sie mit Suzanne zum Auto hinausgingen, schluchzte und weinte sie immer noch, denn schon wieder wurde sie von einer neuen Familie mitgenommen. Aber Stephen nahm sie in die Arme und sagte: »Alles wird gut, Suzanne. Wein doch nicht. Du gehörst zu uns, und wir gehören zu dir.« Da hörte sie auf zu weinen.

Doch im Auto weinte sie wieder. Stephen flüsterte ihr etwas zu, und sie ließ das Weinen. Das ging mehrmals so auf dem Nachhauseweg, und jedes Mal wisperte ihr Stephen etwas ins Ohr, und die Tränen versiegten. Trudy und Jack haben nie erfahren, was er zu ihr gesagt hatte, aber Trudy wandte sich ihrem Mann zu und meinte: »Stephen hat die Sache im Griff.«

Zu Hause war es Stephen, der ihr ihr Zimmer und ihr Bettchen zeigte. Er erklärte ihr alles, was sie zu tun hätte. Suzanne betrachtete Stephen als Leitfigur und vergötterte ihn von dem Augenblick an. Trudy erinnerte sich: »Ich dachte: ›Mit diesem Kind stimmt etwas nicht. Es ist nicht normal.‹ Es war zu gefügig. Doch dann riefen wir uns in Erinnerung, dass sie nach allem, was sie bisher erlebt hatte, ja gar nicht sicher sein konnte, ob sie wirklich hierblieb. Stephen redete viel mit ihr, und als sie schließlich die Überzeugung gewann, dass dies für immer ihr Zuhause war, wurde sie ein normales Kind.«

Trudy begann an ihrer Tochter Eigenschaften zu entdecken, die sich auch bei der Heranwachsenden nicht mehr änderten. Sie war hübsch, blond, mit blaugrünen Augen, sehr liebenswürdig und immer mit mehreren Dingen gleichzeitig beschäftigt. »Ein echter Zwilling«, meinte Trudy, die etwas an Astrologie glaubt.

Der Schwung und die Vielseitigkeit des Mädchens zeigten sich auf vielerlei Art und Weise. Als Baby hatte sie so gut wie immer einen Schnuller im Mund. Jack vermutet, diese Gewohnheit stammte aus der Zeit bei ihren vorigen Pflegefamilien. Als Suzanne knapp zwei Jahre alt war, fuhren die Collins zu einem Kurzurlaub nach Bethany Beach, Delaware. Irgendwie musste es Suzanne gelungen sein, das hintere Fenster herunterzukurbeln. Auf einmal rief Stephen: »Mommy! Daddy! Suzanne hat ihren Schnuller verloren!«

Wir müssen ihn holen, dachte Trudy, aber Jack sagte: »Unmöglich, ich kann hier nicht anhalten.«

Suzanne meinte, sie käme jetzt auch gut ohne den Schnuller zurecht. Tief beeindruckt erwiderte Trudy: »Suzanne, jetzt bist du groß geworden, du bist jetzt ein erwachsenes Mädchen und brauchst keinen Schnuller mehr.«

»Und so war es«, fügte Jack hinzu. »Sie hat nie wieder einen Schnuller gebraucht.«

Für Suzanne war das Leben ein aufregendes Abenteuer. Hatte sie sich einmal etwas in den Kopf gesetzt, beharrte sie darauf und war durch keinen Ratschlag, keine Warnung und keine Drohung davon abzubringen. Schon als ganz kleines Mädchen hatte Suzanne Marie Collins ihre ganz persönliche Tagesordnung. Und daran änderte sich nichts.

Eine weitere Konstante war ihre unerschütterliche Zuneigung zu ihrem großen Bruder. Auch als der vierjährige Stephen es sich sehr genau überlegte, welche Vorzüge es tatsächlich hatte, Mom und Dad mit dem Schwesterchen teilen zu müssen, und er sich manchmal weigerte, sein Spielzeug herzugeben und mit Suzanne zu spielen – ihre Zuneigung zu ihm geriet durch nichts ins Wanken.

Die beiden Kinder waren grundverschieden – hier der gefühlsbetonte, dunkle, hübsche kleine Junge mit dem intensiven Blick, da das blonde und verschmuste, püppchenhafte Schwesterchen. Stephen war hyperaktiv, ein richtiger Wirbelwind, der immer den Ton angeben und eigensinnig seinen Kopf durchsetzen wollte. Suzanne war gelassener, süß und bezaubernd, glücklich, am Leben zu sein und in einer stabilen, liebevollen Familie aufzuwachsen. Auch Suzanne war eigenwillig, aber sie spürte instinktiv, wie sie auf Umwegen das bekommen konnte, was sie wollte, statt mit dem Kopf durch die Wand zu gehen. Oder, wie es Stephen kürzlich ausdrückte, er war eher ausgelassen und gefühlsbetont wie die Mutter, sie ruhiger und gelassener wie der Vater.

Der Vater war von seiner Tochter hingerissen. Schon früh zeigte sich, dass Blau Suzannes Lieblingsfarbe war. Als Jack dies entdeckte, nannte er sie Blue Bell. In einem bestimmten Licht erinnerten ihn ihre Augen an die Farbe des Himmels. Manchmal sagte er auch einfach nur Belle. Trudy nannte sie Sue Blue. Suzanne mochte alle diese Spitznamen. Für den ernsthaften Bruder blieb sie weiterhin Suzanne.

Von Anfang an zeigte sich, dass Neugier und Unabhängigkeitsdrang bestimmende Charakterzüge Suzannes waren. Sie hatte gelernt, wie sie ihr Bettchen hin- und herschaukeln musste, damit es sich von seinem Platz wegbewegte, manchmal sogar bis zum Regal, in dem Jack seine juristischen Bücher stehen hatte; mehr als einmal kletterte sie daran hoch. Bei einem Familienausflug nach Chicago – sie war drei Jahre alt – lief sie einfach los, als sie irgendwo in weiter Ferne eine Schaukel sah. Außer sich vor Entsetzen eilte Trudy herbei, doch Suzanne spielte dort seelenruhig mit fünf anderen Kindern.

»Es wäre ihr nie eingefallen, sich nach uns umzudrehen«, sagte Trudy. »Sie hatte keine Angst. Ich weiß nicht, ob Stephen ein besseres Benehmen hatte als sie; ich glaube, er hatte einfach wohlbegründete Ängste, die ihn vor Schwierigkeiten schützten.«

Als Stephen in der Grundschule und die fünfjährige Suzanne in der Vorschule war, zog die Familie nach Saloniki in Nordgriechenland. Für beide Kinder war dies ein großes Erlebnis. Stephen hatte noch undeutliche

Erinnerungen an Schweden, aber für Suzanne war eine neue Umgebung etwas gänzlich Unbekanntes und Aufregendes.

Bevor Jack seine Stelle in der politischen Abteilung des US-Generalkonsulats in Saloniki antrat, musste er einen einwöchigen Vorbereitungskurs in Athen absolvieren, und während dieser Zeit war die Familie im vornehmen King's Palace Hotel untergebracht. Nach einer kurzen Ruhepause nach dem neunstündigen Flug war Zeit zum Zähneputzen, Gesicht- und Händewaschen.

Suzanne wurde als Erste ins Bad geschickt. Nach geraumer Zeit rief Trudy: »Suzanne, alles in Ordnung?«

»Ja, ja, Mommy«, versicherte das Kind.

»Ich höre, dass das Wasser läuft. Bist du denn noch nicht fertig?«

»Doch«, erwiderte sie. »Mit dem Zähneputzen.«

»Dann mach doch die Tür auf.«

Suzanne hatte entdeckt, dass der Verschluss der amerikanischen Zahncremetube ganz genau in das Abflussloch des griechischen Waschbeckens passte. Und als das Becken mit Wasser gefüllt war, beobachtete sie fasziniert, wie es sich über den Beckenrand auf den Fußboden ergoss – ein eindrucksvolles Schauspiel.

Anschließend begab sich die ganze Familie zum Abendessen ins Restaurant auf der Dachterrasse des Hotels, das einen wunderbaren Blick auf die vom Flutlicht angestrahlte Akropolis bot. Jack ging die Speisekarte durch und sagte den Kindern auf Englisch, was es zu essen gab, worauf die beiden mit ungläubigem Blick fragten: »Was! Es gibt keine Hamburger hier?«

Wenig später gingen auf der Terrasse plötzlich die Lichter aus. Das Chaos brach aus, Kellner stießen mit ihren Tabletts zusammen. Auf das Schlimmste gefasst, fragte Trudy: »Suzanne, hast du da etwas in der Hand?«

»Ja, Mommy«, antwortete sie.

»Gibst du es mir bitte?« Wie sich herausstellte, war es der Lichtstecker. »Sie wollte nur mal ausprobieren, was er für eine Funktion hatte«, erklärte Trudy.

Zu allem Unglück war ihr Tischkellner derselbe, der den Stöpsel aus dem Waschbecken im überfluteten Badezimmer hatte entfernen müssen.

Ihr Zimmer lag im dritten Stock des Hotels. Am folgenden Tag sagte Stephen zu Trudy: »Mom, sie steigt da rauf!« Sie blickte auf und sah Suzanne, wie sie eben auf das Balkongeländer kletterte. Sie hatte einfach keine Angst.

Vier Tage später, am Tag der Abreise, aßen sie im Hotelrestaurant noch ein letztes Mal zu Mittag. »Im unteren Speisesaal«, erinnerte sich Trudy. »Das erschien uns sicherer. Wir waren eben mit dem Essen fertig, da entdeckte ich, dass Suzanne ein Glas an den Lippen hatte; es war ein Weinglas mit Stiel, für sie vermutlich etwas ganz Neues. Ich fragte sie: ›Suzanne, trinkst du oder spielst du einfach nur mit dem Glas? Warum stellst du es nicht auf den Tisch, wenn du nicht trinkst?‹

Sie stellte das Glas ab, und da sah ich, dass ein großes Stück herausgebrochen war. Ich sagte: ›Suzanne, sag nichts. Nicke einfach nur, wenn du etwas im Mund hast, das man nicht essen kann.‹ Sie nickte. Ich sagte: ›Jetzt mach ganz vorsichtig den Mund auf, hol es heraus und lege es in meine Hand.‹ Gott sei Dank hatte sie ein ganzes Stück von dem Glas abgebissen; sie hatte keine Splitter im Mund, also hatte sie sich nicht verletzt. Ich fragte: ›Suzanne, warum hast du das gemacht?‹

Und sie darauf: ›Zu Hause haben wir keine solchen Gläser. Ich wollte wissen, wie es schmeckt.‹ Verstohlen schlichen wir aus dem Hotel, ohne uns noch einmal umzudrehen.«

Stephen erinnerte sich, dass Suzanne ein sehr glückliches Kind war. »Sie hatte ein sonniges Gemüt. War stets guter Laune. Aufgrund der beruflichen Stellung meines Vaters hatten meine Eltern häufig Gäste, und Suzanne war immer der Star. Sie liebte es, im Mittelpunkt zu stehen. Und alle mochten sie.«

Allem Anschein nach änderte sich daran auch später nichts. Jack und Trudy besitzen zehn, zwölf dicke Fotoalben, in denen das Heranwachsen ihrer Kinder dokumentiert ist. Und es gibt so gut wie kein Foto, auf dem Suzanne nicht ihr strahlendstes Lächeln zeigt.

Sie fand leicht Freunde. Trudy meldete ihre Tochter in einer Pfadfindergruppe an, was Suzanne großen Spaß machte. Sie wollte die Uniform gar nicht mehr ausziehen und konnte nicht verstehen, weshalb man sie nur zu den Treffen tragen durfte.

Wovon Suzanne fasziniert war, das fiel ihr leicht; Dinge tun zu müssen, die sie nicht interessierten – das war ihr ein Gräuel. Etwa die Schule. Als die Familie von Saloniki nach Athen umzog, besuchten Suzanne und Stephen die Schule der Ursulinen. Im September oder Oktober im zweiten Schuljahr schickte eine der Nonnen eine Mitteilung an die Eltern, in der es hieß, Suzanne habe Schwierigkeiten mit dem Einmaleins. Als Jack an jenem Abend aus dem Büro nach Hause kam, sagte er zu Suzanne: »Du bist doch so ein kluges Mädchen. Woher kommen bloß diese Schwierigkeiten?«

»Ich glaube, den Sommer über ist mein Gehirn verfault«, gab sie zur Antwort.

»Sag das noch einmal«, bat Jack. Sie wiederholte ihre Beurteilung des Problems. Darauf Jack: »Pass auf! Wir spielen ein Spiel zusammen. Wir machen uns einen Spaß.«

»Und so drillte ich sie. Sooft ich sie sah, sagte ich: ›Acht mal zwei!‹ oder: ›Neun mal sechs!‹, und es wurde für sie zu einer echten Herausforderung, mir die richtige Antwort zu geben. Das hat Trudy manchmal schrecklich genervt, aber Suzanne lernte das Einmaleins, und es machte ihr Spaß. Sie wollte gefordert werden.«

Obwohl Suzanne sich für die Schule nicht interessierte, fiel es beiden Kindern leicht, Sprachen zu lernen. Englisch war zwar die erste Sprache, die Stephen sprechen lernte, doch verstand er von seiner Kindheit im Libanon und in Syrien her noch ein bisschen Arabisch und Französisch. Mit Französisch beschäftigte er sich intensiver, studierte es am College und spricht es heute fließend. Beide Kinder lernten in der Schule Griechisch, und den Lehrern fiel auf, wie schnell und exakt Suzanne den fremden Akzent und die Satzmelodie übernahm, besser noch als Stephen.

Als sie Griechenland verließen, war Stephen 13 und Suzanne 10 Jahre alt. Jack war froh, wieder nach Hause zurückkehren zu können. Die beiden letzten Jahre seiner Dienstzeit in Griechenland waren von politischen Unruhen überschattet, in der die Zypernkrise ihre Auswirkungen zeigte. Mehrfach waren Amerikaner ums Leben gekommen, und die Entwicklung, die sich nun abzeichnete, gefiel Jack ganz und gar nicht. Er machte sich Sorgen, dass seiner Familie während seiner Abwesenheit etwas zustoßen könne, und diese Unsicherheit belastete ihn sehr.

Auf Griechenland folgte im Jahr 1976 Madison, Wisconsin. Im Zuge eines neuen Projekts des State Department sollten Beamte im Auswärtigen Dienst administrative Aufgaben unterhalb der bundesstaatlichen Ebene kennenlernen, um das US-amerikanische Graswurzelsystem im Ausland besser darstellen zu können. Jack war zunächst dem Gouverneursbüro zugeteilt, dann wurde er Assistent des Leiters der Gesundheits- und Sozialbehörde, zuständig für besondere Aufgaben. Er und Trudy sahen sich selbst als Konservative und traditionsorientiert und nahmen das Leben und Treiben in dieser liberalen Collegestadt mit Skepsis wahr. Ihre größte Sorge galt den schlechten Einflüssen der Schule auf ihre Kinder.

Aber Madison war eine hübsche und angenehme Stadt; Jack und Trudy fanden gute Freunde, die Kinder ebenfalls. Nach ihrem ersten Besuch bei McDonald's beschloss Suzanne, dass das Leben in Amerika ganz okay war. Und als hübsche, blauäugige Blondine passte sie sehr gut in diese Gegend mit ihren vorwiegend schwedisch- und deutschstämmigen Bewohnern. Sie sah aus wie ein Landmädchen von einer der milchwirtschaftlichen Farmen in der Umgebung.

Stephen, der aus dem Nahen Osten stammte, machte im Mittleren Westen Amerikas genau die gegenteiligen Erfahrungen. Seine Schulkameraden glaubten, er sei Mexikaner, und setzten ihm unbarmherzig zu, was Stephen allerdings mit stoischer Gelassenheit ertrug. Erst als er in der Highschool war, vertraute er seinen Eltern an, was er in Wisconsin durchgemacht hatte, und bereitete ihnen nachträglich Gewissensbisse, weil sie das Problem damals nicht erkannt hatten. Doch diese Erfahrung hatte zur Folge, dass Stephen gute schulische Leistungen als Mittel betrachtete, sich selbst zu beweisen, und er war seither ein exzellenter Schüler. Er trat sogar in die Footballmannschaft der Schule ein, obwohl er eher klein und stämmig war und von den blonden Riesen immer wieder herumgeschubst wurde. Stephen besaß – vielleicht als Folge seiner ersten Lebensmonate als Findelkind in einem libanesischen Waisenhaus – die Einstellung, dass man sich im Leben alles erst verdienen und erkämpfen müsse.

Die nächste Station der Odyssee dieser Familie hieß Springfield, Virginia, unweit von Washington, denn Jack wurde in die Zentrale des State Department zurückbeordert. Suzanne war inzwischen 12 und Stephen 15 Jahre alt, und wenn die beiden jemals das Gefühl entwickelten, ein Zuhause zu haben, dann hier in Springfield.

Jeff Freeman und Steve Collins lernten sich im Sommer des Jahres kennen, bevor sie beide in die zehnte Klasse kamen, und wurden bald die besten Freunde. Jeff verstand sich auch gut mit Suzanne, die er im Rückblick als süßen kleinen Wildfang in Erinnerung hat und die am liebsten mit ihrem großen Bruder und dessen Freunden unterwegs war. Jeff weiß auch noch, dass Steve dies zwar manchmal als lästig und ärgerlich empfand – wie es bei älteren Geschwistern eben so ist –, dass er aber stets zuvorkommend ihr gegenüber war und sich immer bemühte, sie einzubeziehen und ihr das Gefühl zu geben, sie sei willkommen.

Während Stephen an der Robert E. Lee High School weiterhin gute Noten nach Hause brachte, sprang auf Suzanne an der Mittelschule kein Funke von Lerneifer über. Lehrer und Schulberater sagten den Eltern immer wieder, sie seien zu streng, die beiden Kinder, insbesondere aber Suzanne, sollten ein weniger reglementiertes Leben führen. Jack und Trudy hingegen waren der Meinung, für Suzanne seien – gerade aufgrund ihrer Unfähigkeit oder ihres Unwillens, sich auf die Schule zu konzentrieren – Reglement und Ordnung genau das, was ihr guttäte. Sie waren verwirrt und ratlos; sie hatten das Gefühl, alle traditionellen Normen und Regeln hätten sich auf geheimnisvolle Weise geändert oder in Luft aufgelöst, während sie in Europa waren.

So führte Suzanne beispielsweise in der Diskussion mit den Eltern stets als schlagkräftiges Argument ins Feld, dass »es auch die anderen in der Schule so machen«, was auch immer mit diesem »es« gemeint war – Kleidung, Make-up, allein einkaufen gehen, abends lange ausbleiben. Diese Argumentation überzeugte Trudy nicht besonders. Trudy tat, was sie für das Beste für ihre Kinder hielt, ob es nun populär war und dem allgemeinen Trend entsprach oder nicht. Und Suzanne verfolgte weiterhin, was sie sich in den Kopf gesetzt hatte, und betrachtete Disziplinierung und Strafe lediglich als den Preis, der dafür zu bezahlen sei.

Einmal wollte Suzanne bei einer Freundin übernachten, deren Mutter ihren Freund bei sich wohnen hatte statt eines Ehemanns, was Jack und Trudy strikt ablehnten. »Das konnte sie schwer verwinden«, erinnerte sich Trudy.

Trudy war auch dagegen, dass sich ihre Tochter schon in der Unterstufe der Highschool schminkte, obwohl viele andere Mädchen das taten. Jeff Freeman, der heute eine eigene Bau- und Renovierungsfirma besitzt, war im Haus der Collins in Springfield immer wieder mit Renovierungsarbeiten beschäftigt, bevor sie es im Jahr 1994 verkauften. Als er an einem Heizungsschacht im Kellergeschoss arbeitete, fand er ein kleines eingewickeltes Päckchen. Er öffnete es und entdeckte ein geheimes Sortiment an Make-ups, Lippenstiften und Eyelinern. Er packte alles wieder ein und legte das Päckchen an den Platz zurück, wo er es gefunden hatte, rief aber später Stephen an und erzählte ihm davon.

»Das gehört bestimmt Suzanne«, sagte Steve und erinnerte sich daran, dass sie oft höchst einfallsreich dabei war, die Verbote ihrer Mutter zu umgehen. Die korrekte Trudy, die auf Traditionen Wert legte, war dagegen, dass Suzanne in der Schule Jeans trug; also ging Suzanne konventionell gekleidet aus dem Haus und zog sich irgendwo im Gebüsch um.

»Eigentlich«, meinte Steve im Rückblick auf diese Zeit, »war Suzanne nicht halb so schlimm wie ich. Ich ging manchmal drei-, viermal die Woche abends in die Kneipe. Sie vertuschte es nur nicht so gut wie ich. Ich hatte gute Noten, und man kann leichter etwas verheimlichen, wenn man in der Schule gut ist. Suzanne hatte nie gute Noten, deshalb wurde alles, was sie tat, mit kritischem Blick beobachtet. Unsere Eltern machten sich mehr Sorgen um sie als um mich. Ich wirkte immer so folgsam und angepasst, während sie die grundlegendsten Anweisungen nicht befolgte und man ihr deshalb zutraute, dass sie im nächsten Augenblick etwas vollkommen Irrwitziges tut.«

Jack war über Suzannes Verhalten weniger beunruhigt als Trudy. Allerdings, gestand er ein, war er auch oft beruflich unterwegs, und Trudy hatte die Hauptlast des Kontrollierens und Strafens zu tragen. Wie Stephen so wünschte sich auch Jack insgeheim, seine Tochter möge diskret durchsetzen, was sie unbedingt wollte, sodass er es möglichst gar nicht mitbekam.

»Eigentlich gab es keine größeren Probleme«, sagte Jack, »aber Eltern wollen ja immer alles so perfekt wie möglich, und wenn sie sehen, dass etwas nicht genau ihren Vorstellungen entspricht, möchten sie es auf Biegen und Brechen ändern. Es war eher eine Art Kräftemessen. Sie sagte: ›Ich bin jetzt groß, ich will hinaus. Ich will auf eigenen Beinen stehen!‹ Und dann ging es hin und her. Sie versteifte sich auf etwas und gab nicht nach, und wir gaben ebenfalls nicht nach.«

»Sue sagte oft: ›Ich will über mein Schicksal selbst bestimmen‹«, erinnerte sich Trudy. »›Ich will selbstständig entscheiden, was ich mache.‹ Und ich entgegnete ihr: ›Es gibt bestimmte Bereiche, in denen das noch nicht möglich ist. Du bist minderjährig, und wir sind deine Eltern.‹ Sie darauf: ›Aber ich weiß doch, was gut für mich ist.‹ Und ich: ›Darüber kann man streiten. Und außerdem tragen wir die Verantwortung.‹«

»Sie sagte immer wieder: ›Steve bleibt abends so lange weg; warum darf ich das nicht auch?‹«, erinnerte sich Jeff.

»Sie musste zu einer bestimmten Uhrzeit zu Hause sein«, erzählte Trudy, »aber sie kam nicht, und sie rief auch nicht an. Als sie dann schließlich auftauchte, gab es Krach. ›Wir haben dich gewarnt‹, sagten wir, ›beim nächsten Mal wird eine Stunde abgezogen.‹ Aber das nützte natürlich nichts. Sie ging aus und kehrte wieder spät heim.«

Steve und Jeff Freeman erinnerten sich, dass Suzanne aus diesem oder jenem Grund häufig Ausgehverbot erhielt. »Sie bekam ständig Ärger«, erinnerte sich Steve. »Es endete damit, dass sie ihr schlichtweg alles verboten. Sie musste dann und dann Hausaufgaben machen, und es wurde streng kontrolliert, dass sie es auch wirklich tat. Sie liebten Suzanne so sehr, dass sie alles perfekt haben wollten. Aber alles in allem glaube ich, dass sie ein viel robusteres Wesen hatte als ich. Ich wollte alles immer hundertprozentig. Suzanne hatte eher eine unbekümmerte, sorglose Art.«

Ob bewusst oder unbewusst, Suzanne traf bei ihren Eltern immer ins Schwarze, im positiven wie im negativen Sinn. Trudy war stolz auf die Kleider, die sie für ihre Tochter kaufte, und konnte es nicht ausstehen, dass Suzanne mit ihren Freundinnen ständig die Klamotten tauschte.

»Da ich die Sachen waschen musste, fragte ich sie: ›Woher stammt das?‹ – ›Ach, das gehört Sara Jane‹, meinte sie dann. Und ich darauf:

›Haben wir nicht schon einmal darüber gesprochen? Du ziehst nicht anderer Leute Kleider an. Und du gibst anderen nicht deine.‹ Sie ließ sich aber überhaupt nicht beirren und meinte nur: ›Das machen doch alle, Mom.‹ Man kann sich vorstellen, wie sehr ich es satthatte, immer wieder diesen Satz zu hören. Aber sie ließ sich nicht abhalten. Sie machte es wieder.«

Doch sie wusste auch, wie sie ihren Charme und ihren natürlichen Liebreiz richtig einsetzen konnte. Ständig umarmte sie einen. Trudy erzählte: »Sie umarmte mich und sagte: ›Tut mir leid, Mom.‹ Ich zog sie immer damit auf und sagte: ›Versuch bloß nicht, mich auf die Tour rumzukriegen. Umarmungen zählen nicht, wenn du nicht tust, worum ich dich bitte!‹ Und sie darauf: ›Zählen sie denn überhaupt nicht?‹ Und da musste ich natürlich nachgeben und sagen: ›Na ja, ein bisschen schon.‹«

Die Hauptursache für die Konflikte mit ihren Eltern waren ihre Schulnoten. »Die Collins erwarteten von ihren Kindern, dass sie sich stets größte Mühe gaben«, meinte Jeff. »Steve brachte immer die Bestnote A, Suzanne die schlechte Note C nach Hause.«

Die geisteswissenschaftlichen Fächer sprachen sie – im Unterschied zu den naturwissenschaftlichen – überhaupt nicht an. Stephen meinte: »In der Highschool wurde sie intellektuell einfach nicht genug gefordert.«

Andere Dinge an der Schule fand sie jedoch schrecklich aufregend. Jedes Jahr wurde sie in die Schülervertretung gewählt, und sie war es, die die Schulbälle organisierte. Sie arbeitete auch ehrenamtlich in der kirchlichen Sozialarbeit und kümmerte sich um geistig behinderte Kinder und junge Erwachsene.

Trudy erinnerte sich, dass Suzanne für diese behinderten Jugendlichen einmal ein geselliges Beisammensein in der Kirche mitorganisierte. »Manche der Jungen waren vielleicht schon Mitte 20, aber die Ärzte meinten, geistig und emotional seien sie auf dem Stand von Siebenjährigen. Und Sue sagte mir: ›Ich habe sie aufgefordert, aufzustehen und zu tanzen.‹ Was ihnen anscheinend gefallen und Spaß gemacht hatte. ›Ich verstehe nicht‹, meinte sie, ›warum sich die Leute vor ihnen fürchten. Man kann ihnen ein wenig Freude vermitteln, das ist doch das Wichtigste.‹ Ich weiß noch, dass ich darauf antwortete: ›Ich bewundere dich, Suzanne. Ich hätte wahrscheinlich Bedenken. Ich hätte Angst vor ihren Reaktionen.‹ Und sie: ›Das hat doch mit Sex überhaupt nichts zu tun, Mom, überhaupt nichts. Sie brauchen jemanden, der sich um sie kümmert und freundlich mit ihnen umgeht, und das macht mir Spaß.‹«

Sie beschäftigte sich auch gern mit älteren Leuten und hatte besonders zu Trudys Eltern eine besondere Beziehung. Es machte sie glücklich, zu helfen und auf das, was um sie herum geschah, Einfluss zu nehmen. In der Schule war Suzanne die Ansprechpartnerin für Mädchen mit Liebeskummer, und oft fingen die Lehrer Briefchen mit Ratschlägen an Suzannes Freundinnen ab, die sie während des Unterrichts schrieb. Diese Briefchen wurden dann als Corpora Delicti an die Eltern geschickt – mit Bemerkungen der Lehrer wie: »Statt im Unterricht aufzupassen, hat Suzanne heute dies hier geschrieben.«

Ein Lehrer meinte einmal: »Wenn es in der Schule auf die Organisation geselliger Termine und sozialer Treffs ankäme, hätte Suzanne immer die Note Eins.«

Auch in ihrem Zimmer spiegelte sich ihr aufgeschlossenes Wesen wider. Sie bewohnte den größten Raum im Haus, er war vollgestopft mit Puppen und Plüschtieren. Als in die Regale nichts mehr hineinpasste, verteilte sie die Sachen auf dem Fensterbrett. Von seinen Reisen in fremde Länder brachte ihr Jack immer etwas mit. »Aber«, meinte Trudy, »es war ihr zu viel Aufwand, etwas in Ruhe aufzuhängen oder einen geeigneten Platz dafür zu finden; sie verfrachtete es einfach in eine Ecke, machte die Tür hinter sich zu, und so bekam es niemand mehr je zu Gesicht.«

Aus dem süßen und ausgelassenen kleinen Mädchen war inzwischen eine attraktive junge Frau geworden. »Sehr, sehr hübsch, große Klasse«, laut ihrem Bruder, der richtig stolz auf sie war. Andere teilten seine Ansicht. Jeff fand: »Sie blühte auf zu voller Schönheit, was ihr neues Selbstvertrauen gab. Ich fand sie ungeheuer süß.«

Sie hatte einen ausgezeichneten Sinn für Mode und arbeitete hin und wieder sogar als Model. Dadurch fühlte sich Stephen noch mehr als ihr Beschützer. »Ich wollte immer wissen, mit wem sie sich traf, wenn sie ausging«, gab er zu. »Und dann versuchten meine Freunde und ich, dem Typ, mit dem sie verabredet war, den Kopf ein wenig zurechtzurücken, um ihm die richtige Einstellung nahezulegen. Jede Menge Jungs interessierten sich für sie, und ich versuchte einfach, auf sie achtzugeben und ihr aus der Klemme zu helfen.« Stephens Fürsorge für seine Schwester wurde von Jungs, die sich ihr näherten, durchaus ernst genommen. Stephen war klein und stämmig; ein sportlicher Typ, ein Gewichtheber mit Muskeln, dick wie Baumstämme.

Suzanne war auf ihre Art nicht weniger sportlich als Steve. Ihre körperliche Reifung vollzog sich schnell und eindeutig. Sie wirkte älter, als sie war, und sah bald nicht mehr aus wie Steves kleine Schwester. Schon in den unteren Klassen der Highschool passte sie eher zu seiner Clique, und es dauerte nicht lange, da fragten Steves Freunde: »Warum bringst du Sue nicht mit?« Sie war bei allen sehr beliebt. Waren ihre Eltern auch über vieles, was sie tat, beunruhigt, so vertrauten sie doch ihrem Urteil in Bezug auf Jungen. In dieser Hinsicht hatte Suzanne nie etwas getan, was die Eltern in Sorge versetzt hätte. Außerdem wussten sie ja, dass Stephen auf seine Schwester aufpasste.

Einem althergebrachten Vorstadtritual gemäß erhielt Stephen innerhalb weniger Tage nach seinem 16. Geburtstag die Zulassung zur Führerscheinprüfung und wenig später auch seinen Führerschein; er kaufte sich einen riesigen gebrauchten Pontiac. Jack und Trudy hofften, Suzanne durch die Aussicht auf den Führerschein dazu zu bringen, ihre schulischen Leistungen zu verbessern. Trudy wollte auf sie einwirken. »Wenn sie mit ihrem Zeugnis nach Hause kam, sagte ich: ›Sue, du weißt, dass du von dem, was du anstrebst, noch ganz schön weit entfernt bist. Solltest du dir das nicht mal durch den Kopf gehen lassen?‹«

Neben der Organisation von geselligen Veranstaltungen war Suzannes größte Leidenschaft in der Schule das Fach Sport. Sie war Hürdenläuferin in der Leichtathletikmannschaft und Mitglied der Softball-Frauenmannschaft. Mit ihrer Größe, ihrem schlanken Körperbau und ihren langen Beinen war sie wie geschaffen für diesen Sport. Das bedeutete eine besondere Genugtuung für ein Mädchen, das in den ersten anderthalb Lebensjahren Nacht für Nacht eine Beinschiene tragen musste. Da sie hübsch, keck und munter war, lud man sie ein, in den Cheerleadertrupp der Schule einzutreten, aber das war nichts für sie.

»Für uns war sie eine klasse Frau mit sportlichen Ambitionen«, erinnerte sich Jeff Freeman. »Suzanne war lieber selbst aktiv, statt zuzuschauen. Sie wollte immer mitmachen.

Schon früh entwickelte sie eine ausgeprägte Persönlichkeit«, fügte er hinzu. »Sie war selbstbewusster als die anderen.« Und sie musste alles selbst ausprobieren. Zu Highschool-Zeiten schwänzten sie und ein anderes Mädchen einmal die Schule, kauften sich eine Flasche Rum und leerten sie, nur um auszuprobieren, was passierte. Sie machte allerdings den taktischen Fehler, anschließend zum Softballspiel zu erscheinen.

Trudy erhielt daraufhin einen Anruf vom Direktor. »Ihre Tochter befindet sich in einem bedenklichen Zustand. Am besten kommen Sie und holen sie ab.« Als Trudy ihre Tochter sah, wusste sie gleich, was los war. »Sie war sternhagelvoll.«

Zu Hause fragte Suzanne kleinlaut: »Bist du böse, Mommy?« – »Sagen wir, ich bin sehr enttäuscht«, erwiderte Trudy ernst. »Wirst du mich bestrafen?«

»Nein, Suzanne«, erwiderte die Mutter, »weil dich morgen früh der liebe Gott bestrafen wird.«

»Was meinst du damit?«, fragte sie.

»Das wirst du schon sehen.«

»Am nächsten Morgen fühlte sie sich sehr elend, ihr Gesicht nahm die unterschiedlichsten Farbschattierungen an, am Ende grün. Es war schrecklich, und sie hatte zwei Tage lang einen furchtbaren Kater. Ich machte ihr kalte Umschläge, und sie sagte: ›Mommy, warum bist du bloß so lieb zu mir?‹ Ich hatte solches Mitleid mit ihr.

Als schließlich alles überstanden war, meinte sie nur: ›Das war ganz schön schrecklich.‹ Und ich darauf: ›Es freut mich, das zu hören.‹«

Das Haus in Springfield wurde für Steves und Suzannes Freundeskreis zum Treffpunkt. Sei es, weil Suzanne so großes Organisationstalent besaß, sei es, weil Jack und Trudy die Freunde ihrer Kinder immer herzlich aufnahmen und sie wie intelligente Erwachsene behandelten – nicht selten waren, wie Steve sagte, zehn, zwölf Leute auf einmal da. Und oft blieben Freunde auch über Nacht. Bis heute besuchen Freunde von Suzanne und Stephen Trudy und Jack und übernachten auch manchmal bei ihnen, wenn sie in der Stadt sind.

Als sie noch in der Highschool war, meinte Suzanne einmal zu ihrer Mutter, ein Mädchen in ihrer Klasse heiße Gina, ein Name, der ihr gut gefalle. Trudy erzählte ihr daraufhin, dass sie selbst ursprünglich Gina geheißen habe.

Suzanne fragte: »Meinst du, ich könnte herausfinden, wer meine leibliche Mutter ist?«

»Ich glaube, mit den neuen Gesetzen wie dem Freedom of Information Act (Recht der Bürger der USA auf Einsicht in (fast) alle behördlichen Akten und Unterlagen) ist das möglich«, sagte Trudy. »Wenn es dir wichtig ist und du willst, können wir dir dabei behilflich sein.«

»Ich überleg's mir«, sagte Suzanne, kam aber nie wieder darauf zurück.

Sie fragten Stephen, ob er wissen wolle, wer seine richtigen Eltern seien. »Warum sollte ich«, meinte er. »Ich bin mit euch glücklich.«

Suzanne war im zweiten Jahr an der Highschool, als Stephen das Elternhaus verließ, um das College an der University of Virginia in Charlottesville zu besuchen und seine blendende schulische Karriere fortzusetzen. Er wollte im Fach Bildende Künste Examen machen. Doch nach dem ersten Jahr beschloss er, auf Werbegrafik umzusteigen, und wechselte an die Virginia Commonwealth University in Richmond, deren Schwerpunkt Werbegrafik war.

Jack missbilligte die Absicht, eine so anspruchsvolle und prestigeträchtige Universität zu verlassen, aber er war der Meinung, Stephen müsse selbst wissen, was er tat. Doch legte er lautstark Protest ein, als Steve nach einem Besuch bei einem Freund in Texas in den Weihnachtsferien nach Hause zurückkehrte und verkündete, er wolle das Studium an den Nagel hängen und sich nach einem Job in der Öl- und Gasindustrie in Texas umsehen. Das Vater war ungehalten. »Du machst da einen großen Fehler«, sagte er. »Wenn du das tust, kannst du nicht mehr auf Unterstützung durch uns rechnen. Wir helfen dir nicht aus der Patsche, wenn es für dich brenzlig wird.«

Suzanne war vollkommen außer sich, dass Jack und Trudy ihren geliebten Bruder fallen zu lassen schienen und aus dem Haus wiesen.

»Nein, Suzanne, wir werfen ihn nicht aus dem Haus«, erklärte ihr Jack. »Er hat die Wahl. Wenn er am College bleibt, werden wir ihn weiterhin unterstützen. Aber ich kann ihn doch zu einer schlechten Entscheidung nicht auch noch ermuntern.« Die Eltern wussten nicht, ob Suzanne Stephens Schritt billigte oder nicht, aber unabhängig davon und ungeachtet der Konflikte, die sie selbst mit ihren Eltern auszufechten hatte, konnte sie den Gedanken nicht ertragen, dass Stephen sich von der Familie entfremdete.

Aber die Ölbranche stagnierte zu jener Zeit, und die Jobs waren rar. Stephen spürte den latenten Druck seitens der Familie seines Freundes; sie befürchteten, er habe die Absicht, sich für immer bei ihnen einzunisten. In der Zwischenzeit hatte Stephen allerdings ein Mädchen kennengelernt, das ihm anbot, bei ihm einzuziehen. Er fand außerdem Arbeit in einem Supermarkt, um seinen Lebensunterhalt zu finanzieren. Suzanne schrieb er einen Brief und schilderte ihr seine Freundin als blond und hübsch, »genau wie du«, meinte er.

Während Stephen in Texas war, entschied sich kurioserweise sein texanischer Freund, ein Studium in Washington anzufangen, und er wohnte eine Zeit lang bei den Collins. Einmal kam Stephen zu Besuch nach Hause und brachte seine Freundin mit. Als Suzanne sie sah, verneinte sie jegliche Ähnlichkeit mit sich entschieden.

Als Stephen wieder nach Texas zurückkehrte, fand er einen Job in der Baubranche. Jack und Trudy waren fassungslos.

»Schließlich rief er uns an«, erzählte Jack. »Er hatte einen Autounfall gehabt, seine Beziehung zu dem Mädchen war zu Ende, man hatte ihm seine Brieftasche samt Führerschein gestohlen, er war von einem Baugerüst gestürzt, seine Brille war kaputt, und er hatte kein Geld. Er war fix und fertig.«

Da Jack beruflich eingespannt war, flog Trudy allein nach Texas. »Ich habe mir nie viel Gedanken über den Teufel oder so gemacht, aber als ich aus dem Flugzeug stieg und sah, was da los war, schoss mir unwillkürlich der Gedanke durch den Kopf: ›Der Teufel lebt in Arlington, Texas.‹ Diese vielen jungen Leute, die von zu Hause weggelaufen waren. Sie vegetierten vor sich hin; führten ein schreckliches Leben. Alle diese jungen Mädchen, die zu mir kamen und mir ihre traurige Lebensgeschichte erzählten – ich war so etwas wie eine Mutterfigur für sie; sie schilderten, wie sie mit dem und dem Mann gingen, der zwar verheiratet war, sie aber angeblich so sehr liebte, dass er sogar seine Frau verlassen wollte. Und sie glaubten es. Es war sehr traurig.

Kurzum, ich sagte zu Stephen: ›Das ist deine letzte Chance. Entweder du kommst mit mir, oder du bleibst hier.‹ Ich kaufte ihm eine neue Brille, besorgte ihm einen neuen Führerschein und sagte nur: ›Wir können dir nicht weiterhin Geld geben. Wenn du zurückkommen willst, dann jetzt gleich.‹ Und das tat er auch.«

Das war um Weihnachten 1983. Diesmal meinte Jack, Stephen könne nicht so mir nichts, dir nichts ans College zurückkehren. »Du wirst ein Jahr arbeiten und beweisen, dass mit dir etwas anzufangen ist.« Als das Jahr um war, nahm er wieder ein Studium an der University of Virginia auf; er erzielte exzellente Ergebnisse und schloss 1987 in Fach Wirtschaftswissenschaften mit Auszeichnung ab.

Im Rückblick auf seine Erfahrungen in Texas meinte Stephen: »Binnen zweier Jahre habe ich zehn Jahre der Unreife abgestreift.« Aus späterer Sicht räumte er auch ein, dass seine blonde und blauäugige Freundin »Suzanne kein bisschen ähnlich« war.

Jeff Freeman meinte: »Suzanne war eine wichtige Bezugsperson für ihn. Die Schwierigkeiten mit ihren Eltern schweißten sie nur noch enger zusammen. Und je älter Suzanne wurde, desto häufiger erhielt Steve Ratschläge von ihr. Es war wirklich unglaublich, wie sehr er sie liebte.«

Für Suzanne stand – anders als für ihren Bruder – ein Universitätsstudium nicht zur Debatte. So klug sie war, ihre Noten würden für ein Studium an der UVA oder an einem anderen College von einigem Niveau niemals ausreichen. Ein x-beliebiges städtisches College wollte sie nicht besuchen; und auf irgendeinen »miesen Job«, wie sie sich ausdrückte, hatte sie auch keine Lust. Sie wollte irgendwohin, weg von zu Hause.

Dass sie sich schließlich für das Marinekorps entschied, kam für alle überraschend. Rekrutierungsoffiziere aus allen Bereichen der Armee waren in ihrer Highschool gewesen, und eines Tages im März, im letzten

Schuljahr, kam sie nach Hause und verkündete ihren Eltern: »Ich gehe zu den Marines.« Jack erinnerte sich nicht, dass sie vorher irgendwann schon einmal das Militär erwähnt hätte.

Er war sich selbst nicht im Klaren darüber, was er davon halten sollte, und so sagte er: »Donnerwetter, Blue Bell, das ist wirklich eine Überraschung. Du weißt, wie stolz ich immer war, ein Navy-Offizier gewesen zu sein, und du kennst alle meine Geschichten über den Dienst auf Schiffen. Warum willst du eigentlich zu den Marines und nicht zur Navy?«

Sie sah ihm fest in die Augen und sagte: »Weil die Marines die Elitetruppe sind, Dad.«

»Was sollte ich darauf antworten?«, fragte Jack. »Und so sagte ich nur: ›Ja, du gehörst zur Elite, Suzanne, also, in Ordnung.‹«

Als Stephen von ihrem Entschluss hörte, war er nicht weniger überrascht als seine Eltern. »Ich erwartete, dass sie aufs College ging. Es war für mich absolut undenkbar, dass sie nicht studieren würde. Aber ich habe ihre Entscheidung nie infrage gestellt. Ich erinnere mich vor allem, wie unheimlich stolz ich auf sie war.«

»Ich war überrascht«, meinte Jeff Freeman, »in meinen Augen war es für eine Frau eine ziemlich kühne Entscheidung. Sie sagte, sie liebe die Herausforderung, und ich zweifelte keinen Augenblick daran, dass sie es schaffen würde.«

Jack musste sich mit dem Gedanken erst noch anfreunden. »Ich sagte zu Trudy: ›Was meinst du? Sollten wir ihr nicht lieber abraten?‹ Und dann dachte ich: Gehen wir die ganze Situation doch noch einmal durch. Sie hat nicht intensiv genug gelernt, um aufs College gehen zu können. Wenn sie nicht zum Marinekorps geht, wird sie trotzdem nicht länger zu Hause wohnen wollen. Sie wird mit einer Freundin zusammen eine Wohnung nehmen, eine Arbeit finden. Wir würden uns ständig Sorgen machen, wo sie steckt, wo sie in der Dunkelheit das Auto geparkt hat, ob sie allein ist. Im Marinekorps weiß ich wenigstens, dass sie gut aufgehoben ist. Rund um die Uhr wäre sie unter Aufsicht.«

Auch nachdem Suzanne sich zu den Marines verpflichtet hatte, konnte Jack nicht anders, als weiter die typische Vaterrolle zu spielen. Als sie einmal die Treppe herunterkam, um ihr Kleid für den

Highschool-Ball vorzuführen – ein leuchtend rotes Kleid, sehr kurz, das ihre fabelhafte Figur betonte –, sagte Jack: »Bist du sicher, dass nichts daran fehlt?«

»Es war mit Sicherheit nicht das Kleid, das ich für sie ausgesucht hätte. Aber jedes Mal wenn ich einen Kommentar dazu abgab, sagte sie: ›Du rasierst dir demnächst deine Koteletten ab, nicht wahr, Dad?‹, oder etwas Ähnliches. Und dann mussten wir beide lachen.«

Am 4. Juni 1984 schloss Suzanne die Highschool ab, und am 27. Juni trat sie in das Marinekorps ein. Im Marine Corps Recruit Depot, Parris Island, South Carolina, absolvierte sie die Grundausbildung.

Wer einen Militärdienst bei der Air Force oder einer der Teilstreitkräfte außerhalb der Marines abgeleistet hat, der weiß, wie hart im Vergleich dazu die Grundausbildung bei den Marines ist. Die Strategie besteht darin, den Rekruten zunächst zu Boden zu zwingen und ihn dann nach den Vorstellungen der Marines neu zu formen. Suzanne blühte während der Grundausbildung auf und trotzte geistig und physisch jeder neuen Herausforderung. Ihr langes blondes Haar hatte sie kurz geschnitten, ihr Tag war ausgefüllt mit Übungen in Uniform. Die Disziplin, die sie zu Hause strikt abgelehnt hatte, akzeptierte sie im Corps freiwillig und voller Begeisterung. Ihre Instruktorin hatte sie offensichtlich aufs Korn genommen, vielleicht weil sie so hübsch war und aus der gebildeten oberen Mittelschicht stammte. Aber Suzanne betrachtete dies als Teil der Herausforderung. In den acht Wochen der Grundausbildung gaben eine ganze Reihe von Frauen aus ihrer Gruppe auf, manche standen am Rande des Nervenzusammenbruchs. Suzanne hingegen spürte, dass ihr Leben eine solche Struktur, eine derart strenge Disziplin brauchte.

In den Briefen, die sie nach Hause schrieb, schilderte sie die Ausbildung in allen Einzelheiten, ohne jemals auch nur den leisesten Zweifel oder die leiseste Kritik zu äußern. Und als Jack und Trudy zur Abschlussfeier der Grundausbildung nach Parris Island kamen, waren sie sehr stolz auf ihre Tochter. Suzanne führte ihren Vater zu dem großen Abseilturm und sagte: »Dad, das habe ich geschafft! Ist das nicht toll! Das habe ich geschafft!« Und mit gleichem Stolz zeigte sie ihrer Mutter, dass diese Tochter, die es kaum fertiggebracht hatte, in ihrem Zimmer halbwegs passabel Ordnung zu halten, jetzt das Laken ihres Etagenbetts so straff ziehen konnte, dass ein Vierteldollarstück davon abprallte.

Zu Beginn der Grundausbildung erhalten die Rekruten Uniform und Schirmmütze, am Ende die Embleme Marineadler, Globus und Anker als Mützenabzeichen. Ein Foto zeigt Suzanne bei der Entgegennahme der Abzeichen von der Ausbildungsleiterin, die ihr das Leben so schwer gemacht hatte. Suzanne trägt ihr strahlendstes Lächeln zur Schau, als wollte sie sagen: »Du hast gesagt, ich schaffe es nicht, aber ich habe es geschafft!« Das war für sie vielleicht der größte und stolzeste Augenblick.

Bevor Suzanne zu ihrem ersten Einsatz in Cherry Point, North Carolina, aufbrach, kam sie auf Urlaub nach Hause. Ihre Eltern merkten sofort den Unterschied, ebenso Steve. Sie strahlte ungeheures Selbstvertrauen, eine absolute Selbstgewissheit aus. »Sie kam«, erzählte Stephen, »mit der Überzeugung: ›Das ist mein Leben. Ich bin jetzt selbstständig. Ihr könnt mir Ratschläge geben, aber die Entscheidungen treffe allein ich.‹«

Endlich hatte sie auch ihren Führerschein in der Tasche und sich ein Auto gekauft – einen gebrauchten roten Pontiac Firebird, eine klapprige Kiste. Aber jetzt konnte sie fahren, wohin und wann sie wollte.

Stephen brachte sie in seinem Wagen nach Cherry Point zurück. Unterwegs hatten sie viel Zeit, miteinander zu reden. In der Marine Corps Air Station wurde sie dem Second Marine Air Wing zugeteilt, einer Harrier-Flugstaffel. Hier absolvierte sie eine fünfwöchige praktische Ausbildung, bevor es mit einem Kurs in Avionik weiterging. Suzanne hatte angefangen, eine weitere Ausbildung innerhalb des Militärs ins Auge zu fassen, und setzte ihren Ehrgeiz darein, eine der ersten Flugzeugführerinnen bei den Marines zu werden. Die Avionik-Ausbildung war der erste Schritt dazu. Sie strebte einen Platz im Bordkommando der Naval Academy an und erkundigte sich schriftlich nach den genaueren Bedingungen. Sie war überzeugt, dass eine gute militärische Ausbildung ihre glanzlose Highschool-Laufbahn überstrahlen und zeigen würde, dass sie die Reife und die Führungsqualitäten besaß, alle möglichen Aufgaben innerhalb des Marinekorps zu übernehmen.

Suzanne Marie Collins, inzwischen im Dienstgrad Private First Class, wurde im Oktober 1984 einer Marine-Trainingseinheit in Millington, Tennessee, unterstellt, um ihre Ausbildung in Avionik, Klasse A, zu beginnen. So stolz ihre Eltern auf ihre körperliche Tüchtigkeit und ihre geistige Widerstandskraft während der Rekrutenausbildung gewesen waren – ihr Stolz war grenzenlos, als sie erfuhren, dass ihre Tochter willens und in der Lage war, sich mit technischen Fragen wie Schaltplänen, Schaltkreisen und Flugtheorie zu beschäftigen. »Hätte sie an der Highschool so einen Kurs besuchen müssen, wäre sie mit Pauken und Trompeten durchgefallen; da bin ich sicher«, sagte Jack.

In Millington war Suzanne kaum zu übersehen – eine große blonde Schönheit mit einer beeindruckenden, durch zähes körperliches Training gestählten Figur. James Brunner, einer ihrer Kollegen bei den Marines, schrieb: »Sie war sehr anmutig. Wenn sie durchs Einkaufszentrum ging, drehten sich alle nach ihr um, die Frauen knufften ihre Männer, und die Männer gerieten ins Stolpern. Als ich sie das erste Mal sah, war ich so abgelenkt, dass ich gegen einen Pfosten rannte.«

Im März 1985 lernte Suzanne ihre Kameradin Susan Hand kennen, die bald ihre beste Freundin wurde. Susan war am 11. März nach Millington gekommen. Die Ähnlichkeiten zwischen den beiden waren in der Tat frappierend. Abgesehen von ihren Vornamen hatten sie auch das gleiche Auto, das sie gekauft hatten, bevor sie einander kennenlernten. Beide waren groß, blond und galten als sehr attraktiv; es gibt Fotos, auf denen Trudy die beiden kaum auseinanderhalten kann.

Obwohl sie die Grundausbildung nicht zusammen absolviert hatten, fühlten sie sich durch ihre ähnliche Herkunft verbunden, die sich von der aller anderen unterschied. »Fast alle kamen entweder aus den Südstaaten, aus der tiefsten Provinz, oder stammten aus einer Soldatenfamilie«, erzählte Susan. »Aber keine von uns beiden wusste viel über den Umgang beim Militär, weshalb wir als zimperlich und hochnäsig angesehen wurden, obwohl wir das gar nicht waren.«

Susan war genau ein Jahr und einen Monat älter als Suzanne. Sie hatte vier jüngere Geschwister und stammte aus Lisle, Illinois; nach zwei Jahren am College an der Northern Illinois University in DeKalb konnten es sich ihre Eltern nicht mehr leisten, sie weiterhin zum College zu schicken. Also ging Susan zum Militär, um dort ihre Ausbildung fortzusetzen. »Die Marines – das war für uns beide ein Fluchtweg, eine Möglichkeit, von zu Hause fortzukommen und unser eigenes Leben zu führen.«

Wie Suzanne hatte Susan die Marines deshalb gewählt, weil sie das Gefühl hatte, dies sei die Elite. In Millington absolvierte sie einen Kurs für Luftverkehrskontrolle und wohnte in der gleichen Baracke wie Suzanne, nur einen Stock tiefer.

Das Leben in Millington war kaum weniger spartanisch als im Grundausbildungslager. In der Kaserne wohnten zwei bis vier Frauen auf einem Zimmer und schliefen in Etagenbetten aus Metall. Täglich musste der Fußboden gewachst und poliert werden. Suzanne dekorierte ihren Teil des Zimmers mit Postern der Chippendales, einer (männlichen) Stripteasetänzergruppe.

Bald waren die beiden unzertrennlichen Freundinnen Susan und Suzanne auf dem ganzen Gelände bekannt. »Alle wussten, wer wir waren«, sagte Susan. »Wir standen immer im Rampenlicht. Wenn wir in unseren Bikinis zum Swimmingpool gingen, starrten uns alle an, aber wir kümmerten uns nicht weiter drum.« Beide Frauen waren 1,75 Meter groß und 60 Kilo schwer und von ähnlichem Körperbau. Suzanne hatte grünblaue, Susan grünbraune Augen; Suzannes Haar war etwas heller. Aber sie konnten problemlos Kleider tauschen, was Suzanne ein besonderes Vergnügen bereitete.

»Suzanne war aufgeschlossen, freundlich und lustig. Ich glaube, viele andere Frauen auf der Basis gönnten uns vieles nicht«, meinte Susan. »Wir waren beide groß und blond, intelligenter, konnten uns sprachlich besser ausdrücken und sahen besser aus als die meisten anderen Frauen beim Militär, ganz besonders in Millington. Unsere männlichen Kollegen mochten uns, die Vorgesetzten auch. Ich weiß, dass Suzanne deswegen Schwierigkeiten bekam.«

Sie zog sich den besonderen Hass zweier weiblicher Ausbilder zu, die es ihr übel nahmen, dass sie gut aussah, anziehend auf Männer wirkte und mit den vorgesetzten Offizieren gut auskam.

»Die beiden waren wirklich ekelhaft zu uns«, sagte Susan. »Ständig zitierten sie uns in ihr Büro. Suzanne mit ihrem Unabhängigkeitsdrang und ihrer Lockerheit provozierte sie unablässig. Sie verließ mit Freunden den Stützpunkt und kam nicht zur erwarteten Zeit zurück. Wegen jeder Kleinigkeit wurde sie zur Rechenschaft gezogen. Suzanne strapazierte wirklich die Geduld dieser beiden Frauen. Ich versuchte mehr, mich innerhalb des vorgegebenen Rahmens zu bewegen. Aber wenn sie uns etwas verboten, ging ich zum Captain und ließ ihn die Sache regeln, was sie noch mehr gegen uns aufbrachte.«

Was Suzanne weitere Schwierigkeiten bescherte, waren ihre Rendezvous mit einem Studenten gleich zu Anfang ihres Aufenthalts in Millington. Auch wenn Susan sagte, dass »die Leute, mit denen wir am meisten gemein hatten, Offiziere waren«, und obwohl sie selbst später einen Infanterieleutnant der Armee heiratete, wurde im Marinekorps – mehr als in den anderen Teilstreitkräften des Militärs – die »Verbrüderung« zwischen Offizieren und Untergebenen aufs Schärfste missbilligt. »Ich glaube, die anderen Frauen waren eifersüchtig«, sagte sie. »Die Situation erinnerte mich sehr an die Highschool. Wir hatten ein Rendezvous nach dem anderen, aber es war harmlos. Suzanne war gleichzeitig naiv und extrovertiert.«

Zur selben Zeit wurde Suzanne vom Rekrutenstatus zum Obergefreiten befördert.

Eine andere junge Frau, eine Freundin Suzannes namens Sue Drake, brachte Suzanne und Susan mit neuen Freunden zusammen. Chris Clarkson und Greg »Gonzo« Gonzowski, beide Techniker bei der Flugverkehrskontrolle der Marines, waren seit ihrer gemeinsamen Zeit in einer Hockeymannschaft in Michigan eng befreundet und teilten sich jetzt die Aufgabe als Kapitän der Fußballmannschaft der Memphis Naval Air Station. Die vier verstanden sich auf Anhieb, und bald waren die Pärchen Susan und Chris sowie Suzanne und Gonzo unzertrennlich. Suzanne und Susan waren auch die beiden einzigen Frauen, denen die Ehre zuteilwurde, mit den Männern Fußball spielen zu dürfen.

»Ich habe sie nie deprimiert erlebt«, sagte Susan. »Sie war wirklich eine gute Freundin – hilfsbereit, zu Späßen aufgelegt und unternehmungslustig.

Ich war ruhiger und zurückhaltender und wollte immer so sein wie sie: tollkühn und spontan. Die einzig wirklich Waghalsige war Patti Coon, eine ihrer Zimmergenossinnen, und ich glaube, nach der strengen Highschool-Zeit wollte Suzanne einfach manchmal über die Stränge schlagen und Patti nacheifern.« Neben Susan war Patti wohl Suzannes beste Freundin. Wenn sie dienstfrei hatte und nicht mit Susan unterwegs war, verbrachte sie oft ihre Zeit mit Patti.

»Am liebsten ging sie zum Tanzen aus«, erzählte Susan. »Sie war ganz wild nach schmissiger Musik und konnte gut improvisieren. Wir besuchten die Clubs und Tanzbars in Memphis und Germantown, einem Vorort von Memphis. Wir mussten einfach alles ausprobieren.«

James Brunner, der mit Suzanne in Millington stationiert war, erinnerte sich: »Sie war eine so hervorragende Marinesoldatin, und auch außerhalb der Dienstzeit, wenn sie Zivil trug, war sie so reizend – man musste sie einfach mögen; sie hatte einen prima Humor. Auch wenn ich furchtbar bedrückt war – binnen zehn Minuten lachte ich wieder. Sie konnte eine richtige Dame sein und dann wieder ein guter Kumpel – und doch weiterhin eine Dame; sie konnte – ohne eine Miene zu verziehen – einen tüchtigen Schluck Whiskey nehmen, der mir das Wasser in die Augen treiben würde, und sie konnte tanzen, bis mir – als ihrem Tanzpartner – die Knie zitterten.«

Suzanne und Susan achteten sehr auf ihre Figur und waren ständig auf der Hut, nicht zuzunehmen. »Wir gingen nicht gern ins Offizierskasino, weil uns dort alle immer anglotzten, viel lieber gingen wir mit Chris und Gonzo aus. Besonders gern besuchten wir Wendy's Salatbar. Wir hungerten den ganzen Tag, und am Abend stürzten wir uns dann auf die Salate.«

Das Wichtigste bei Gewichtskontrolle und Fitnessprogramm war der Sport, und sie gingen häufig zusammen joggen. Susan konnte zehn, zwölf Kilometer am Stück bewältigen, doch Suzanne lief die Strecke oft allein noch zwei- oder dreimal. Das Gelände war durch eine Straße zweigeteilt, über die ein Fußgängerüberweg führte, und Suzanne lief oft einmal um den Golfplatz an der Nordseite des Stützpunkts, manchmal allein, manchmal auch mit Kollegen, wenn sie eine längere Strecke zurücklegen wollte. Suzanne war eine leidenschaftliche Joggerin. Außerdem war sie regelmäßig im Gymnastikraum und genoss es offenbar, wenn ihr die Männer beim Fitnesstraining zusahen. Es schmeichelte ihr und gab ihr einen zusätzlichen Ansporn, noch mehr zu zeigen, was sie konnte.

Eine ihrer größten Leistungen in Millington war die Aufnahme in die Ehrenformation. Laut offizieller Beschreibung »werden nur die motiviertesten Studenten zu Mitgliedern ernannt; sie müssen von ihren Instruktoren empfohlen werden und 85 Prozent Durchschnittsleistung in der Schule nachweisen. Die Mitglieder der Ehrenformation nehmen Aufgaben wie Fahnenwache, Formationsmärsche für wohltätige Zwecke und verschiedene zivile Aufgaben im Raum Memphis wahr.«

In dieser Definition bleibt unerwähnt, dass sämtliche Mitglieder der Ehrenformation bis zum Auftauchen von Obergefreiter Collins männlichen Geschlechts waren.

Suzanne sah das nicht ein und wollte beweisen, dass Frauen ebenso tüchtig waren wie Männer. Sie forschte in den Bestimmungen der Marine Corps Order, in denen von der »Marine Manpower« für Gewehrdrill und Schießübungen die Rede war. Es gelang ihr, die Behörden zu überzeugen, dass »Manpower« ein allgemeiner Begriff war und nicht gleichbedeutend mit »männlich«. Wenn Frauen im Marinekorps zugelassen wurden, dann gehörten sie – auch wenn ihre Zahl ausdrücklich und offiziell auf 5 Prozent begrenzt war – ebenso wie die Männer zur »Manpower«.

Wie Jackie Robinson, die sich den Dodgers anschloss, merkte sie bald, dass Mitglied im Team zu werden die eine Sache, von den anderen Mitgliedern akzeptiert zu werden eine ganz andere war. Die ersten paar Wochen in der Ehrenformation waren für Suzanne eine harte Zeit. Viele der Männer gaben nach dem schrecklichen Ereignis zu, dass sie sie herausforderten, damit sie sich beweisen musste. Sie waren überzeugt, dass sie aufgrund ihres auffällig guten Aussehens aufgenommen worden war und nicht, weil sie es mit ihren Kollegen aufnehmen konnte. Es dauerte eine Weile, bis sie die Männer überzeugt hatte. Aber schließlich schaffte sie es.

Richard Tirrell, Mitglied der Ehrenformation von Millington, erinnerte sich: »Ich muss zugeben, dass ich mich eine Zeit lang, nachdem Suzanne in die Ehrenformation aufgenommen worden war, fragte, weshalb sie sich eigentlich der Lächerlichkeit und den Schikanen aussetzte, die sie von den anderen – weiblichen wie männlichen – Marines zu ertragen hatte. Als ich sie dann besser kennenlernte, erkannte ich, dass Suzanne unumstößliche Prinzipien und moralische Maßstäbe hatte und mit deren Hilfe die Hindernisse überwand, die sich vor den selbst gesetzten Zielen aufbauten. Ehrlich gesagt, sie spornte mich an, das Beste aus mir herauszuholen. Ihre sprühende Energie, ihre Lebensfreude und ihr Humor schufen eine Atmosphäre, die naiv und raffiniert zugleich war, auch wenn das widersprüchlich klingt. Diese Verknüpfung von Eigenschaften half mir, meine Tätigkeit in der Ehrenformation effizienter und motivierter zu verrichten.«

Ihre Kollegen bei den Marines waren derart von ihr beeindruckt, dass sie in die beim Training gesungenen Lieder ihren Namen einfügten – es handelte sich um rhythmisch rezitierte oder gesungene Verse, in denen die Gewinner der Ehrenmedaille und andere für ihre herausragenden Leistungen bekannte Marines genannt wurden.

Einem alten Freund von Jack, der selbst Marinesoldat gewesen war, schrieb Suzanne: »Es gibt einen Trainingssong über Dan Daley und andere berühmte Gewinner der Ehrenmedaille. Und jetzt haben sie einen Vers über mich hinzugefügt. Unser Training findet fast jeden Tag statt, sodass ich es mehrmals am Tag höre. Jedes Mal fühle ich mich noch mehr angespornt und geehrt, dass ich Mitglied des U.S. Marine Corps bin.« Spätestens jetzt wusste jeder, wer sie war.

Als die Abschlussfeier näher rückte, zeigte sich eine einzige dunkle Wolke am Horizont: die Versetzung Suzannes nach Cherry Point, während Susan bei der Marine Air Station in El Toro, Kalifornien, in der Luftverkehrskontrolle arbeiten sollte. Greg Gonzowski wurde ebenfalls nach Kalifornien versetzt. Greg liebte Suzanne und dachte an Heirat. Suzanne mochte ihn ebenfalls gern, aber sie genoss ihr derzeitiges Leben zu sehr, als dass ihr jetzt schon der Sinn danach stand, sich fest zu binden.

Für die fernere Zukunft planten die beiden Frauen sogar, einmal Kinder gemeinsam aufzuziehen. Aber sie suchten nach einem Weg, um auch in naher Zukunft zusammen zu sein. Die einzige Hoffnung sah Suzanne darin, sich nach Kalifornien versetzen zu lassen, und die Freundinnen nahmen sich vor, dies bald nach Antritt ihrer neuen Tätigkeit voranzutreiben. Wenn alles gut ginge, würden sie in Annapolis gemeinsam ein Bordkommando antreten. Nach Beendigung der Ausbildung wollte Susan zur Navy wechseln und dort als Pilotin arbeiten. Suzanne war zuversichtlich, dass auch die Marines Frauen zu Piloten ausbilden lassen würden.

Am 10. Juli reisten Susans Mutter und ihre vierjährige Schwester zur Abschlussfeier aus Illinois an. Am nächsten Abend wollten Susan und Suzanne mit Susans Mutter feiern und bei einer von Mrs Hands Freundinnen in Memphis zu Abend essen. Doch kurz bevor sie die Basis verlassen wollten, teilte ein weiblicher Sergeant Suzanne zum Dienst ein, was hieß, dass sie nicht mitkommen konnte. Die beiden Freundinnen verabredeten sich für den Tag der Abschlussfeier morgens in einer Grünanlage auf dem Gelände des Stützpunkts. Susan war überzeugt, die Vorgesetzte sei einfach nur neidisch und habe es auf Suzanne abgesehen. Am Abend vor der Abschlussfeier zum Dienst eingeteilt zu werden war in ihren Augen reine Schikane. Leicht hätte jemand anderer an ihrer Stelle eingesetzt werden können.

Der Dienst bestand darin, hinter einer roten Linie an einem Schulpult vor der Kaserne zu sitzen und jeden zu kontrollieren, der das Gebäude betrat. Jede volle Stunde musste sie einen Rundgang machen, um zu prüfen, ob alles in Ordnung sei, und ihre Beobachtungen notieren. Im günstigsten Fall eine langweilige Beschäftigung. Susan meinte, manchmal sei ihre Freundin zum Dienst eingeteilt worden, obwohl man genau gewusst habe, dass sie damit die Aufgaben in der Ehrenformation verpasste.

Suzanne konnte so gut wie nichts tun, sie war dazu verurteilt, den Abend auf der Basis zu verbringen, aber zumindest konnte sie nach Dienstschluss joggen gehen. Sie hatte fast den ganzen Tag über Koffer gepackt und Vorbereitungen für den nächsten Tag getroffen, und so war sie unruhig und nervös und freute sich darauf, ein wenig zu trainieren. Kurz nach 22 Uhr ging sie in ihr Zimmer, in dem sie Patti Coon und ihre andere Zimmergenossin, Victoria Pavloski, antraf. Sie und Victoria hatten eine kleine Auseinandersetzung darüber, wer das Zimmer sauber machen sollte. Suzanne erklärte sich einverstanden, am Morgen vor der Abschlussfeier zu putzen. Dann tauschte sie ihre Uniform gegen ein rotes

T-Shirt des Marinekorps und rote Sportshorts, zog ihre weißen Socken und ihre Nike-Schuhe an, ein weißes Stirnband und ein blaues Schweißband um die Hüfte; dann verließ sie das Gebäude und begann draußen im Freien mit Dehnungs- und Lockerungsübungen. Sie sagte zu Janet Cooper, die zur Achterdeckwache musste, dass sie gestresst sei und deshalb einen halbstündigen Dauerlauf machen wolle. Sie unterhielten sich zehn Minuten, während Suzanne Dehnungsübungen machte. Janet hatte den Eindruck, Suzanne befinde sich in einer ausgesprochen guten und glücklichen Stimmung.

Dazu hatte Suzanne allen Grund, als sie sich in die finstere Nacht hinausbegab, um zu joggen. Sie war 19 Jahre alt, hübsch, gesund und körperlich fit, sie hatte sich der härtesten Disziplin unterworfen, die für eine Frau im amerikanischen Militär möglich ist, und sie hatte es geschafft. Ihr Traum von der Naval Academy und ihr Ziel, als eine der ersten Frauen bei den Marines Pilotin zu werden, rückten näher, und in Cherry Point würde sie die Chance erhalten, erneut ihr Können unter Beweis zu stellen. Ihre Eltern waren stolz auf sie, ihr Bruder betete sie an, sie hatte eine treue Freundin und einen Mann, der bereit war, sein Leben mit ihr zu teilen. Sie hatte hart gearbeitet, unter hohem Einsatz. Vor ihr lag eine Zukunft mit allen Möglichkeiten, sie musste nur zugreifen.

KAPITEL ACHT

TOD EINER MARINESOLDATIN

Am Freitagmorgen, dem 12. Juli 1985, wartete Susan Hand wie verabredet auf Suzanne im Park der Militärbasis. Von da aus wollten sie gemeinsam zur Abschlussfeier gehen. Als Suzanne nicht kam, machte sie sich Sorgen, sie sei vielleicht krank, und nach der Feier ging sie zu Suzannes Kaserne, um sie zu suchen.

»Einige Leute dort machten ein merkwürdiges Gesicht, aber keiner sagte einen Ton«, erinnerte sie sich.

Es dauerte allerdings nicht lange, bis Captain Nowags Mitarbeiterin auf sie zukam und ihr ausrichtete, sie solle in sein Büro kommen, er wolle sie sprechen. Inzwischen war es bereits Nachmittag, die Sonne stand hoch am Himmel, und Susan trug immer noch ihre Ausgehuniform. Es kam ihr seltsam vor, dass der Captain sie zu sich bestellt hatte; sie war sich nicht bewusst, etwas falsch gemacht zu haben, was eine Vorladung gerechtfertigt hätte. Aber Nowag war ihr ja wohlgesinnt und immer freundlich zu ihr gewesen. Wahrscheinlich wollte er sich einfach nur persönlich von ihr verabschieden.

Sie betrat sein Büro und meinte fröhlich: »Na, was gibt's?«

»Sie setzen sich besser«, erwiderte er. Als sie Platz genommen hatte, sagte er: »Sie sind doch mit Suzanne Collins befreundet.« – »Ja«, bestätigte Susan.

Er trat auf sie zu und legte ihr den Arm um die Schulter. »Ich weiß nicht, wie ich es Ihnen sagen soll, aber Ihre Freundin Suzanne wurde im Park in Millington ermordet aufgefunden.«

»Nein«, stieß Susan halb flüsternd, halb mit einem Aufschrei hervor. »Das ist unmöglich«, rief sie. »Sind Sie sicher?«

Captain Nowag nickte ernst.

Noch nie hatte Susan den Tod eines ihr nahestehenden Menschen erlebt. Nur den Tod ihrer Großmutter, bei der sie zweimal im Jahr zu Besuch gewesen war. »Das kann doch nicht sein«, rief sie mit tränenerstickter Stimme. »Suzanne ist doch erst 19 Jahre!«

Er zog einen Stuhl zu ihr heran und legte ihr tröstend den Arm um die Schulter.

Steve Collins war allein zu Hause in Springfield, als am frühen Freitagnachmittag des 12. Juli ein Dienstwagen des Militärs vorfuhr. Jack, sein Vater, jetzt im Ruhestand, hielt sich an jenem Tag in New York auf, um seinem Schwager Ed Wicks in einer Patententwicklungsfrage zu helfen. Die Mutter, Trudy, war mit ihren Eltern, die inzwischen bei ihnen wohnten, Mittag essen gegangen. Steve hütete das Haus und kurierte eine Fußverletzung aus. Er musste eine Zeit lang an einer Krücke gehen.

Er kam gerade aus der Dusche, als er das Auto vorfahren sah. Zuerst dachte er, es müsse Suzanne sein. Seine Schwester wollte an diesem oder am folgenden Tag kommen, und er vermutete, dass sie mit ihrem Charme jemanden bezirzt hatte, sie nach Hause zu bringen.

Aber dann läutete es an der Tür, und als Steve öffnete, standen zwei Männer in Uniform vor ihm, einer davon ein Kaplan.

»Mr Collins«, begann der eine. »Wir haben eine schlechte Nachricht für Sie. Suzanne ist ermordet worden.«

Im ersten Augenblick begriff Stephen gar nichts und stand vollkommen unter Schock. Der Nachbar Paul Newton, Marine Colonel im Ruhestand, erinnerte sich, dass Stephen mit seiner Krücke auf einen Strauch schlug und immer wieder schrie: »Nein!« Colonel Newton war immer sehr stolz auf Suzanne gewesen und hatte ihr versprochen, ihr zu ihrer Ernennung zum Offizier seinen Zierdegen zu schenken.

Der erste Gedanke, der Stephen durch den Kopf schoss, war: »Mein Gott, gleich kommt Mutter heim.«

Wenig später fuhr Trudy mit den Großeltern die Auffahrt herauf. Als sie den Dienstwagen sah, dachte sie ebenfalls, Suzanne hätte sich nach

Hause bringen lassen. Aber dann kam Stephen heraus und beugte sich zu ihr herunter. »Mom, ich muss mit dir reden.«

»Jetzt gleich?«, fragte sie.

»Ja, lass Oma und Opa einfach im Auto sitzen und komm rein.«

»Ich soll das Auto so an der Auffahrt stehen und meine Mutter und meinen Vater drin sitzen lassen?«, fragte Trudy ungläubig. »Ja«, meinte er. »Komm bitte gleich. Bitte.«

Drinnen stellte ihr Stephen die beiden Militärangehörigen vor. Einer von ihnen bat sie, Platz zu nehmen. Dann teilte er ihr mit, dass ihre Tochter ermordet worden war. Ihre erste Reaktion war ähnlich wie die von Susan. »Das muss ein Irrtum sein«, meinte sie.

Trudy ging mechanisch zum Auto zurück, holte ihre Eltern herein und führte sie ins Wohnzimmer, ohne ihnen zu sagen, was geschehen war. Dann wandte sie sich Stephen und den beiden Unbekannten zu. »Gehen wir auf die hintere Terrasse, dort können wir reden, ohne dass sie es hören.«

»Wir sagen Ihnen, was wir wissen«, erklärten die beiden. »Unseren Informationen zufolge machte Ihre Tochter gestern Abend auf dem Gelände des Stützpunkts einen Dauerlauf. Jemand trat von hinten auf sie zu, packte sie, zerrte sie in einen Wagen, verschleppte, misshandelte und tötete sie.«

»Wenn ich es mir nicht aufschreibe«, ging es Trudy durch den Kopf, »merke ich es mir nicht. Ich werde später nicht mehr wissen, was sie mir erzählt haben.«

Sie sprachen noch eine Weile. Trudy wusste noch, dass der Geistliche sehr mitfühlend und freundlich war. »Wie kann ich Ihnen helfen?«, fragte er. »Soll ich es Ihren Eltern beibringen?«

Trudy lehnte ab und meinte, das müsse sie selbst machen.

»Soll ich vielleicht mitkommen und Ihnen beistehen?«, fragte er.

»Dafür wäre ich dankbar«, erwiderte sie.

»Mutter und Dad saßen stumm da, wie betäubt, unfähig zu begreifen, was sie da hörten«, erinnerte sich Trudy. »Dann versuchten wir, Jack telefonisch in New York zu erreichen.«

Sie holten ihn aus einer Sitzung. »Etwas Schlimmes ... etwas Schreckliches ist passiert«, sagte Trudy. »Suzanne ist ermordet worden.«

»Was sagst du da! Wie kann das sein? Ich verstehe nicht.« Ich muss sofort nach Hause, dachte er.

Den Männern, mit denen er konferierte, teilte er mit, was geschehen war. Zwei von ihnen, die er etwas besser kannte, waren Juden. »Wir Christen«, sagte Jack, »beten für die Seele der Verstorbenen. Ich weiß nicht, wie es bei Ihnen ist, aber wenn Sie für Suzanne und mich und meine Familie beten könnten, wäre ich Ihnen sehr dankbar.« Jack sagte, sie waren tief erschüttert und voller Trauer und Mitgefühl.

Sein Schwager begleitete ihn auf dem Rückflug nach Washington. Gegen 18 Uhr 30 holten Trudy und Stephen Jack am Flughafen ab. Sie umarmten sich stumm.

Zu Hause griff Jack sofort zum Telefon und rief in Tennessee an, um genauer zu erfahren, was passiert war. Sie hatten einen Verdächtigen festgenommen, den Ehemann einer Soldatin bei der Navy, der auf dem Gelände der Militärbasis wohnte. Doch Suzanne war vom Stützpunkt verschleppt und in einem Park in Millington getötet worden, sodass es zwischen dem Naval Investigative Service, der Polizei von Millington und dem Büro des Sheriffs von Shelby County Kompetenzüberschneidungen gab. Jack konnte nicht einmal in Erfahrung bringen, wo sich Suzannes Leiche befand.

Als Stephen die Einzelheiten hörte, meinte er: »Es muss mehr als einer gewesen sein. Suzanne hatte Kraft. Wenn wir miteinander rangen, gewann immer sie. Es waren bestimmt mehrere.«

»Morgen werden wir Genaueres wissen«, gab man Jack zur Antwort.

Zu diesem Zeitpunkt lag Suzannes Leiche im Obduktionsraum von Shelby County. In dem von Dr. James Spencer Bell unterzeichneten Autopsiebericht hieß es: »Todesursache waren zahlreiche Verletzungen, hervorgerufen durch heftige Schläge auf den Kopf, Quetschungen am Hals und durch Pfählung mittels eines Astes, der durch den Unterleib ins Perineum bis in den rechten Brustkorb gestoßen wurde, wodurch Organe des Unterleibs und Brustkorbs zerrissen wurden und es zu inneren Blutungen kam.«

Gegen 6 Uhr morgens hatten Hilfssheriffs unter einem Baum etwa 50 Meter abseits der Straße im Edmund Orgill Park in Millington östlich der Marinebasis Suzannes unbekleideten Körper mit dem Gesicht nach unten im Gras gefunden; der Kopf war nach rechts verdreht. Außer dem gewaltsam zwischen ihren Beinen in den Körper eingeführten Ast wies ihr Körper zahlreiche weitere Verletzungen auf, und ihr Gesicht war von Schlägen derart entstellt, dass eine Identifizierung zunächst schwierig war. Im Umkreis der Leiche verstreut lagen ihr Hemd und ihre Shorts, Socken, Unterwäsche und ihr Schweißband, die auf dem grünen Untergrund ein rot-weiß-blaues Muster bildeten.

Etwa eine Stunde zuvor hatte Patti Coon entdeckt, dass Suzannes Bett unbenutzt geblieben war, und besorgt den Sicherheitsdienst informiert. Als Suzanne auch zum Morgenappell nicht erschienen war, ging eine ausführliche Meldung an den Sicherheitsdienst der Basis, an die Polizei in Millington und das Büro des Sheriffs.

Der Tathergang war in groben Zügen rasch rekonstruiert.

Gegen 23 Uhr machten die Marinerekruten Michael Howard und Mark Shotwell einen Jogginglauf. Sie liefen Richtung Norden auf der Attu Road, nördlich der Basis und unweit der Büffelpferche, als ihnen eine Joggerin entgegenkam, auf die die Beschreibung von Suzanne Collins passte. Unmittelbar bevor sie einander begegnen konnten, wechselte die Joggerin wegen des Verkehrs die Straßenseite. Kurz darauf bemerkten die beiden Jogger ein Auto, das vor ihnen am Straßenrand parkte und das Fernlicht eingeschaltet hatte. Howard beschrieb den Wagen als einen Ford-Kombi, Baujahr Mitte der Siebzigerjahre, von dunkler Farbe, seitlich mit einer holzgemaserten Verkleidung und einem sehr lauten Auspuff. Plötzlich fuhr der Wagen los, schwenkte auf die Straße und steuerte in Richtung Suzanne.

Bald nachdem das Auto verschwunden war, glaubten Howard und Shotwell aus einer Entfernung von etwa 300 Metern hinter sich Schreie zu hören. Sie machten sofort kehrt und liefen in die Richtung, aus der die Schreie kamen. Nach gut 100 Metern hörten sie nichts mehr, sahen aber, wie der Kombi auf der Attu Road Richtung Navy Road davonfuhr. In diesem Augenblick kam ein Auto aus der Gegenrichtung, dessen Scheinwerfer ihnen die Sicht nahm.

Sie rannten weiter hinter dem Kombi her, wurden aber bald abgehängt; daraufhin liefen sie zum Nordtor 2 der Basis und meldeten der diensthabenden Wache, David Davenport, den Vorfall; Davenport informierte den Sicherheitsdienst der Basis. Er betonte, dass es sich möglicherweise um einen Entführungsfall handle, und fügte hinzu, dass der Kombi durch sein Tor den Stützpunkt verlassen habe. Der Fahrer war männlichen Geschlechts gewesen und hatte einer Frau auf dem Beifahrersitz den Arm um die Schulter gelegt. Obwohl er das Autokennzeichen nicht hatte lesen können, erinnerte er sich, dass es ein Nummernschild aus Kentucky trug. Eine Sicherheitsstreife holte sich bei Davenport weitere Informationen, und Richard Rogers, der zuständige Offizier für die Wache von Sektion 2, gab einen Fahndungsaufruf an den Sicherheitsdienst der Basis, die Polizei von Millington und das Büro des Sheriffs, ehe er sich selbst auf die Suche nach dem Wagen machte.

Während Rogers nach dem Kombi Ausschau hielt, wurde er zu einem Einsatz an der Kreuzung Center, College und Bethuel Street im Wohnbezirk der Basis gerufen, wo eine Schlägerei im Gange war. Etwa zehn Minuten nach Mitternacht entdeckte er dann ein Auto, auf das Davenports Beschreibung zutraf. Es fuhr Richtung Süden.

Rogers hielt den verdächtigen Wagen an. Am Steuer saß Sedley Alley, ein 29 Jahre alter männlicher Weißer, 1,95 Meter groß, 220 Pfund schwer. Er arbeitete für eine Klimaanlagenfirma, wohnte mit seiner Frau Lynne, einer Marinesoldatin, auf dem Gelände der Basis und stand finanziell nicht auf eigenen Füßen. Alley ließ sich von Roger widerstandslos ins Sicherheitsbüro bringen. Lynne Alley wurde ebenfalls zur Befragung herbeigeholt. Da auf sie ziemlich genau die Beschreibung des möglichen Entführungsopfers zutraf und es den Anschein hatte, dass die beiden einen Ehestreit gehabt hatten, ließen sie die Sicherheitsoffiziere schließlich gehen.

Zum gleichen Zeitpunkt befanden sich auch die beiden Jogger Shotwell und Howard in dem Gebäude, um ihre Beobachtungen zu Protokoll zu geben. Als die Alleys losfuhren und Shotwell und Howard den dröhnenden Auspuff hörten, erklärten sie, dies sei das Auto, das sie gesehen und gehört hatten.

Gegen 5 Uhr erhielt der Sicherheitsdienst einen Anruf von Corporal Kimberly Young, die Patti Coons Meldung weiterleitete, dass Suzanne Collins am Abend vorher joggen gegangen und offenbar nicht zurückgekehrt war. Young gab eine Beschreibung und besorgte Fotos von Suzanne. Nun wurde die Suche verstärkt; bald darauf fand man Suzannes Leiche im Edmund Orgill Park in Millington.

Kurz nach 7 Uhr beauftragte Richard Rogers zwei Militärpolizisten, John Griggs und Gregory Franklin, mit der Festnahme und Überstellung Sedley Alleys. Dann rief er Navy Captain Barry Spofford, den Kommandeur der Basis, und Marine Colonel Robert Clapp, Suzannes Vorgesetzten, an und teilte ihnen mit, was geschehen war. Dorothy Cummings, die Ausbilderin von Suzannes Sektion, konnte die Leiche zweifelsfrei identifizieren.

Da die Entführung auf bundesstaatlichem Gelände stattgefunden hatte, wurde die Außenstelle des FBI in Memphis benachrichtigt, die die Special Agents Jack Sampson und Anna Northcutt losschickte.

Polizei und Hilfssheriffs begutachteten am Tatort die Leiche. Suzannes Kopf war blutverkrustet. Beide Schulterblätter wiesen große Blutergüsse und Kratzer auf, die von den Schultern bis zur Hüfte hinunterreichten. Erst nachdem bei der Obduktion der Ast aus ihrem Körper entfernt worden war, konnte man feststellen, wie tief der scharfe, dicke Ast zwischen ihre Beine in den Körper gestoßen worden war; nur gut 20 Zentimeter standen noch hervor. Als man sie auf den Rücken drehte, entdeckte man, dass ihr linkes Auge blutunterlaufen und geschwollen war und ihre linke Brust Quetschungen und Bisswunden aufwies. Der Abschlussbericht der gerichtsmedizinischen Untersuchung war 21 Seiten lang.

In weniger als einem Kilometer Entfernung fand die Polizei einen Schraubenzieher. Er entsprach exakt der Beschreibung des Werkzeugs, mit dem Sedley Alley gewöhnlich sein Auto anließ, das nicht mehr wie üblich mit einem Zündschlüssel ansprang. Als der Naval Investigative Service Alleys Wagen sicherstellte und durchsuchte, fanden sie innen und außen zahlreiche Blutspuren.

Auf der Sicherheitswache stritt Alley anfangs jegliche Beteiligung an dem Verbrechen ab und verlangte einen Anwalt. Dann jedoch schwenkte er aus freien Stücken um und sagte, er wolle erzählen, was geschehen war. Er sei etwas trinken gegangen, habe sich dann in sein Auto gesetzt und sei losgefahren. Er habe angehalten, um die hübsche blonde Marinesoldatin anzusprechen, sie dabei versehentlich angefahren und in sein Auto getragen, um sie ins Krankenhaus zu bringen. Im Wagen sei sie wieder zu sich gekommen und habe sich gewehrt; daraufhin sei er von der Basis aus in den Edmund Orgill Park gefahren und habe ihr in völliger Panik Schläge versetzt, um sie zum Schweigen zu bringen, ohne zu merken, dass er den Schraubenzieher in der Hand hielt. Das habe, so glaube er, letztlich ihren Tod verursacht, und es handle sich also eigentlich um einen Unfall. In noch größerer Panik sei er schließlich auf die Idee gekommen, es nach einem Sexualverbrechen aussehen zu lassen. Deshalb habe er ihr die Kleider ausgezogen, den Ast vom Baum gebrochen und in ihren leblosen Körper gestoßen.

Die gerichtsmedizinische Untersuchung sollte jedoch bald ergeben, dass von den zahlreichen Verletzungen an Suzannes Körper keine einzige von der Einwirkung eines Schraubenziehers im Kopfbereich oder von einem Zusammenprall mit einem Auto herrührte. Zudem lag die Zeugenaussage von drei anderen jungen Leuten vor, die sich in jener Nacht im Park aufgehalten hatten; sie hatten zwar weder Suzanne noch Sedley Alley gesehen, jedoch – wie sie es nannten – »Todesschreie« genau um jene Zeit gehört, in der Suzannes Tod eingetreten sein musste.

Lynne Alley wurde gleichfalls vernommen. Sie hatte den Abend mit Freundinnen bei einer Tupperware-Party verbracht. Sedley war nicht da, als sie heimkam, und sie sah ihn erst wieder, als sie in der Nacht zur Befragung gerufen worden war. Als sie am nächsten Morgen die Grasflecke im Auto entdeckte, nahm sie an, sie stammten von ihren beiden Hunden, die häufig im Auto mitfuhren. Sie gab auch an, dass ihr Ehemann zuvor bereits einmal in Ashley, Kentucky, verheiratet gewesen war und dass vor etwa fünf Jahren seine frühere Ehefrau bei einem Unfall zu Hause in der Badewanne ertrunken war.

Die weiteren Ermittlungen ergaben, dass dieser »Unfall« eine höchst fragwürdige Angelegenheit war; Debra Alley starb im Februar 1980, drei Tage nachdem sie die Scheidung – Scheidungsgrund: perverses sexuelles Verhalten – beantragt hatte. Der nackte Körper der 20-Jährigen wurde in der Badewanne gefunden und wies zahlreiche Blutergüsse und Würgemale am Hals auf. Alley sagte aus, sie sei in jener Nacht mit anderen

Männern ausgegangen, sei stark alkoholisiert nach Hause gekommen, habe dann ein Bad genommen und sei dabei ertrunken. Sie war bereits mehrere Stunden tot, als Polizei und Krankenwagen gerufen wurden. Die Obduktion ergab, dass sie an ihrem eigenen Erbrochenen erstickt war, in der Speiseröhre steckte ein Stück Pommes frites. Alley hatte seine beiden Ehefrauen wiederholt tätlich angegriffen. Sein vierjähriges Kind hatte mehrmals gesehen, wie Alley die Mutter geschlagen hatte.

Mehr und mehr deutete darauf hin, dass Alley der Mörder von Suzanne Collins war. Am Freitag waren Geräte zur Wartung von Klimaanlagen aus der Wohnung eines Offiziers gestohlen worden. Zum Zeitpunkt seiner Befragung lagen die gestohlenen Gegenstände in Alleys Wagen.

Sedley Alley wurde des vorsätzlichen Mordes an Suzanne Marie Collins angeklagt. Noch am selben Tag berieten sich NIS- und FBI-Vertreter mit dem stellvertretenden Bundesstaatsanwalt Lawrence Laurenzi, der ihnen versicherte, falls die Staatsanwaltschaft von Tennessee nicht auf Todesstrafe wegen Mordes plädieren sollte, werde er die Todesstrafe auf der Grundlage des Verbrechens der Entführung beantragen. Wie sich herausstellte, war das jedoch gar nicht nötig. Nachdem der stellvertretende Bezirksstaatsanwalt von Shelby County, Henry »Hank« Williams, vom Tathergang in Kenntnis gesetzt worden war und die Akten durchgesehen hatte, beschloss er selbst, die Todesstrafe zu beantragen. Er lehnte jegliches Verhandeln mit Verteidigung und Gericht über ein milderes Urteil ab.

Bei der Abschlussfeier von Suzannes Marineeinheit in Memphis blieb an jenem Nachmittag ein Platz leer. Die Flagge der Basis war auf Halbmast gesetzt, und die langersehnte Zeremonie war nicht das freudige Ereignis, das es hätte sein sollen. Jeff Freeman war gerade in der Vorlesung an der University of North Carolina in Wilmington, als Steve ihm die Nachricht von Suzannes Ermordung überbrachte. Er war erschüttert. Jeff fuhr nach Washington, um Steve bei den Vorbereitungen für das Begräbnis zu helfen.

Neben dem unerträglichen Schmerz und dem Drang, endlich zu erfahren, was genau mit ihrer Tochter geschehen war, mussten sich Jack und Trudy Collins jetzt auch noch mit den praktischen Fragen von Suzannes

Begräbnis auseinandersetzen; man hatte ihnen mitgeteilt, aufgrund der komplizierten gerichtsmedizinischen Untersuchungen könne man die Leiche erst in ein paar Tagen freigeben.

Da Jack ein tiefgläubiger Katholik ist, wählten sie ein kirchliches Begräbnis. Suzanne war während ihrer aktiven Dienstzeit ums Leben gekommen, und so hatten ihre Angehörigen das Recht, sie auf dem Nationalfriedhof in Arlington zu bestatten. Stephen traf schließlich diese Entscheidung, indem er darauf bestand, Suzanne solle in Arlington begraben werden, der letzten Ruhestätte für die Helden des Landes.

»Ich war für Arlington, weil ich denke, dass Suzanne das Beste verdient hatte«, erklärte er. »Weil sie die Beste war.«

Unterdessen fuhr Susan Hand mit ihrer Mutter und ihrer kleinen Schwester nach Illinois zurück.

»Ich weinte die ganze Strecke bis nach Indiana«, erinnerte sie sich. »Meine Mutter versuchte, mich zu trösten, aber es half nichts. Ich war wie von Sinnen. Immerzu dachte ich an Suzanne.«

Greg Gonzowski war nicht weniger erschüttert. »Er hat sie wirklich geliebt«, sagte Susan. Sobald sie zu Hause in Illinois war, rief sie Greg an, und sie überlegten, wie sie am besten ihre Teilnahme an der Beerdigung organisierten, denn sie mussten dafür Urlaub beantragen. Susan hätte gerne als Marinesoldatin die Überführung von Suzannes sterblichen Überresten nach Washington begleitet, doch der Staff Sergeant, jene Frau, die, wie Susan meinte, sie beide ständig schikaniert hatte, bestimmte sich selbst für diese Aufgabe. Bis heute hat Susan deswegen ein Gefühl der Leere und des schmerzlichen Verlustes, da sie Suzanne auf ihrer letzten Reise nicht hatte begleiten können.

Am Mittwoch, dem 17. Juli, wurde in der Memphis Naval Air Station ein Gedenkgottesdienst für Suzanne abgehalten. Colonel Robert Clapp, der Kommandeur der Marine Aviation Training Support Group 90, beendete seine Rede mit den Worten: »Suzanne war eine eifrige und ehrgeizige junge Frau mit erwiesenen Fähigkeiten, einem sichtlichen Stolz auf ihre Tätigkeit und einem großen Pflichtbewusstsein, das sich mit der Bereitschaft verband, jene Verantwortung zu übernehmen, die sie als Marinesoldatin im Dienste ihres Landes zu tragen hatte ... Sie war leistungsorientiert, zielstrebig und erfolgreich. Sie saß nicht da und wartete, dass etwas geschah, sondern tat selbst etwas. Sie stand kurz vor dem erfolgreichen Abschluss ihrer Ausbildung.

Ich glaube, wir alle empfinden es als großes Unglück, dass Suzanne ihre Talente und Ziele nicht vollständig verwirklichen konnte, denn sie war eine Ehre für das Korps, dem sie mit solchem Stolz diente. Vielleicht gibt es uns heute ein wenig Trost, wenn wir uns daran erinnern, dass sie ein Teil von uns war, dass wir hier sind, um weiterzumachen, und dass man nicht wirklich tot ist, solange andere sich erinnern. Wir werden sie nie vergessen. Ihr Geist wird in ihrem Marinekorps lebendig bleiben und durch uns weiterhin dem Adler, Globus und Anker dienen – ein Dienst, der auf einzigartige Weise denen, die dazu bereit sind, mehr Befriedigung verleiht, als die meisten von uns auszudrücken in der Lage sind. Sie wird auf ewig eine Angehörige des Marinekorps bleiben, und wie einmal jemand schrieb:

›Sie wird nicht altern, wie wir altern;
das Alter wird sie nicht verschleißen,
und die Jahre werden sie nicht verurteilen.
Aber bei jedem Sonnenuntergang und
jeden Morgen werden wir ihrer gedenken.‹«

Anschließend spielte die Musikkapelle die Hymne des Marinekorps. Und beim Trompetensolo gelang es kaum einem der harten Männer bei den Marines, seine Tränen zu unterdrücken.

Weil Suzannes Gesicht durch die Schläge, die ihr Sedley Alley zugefügt hatte, so entstellt war, blieb der Sarg bei der Totenwache und der Begräbnisfeier ungeöffnet. Doch als der Leichnam in Washington eintraf, wussten Jack, Trudy und Stephen, dass sie sie ein letztes Mal sehen mussten.

»Wir mussten«, sagte Jack, »so genau wie möglich erfahren, was mit ihr geschehen war.«

Als der Sarg geöffnet wurde, waren sie auf den Schock kaum vorbereitet. Suzanne trug ihre Galauniform und weiße Handschuhe.

»Mein Herz und meine Seele weinten«, sagte Jack. »Es war ein innerlicher Aufschrei. Ich konnte einfach nicht begreifen, dass jemand etwas so Bestialisches hatte tun können. Es war gar nicht unsere Suzanne, denn er hatte sie so misshandelt und ihr Gesicht derart entstellt, dass sie es so gut wie möglich hatten kosmetisch herrichten müssen. Es war aber nicht mehr die Suzanne, die wir gekannt hatten.«

Bei der Totenwache waren neben dem geschlossenen Sarg ein Foto von Suzanne und die amerikanische Flagge aufgestellt.

Am Donnerstag, dem 18. Juli 1985, einem warmen und sonnigen Nachmittag, fand die Begräbnisfeier für Suzanne Collins in der alten Fort Myer Chapel neben dem Friedhof von Arlington statt. Da im Innern der Platz für alle Trauergäste nicht ausreichte, mussten viele den Gottesdienst von draußen mitverfolgen.

Susan Hand war mit einer Militärmaschine auf die Andrews Air Force Base in Maryland geflogen, wo sie Greg Gonzowski abholte. Sie war noch nie zuvor in Arlington gewesen und sagte später, dieses Erlebnis habe ihr ehrfürchtige Schauder über den Rücken gejagt.

»Es war unheimlich. Während der gesamten Begräbnisfeier musste ich meine Tränen unterdrücken. Greg und ich saßen in der Kapelle ziemlich weit hinten. Wir trugen beide unsere Galauniform, es war brütend heiß, aber das machte uns nichts aus.«

Bis die Ehrenwache den geschlossenen weißen Sarg hereintrug. Susan war überwältigt vom Anblick dieses weißen Sargs, von der Vorstellung des reinen und unschuldigen Lebens, das zu früh brutal beendet worden war.

Auch Stephen weinte jetzt. Er hatte zwar geweint, als er die Nachricht von der Ermordung seiner Schwester erhalten hatte, aber dann nicht mehr. Auch als sie vor Suzannes Leichnam gestanden hatten, hatte er sich seinen Eltern zuliebe zusammengenommen. Aber das hier war zu viel für ihn.

In das Gedenkbuch hatte er geschrieben: »Suzanne, mögest du auf ewig in Frieden ruhen, Stephen.«

Direkt darunter hatte Trudy die Worte gesetzt: »Wir werden dich immer lieben, liebste Sue Blue, Mom und Dad«, und darunter ein Herz und eine lange Reihe von xxx gemalt, das Zeichen für Küsse.

Als Teil des militärischen Zeremoniells wird traditionell die Fahne, die den Sarg bedeckt, von der Ehrenwache abgenommen, zu einem Dreieck gefaltet und den engsten Verwandten übergeben. Doch nachdem die Flagge entfernt, gefaltet und Trudy überbracht worden war, wurde Suzannes Sarg mit einer weiteren Flagge bedeckt. Dann erfolgte das gleiche Zeremoniell noch einmal, und diesmal wurde die Flagge Stephen übergeben. Er würde sie, sagte er, bis an sein Lebensende in Ehren halten.

Am folgenden Tag brachten Jack und Bill Shepherd, ein enger Freund, Susan nach Andrews, von wo aus sie mit einer Militärmaschine nach Chicago zurückflog. Auf dem Rückweg sagte Jack: »Weißt du, Bill, ich denke jetzt anders über den Tod.«

»Was meinst du damit?«, fragte Bill.

»Ich habe keine so große Angst mehr wie zuvor. Mir kann nichts passieren, das so schlimm ist wie das, was Suzanne durchgemacht hat. Und jetzt freue ich mich auf etwas, wenn ich sterbe: Ich werde Suzanne wiedersehen.«

In den Wochen nach dem Begräbnis trugen die Collins mehr und mehr Einzelheiten über das Leben und den Tod ihrer Tochter zusammen. Ich sage ganz bewusst auch »Leben«, denn sie erfuhren von Hunderten von Menschen, mit denen Suzanne in Berührung gekommen war; das brachte eine Farbe in die Existenz ihrer Tochter, die sie zwar immer schon gekannt hatten, die aber erst jetzt richtig deutlich wurde. Die Briefe, Zeichen der Anerkennung, der Liebe und Anteilnahme, bewiesen, was für ein außergewöhnlicher Mensch Suzanne gewesen war. Viele, die mit der Familie erstmals Kontakt aufnahmen, pflegen bis heute die Verbindung und besuchen Jack und Trudy regelmäßig. Besonders bewegend ist die Tatsache, dass viele der Briefeschreiber Auskunft über ihr Leben geben und sich offen der Familie anvertrauen, so wie sie sich Suzanne anvertraut hatten. Offenbar hatten so gut wie alle, die sie gekannt hatten, das Bedürfnis, die Erinnerung an sie lebendig zu halten.

Am 20. August reisten Jack und Trudy nach Memphis und Millington, um sich mit den Beamten zu treffen, die mit Suzannes Fall befasst waren. Sie bestanden darauf, den Tatort und die Obduktionsfotos zu sehen, weil sie verstehen wollten, was mit Suzanne geschehen war und wie viel sie gelitten hatte. Sie lasen den Obduktionsbericht und betrachteten die Großaufnahmen ihres Gesichts und ihres zerschundenen Körpers.

Der Gerichtsmediziner, der dieses Material nur sehr widerstrebend herausgab, sagte ihnen, es sei der schlimmste Fall, mit dem er je zu tun gehabt hatte.

Sie ließen sich auch nicht davon abbringen, den Ort aufzusuchen, an dem sie gestorben war. »Wir wollten an der Stelle stehen, wo der Körper unserer Tochter gelegen hatte«, sagte Jack. »Wir wollten dort sein, wo sie misshandelt wurde und in ihrem Blut lag.«

Als sie das Büro des Sheriffs von Shelby County aufsuchten, begrüßte sie Sergeant Gordon Neighbours und umarmte Trudy. »Ich sage Ihnen, was man mit diesem Dreckskerl hätte machen sollen«, sagte er. »Ich hätte ihn packen und auf der Stelle umbringen sollen.«

Stephen hatte bereits am Freitagabend ähnliche Gefühle geäußert, als er sich zu seinen Eltern ans Bett gesetzt und bis in die frühen Morgenstunden des nächsten Tages mit ihnen geredet hatte.

»Ich verstehe, was du empfindest, Steve«, sagte Jack. »Sehr gut sogar. Aber der Kerl ist jetzt wahrscheinlich in Haft, und wir haben keine Möglichkeit, an ihn heranzukommen. Aber auch wenn das möglich wäre, würden wir wirklich so werden wollen wie er – eine Bestie, ein Unmensch?«

Stattdessen setzten sie ihr ganzes Vertrauen in das Gerichtsverfahren, für das sie keinen engagierteren Anwalt als Hank Williams hätten finden können.

Per Zufall hatten Hank und ich, den ich vorher nicht kannte, zu einer ähnlichen Zeit an einem ähnlichen Ort zu arbeiten begonnen. Mit dem einen Unterschied, dass er ein Jurastudium abgeschlossen hatte. Hank ging 1969 als Special Agent zum FBI, ein Jahr früher als ich. Seine erste Stelle war in Salt Lake City, danach wechselte er nach San Francisco, wo er in einer Spezialeinheit zur Bekämpfung der organisierten Kriminalität tätig war. In dieser Zeit brachte seine Frau Ginny die erste gemeinsame Tochter zur Welt. Da er wusste, was für ein unstetes Leben eine Karriere beim FBI bedeutete, und da er lieber als Jurist arbeiten wollte, verließ er das FBI, kehrte nach Tennessee zurück und wurde Staatsanwalt.

Williams war Anfang 40. Er legte nicht die falsche und übertriebene Theatralik vieler Staatsanwälte an den Tag, sondern war stets ernsthaft in seinen Bemühungen und war sich seines Auftrags sehr wohl bewusst.

Er erinnerte sich: »Mir erschien es als besonders tragisch, dass dieses Mädchen in den Militärdienst eintritt, um unser Land zu verteidigen, in einer Militärbasis unter allen nur erdenklichen Sicherheitsvorkehrungen lebt – und dann passiert so etwas. Ich las die Akten und sagte mir, das ist hundertprozentig ein Fall für die Todesstrafe. Diesmal würde ich keine Absprache mit den Anwälten der Gegenseite treffen, und als ich mit der Familie Collins gesprochen hatte, fühlte ich mich darin noch mehr bestärkt.«

Bei diesem Prozess wirkte Williams nicht nur als Vertreter des Rechts, er wurde auch Jack und Trudy Collins' psychologischer Betreuer, als sie dringend einen einfühlsamen Menschen innerhalb des Rechtssystems nötig hatten. Er war immer für sie da, hatte ein offenes Ohr für ihre Ängste und Sorgen und sah sich als ihren Fürsprecher bei der Bewältigung der Berge von Anträgen und Verfahren, die der Gerichtsverhandlung vorausgingen.

»Als sie zum ersten Mal nach Memphis kamen«, erinnerte sich Williams, »wollten sie unbedingt die Fotos vom Tatort sehen. Ich zögerte sehr, denn ich spürte, dass sie eine psychologische Betreuung brauchten, und ich dachte, sie würden es nicht verkraften. Aber sie erklärten mir, sie müssten verstehen, was passiert war, um Suzannes Schmerz teilen zu können, und so stimmte ich schließlich zu. Wenn man einmal so etwas gesehen hat, kann man es nie mehr vergessen.«

Es klingt wie bittere Ironie, dass die Verteidigung versuchte, einige der Fotos mit dem Argument als Beweismittel auszuschließen, sie könnten »die Geschworenen emotional beeinflussen«.

Sedley Alley wurde durch Robert Jones und Ed Thompson vertreten, zwei der hervorragendsten Verteidiger von Memphis, die Williams beide sehr schätzte. Obwohl er von der eindeutigen Sachlage des Verbrechens überzeugt war, wusste Williams, dass er es mit ihnen nicht leicht haben würde.

Die beiden Verteidiger wiederum hatten es mit ihrem Mandanten nicht leicht, wie sich bald herausstellte. Nicht, dass er sich komplett verschloss und jegliche Aussage verweigerte; aber er sagte ihnen schlicht und einfach nichts, was relevant war oder ihnen bei seiner

Verteidigung hätte helfen können. Ein Jahr nach dem Mord drängten Williams und sein Mitarbeiter Bobby Carter auf die Eröffnung der Gerichtsverhandlung.

Die Verteidigung brachte einen Psychologen namens Allen Battle ins Spiel, der Alley untersuchen sollte. Als Dr. Battle ihn befragte, reagierte er ähnlich wie gegenüber seinen Anwälten. Auf jede irgendwie wichtige Frage antwortete er: »Ich erinnere mich nicht mehr.«

Die Deutungsmöglichkeiten für ein derartiges Verhalten eines des vorsätzlichen Mordes Angeklagten sind begrenzt: Wenige Stunden nach dem Verbrechen legt der Angeklagte den Ermittlungsbeamten gegenüber ein detailliertes Geständnis ab, und Monate später erklärt er einem Psychologen gegenüber, er erinnere sich nicht mehr an den Vorfall. Meine persönliche Interpretation, vorbehaltlich zwingender Beweise des Gegenteils, ist, dass er damit entweder versucht, seine Haut zu retten, oder zu verstehen geben will, dass er auf das ganze gerichtliche Prozedere pfeift. Eine nachsichtigere Deutung – und eine, die sich vom Standpunkt der Verteidigung aus weitaus besser macht – könnte sein, dass das schreckliche Geschehen ihn traumatisiert hat und er einen totalen Gedächtnisverlust erlitten hat.

Wie war ein solches Verhalten möglich, fragte sich Dr. Battle. Schließlich hatte der Angeklagte am 12. Juli den Kriminalbeamten Auskunft über seine Tat gegeben und gestanden, Suzanne Collins getötet zu haben. Wie, wenn nur ein Teil seiner Persönlichkeit sich daran erinnerte? Und die anderen sich deshalb nicht erinnern konnten, weil sie keinen Anteil daran hatten?

Das war die Erklärung, die Dr. Battle vortrug. Eine Hypnose des Angeklagten bestärkte ihn in seiner Diagnose.

Offen gesagt war damit das letzte Pulver verschossen. Alley konnte das Verbrechen nicht gut leugnen – er hatte ja bereits gestanden, dass er Suzanne Collins getötet hatte, und der ausführliche Bericht der gerichtsmedizinischen Untersuchung gibt sehr genau Auskunft über die Todesursache. Die Verteidigung könnte nun so zu argumentieren versuchen, dass zumindest ein Teil der schrecklichen Verantwortung von dem Angeklagten abgewälzt wird – eben aufgrund seines Gedächtnisverlustes.

Zehn Tage vor dem festgesetzten Prozessbeginn am 17. März 1986 trugen Jones und Thompson offiziell die Möglichkeit einer multiplen Persönlichkeit vor. Sie sagten, sie benötigten mehr Zeit, Alleys psychischen Zustand zu untersuchen. Die Verhandlung wurde verschoben, um die geistige Zurechnungsfähigkeit des Angeklagten zu prüfen.

Alley wurde in ein psychiatrisches Krankenhaus in Tennessee gebracht. Sechs Monate lang untersuchten ihn sechs Therapeuten aus unterschiedlichen Spezialbereichen, ohne zu einem definitiven Schluss zu kommen. Physische Tests ergaben keine auffälligen Besonderheiten. Dr. Willis Marshall, den die Verteidigung als Psychiater ins Spiel brachte, untersuchte Alley, indem er ihn in den Zustand einer durch Drogen herbeigeführten Hypnose versetzte, in der Hoffnung, dadurch den »Gedächtnisverlust« überwinden zu können. Auf diese Weise wurde Alley in die Lage versetzt, sich an die Nacht des 11. Juli 1985 zu erinnern.

Unter Hypnose gab Alley zu erkennen, dass er an jenem Abend seine Psyche als in drei Persönlichkeiten aufgespalten erlebt hatte: in den normalen Sedley, in eine weibliche Persönlichkeit namens Billie, die neben ihm im Auto saß, und in Death, den Tod, der in eine schwarze Kapuze und einen schwarzen Mantel gehüllt war und neben dem Auto auf einem weißen Pferd herritt.

Während Dr. Battle an der These der multiplen Persönlichkeit festhielt, schloss Dr. Broggan Brooks für die Anklage diese Möglichkeit aus und meinte, Alley sei eine sogenannte »Borderline-Persönlichkeit«. Charakteristisch für die Borderline-Persönlichkeit ist Instabilität in einer Vielzahl von Lebensbereichen, darunter zwischenmenschliches Verhalten, Stimmung und Selbstbild, intensive und instabile Beziehungen, starke Zornaffekte und impulsives, unvorhersehbares Verhalten, das von großen Stimmungsschwankungen begleitet ist. Vier weitere psychologische Gutachter waren sich unschlüssig und forderten mehr Zeit für Alleys Untersuchung.

Bei allem Respekt für Hypnose als forensisches Mittel der Begutachtung – wir wissen alle aus dem Fernsehen, dass ein Hypnotiseur sich Leute aus dem Zuschauerraum auswählt und sie dazu bringt, dass sie wie Hühner gackern oder felsenfest behaupten, sie könnten ihren Arm nicht mehr heben, oder sich einbilden, sie lebten in ferner Vergangenheit am

Hofe von Kleopatra. Wir neigen dazu, Hypnose als eine Mischung aus untrüglichem Mittel der Wahrheitsfindung und dem Zustand äußerster Beeinflussbarkeit zu betrachten, auch wenn man durch etwas Nachdenken zu der Erkenntnis gelangt, dass diese beiden Vorstellungen einander ausschließen.

Tatsache ist, dass Hypnose nicht bei allen Menschen funktioniert – ich bin mir nicht einmal sicher, dass sie bei den meisten Menschen wirkt; im Grunde genommen ist es eine Technik, die jemandem helfen soll, sich auf eine bestimmte Zeit, einen bestimmten Ort oder einen bestimmten Gedanken zu konzentrieren. Deshalb ist Hypnose zuweilen für die Polizei hilfreich, um Einzelheiten von Zeugen zu erfragen, beispielsweise eine Personenbeschreibung oder ein Autokennzeichen – auch wenn diese Methode so unsicher ist wie ein Lügendetektor. Mit anderen Worten: In manchen Fällen ist der Hypnotisierte auf einer bewussten oder halbbewussten Ebene in eine bestimmte Richtung sehr beeinflussbar, indem er nämlich das rekonstruiert, was seinem Gefühl nach der Hypnotiseur gerne hören möchte, oder indem er in diesem Zustand gesteigerter Konzentration weitaus effektiver die von ihm gewünschte Version der Ereignisse vorträgt. Ich habe bemerkenswerte Kontrolluntersuchungen gesehen, in denen unter Anleitung eines Hypnotiseurs Personen ausführliche Details von Ereignissen vortrugen, die erwiesenermaßen niemals stattgefunden hatten. Ich will damit nicht sagen, dass Hypnose an sich ineffizient oder nutzlos sei; ich meine nur, dass sie keinen definitiven Aussagewert hat – was Ärzte, Anwälte, Richter und Geschworene oft nicht verstehen.

Und was die multiple Persönlichkeit betrifft: Meiner Erfahrung nach wird diese Krankheit im Allgemeinen erst nach der Verhaftung diagnostiziert. Tatsächlich ist es eine äußerst seltene Störung, sodass einem jeder Therapeut, der sagt, er habe umfassende Erfahrungen mit dieser Krankheit, von vornherein suspekt sein sollte. In den wenigen dokumentierten Fällen sind eher Frauen als Männer davon betroffen, und die Ursachen liegen fast immer in sexuellem Missbrauch in der frühen Kindheit. Anzeichen für eine multiple Persönlichkeit sind schon in frühem Alter zu erkennen.

Weiterhin: Während die multiple Persönlichkeit eine psychische Reaktion auf Missbrauch oder Gewalt ist, denen ein Individuum ausgesetzt ist (das sich dann in eine andere Persönlichkeit zurückzieht, um das Trauma abzuschwächen, oder in der Fantasie zu dem Vergewaltiger zurückzugelangen sucht), scheint es keinen Nachweis dafür zu geben, dass Persönlichkeitsspaltung eine normalerweise nicht zu Gewalttätigkeit neigende Person zu Gewalttätigkeit veranlasst. Mit anderen Worten – ich kenne keine Publikation und habe noch mit keinen Experten gesprochen, die davon ausgehen würden, dass ein gewalttätiger Anteil der Person das Kommando übernommen hat und mit den anderen Anteilen der Person, die sich dessen nicht bewusst sind und nichts kontrollieren können, macht, was er will.

Einfach gesagt: Wenn man – insbesondere als Verteidiger in einem Verfahren gegen einen Gewalttäter – mit der multiplen Persönlichkeit argumentiert, hat man alle Hände voll zu tun nachzuweisen, dass die Ursachen in der frühen Kindheit liegen und die Krankheit nicht erst zum Zeitpunkt des Verbrechens ausgebrochen ist. Will man auf Unzurechnungsfähigkeit plädieren, muss man den Beweis antreten – was meines Erachtens äußerst schwierig ist –, dass die eine »Persönlichkeit« für das Verbrechen verantwortlich war und die anderen nicht in der Lage waren, »sie« daran zu hindern. In Sedley Alleys Fall lautet die Frage: Welche seiner Persönlichkeiten hat Suzanne Collins getötet? War es »Death«? Wenn ja, so tat er vielleicht nur seinen Job. Oder war es »Billie«? Möglicherweise aus Eifersucht auf eine andere Frau? Oder war es der »normale Sedley«? In diesem Fall können wir die beiden anderen getrost vergessen und ihn für seine Tat zur Verantwortung ziehen. Eins ist sicher: Eine dieser Persönlichkeiten hat den Behörden eine detaillierte Beschreibung des Mordes an Suzanne geliefert. Ich kenne die Abschrift der auf Tonband aufgezeichneten Verhöre – weder von »Billie« noch von »Death« noch von sonst einer weiblichen Figur ist darin die Rede.

Kenneth Bianchi, der in den späten Siebzigerjahren zusammen mit seinem Cousin Angelo Buono der Vergewaltigung und des Mordes an zehn jungen Frauen angeklagt wurde, reklamierte eine multiple Persönlichkeit für sich und überzeugte damit mehrere psychiatrische Experten, die schließlich unter Hypnose zehn verschiedene Persönlichkeiten entdeckten – acht Männer und zwei Frauen. In diesem mittlerweile klassischen Fall der forensischen Psychologie entlarvte Dr. Martin Orne von der University of Pennsylvania Bianchi als Simulanten und wies sogar nach, woher die anderen Identitäten stammten und mit welchen Techniken er sie entwickelte und aufrief. Bianchi ließ seine Strategie fallen, auf Geistesgestörtheit zu plädieren, und fing an, mit der Staatsanwaltschaft zusammenzuarbeiten, um der Todesstrafe zu entgehen. Zurzeit verbüßt er eine Haftstrafe, die auf fünfmal lebenslänglich lautet.

Doch Dr. Battle und Dr. Marshall blieben unbeirrbar. Marshall brachte vor, dass Alley in seiner Kindheit – dem Ursprung einer multiplen Persönlichkeit – von seinem Vater psychisch missbraucht worden war. Battle berief sich dabei auf die Tatsache, dass Alley als Kind Probleme mit den Harnleitern gehabt hatte und sich deswegen einer Operation hatte unterziehen müssen. Dabei habe Alley eine weibliche Persönlichkeit zur Bewältigung der Schmerzen entwickelt. Die Persönlichkeit »Death«, so seine Schlussfolgerung, war das Ergebnis einer latenten Psychose.

Die Vorverhandlungen zogen sich inzwischen weiter in die Länge.

Am 8. Juni 1986 – Suzannes 20. Geburtstag – schrieb Trudy: »Nachdem der Prozess gegen diesen grauenhaften Menschen, der, wie er selbst gestanden hat, ihr Mörder ist, schon zweimal und nun vielleicht ein drittes Mal verschoben ist, ringen wir um Geduld, um Linderung unserer offenen Wunden und trösten uns mit der Gewissheit, dass Suzanne jetzt in Gottes Hand ist und ihr niemand mehr etwas zuleide tun kann.

Die Einsicht in die Notwendigkeit, dass Heilung erst möglich ist, wenn wir diese Tat vor Gericht bringen, damit die Gerechtigkeit ihren Lauf nehmen möge, ist groß und schwer. Es ist beinahe ein inhumaner Akt, dass dieses Streben nach Gerechtigkeit aufgrund unseres unzureichenden Rechtssystems immer wieder aufgeschoben und verzögert wird. Es scheint, dass die Kriminellen in dem Spiel des Todes über alle Trümpfe verfügen und die Opfer mit leeren Händen dastehen.«

Um am Prozess teilnehmen zu können, hatten Jack und Trudy ihre Haustiere eben in Pflege gegeben und waren buchstäblich auf dem Sprung nach Tennessee, als das Telefon läutete und man ihnen mitteilte, dass der

Prozess erneut verschoben wurde. Wäre der Anruf nur eine Minute später gekommen, hätten sie sich für die Reise in Unkosten gestürzt und wären völlig umsonst losgefahren. Williams hatte es sich – neben seinen anderen vielfältigen Verpflichtungen – zur Aufgabe gemacht, die Familie Collins zu überzeugen, dass diese Verzögerungen, so qualvoll und unerträglich sie auch sein mochten, eine korrekte Entscheidung des Richters waren, um der Verteidigung den erbetenen Spielraum zu geben, sich auf das Verfahren vorzubereiten.

»Trotzdem«, räumte er ein, »die Frustration war immens.«

Nach viermaliger Vertagung begann Anfang März 1987 endlich der Prozess vor der Strafkammer des 13. Distrikts in Shelby County, Tennessee; den Vorsitz führte Richter W. Fred Axley.

In den Tagen unmittelbar vor Prozessbeginn trafen sich Williams und Carter zu einem Gespräch mit Dr. Battle. Zwar beharrte Battle darauf, dass Alley die Symptome einer multiplen Persönlichkeit aufweise, doch musste er auf Drängen der beiden Anwälte zugeben, nicht zu wissen, welche dieser Persönlichkeiten zur Zeit des Mordes die Kontrolle über das Geschehen hatte.

Auf Ersuchen der Staatsanwaltschaft flog ich nach Memphis. Ich war im River Place Hotel untergebracht, wo auch Jack und Trudy wohnten. Jack sagte als Zeuge aus und schilderte den Geschworenen, was für ein Mensch Suzanne gewesen war.

Williams hatte über Harold Hayes vom Büro des FBI in Memphis ursprünglich deshalb mit mir in Quantico Kontakt aufgenommen, weil er sich nicht sicher war, ob er für einen so sinnlosen Mord überhaupt ein Motiv nachweisen könne. Vor allem befürchtete er, dass Battle und Marshall ihre Sache gut machen und die Geschworenen, in Ermangelung eines vernünftigen Mordmotivs, ihre Version akzeptieren würden. Wie sich dann aber herausstellte, waren die Geschworenen dafür zu hellsichtig und klug.

Ich war aus zwei Gründen gekommen. Erstens hofften Williams und Carter, dass Alley aussagen würde. In diesem Fall erwarteten sie von mir einen Tipp, wie sie ihn am besten festnageln und dazu bringen könnten, seine wahre Persönlichkeit zu zeigen; ähnlich hatte ich den

Bezirksstaatsanwalt Jack Mallard im Kindermordprozess gegen Wayne Williams (nicht verwandt mit Hank Williams) in Atlanta beraten. In jenem Prozess hatte sich Williams als harmloser Niemand dargestellt, der keiner Fliege etwas zuleide tat. Wir wussten jedoch, dass er ein starkes Ego hatte und möglicherweise aussagen würde. Das tat er dann auch, und ich gab Mallard Tipps, wie er physisch und emotional an Williams herankommen und ihn dazu bringen konnte, auszurasten und den Geschworenen sein wahres Gesicht zu zeigen. Das war ein Wendepunkt im Prozess gewesen und hatte letztlich zu Williams' Verurteilung als Mörder geführt.

Zweitens sollte ich der Staatsanwaltschaft bei der Erklärung des Mordmotivs helfen, indem ich eine Analyse aus der Perspektive der Verhaltensforschung vorlegte, die die Staatsanwaltschaft wiederum den Geschworenen vortragen konnte. Als mir Williams am Telefon den Fall beschrieben und ich Gelegenheit gehabt hatte, die kompletten Akten durchzusehen, wurde mir klar, dass Sedley Alleys Version der Ereignisse überhaupt keinen Sinn ergab. Er hatte gesagt, der Tod Suzannes sei ein Unfall gewesen, er habe nicht die Absicht gehabt, sein Opfer zu verletzen. Das war vollkommener Unsinn.

Zunächst einmal handelte es sich hier um die Art eines geplanten Verbrechens, in gewisser Weise dem von Wayne Williams ähnlich. Der Mord selbst zeigte sowohl Elemente der Planung als auch der Planlosigkeit, was darauf hinwies, dass Suzanne, obwohl sie durch die Überrumpelung im Nachteil war, sich mit allen Kräften zur Wehr gesetzt haben musste. Es handelte sich hier um eine aggressive, raffinierte Entführung, praktisch vor den Augen einer staatlichen Institution. Um jemanden wie Suzanne in ihrem Widerstand zu brechen und zu überwältigen, musste selbst ein so großer und kräftiger Kerl wie Alley mit dem Überraschungsmoment operieren und sie blitzschnell überrumpeln. Danach verfrachtete er sie ebenso rasch in sein Auto und dachte sich eine Möglichkeit aus, sie aus der Militärbasis herauszuschleusen, obwohl zwei Jogger der Marines hinter ihm herliefen. Er gelangte mit ihr durch das Sicherheitstor und brachte sie auf direktem Weg an einen Ort, an dem er, wie er wusste, ungestört war. Ein derart brutales Verbrechen steht keineswegs am Anfang einer kriminellen Karriere. Alley musste also bereits einschlägige Erfahrungen haben. Deshalb überraschte es mich auch nicht, als mir Williams seinen Verdacht vortrug, dass Alley seine erste Frau erdrosselt haben könnte und zweier weiterer Morde in Kalifornien verdächtig sei, die in ihrer Art dem Mord an Suzanne Collins ähnelten, auch wenn Alley dieser Morde nie beschuldigt worden war.

Zweitens passte das Verbrechen eindeutig in die Kategorie, die Special Agent Roy Hazelwood und ich unter der Überschrift »Der Lustmörder« im April 1980 in einem Artikel für das *FBI Law Enforcement Bulletin* beschrieben hatten. In der Regel werden solche Morde an Menschen des anderen Geschlechts und der gleichen ethnischen Gruppe begangen, und die Bezeichnung »Lustmord« spielt auf die Verstümmelung oder Misshandlung der Opfer im Genitalbereich an. Während die Entführung selbst eindeutig ein Gelegenheitsverbrechen war, galt das auf keinen Fall für Alleys weiteres Vorgehen: dass er einen Ast abbrach und seinem noch lebenden Opfer (wie der Obduktionsbefund ergab) zwischen den Beinen in den Körper trieb. Das war eine vorsätzliche sexuelle Aggression eines Soziopathen, der einem anderen Menschen seinen Willen aufzwingen will.

In dem Artikel schrieben wir: »Der Lustmord wird in den obsessiven Fantasien des Täters vorhergeplant. Trotzdem folgt der Mörder durchaus den ›Eingebungen des Augenblicks‹, sobald sich eine Gelegenheit bietet. Das heißt, der Mörder hat das Verbrechen in seiner Fantasie exakt geplant, entscheidet sich bewusst jedoch erst im Augenblick des Verbrechens, diese Fantasien auszuleben. Folglich ist in aller Regel dem Verbrecher sein Opfer unbekannt.«

In dem Artikel unterschieden wir Lustmörder nach zwei Hauptkategorien: planvolle nichtsoziale und planlose asoziale Lustmörder. Obwohl wir heute die Kategorien »nichtsozial« und »asozial« nicht mehr verwenden, fällt der Mordfall Collins aus verschiedenen Gründen in die erste Kategorie, beispielsweise aufgrund der Tatsache, dass dem Opfer die Verletzungen größtenteils vor und nicht nach seinem Tod zugefügt wurden.

Der Begriff »Lustmord« ist ein wenig irreführend, da Lust hier nicht im herkömmlichen Sinn verstanden wird. Sedley Alley empfand keine sexuelle Lust in Bezug auf Suzanne; soweit wir wissen, hatte er sie nie zuvor gesehen. Aber auch wenn kein sexueller Übergriff und keine Penetration stattfindet, heißt das nicht, dass keine – im Sinne des Soziopathen – »sexuelle« Handlung vollzogen wird. In der Vorstellung eines Verbrechers nimmt Sex ganz unterschiedliche Formen an. David Berkowitz, der seine Opfer erschoss, ohne sie jemals zu berühren, gestand, er sei später an die Orte seines Verbrechens zurückgekehrt, habe dort onaniert und dabei an die Morde gedacht. Im Fall Berkowitz wie im Fall Alley wusste ich, dass hier ein Individuum in sexueller Form eine Macht demonstriert hatte, die es unter normalen Umständen nicht besaß. Das Blut auf Alleys Shorts, das darauf hindeutete, dass er sich nach ihrer Ermordung an ihrem Genitalbereich gerieben hatte, sprach dafür.

Alley war zwar mit Sicherheit ein Sadist, aber nicht das, was wir als eigentlichen sexuellen Sadisten bezeichnen würden. Im Unterschied zu einem Mann wie Paul Bernardo aus Toronto erregte es ihn nicht, anderen Schmerzen zuzufügen. Suzanne wurde zwar brutal geschlagen, aber ihr Angreifer hatte sie nicht mit Eifer gefoltert oder ausgepeitscht, um sich an ihren Schreien sexuell zu stimulieren. Obwohl er ihr in die Brustwarze gebissen hatte – ein Akt ungesteuerter Aggression –, hatte ihr Peiniger keine Zangen oder andere Folterwerkzeuge benutzt wie etwa Lawrence Bittaker bei seinen Opfern. Alleys Motive lagen anderswo.

Im Leben des Mörders hatte es vor dieser Gewalttat ein auslösendes Ereignis gegeben. Und die Brutalität gegenüber einer völlig fremden Person – das Traktieren des Opfers mit Schlägen, die Tatsache, dass er ihr die Kleider vom Leib riss, die unvorstellbare Brutalität mit dem Ast –, all das steht für fehlgeleitete Wut, für die Projektion von Aggression auf eine andere Person. Da alle Verbrecher dieses Typs eine Persönlichkeitsstörung haben, dient diese Grausamkeit auch als kranke Kompensation für die Unfähigkeit des Umgangs mit Frauen auf erwachsene und selbstbewusste Art und Weise. Bei der Durchsuchung von Alleys Wohnung fand die Polizei in seiner Werkzeugkiste unter anderem eine per Katalog bestellte Vorrichtung zur Vergrößerung des Penis.

Über den Lustmörder hieß es in unserem Artikel weiter: »Man könnte ihn als Querulanten beschreiben, der andere Menschen manipuliert und ausschließlich auf sich selbst bezogen ist. Schwierigkeiten mit der Familie, mit Freunden und ›Respektspersonen‹ ›bewältigt‹ er in Form von antisozialen Handlungen, darunter auch Mord. Das Ziel eines solchen nichtsozialen Menschen ist es, mit der Gesellschaft abzurechnen.«

James Clayton Lawson, der in dem Serienmörderteam Odom und Lawson die Morde, aber nicht die Vergewaltigungen verübte, erklärte in einem Verhör: »Ich wollte ihren Körper verstümmeln, damit sie nicht mehr wie ein Mensch aussah, und sie zerstören, damit sie nicht mehr existierte.« Wenn er das Opfer zerstört, wird er durch die Tat in seiner Fantasie zu dessen alleinigem Besitzer.

Häufig wird bei dieser Art von Verbrechen das Instrument, mit dem das Opfer misshandelt wurde, am Tatort an exponierter Stelle gefunden. Im Fall Collins hätte es nicht auffälliger plaziert sein können.

Alleys Aussage, er habe den Ast deshalb in den Körper des Opfers gestoßen, um den Anschein zu erwecken, es sei ein Sexualverbrechen gewesen, war offenkundig lächerlich. Abgesehen von Zeugenaussagen über Suzannes Schreie zeigte die Art der Schädigung innerer Organe, dass der Stock drei- bis viermal mit beträchtlichem Kraftaufwand in ihren Körper gerammt wurde. Wenn man ein Verbrechen nur vortäuschen will, tut man das nicht. Man würde den Ast verwenden und verschwinden.

Ich wollte der Staatsanwaltschaft klarmachen, dass sie es mit einem zornigen und frustrierten Mann zu tun hatte, der eine ungeheure Wut auf das Leben im Allgemeinen und auf Frauen im Besonderen aufgestaut hatte, der versuchte, mit Drogen und Alkohol seine Wut zu betäuben, und in jener fraglichen Nacht seine Frustrationen nicht mehr bändigen konnte. Als diese hübsche junge Joggerin nicht sofort auf ihn einging – oder er dies auch nur mutmaßte, da sie in Wahrheit ja gar keine Zeit und Gelegenheit gehabt hatte, ihn zurückzuweisen –, verlor er die Kontrolle über sich. Unfähig, seine Wut zu zügeln, tobte er sich an ihr aus.

Wäre Alley nicht gefasst worden und hätten wir nach einem Unbekannten gefahndet, wäre unser Täterprofil dem des tatsächlichen Mörders sehr ähnlich gewesen: weißer männlicher Arbeiter, Ende 20 bis Anfang 30, ohne enge Freunde und regelmäßige Beschäftigung, finanziell abhängig von einer anderen Person, mit Eheproblemen in der Vergangenheit, Gewalttätigkeit gegenüber der Familie und so weiter und so fort. Wir hätten das zu erwartende Verhalten vor seiner Tat beschrieben sowie die Aggression gegenüber ihm nahestehenden Menschen danach. Wir hätten vorausgesagt, dass er an Körpergewicht verlieren, Drogen nehmen, nicht mehr zur Arbeit erscheinen und ständig an sein Verbrechen denken würde. Er würde – so hätten wir diagnostiziert – weder Schuld noch Reue empfinden, weil er ein unschuldiges Leben zerstört hatte, sondern vor allem große Angst haben, gefasst zu werden. Möglicherweise hätte er unter einem Vorwand die Stadt verlassen. Wir hätten herausgefunden, dass er den Stützpunkt und die nähere Umgebung gut kannte, was bedeutete, dass er von hier stammte und wahrscheinlich sogar auf dem Stützpunkt lebte. Da ich davon ausgegangen wäre, dass er selbst keinen Militärdienst ableistete und auch nicht unehrenhaft aus der Armee entlassen worden war, wäre er wahrscheinlich Angehöriger einer in der Basis tätigen Person gewesen. Mit all diesen Informationen hätten wir ihn nach nicht allzu langer Zeit gefasst.

Ihn zu fassen war enorm wichtig, in jedem Fall. Denn obwohl Sedley Alley nicht der typische Serienkiller war, empfand er keine Reue angesichts seiner Tat und hätte meiner Einschätzung nach bei einem entsprechend belastenden Auslöser erneut getötet. Hier handelte es sich um ein aus Machtsucht, Zorn und Wut begangenes Verbrechen, und ich kenne kein Heilmittel für eine so extreme Form.

Hätte uns das Täterprofil zu Alley geführt und wäre eine Wohnungsdurchsuchung angeordnet worden, hätte ich erwartet, dass wir auf Pornohefte und vielleicht auch Drogen stoßen. Mitarbeiter der Naval Investigation fanden in der Tat bei ihrer Durchsuchung von Alleys Wohnung unter anderem ein Drogenbesteck und eine Reihe von Fotos, die Lynne Alley in pornografischen Posen mit einem anderen Mann zeigen. Im Speicherraum unter der Treppe fanden sie auch einen 50 Zentimeter langen, mit einem Klebeband umwickelten Stock, der einen nicht identifizierten Blutfleck aufwies.

Damals durften wir vor Gericht noch nicht zu Fragen der Verhaltensanalyse aussagen; die Gerichte ließen dies noch nicht zu. Also saß ich in der Bank hinter den Staatsanwälten, machte mir Notizen und besprach mich mit ihnen am Ende des jeweiligen Verhandlungstages.

Für den Fall, dass das Tatmotiv dem einen oder anderen Geschworenen noch immer unklar war, stützten Williams und Carter ihre Argumentation, er sei bei klarem Verstand gewesen, auf einen bestimmten Punkt: Man hatte in Alleys Wagen Messgeräte zur Wartung der Klimaanlage gefunden. Diese stammten aus der Wohnung des Kommandeurs, in der Alley und andere am Nachmittag mehrere Stunden lang den Kompressor geprüft hatten. Das legte den Schluss nahe, dass er Suzanne vielleicht deshalb getötet hatte, weil sie ihn beim Diebstahl dieser Geräte beobachtet hatte; denn das Haus des Kommandeurs lag ganz in der Nähe des Ortes, an dem er sie entführt hatte. Die Collins klammerten sich eine Zeit lang an diese Erklärung, da sie zumindest einen konkreten und greifbareren Grund für den Tod ihrer Tochter bot. Doch offen gesagt hielt ich das für ziemlich weit hergeholt; es erklärte in keiner Weise die Besonderheiten des Verbrechens, und es war auch zu keinem Zeitpunkt Williams' Hauptargument. Wäre Alley lediglich wütend darüber gewesen, dass er auf frischer Tat ertappt worden war, und hätte er es für nötig gehalten, die Zeugin zum Schweigen zu bringen, hätte er sie nicht in der beschriebenen Weise misshandelt. Die Beweislage in diesem Punkt war nicht schlüssig.

Am zweiten Verhandlungstag sagte Virginia Taylor aus, dass sie und einige Freunde am 11. Juli 1985 spätabends im Edmund Orgill Park das gehört hatten, was sie als »Todesschreie« bezeichnete; die Rufe schienen aus derselben Richtung zu kommen, in die sie zuvor einen alten Kombi hatten fahren sehen.

Alleys auf Band aufgenommene Aussage vom Tag nach dem Mord, in der er versicherte, Suzannes Tod sei ein Unfall gewesen, wurde vor Gericht vorgespielt. Die Geschworenen hörten, wie er sagte: »Ich hatte zu keinem Zeitpunkt Sex mit ihr. Das möchte ich hiermit klarstellen.« Dadurch konnten sich die Geschworenen selbst vergewissern, dass er seine angeblich abgespaltenen Persönlichkeitsanteile »Billie« oder »Death« nicht erwähnte oder auf sie anspielte.

Was mich an Alleys Geständnis verblüffte – beim Hören der Tonbandaufzeichnung wie auch beim Nachlesen der Mitschrift –, war, wie in seiner Version alles nur irgendwie »zufällig passiert war«. Als er in betrunkenem Zustand Auto fuhr, rammte er rein zufällig diese Joggerin. Später, als er sie in seine Gewalt gebracht hatte, schlug er rein zufällig in Panik mit den Armen, ohne zu merken, dass er einen Schraubenzieher in der Hand hielt, der das Opfer zufällig am Kopf traf, in dessen Schädel eindrang und dessen Tod verursachte. Nach Suzannes Tod, so Alley, habe er rein zufällig nach einem Ast gegriffen, was ihn auf die Idee gebracht habe, das Verbrechen zum Sexualmord umzumodellieren, und deshalb habe er einen Ast abgebrochen und in ihre Vagina geschoben. Der »Todesschrei«, den Virginia Taylor gehört hatte, muss demnach irgendwo anders hergekommen sein, denn Alleys Version zufolge war Suzanne zu diesem Zeitpunkt bereits tot. Wie auch immer, es war in seiner Version alles ein mehr oder weniger magisches Geschehen, das sich im Grunde ohne Alleys aktive Beteiligung vollzog. Er und Suzanne erscheinen in dieser Darstellung lediglich als zwei Schachfiguren, die sich rein zufällig zur selben Zeit am selben Ort aufhielten, als diese schrecklichen Dinge passierten.

Selbstverständlich war dies nicht das letzte Wort, denn Alley führte auch geistige Unzurechnungsfähigkeit ins Feld – ein Argument, das von Battle und Marshall vorgetragen wurde. Wenn man auf geistige Unzurechnungsfähigkeit plädiert, eröffnet man der Anklage eine Vielzahl von Möglichkeiten, dies in Zweifel zu ziehen. Williams verlas Briefe, die Alley an verschiedene Verwandte geschrieben hatte und in denen er äußerst vernünftig seine Absicht vortrug, auf zeitweilige Unzurechnungsfähigkeit zu plädieren, um ein mildes Urteil zu erreichen.

Still für sich teilte Staatsanwalt Williams die Alley behandelnden psychiatrischen Experten und psychologischen Gutachter in »Träumer« und »Realisten« ein. Wortführerin der »Realisten« war seiner Meinung nach Deborah Richardson, die ein Projekt für psychische Störungen in Tennessee leitete. Sie beobachtete Alley mehrere Monate lang und legte dar, dass seine Behauptung, er habe Halluzinationen gehabt und sei eine multiple Persönlichkeit, dem widersprach, was Individuen erlebten, die tatsächlich an dieser Krankheit litten. Insbesondere legte sie dar, sein Verhalten bei Vernehmungen und psychologischen Befragungen sei völlig anders als sein Verhalten bei anderen Gelegenheiten, wenn er keine »Rolle« zu spielen hatte. Ihren Ausführungen zufolge wechselte »Billie« zwischen männlich und weiblich. Alley, der Mrs Richardson zufolge von der Vorstellung von gewalttätigem Sex besessen sei, hatte es sich zur Gewohnheit gemacht, im Krankenhaus mit Psychosepatienten zu verkehren, um ihnen ihr Verhalten abzuschauen und es nachzuahmen. Weiterhin führte sie aus, Alley habe dem Personal in der Klinik anvertraut, bei seinem Geständnis gelogen zu haben, damit seine Anwälte in seiner Geschichte Widersprüche nachweisen und ihn »rauspauken« könnten.

Williams holte sich Dr. Zillur Athar zu Hilfe, einen Psychiater asiatischer Herkunft, dessen Intelligenz und kritisches Differenzierungsvermögen trotz seines zuweilen stockenden Englisch zu spüren war. Athar war aufgefallen, dass die psychiatrischen Gutachter aufgrund von Alleys mangelnder Auskunftsbereitschaft mehr und mehr frustriert waren und deshalb anfingen, ihn bei ihren Befragungen in eine bestimmte Richtung zu lenken. Klug genug zu erfassen, was wesentlich und was die »richtige« Antwort war, lieferte ihnen Alley das, was sie hören wollten. Um seine Vermutung zu untermauern, begann Athar selbst, Alley zu ködern, und fragte ihn unter anderem, ob er beispielsweise jemals gegen 3 Uhr morgens mit unheimlichen oder mörderischen Bildern im Kopf aufgewacht sei. Einem späteren Befrager sagte Alley dann, er sei morgens um 2 Uhr 50 mit albtraumhaften Vorstellungen aufgewacht.

Dr. Samuel Craddock, ein Psychologe, der ebenfalls zum Gutachterteam gehörte, zögerte lange, bei Alley eine multiple Persönlichkeit zu diagnostizieren. Vor Gericht jedoch sagte er, »zu keinem Zeitpunkt in meinem Beisein hat Mr Alley für das Opfer Mitleid gezeigt«. Seiner Meinung nach passte das nicht ganz ins Bild, da Alley behauptet hatte, »Death« sei die Persönlichkeit gewesen, die Suzanne Collins getötet hatte, und Alley selbst sei »der Gute«.

Vor Gericht dazu aufgefordert, konnte Dr. Battle nicht darlegen, welche der Persönlichkeiten während des Mordes dominiert hatte. Da sich die Verteidigung in ihrem Plädoyer auf Unzurechnungsfähigkeit auf Battles Theorie stützte, löste sich die ganze Argumentation schon bald in nichts auf. Auch wenn Alley eine multiple Persönlichkeit wäre – und ich betone noch einmal: Nichts deutete darauf hin, dass es sich tatsächlich so verhielt –, gab es keinen Beweis dafür, dass eine andere Persönlichkeit als Sedley Alley selbst während der Tat und der Vernehmung dominiert hatte. Sedley Alley war die Person, die das Verbrechen begangen und das Geständnis abgelegt hatte und nun wegen Mordes vor Gericht stand. Daran gab es für mich keinen Zweifel.

Alleys Mutter Jane versuchte, das Argument der Unzurechnungsfähigkeit zu untermauern, indem sie unter Tränen vor Gericht aussagte, es sei »schon immer mit ihm etwas nicht in Ordnung gewesen«. Nach dem Tod von Debra Alley war ihr und ihrem Ehemann das Sorgerecht für Sedleys beide Kinder übertragen worden. Lynne Alley hatte sich schon vor Prozessbeginn von ihm getrennt. Sie war aus der Stadt weggezogen und sagte nicht vor Gericht aus.

Auch niemand sonst konnte glaubhaft nachweisen, dass Alley bereits vor seiner Verhaftung wegen Mordes an Suzanne Collins unter dem MP-Syndrom litt. Williams meinte dazu: »Es gab nicht den leisesten Hinweis, dass Alley bereits als Kind eine multiple Persönlichkeit gehabt hätte. Was stattdessen immer deutlicher wurde, waren Beispiele für sein antisoziales Wesen.«

Schließlich beschloss Alley, nicht in den Zeugenstand zu treten. Wenn er ausgesagt hätte, hätten wir ihn zweifellos systematisch auseinandergenommen und offengelegt, was er wirklich war – ein gemeiner und sadistischer Soziopath, der willens und in der Lage war, allein aus Frustration und verkehrter Lust zu morden.

Bis zur Eröffnung des Prozesses hatte Alley abgenommen und sich herausgeputzt – für mich ein wohlbekanntes Phänomen. Ich scherzte oft darüber, dass man bei Verfahrensbeginn häufig kaum sagen kann, wer der Angeklagte und wer sein Anwalt ist. Für die Verteidigung ist es von entscheidender Bedeutung, wortlos die Botschaft zu vermitteln: »Sieht der etwa aus wie ein gemeiner Mörder?«

Alley sagte vor Gericht kein einziges Wort, sondern saß während des gesamten Prozesses nur stumm da, die Unterarme auf die Stuhllehne gestützt, verfolgte aufmerksam das Geschehen und reichte seinem Anwalt Notizen. Er wirkte weder auftrumpfend und selbstsicher noch bemitleidenswert und kraftlos, sondern wie jemand, der unglücklich ist, weil er einen Prozess am Hals hat, in dem es um sein Leben geht.

In seinem Schlussplädoyer sagte Bobby Carter zu den Geschworenen: »Sie haben ihn jetzt zwei Wochen lang beobachtet und feststellen können, dass er sein Verhalten unter Kontrolle hat.«

Carters Schlussworte lauteten: »Die Zeit ist gekommen, dass alle Entschuldigungsversuche ein Ende haben und er für sein Verhalten bezahlen muss.«

Robert Jones wiederum versuchte, die Geschworenen zu überzeugen, dass dieser Mord die »Tat eines Verrückten« sein musste. Das Verbrechen war so schrecklich, dass »nur ein eindeutig geistesgestörter Mensch so etwas tun konnte«.

Obwohl ich gern einräume, dass Alley der nichtjuristischen Definition einer »gestörten« Persönlichkeit entsprach, so beweist doch die Tatsache, dass er eine kräftige Marinesoldatin planvoll überwältigte, sie an einen sicheren Ort schaffte, sie quälte und das Verbrechen anschließend vertuschte, dass es sich hierbei um die Tat eines brutalen und völlig auf sich selbst bezogenen Soziopathen und nicht eines Geistesgestörten handelte. Der Zeugenaussage der Wache am Eingangstor der Militärbasis zufolge hatte Alley Suzanne bewusstlos geschlagen, sie auf den Beifahrersitz gezerrt und ihren Kopf an seine Schulter gelehnt, als sie das Gelände verließen, sodass es aussah, als wären sie ein Liebespaar.

Während des Prozesses war ich mit meinen Gedanken bei Jack und Trudy Collins. Sie wirkten verstört, erschöpft, verloren, benommen und leer. Ich wusste, dass sie die Fotos vom Tatort kannten, und ich konnte mir nicht vorstellen, dass Eltern so etwas leicht bewältigen. Jacks Aussage vor Gericht war für mich so etwas wie eine Heldentat.

Als sicher war, dass Alley nicht aussagen würde, bereitete ich meine Abreise aus Memphis nach Quantico vor. Am folgenden Morgen frühstückte ich mit den Collins, und wir unterhielten uns lange. Trotz der Beweislage und ihrer ausführlichen Gespräche mit Hank Williams und Bobby Carter blieb ihnen nach wir vor das Tatmotiv unbegreiflich: Wie hatte jemand ihrer Tochter so etwas antun können? Ich versuchte, ihnen zu erklären, was meiner Meinung nach geschehen war, so wie ich es Williams und seinem Team dargelegt hatte.

Vor meiner Abreise aus Quantico zu dem Prozess hatte ich Jim Horn aufgesucht, einen der dienstältesten Mitarbeiter der FBI-Sondereinheit für Serientäter, der inzwischen neben Jim Reese zu den wichtigsten Experten des FBI zählt, was die psychische Bewältigung der Folgen von Gewaltverbrechen angeht. Ich fragte ihn, wie ich der Familie helfen könne, falls sich eine Gelegenheit dazu ergäbe. Horn ist ein äußerst einfühlsamer, feinfühliger Mensch, und er antwortete mir, das Wichtigste sei, zuzuhören und Verständnis zu zeigen – Hank Williams hatte dies bereits hervorragend praktiziert. Außerdem schlug Jim vor, die Collins mit einer Selbsthilfeorganisation für die Eltern ermordeter Kinder und mit anderen Gruppen in Kontakt zu bringen, was auch geschah. Die Collins waren mir auf Anhieb sympathisch, aber ich konnte zu diesem Zeitpunkt nicht ahnen, wie zentral und wertvoll sie bald für andere werden würden, die ein ähnlich tragisches Schicksal erlitten hatten und denen sie mit Rat und Tat zur Seite standen. Ich fühlte mich ihnen wirklich seelenverwandt. Sie waren der Grund dafür, dass ich die Arbeit tat, die ich tat.

Als sich die Geschworenen zur Beratung zurückgezogen hatten, kam Jane Alley auf Trudy zu und sagte: »Es tut mir leid, was mit Ihrer Tochter geschehen ist.« Sie bezog sich zwar nicht darauf, dass es ihr Sohn getan hatte, aber das war immerhin schon etwas.

»Ich will offen zu Ihnen sein«, antwortete Trudy. »Wir sind beide Mütter, und es tut mir um uns beide leid. Ihr Sohn hat zwei Müttern unbeschreiblichen Schmerz zugefügt.«

Nach sechsstündiger Beratung befanden die Geschworenen – zehn Frauen und zwei Männer – Sedley Alley des vorsätzlichen Mordes, der schweren Entführung und der schweren Vergewaltigung für schuldig. Nach zwei weiteren Stunden Beratung über das Strafmaß votierten sie für Tod durch den elektrischen Stuhl. Richter Axley bestimmte als Termin für die Hinrichtung den 11. September.

Jack und Trudy hielten – wie auch ich selbst – große Stücke auf Hank Williams. Er ist einer der wahren Helden unseres Rechtssystems. Gleiches Lob zollte er wiederum den Collins.

»Sie engagierten sich stärker als jede andere Familie, die von einer solchen Gewalttat betroffen war. Und sie engagierten sich auch später und wurden zu den Wortführern der Bewegung für die Rechte der Opfer.«

Was keiner von ihnen zu diesem Zeitpunkt wusste: Statt dass das Urteil der Geschworenen dem Martyrium ein Ende und ein für alle Mal einen Schlusspunkt setzte, hatte die Qual gerade erst begonnen.

KAPITEL NEUN

DER LEIDENSWEG VON JACK UND TRUDY COLLINS

Im Oktober 1988 bekam Jack, der Vater der ermordeten Marinesoldatin, Zahnschmerzen. Die Diagnose ergab, dass eine Wurzelbehandlung nötig war.

»Also gut«, meinte Jack, »dann bringen wir's eben hinter uns.«

Nach dem Eingriff warnte ihn der Zahnarzt: »Sobald die Betäubung nachlässt, werden Sie Schmerzen bekommen, deshalb gebe ich Ihnen Tabletten mit.«

Als das Betäubungsmittel ein paar Stunden später nicht mehr wirkte, setzten tatsächlich heftige Schmerzen ein – »ziemlich stark, an den Vorderzähnen«, berichtete Jack.

Trudy sah, wie sehr ihr Mann litt, und erinnerte ihn an die Tabletten, die er von seinem Zahnarzt bekommen hatte.

»Die schlucke ich nicht« erwiderte Jack. »Diesen Schmerz will ich im Gedenken an Suzanne durchstehen.«

»Ich versteh nicht, was du meinst«, erwiderte Trudy.

Jack erklärte es ihr: »Wenn die Schmerzen schlimm sind – und ich hoffe, sie werden noch viel stärker –, werde ich Gott bitten, mich in die Nacht zurückzuversetzen, in der Suzanne zu Tode gequält wurde. Er soll meine Schmerzen mit ihren verrechnen, damit sie nicht ganz so viel leiden muss.«

»Aber Jack, man kann doch die Zeit nicht zurückdrehen«, meinte Trudy.

»Gott kann es«, entgegnete Jack. »Denn er wirkt nicht in der Zeit, sondern in der Ewigkeit.«

Trudy war davon nicht ganz so überzeugt wie Jack, der dieses Denken inzwischen völlig verinnerlicht hat. »Seit dem Tod von Suzanne widme ich ihr alles Leid, das mir widerfährt: Schmerz, äußerer Druck, Enttäuschung, Angst, Verlustgefühle. Ich bitte Gott, Suzannes Qualen zum Zeitpunkt ihres Todes um dasselbe Maß zu lindern.«

Ich fragte Jack, ob für ihn das schreckliche Leid, das Suzanne durch Sedley Alley zugefügt worden war, irgendeinen Sinn gehabt habe.

»An sich hat es überhaupt keinen Sinn gehabt«, erwiderte er mit Tränen in den Augen. Noch elf Jahre danach fiel es ihm nicht leichter, darüber zu reden. »Ein Mädchen, das niemandem etwas Böses getan hat, musste sterben, weil es zufällig zur falschen Zeit am falschen Ort war, als ein Ungeheuer in Menschengestalt gerade seine Rachegelüste ausleben musste. Aber es hat uns dazu gebracht, bessere Menschen zu werden, fürsorglicher und mitfühlender. Es hat uns aufgerüttelt, gesellschaftlich und politisch aktiv zu werden – im Kampf um Gerechtigkeit für Verbrechensopfer und ihre Familien. Es hat uns motiviert, Leuten zu helfen, um die wir uns ansonsten wahrscheinlich nie gekümmert hätten.«

Ich erwiderte, ich hätte den Eindruck, dass sie auch schon vorher gute Menschen gewesen sein mussten.

»Wir haben uns zwar bemüht, aber man kann immer noch mehr tun. Wenn wir heute hören, dass wir jemandem helfen oder zu einer Sache beitragen können, versuchen wir es einfach. Steve hat mich einmal gefragt: ›Wie konnte Gott zulassen, dass mit Suzanne etwas so Schreckliches geschah?‹, und Trudy hat darauf geantwortet: ›In dieser Welt gibt es auch das Böse. Manche Leute wollen es nicht wahrhaben, aber das Böse lauert überall, und wir müssen ihm entgegentreten. Wir müssen es bekämpfen, wann immer wir können.‹«

»Das ist meine feste Überzeugung«, fügte Trudy hinzu. »Wenn wir zulassen, dass das Böse überhandnimmt und sich ausbreitet, wird es wie eine Flut über uns hereinbrechen. Ganz schnell bestimmt es dann unser Leben, sodass wir uns daran gewöhnen und gar nicht mehr merken, wie sehr es uns beherrscht.«

Wie Stephen sagte, wird man wohl »nirgends ein Ehepaar finden, das einander so nah ist wie meine Eltern«. Und vor allem waren sie entschlossen, als Familie fest zusammenzuhalten.

»Wenn unsere Familie auseinanderfiele«, meinte Trudy, »hätte Sedley Alley noch einmal über uns triumphiert. Wir wollten nicht zulassen, dass das Böse siegt. Ich wusste nicht, ob wir gewinnen oder unterliegen, ich wusste bloß, dass wir diesen Kampf niemals aufgeben.«

Wie die meisten Menschen, die einen schrecklichen Verlust erlitten haben, mussten Jack und Trudy den Tod ihrer Tochter Schritt für Schritt verarbeiten.

Trudy beschrieb das so: »Meine erste Reaktion war: ›Mein Gott, ich habe zu dir gebetet, damit du sie beschützt. Wieso hast du uns das angetan?‹ Aber dann folgt die Einsicht: Gott trägt keine Schuld daran.

Manche Leute sagen: ›Ach, wie schrecklich das ist; dafür muss es doch eine Erklärung geben.‹ Ich erwidere dann: ›Nein. Es gibt keine Erklärung. Da war einfach ein böser Mensch, der Böses tun wollte.‹«

Danach folgte eine Phase der Angst. Trudy wurde ständig von Befürchtungen und Nervosität geplagt. In einem Tagebuch schrieb sie ihre Gedanken nieder:

Was ist, wenn Steve sich verletzt und von uns geht? Was, wenn Jack krank wird? Was, wenn ich selbst krank werde und sterbe? Wer würde sich dann um alles kümmern? Warum ist ausgerechnet uns ein solches Unglück widerfahren? Waren wir zu gleichgültig und untätig? Haben wir die Bedürfnisse anderer übersehen? Oder sind wir »Auserwählte«, die mit Jesus das Kreuz teilen und klaglos zu dulden haben? Ich sollte mich schämen, eine solche Frage zu stellen. Schließlich waren wir bis jetzt glücklich, oder etwa nicht?

War es wirklich so? Hatten wir *unseren* Anteil an Schicksalsschlägen noch nicht abbekommen? Vielleicht war es nicht genug. Warum haben wir nicht vorausgedacht? Was wird aus unserer Zukunft? Können wir wirklich den Rest unseres Lebens in einem friedlichen Rentnerdasein verbringen? Könnten wir es verantworten – und ertragen –, müßig zu sein, nachdem eine solche Tragödie geschehen ist? Haben wir je damit gerechnet, dass uns etwas so Grauenvolles zustoßen könnte? Was soll jetzt aus uns werden? Was könnte schlimmer sein als der Tod unserer einzigen Tochter? Etwa unseren einzigen Sohn auch noch zu verlieren? Wenn Du nicht wolltest, dass sie bei uns bleiben, Herr, warum hast Du sie uns dann gegeben?

Trudy entwickelte eine Beschützerhaltung gegenüber den Menschen, die sie kannte. Eine der besten Freundinnen von Suzanne, die in der Nähe wohnte, ging regelmäßig nach Einbruch der Dunkelheit im Park joggen. Als sie einmal die Familie Collins besuchte, beschwor Trudy sie: »Bitte versprich mir, dass du abends nicht mehr joggst – auch nicht hier in unserem Viertel. Es ist das Risiko ganz bestimmt nicht wert. Lauf lieber morgens oder mit anderen Leuten. Bitte.«

Und schließlich, sagte Trudy, erreiche man die letzte Phase, in der man sich mit seinem Schicksal abfindet. Sie und Jack wussten jedoch auch, dass das Wichtigste für sie war, den Weg mit Suzanne »bis zu seinem Ende zu gehen«. Solange sie das nicht könnten, sei »die Sache noch nicht abgeschlossen«.

Sie wollen, dass der Mörder ihrer Tochter endlich den Preis dafür zahlt und die Strafe bekommt, die der Staat Tennessee über ihn verhängt hat.

Die Collins waren religiös und nicht rachsüchtig; sie sagten, sie könnten Sedley Alley nicht einmal hassen, denn er sei eines solch menschlichen Gefühls nicht wert. Obwohl Vergeltung innerhalb des gesetzlichen Rahmens meiner Meinung nach durchaus nützlich und moralisch stärkend sein kann, begnügten sich die Collins damit, die Vergeltung einer höheren Macht als der irdischen zu überlassen. Sie wollten schlicht und einfach, dass ihrer geliebten Tochter Gerechtigkeit zuteilwurde.

Wie ein Großteil derer, die ein Mordopfer persönlich gekannt oder die Folgen für die Angehörigen aus nächster Nähe miterlebt haben, befürworteten die Collins die Todesstrafe. Denn nur wenn wirklich ausgeschlossen ist, dass ein zu lebenslanger Haft Verurteilter auf Bewährung entlassen wird, kann die Gesellschaft sicher sein, dass bestialische Mörder wie Alley nie wieder jemanden töten.

»Wenn es bloß keine Möglichkeit einer Entlassung auf Bewährung gäbe, keinerlei *Hoffnung* auf Strafaussetzung«, sagte Trudy. »Aber wir wissen ja, dass diese Vorstellung in unserem Land naiv ist.«

»Die Gesetze, nach denen die sogenannten lebenslänglichen Haftstrafen – ohne Möglichkeit der Bewährung – verhängt werden, können ja jederzeit geändert werden«, meinte Jack, »entweder durch Gerichtsentscheid oder wenn ein neuer Schwung Politiker ins Landesparlament einzieht. Außerdem darf jeder Gouverneur Begnadigungen aussprechen und Urteile umwandeln. Deshalb ist sogar bei einer Verurteilung zum Tod zu befürchten, dass das Urteil aufgehoben wird, weil bis zur Vollstreckung so viel Zeit vergeht. Und überhaupt erfordert ein Verbrechen dieser Art eine strengere und entschiedenere Bestrafung als eine Verurteilung zu lebenslänglicher Haft ohne Bewährung.«

Seit dem Prozess und der Urteilsverkündung kämpften Jack und Trudy unablässig um zwei Dinge: Vor allem ging es ihnen darum weiterzuleben, die Erinnerung an Suzanne zu bewahren und dafür zu sorgen, dass sie nicht in Vergessenheit gerät. Außerdem wollten sie erreichen, dass die Opfer von Gewaltverbrechen und ihre Familien zu ihrem Recht kommen. In diesem Kampf standen sie nicht allein. Viele andere haben sich ihnen angeschlossen, sodass ihre Bewegung inzwischen an Einfluss gewonnen hat. Die Collins sind das Musterbeispiel jener guten Menschen, die – wie Jack es formulierte – folgende Ansicht vertreten: »Wenn es der Gesellschaft nicht ernst damit ist, die schwersten Verbrechen mit Härte und Strenge zu ahnden, was kann man dann von ihren Bürgern erwarten? Wie kann man erwarten, dass die Menschen in einer Gesellschaft sich an eine Reihe vernünftiger moralischer Regeln und Vorschriften im Umgang miteinander halten, wenn auf ein Verbrechen nicht umgehend und in jedem Fall eine angemessene Strafe folgt?«

Trudy und Jack begannen, die Familienangehörigen von Mordopfern zu beraten. Ihre Botschaft dabei war einfach: Du wirst nie wieder derselbe sein; die Narben bleiben, aber du kannst es überstehen. Du kannst weitermachen, dein Leben kann immer noch einen Sinn haben, und du kannst eine glückliche und positive Erinnerung an den geliebten Menschen bewahren, den du verloren hast.

»Eigentlich teilen wir nur unsere Erfahrungen mit anderen«, erklärte Jack. »Wir sagen: ›Wenn wir es schaffen, obwohl wir keine Ausnahmemenschen sind, schaffst du es auch.‹ Es ist wirklich nichts Besonderes, was wir den Leuten vermitteln; wir haben auch keine Zauberformel. Man zeigt einfach nur seine Anteilnahme, damit der andere weiß, dass man ihn versteht. Man legt vielleicht den Arm um ihn und sagt: ›Mein Gott, das tut mir so leid‹, drückt ihn an sich und blickt ihm in die Augen. Und keine Angst vor Tränen. Wir haben eine Menge über uns selbst gelernt und darüber, was trauern heißt.«

Gelernt haben die beiden auch, wie man sich gegenseitig in der Not Kraft geben kann. Wenn Ehepartner einen schrecklichen Verlust erleiden, schweißt sie diese Erfahrung entweder noch enger zusammen oder die Verbindung zerbricht. Es ist wichtig, sich dessen bewusst zu sein.

Oft war die Trauer kaum mehr zu ertragen. »Manchmal war ich völlig am Boden zerstört und wusste nicht mehr, wie ich damit fertigwerden sollte«, erzählte Trudy. »Aber da half mir Jack wieder auf die Beine. Und ich glaube, es gab Momente, da war er wirklich niedergeschlagen, und dann habe ich ihn wieder aufgerichtet.«

Jack fügte hinzu: »Ohne Trudy wäre ich wahrscheinlich vor die Hunde gegangen. Mein Glaube allein hätte mir da nicht hindurchgeholfen. Wir mussten da gemeinsam durch, sonst wären wir beide daran zerbrochen.«

Jack und Trudy blieben in Springfield und engagierten sich dort in einer Gruppe, die Familien von Mordopfern unterstützte. Sie freuten sich auf die Sitzungen, da sie dort mit Menschen zusammenkamen, die einen ähnlichen Verlust erlitten hatten. Sie konnten über ihre leidvollen Erfahrungen sprechen und gemeinsam nach Möglichkeiten suchen, darüber hinwegzukommen und weiterzuleben. Die beiden Moderatorinnen, Carroll Ellis und Sandra Witt, wurden von den Mitgliedern richtiggehend ins Herz geschlossen: In Trudys und Jacks Augen sind sie wahre Heldinnen.

Einmal im Monat veranstaltete die Gruppe ein Treffen unter dem Motto »Das Leid gemeinsam tragen«. In einer offenen und verständnisvollen Atmosphäre wurde ebenso geweint wie gelacht. Außerdem griffen die Mitglieder einander auch häufig konkret unter die Arme, indem sie gemeinsam die nicht enden wollenden Anhörungen und Prozesse besuchten, in denen gegen die Mörder ihrer geliebten Angehörigen verhandelt wurde. Daneben nahm die Gruppe Verbindung mit Polizei, Richtern, Staatsanwälten, Verteidigern, Vollzugsbeamten, Bewährungshelfern und

FBI-Agenten auf, um sie auf die besonderen Nöte der Opfer und ihrer Familien aufmerksam zu machen. Mit der Zeit bekam die Gruppe immer mehr Erfahrung mit der Öffentlichkeitsarbeit. Die Mitglieder bemühten sich um Einladungen zu Gesetzgebungsausschüssen, um sich dort Gehör zu verschaffen. Bald wurde über die Treffen der Gruppe und ihre öffentlichen Aktionen im Fernsehen berichtet.

Mittlerweile gibt es im ganzen Land viele solcher Gruppen mit unterschiedlichen Themenpaletten und Programmen. Aus eigener Erfahrung und nach vielen Reisen kreuz und quer durch die Vereinigten Staaten halten Trudy und Jack ihre »alte« Gruppe in Fairfax Country für eine der besten ihrer Art.

Die Collins wurden zu Sprechern ihrer Leidensgenossen. Immer häufiger traten sie – meistens gemeinsam – in Fernsehen und Rundfunk auf und wandten sich an die Zuhörer: »Sind wir uns eigentlich im Klaren darüber, was in diesem Land verloren geht? Begreifen wir überhaupt, dass wir wertvolle Menschen wie Suzanne verlieren, die unsere Zukunft sein könnten? Kümmert uns das als Gesellschaft?«

»Sie sehen ja, was da vor sich geht«, meinte Jack. »Das schlimmste Verbrechen, das wir uns vorstellen können, ist die grausame, brutale und hinterhältige Ermordung eines uns nahestehenden Menschen. Trotzdem geschieht so etwas bei uns tagtäglich. Aber wir behandeln solche Verbrechen als Kavaliersdelikte und verbreiten durch diesen Missbrauch des Strafrechts die Botschaft, dass sogar die schwersten Straftaten verzeihlich oder es nicht wert sind, dass man sie konsequent ahndet. Deshalb erleben wir, dass in Chicago Jugendliche ihre Altersgenossen aus dem Fenster werfen oder sich in New York wegen einer Lederjacke umbringen. Mord ist heute keine große Sache mehr. Wann fangen wir endlich an, der richtigen Botschaft Gehör zu verschaffen?«

Jack hatte lange und mit viel Emotion über dieses Thema nachgedacht, und er sprach aus, was viele meiner Kollegen und ich selbst empfinden.

»Anscheinend regen sich die Leute heutzutage nur noch über Verbrechen auf, die die Gesellschaft als Ganzes betreffen – Sie wissen schon: Umweltverschmutzung, Rassismus, Diskriminierung, Benachteiligung der Armen und Obdachlosen. Das alles sind Vergehen der Allgemeinheit,

Kollektivvergehen. Der Einzelne hat keine Schuld mehr. Keiner sagt: ›Ich bin für mein Tun verantwortlich, ich muss dafür geradestehen.‹ Es gibt keine persönliche Verantwortung mehr. Wir kommen immer häufiger in die Situation, dass die Halunken und ihre Anwälte sagen: ›Ach, was erwarten Sie denn in einer Gesellschaft wie dieser? Wie soll sich denn ein junger Mensch ihrer Meinung nach verhalten?‹

Aber wer ist die Gesellschaft? Die Gesellschaft – das sind wir alle, Individuen, von denen ein jeder für sein Handeln haften muss.«

Vom ersten Tag des Prozesses gegen Sedley Alley an war es das ganze Bestreben der Collins, die Sache zu einem Ende zu bringen. Diesen Wunsch hört man von Opfern von Gewaltverbrechen und ihren Angehörigen immer wieder. Solange weder das Verfahren abgeschlossen ist noch Rechtsmittel eingelegt werden können, solange das Urteil der Geschworenen nicht vollstreckt ist und die Hinterbliebenen den Schrecken immer wieder neu durchleben müssen, weil jeder Verhandlungstag, jede Ladung vor Gericht und jeder Haftprüfungstermin erneut Salz in ihre Wunden streut – solange ist für sie nichts zu Ende.

Während des Prozesses mussten Trudy und Jack feststellen, dass dem Angeklagten sämtliche Rücksichtnahme entgegengebracht wurde. Das Opfer des Verbrechens jedoch – eigentlich muss man von *den* Opfern sprechen, denn jedes Verbrechen hinterlässt viele Geschädigte – wurde von der Justiz völlig ignoriert. Trudy hat das in ihrem Notizbuch festgehalten:

Wie kann jemand Mitleid für ihn aufbringen, wenn er von seiner Mordgier hört und davon, was er diesem liebenswerten jungen Mädchen grundlos angetan hat? Kann die Gesellschaft so etwas vergeben, kann sie ein solches Verhalten dulden? Die Menschen müssen erfahren, dass so etwas *nicht toleriert werden kann.*

In Tennessee kommt es, wenn ein Angeklagter wie Sedley Alley schuldig gesprochen und zum Tode verurteilt wird, automatisch zur Revision durch das Oberste Gericht des Bundesstaates. Die mittlere Instanz, das Berufungsgericht für Strafverfahren, wird dabei übersprungen. Es dauerte über ein Jahr, nämlich bis Oktober 1988, bis das Verhandlungsprotokoll der Erstinstanz fertiggestellt und die mündliche Verhandlung von Alleys

Revisionsverfahren abgeschlossen war. Inzwischen wurde er von zwei neuen Anwälten, Art Quinn und Tim Holton, vertreten. Im August 1989, ungefähr zweieinhalb Jahre nach dem Prozess und vier Jahre nach Suzannes Ermordung, bestätigte das Oberste Gericht von Tennessee einstimmig den Schuldspruch und das Todesurteil gegen Sedley Alley.

Daraufhin legten Quinn und Holton, wie es die Regel ist, Revision beim Obersten Bundesgericht der Vereinigten Staaten ein. Im Januar 1990 wurde ihr Antrag auf Anhörung abgewiesen, was bedeutete, dass das Gericht in den Prozessunterlagen keinen Verfahrensfehler feststellen konnte, der zur Urteilsaufhebung hätte führen müssen. Die Richter William Brennan und Thurgood Marshall – beide seit Langem erklärte Gegner der Todesstrafe – gaben zwar ein gegenteiliges Votum ab, aber nun endlich schien der lange, mühselige Gang durch die juristischen Instanzen zu Ende zu sein. Die Hinrichtung wurde auf den 2. Mai 1990 festgesetzt.

Die Collins glaubten, dass jetzt wenigstens dieser Teil der Prüfung bald vorüber sein würde. Nun konnten sie beim Besuch an Suzannes Grab erzählen, dass die Gerechtigkeit gesiegt hatte.

Doch es war immer noch nicht ausgestanden. Jack hatte das schon vor zwei Jahren geahnt, als er eine Rede des Richters am Obersten Bundesgericht William H. Rehnquist las. Darin ging es um das Problem der Verschleppung und Wiederaufnahme von Verfahren durch Anträge auf »Habeas Corpus« – das heißt Haftprüfung – bei zum Tode Verurteilten. Bei der Lektüre wurde Jack klar, dass dadurch auch der Abschluss ihres Prozesses beträchtlich verzögert werden könnte.

Der Begriff »Habeas Corpus« ist eines der Kernstücke der angloamerikanischen Auffassung von Recht und Rechtsprechung. Er geht zurück auf die englische Habeas-Corpus-Akte von 1679. »Habeas Corpus« bedeutet wörtlich übersetzt »du habest den Körper«; die Akte legte fest, dass jeder Gefangene zu gegebener Zeit und an gegebenem Ort einem Richter vorgeführt werden musste, damit die Rechtmäßigkeit der Inhaftierung geprüft werden konnte. Daher gilt die Haftprüfung als wichtigste Waffe und Schutz gegen widerrechtliche Inhaftierung und Freiheitsberaubung – etwa wenn ein Urteil keine Entscheidungsgründe enthält oder durch ein Gericht ergangen ist, das dafür keine Zuständigkeit besitzt. In der Praxis bedeutet das, dass jeder Inhaftierte die Rechtmäßigkeit seiner Haft prüfen lassen darf.

Wahrscheinlich wird niemand bestreiten, dass dies alles zutreffend, korrekt und angemessen ist. Doch man muss es im richtigen Kontext betrachten.

Das im angelsächsischen Gewohnheitsrecht begründete und in unsere Verfassung aufgenommene Recht auf Haftprüfung richtete sich ausdrücklich gegen die widerrechtliche Inhaftierung eines Individuums durch eine Exekutivgewalt wie zum Beispiel einen Präsidenten, Gouverneur oder Justizminister oder durch ein Gericht ohne Zuständigkeit. Es war jedoch nicht als Privileg für solche Personen angelegt, die von rechtmäßig eingesetzten Gerichten dem Gesetz entsprechend verurteilt wurden.

Im Jahre 1867 jedoch verabschiedete der Kongress im Zuge des Wiederaufbaus nach dem Bürgerkrieg ein Gesetz, das jedem, der von einem Gericht eines Einzelstaats verurteilt wurde und in Haft saß, das Recht auf Haftprüfung einräumte. Der Gefangene musste nur behaupten, seine Inhaftierung sei unter Verletzung der Verfassung, eines Bundesgesetzes oder des Vertrages zwischen dem Bund und den Einzelstaaten erfolgt. Dieses Bundesgesetz zur Haftprüfung sollte eine *zusätzliche* Kontrolle der Rechtmäßigkeit von Verfahren, die von Gerichten der Einzelstaaten durchgeführt wurden, durch ein Bundesgericht darstellen. Es war aber nicht als Mittel dazu gedacht, eine bereits erfolgte Rechtsprechung und Tatsachenfeststellungen des Gerichts des Einzelstaates zu prüfen. Das Bundesgericht sollte vielmehr kontrollieren, ob zum Beispiel Verfahrensfehler, Verstöße gegen den Gleichheitsgrundsatz, etwaige Befangenheit des Richters oder ähnliche Gründe das ergangene Urteil ungültig machten.

Es war der Missbrauch dieses 1867 eingeführten Bundesgesetzes – insbesondere bei Verurteilungen zum Tod –, gegen den sich der Oberste Richter Rehnquist wandte. Seiner Ansicht nach, die viele teilen, dauerten Haftprüfungsverfahren durch Bundesgerichte viel zu lange und ermöglichten, dass zu oft völlig grundlos Haftprüfung beantragt oder derselbe Antrag wiederholt gestellt wurde. Dadurch verlören die

Revisionsverhandlungen durch Bundesgerichte an Glaubwürdigkeit und werde die Endgültigkeit von Gerichtsentscheidungen unterminiert.

An dieser Stelle ist noch ein weiterer Aspekt zu ergänzen: Auch in der Gerichtsbarkeit der Einzelstaaten gibt es einen Revisionsautomatismus. Der Fachbegriff hierfür lautet »Antrag auf Strafaussetzung« und wird oft als »Habeas Corpus des Einzelstaats« bezeichnet. In Verfahren, bei denen wie im Fall Sedley Alley die Todesstrafe droht, bedeutet das Folgendes: Nachdem das Oberste Gericht des Einzelstaats in seiner Revision das Urteil und den Schuldspruch der Erstinstanz bestätigt hat, kann der verurteilte Mörder beim Richter der Erstinstanz beantragen, das Urteil und den Schuldspruch wegen gravierender Verfahrensfehler aufzuheben. Falls die Erstinstanz dies ablehnt, kann auch gegen diese Entscheidung beim Obersten Gericht des Einzelstaats ein entsprechender Revisionsantrag eingereicht werden, und so weiter und so fort.

Im Juni 1988 berief Richter Rehnquist einen Ad-hoc-Ausschuss zur Habeas-Corpus-Regelung auf Bundesebene bei Verfahren, in denen die Todesstrafe droht. Dieser Ausschuss unter dem Vorsitz von Lewis F. Powell jun., ehemals Richter am Obersten Bundesgericht, veröffentlichte im August 1989 seinen Bericht, in dem eine Reihe von gesetzgeberischen Maßnahmen zur Korrektur von Mängeln in der Rechtsprechung vorgeschlagen wurde. In seiner Begründung wies der Powell-Ausschuss darauf hin, dass seit 1976 in den Vereinigten Staaten insgesamt 116 Hinrichtungen vollzogen worden waren, wobei die durchschnittliche Gesamtdauer der vorangegangenen Revisionsverfahren acht Jahre und zwei Monate betragen hatte; manche Fälle hatten sich sogar noch wesentlich länger hingezogen. Die meiste Zeit erforderten nicht die Verhandlungen der Erstinstanz und die üblichen Rechtsmittel, sondern die Haftprüfungen auf Bundesebene.

Bis 1953 hatte es diese langen Verzögerungen nicht gegeben. In diesem Jahr entschied aber das Oberste Bundesgericht im Verfahren *Brown gegen Allen* zum ersten Mal, dass Bundesgerichte bei Haftprüfungen das Recht hatten, von Beginn an jene Verfahren zu prüfen, bei denen Bundesgesetze wirksam wurden, auch wenn sie bereits von einem Gericht des jeweiligen Einzelstaats rechtmäßig und abschließend entschieden waren.

Dieser Präzedenzfall führte zu einer Welle von Berufungsanträgen, die allmählich die Bundesgerichte überschwemmte. Da viele Bundesgerichte immer großzügiger mit der Zulassung von solchen Anträgen umgingen, selbst wenn diese offensichtlich leichtfertig, bereits zum wiederholten Male oder aus nebensächlichen Gründen gestellt wurden. Da weder für die Einreichung der Anträge noch für die Entscheidung der Gerichte irgendwelche Fristen bestanden, wurden der Verschleppungstaktik und dem Gesetzesmissbrauch Tür und Tor geöffnet.

Strafverteidiger und Gegner der Todesstrafe werden nun einwenden, wiederholte Haftprüfungen seien notwendig, um sicherzustellen, dass der Verurteilte einen ordnungsgemäßen Prozess bekommen hat, ohne Verfahrensfehler und Rechtsbeugung. Dem ist entgegenzuhalten, dass die Verfassung jedem von uns zwar einen ordnungsgemäßen, aber keinen perfekten Prozess garantiert. Wenn keine Verfahrensfehler oder Rechtsbeugungen die Entscheidung der Geschworenen beeinflusst haben, handelt es sich hier nur um eine Verschleppungstaktik, um für den Verurteilten ein paar zusätzliche Lebensjahre herauszuschlagen, die er selbst seinem Opfer verweigert hat. Außerdem verlängert es nur die Leiden und den Schmerz der Angehörigen und verhindert, dass ihre Trauer ein Ende findet.

Einen Monat vor dem Hinrichtungstermin beantragten Alleys Anwälte Strafaussetzung und zusätzliche Prüfung durch ein Bundesgericht; begründet wurde dies mit angeblicher Unfähigkeit seiner ursprünglichen Verteidiger. Nach Meinung von Hank Williams jedoch hatten diese große Kompetenz bewiesen und alles deutlich dargelegt, was zugunsten ihres Mandanten sprach. »Im Shelby County sind Jones und Thompson die Nummer eins bei Verfahren, in denen die Todesstrafe droht«, meinte Hank. »Das sind sehr helle Köpfe, sie verfügen über exzellente Mitarbeiter und haben mehr Erfahrung als jeder andere.«

Dass sich die Geschworenen den Ausführungen der Verteidiger nicht angeschlossen hatten, lag nicht an ihrer »Unfähigkeit«.

Erst im September 1991 befand Richter W. Fred Axley die Begründung von Alleys Antrag für gegenstandslos. Wiederum waren fast anderthalb Jahre vergangen. Williams machte jedoch deswegen dem Richter keinen Vorwurf, im Gegenteil, er hegte höchste Wertschätzung für Axley, der einfach dem Verurteilten jede Möglichkeit dazu einräumen wollte, dass das Urteil nicht wegen eines Verfahrensfehlers aufgehoben werden konnte.

Aber Jack wurde klar, dass Alleys Anwälte mittels der Haftprüfung auf Einzelstaats- und Bundesebene die Vollstreckung des Urteils praktisch endlos hinauszögern konnten. Alley würde eher an Altersschwäche sterben als durch Hinrichtung auf dem elektrischen Stuhl.

Hank Williams meinte dazu: »Der Fall Suzanne Collins ist ein klassisches Beispiel dafür, dass die Gerechtigkeit keine Chance hat. Mittels der Geschworenen ist das Volk innerhalb von Stunden zu einer Entscheidung darüber gekommen, was zu tun sei. Und das Rechtssystem hat die letzten zehn Jahre damit verplempert, diese Entscheidung unwirksam zu machen. Damit macht es sich doch selbst lächerlich. Offen gesagt, für mich ist das ein Albtraum.«

Je gründlicher sich Jack mit der Materie beschäftigte und je genauer er Sedley Alleys Anträge studierte, umso mehr wurde ihm klar, dass die Habeas-Corpus-Regelung einer Reform bedurfte.

In seinem Bestreben, für seine Tochter Gerechtigkeit zu erreichen, stellte sich Jack eine Frage von grundlegender Bedeutung: Werden die Opfer und deren Familien von der Justiz in irgendeiner Form gewürdigt? Die Strafprozessordnung ist in wesentlichen Teilen darauf ausgerichtet, die Rechte des Angeklagten zu schützen – und das soll und muss in einer Gesellschaft wie der unseren auch so sein. Dann aber ist zu fragen: Haben diejenigen, die von dem Verbrechen in Mitleidenschaft gezogen wurden, nicht das Recht, durch dieselben Regelungen Hilfe in ihrer Not zu bekommen? Oder anders formuliert: Sind die Rechte des Angeklagten und die seines Opfers so unvereinbar, dass man sie nicht gleichzeitig wahren kann?

Zum ersten Mal seit seinem Studium besuchte Jack wieder die juristische Fachbibliothek, um sich über die Geschichte der Habeas-Corpus-Regelung und ihre Entwicklung zu informieren. Danach beschaffte er sich in den Kongressbibliotheken sämtliche verfügbaren Aufzeichnungen über Strafaussetzungen.

»Ich wollte herausfinden, wer dabei als Zeuge vernommen und was ausgesagt wurde. Vielleicht bin ich nicht gut im Recherchieren, aber ich habe nirgendwo entdeckt, dass auch nur ein einziges Verbrechensopfer oder dessen Fürsprecher jemals vor dem Abgeordnetenhaus oder dem Senat zur Frage der Reform der Habeas-Corpus-Regel gehört wurde. Es waren immer nur Richter, Anwälte, Rechtsexperten, Professoren und Politiker, aber niemals ein Betroffener. Dabei wäre es meiner Ansicht nach so wichtig gewesen, einmal die Opfer zu diesem Punkt zu hören.«

Im Frühjahr 1990 gab es im Abgeordnetenhaus eine Reihe von Anhörungen. Jack bot den Ausschüssen an, sich als Zeuge zur Verfügung zu stellen, doch man wusste nicht so recht, was man davon halten sollte, wenn ein Fürsprecher von Verbrechensopfern sich zur Reform der Habeas-Corpus-Regelung äußerte. Jack ließ sich nicht den Mund verbieten. Er wandte sich an Senatoren und Abgeordnete und arbeitete sich in die Materie ein.

Cheri Nolan, stellvertretende Direktorin der Abteilung für die Koordination zwischen den einzelnen Behörden im Justizministerium, war auf Jacks Aktivitäten aufmerksam geworden. Dann wandte sich Phyllis Callos, Präsidentin einer bekannten gemeinnützigen Organisation zum Schutz der Rechte von Verbrechensopfern – die Citizens for Law and Order, kurz CLO, mit Sitz in Oakland, Kalifornien – an das Justizministerium. Sie wollte wissen, wie man am besten die Stellungnahme der CLO zur Notwendigkeit einer Habeas-Corpus-Reform verbreiten könnte. Also empfahl ihr Ms Nolan, sich mit Jack und Trudy Collins in Verbindung zu setzen. So entstand eine Zusammenarbeit, durch die die Collins mit zu den landesweit bekanntesten, beharrlichsten und erfolgreichsten Fürsprechern von Verbrechensopfern wurden. Schon bald übernahmen Jack und Trudy die Leitung der CLO im Osten der USA. Und es gelang ihnen, den Zusammenschluss von etwa zwei Dutzend Opferorganisationen mit insgesamt über 50 000 Mitgliedern herbeizuführen. Somit hatte die Bewegung eine Größe erreicht, die ihr Gewicht und Einfluss sicherte.

Frank Carrington kann man als den Begründer der Bewegung zur Wahrung der Rechte von Verbrechensopfern in den USA bezeichnen. Carrington war zuerst Angehöriger des Marine Corps, ging danach in den

Polizeidienst und wurde schließlich Anwalt. Er schrieb mehrere Bücher zum Thema Verbrechensopfer und gehörte als Vorsitzender oder Mitglied praktisch jedem Gremium und Ausschuss an, das sich mit den Rechten von Opfern befasste. So war er Gründungsmitglied vieler Organisationen und Mitglied offizieller Stellen, die wegweisende Arbeit leisteten. Carrington selbst war zwar kein Verbrechensopfer oder Angehöriger, aber er hatte erlebt, welche Folgen Verbrechen für die betroffenen Familien hatten und was für ein übler Missbrauch mit dem Strafprozessrecht getrieben wurde. Sorgfältig und systematisch studierte er die Fakten, weil er herausfinden wollte, welche Haftprüfungsanträge tatsächlich Erfolg hatten und wen sie wirklich vor ungerechter Behandlung schützten. Dabei kam er zu einem zwingenden Schluss:

»Kein Mensch von klarem Verstand kann ernsthaft behaupten, die unerträglichen Folgen des Missbrauchs der Habeas-Corpus-Regelung ließen sich dadurch rechtfertigen, dass ›Gerechtigkeit geschieht‹, indem zu Unrecht verurteilte Angeklagte auf freien Fuß gesetzt werden. Dadurch geraten wir nämlich in die Situation, dass Überlebende von schrecklichen, gewaltsamen und hinterhältigen Verbrechen bis zum Sankt-Nimmerleins-Tag darauf warten dürfen, bis endlich Gerechtigkeit geschaffen wird oder zumindest dieser Eindruck entsteht.«

Kurz nachdem Jack und Trudy der CLO beitraten, wurde Carrington auf den Fall Collins aufmerksam, der ihn stark berührte. Er ermutigte Jack, die Geschichte seiner Tochter zu veröffentlichen und aus der Sicht der Opfer darzulegen, was für sie die Regelungen der Strafjustiz bedeuteten. Und er setzte sich dafür ein, dass das Office for Victims of Crime (Verbrechensopfer) im Justizministerium Jacks Arbeit publizierte und für deren Verbreitung sorgte.

Angeregt durch Franks Anteilnahme, verfasste Jack in Zusammenarbeit mit Lee Chancellor, dem Leitenden Direktor der Stiftung zur Gerichtsreform, eine Broschüre. Auf der ersten Seite war ein Farbfoto von Suzanne in ihrer Marineuniform abgebildet. Darunter stand zu lesen, welches Schicksal sie erlitten und welchen Instanzenweg das Verfahren gegen Alley genommen hatte, nachdem sein Revisionsgesuch vom Obersten Gericht von Tennessee abgewiesen worden war. Die Broschüre beschäftigte sich eingehend mit dem Missbrauch der Haftprüfungsregelung und bezog sich dabei auf Fachleute.

Jacks Schrift fand weite Verbreitung. Etliche Zehntausend Exemplare wurden in den Vereinigten Staaten verteilt. Ich erfuhr von ihr, als Jack nach Quantico kam, um vor dem FBI und der National Academy Vorträge zu halten. Seither hatte ich auf meinem Schreibtisch immer einen ganzen Stapel dieser Broschüren liegen, um sie an meine Besucher weiterzugeben.

Etwa zu der Zeit, als die Broschüre erschien, also Anfang März 1991, berief Justizminister Richard Thornburn in Washington eine Konferenz zur Frage der Verbrechensbekämpfung ein. Fachleute und Betroffene aus dem ganzen Land nahmen teil, darunter Vertreter der Strafverfolgungsbehörden, Kongressabgeordnete, Generalstaatsanwälte der Bundesstaaten, Bürgermeister, Vertreterinnen von Krisenzentren für vergewaltigte Frauen, Fürsprecher von Verbrechensopfern und ungefähr ein Dutzend Betroffene und deren Familienangehörige. Auch Jack und Trudy Collins waren dazu eingeladen. Präsident George Bush hielt die Eröffnungsrede. Anschließend sprach Sandra Day O'Connor, Richterin am Obersten Bundesgericht, darüber, wie das gegenwärtige Habeas-Corpus-Verfahren eine endlose Folge von Anträgen hervorrufe, sobald die sonstigen Rechtsmittel und Revisionsmöglichkeiten ausgeschöpft seien.

Zum Abschluss der Tagung erhielt jede Gruppe Gelegenheit, dem Plenum ihre Zielvorstellungen darzulegen und den gegenwärtigen Stand der Dinge zu bewerten. Jack wurde gebeten, im Namen der Opfer Bilanz zu ziehen. Im Zentrum seiner Ausführungen stand eine Erfahrung, die fast alle Opfer von Verbrechen teilten: Neben dem Verbrechen selbst sei für sie das Schlimmste, dass die Strafverfahren zu keinem endgültigen Abschluss gelangen. »Solange die Bestrafung derjenigen, die brutal über uns oder uns Nahestehende hergefallen sind, nicht vollzogen ist, können wir unser Leben nicht wie gewohnt weiterführen.«

Zwei Monate danach, am 7. Mai 1991, sprach Jack zum ersten Mal bei einer Anhörung zur Habeas-Corpus-Reform, die vom Senatsausschuss zum Gerichtswesen einberufen worden war; den Vorsitz führte Joseph Biden, Senator aus Delaware. »Ich wollte, dass sie sofort die Ohren spitzten und nicht mit den Worten abwinkten: ›Ihre Vorschläge zur Gesetzesänderung sind ja schrecklich.‹ Sie sollten mitfühlen und begreifen, was es bedeutet, Opfer zu sein. Deshalb schilderte ich zuerst, was Suzanne zugestoßen war. Und dann verglich ich die unmenschliche Behandlung, die sie in der Nacht ihres Todes erleiden musste, mit dem relativ geringen Leiden ihres brutalen Mörders, der die Habeas-Corpus-Regelung missbraucht und noch Jahre nach seiner Verurteilung weiterlebt, obwohl eine Geschworenenschaft und ein Gericht entschieden haben, dass er hinzurichten sei. Ich habe ihnen geschildert, was das für Typen sind, die in der Todeszelle sitzen, und mit drastischen Worten dargelegt, wie er über sie hergefallen ist und sie gequält hat.«

Auch Stephen und Trudy wohnten der Anhörung bei. Alle Plätze im Zuschauerraum waren besetzt, als die Redner, ein Richter eines Appellationsgerichts, der Präsident der American Bar Association, der Generalstaatsanwalt von Kalifornien und ein früherer Generalstaatsanwalt von Tennessee ihren Standpunkt darlegten. Vor Beginn der Anhörung wurde die Familie Collins von den Senatoren Strom Thurmond und Orrin Hatch begrüßt; Jack empfand dies als sehr bewegend und bedeutsam, denn es war das erste Mal, dass Mitglieder der Legislative ihnen ihre Anteilnahme bekundeten. Mit dabei war auch Manus Cooney, Berater des Ausschusses für das Gerichtswesen, der als Sachverständiger des Komitees Jacks Anliegen standhaft vertreten hatte.

Jack ging es vor allem darum, deutlich zu machen, dass die nach einer Verurteilung bestehenden juristischen Möglichkeiten, vor allem die Habeas-Corpus-Regelung, dem Schutz der Rechte von Opfern dienen sollten.

»Machen wir uns nichts vor«, sagte er, »die Habeas-Corpus-Regelung befindet sich im Widerspruch zu den Rechten der Opfer, weil sie sie noch einmal zu Opfern macht. Sie verstößt gegen das Rechtsempfinden und das föderalistische Prinzip.«

Unmissverständlich legte Jack seine Empfindungen dar, als er sagte: »Ich war früher im diplomatischen Dienst tätig. Bei unseren Aufenthalten in fremden Ländern sind wir – meine Familie und ich – für die Werte unserer Demokratie eingetreten und haben ihre vielen Vorzüge gepriesen, darunter auch unser Strafrecht. Herr Vorsitzender, verehrte Mitglieder des Ausschusses – das könnte und wollte ich heute nicht mehr. Als ich nach Hause zurückkehrte und unsere Tochter ermordet wurde, zeigte das viel gerühmte Rechtssystem unseres Landes mir und meiner Familie sein wahres Gesicht. Ja, Gerechtigkeit – Gerechtigkeit in Hülle und Fülle für den Mörder, mit Verschleppung, Wiederaufnahmen, Überprüfungen, Aufschüben, Gutachten, Verhandlungen, Vernehmungen, erneuten Verhandlungen, Berufungsanträgen und Petitionen. Für uns, die Opfer, hingegen Geringschätzung, Unsicherheit, Warten, Enttäuschung, neuerliches Warten, Ungerechtigkeit und ein wachsendes Gefühl der Verzweiflung.«

Am Ende der Anhörung hatte Jack den Eindruck, dass sich das Blatt endgültig zu wenden begann. Es war das erste Mal, dass die Meinung der Opfer zur Haftprüfung vorgetragen werden durfte. Jack hatte auf menschlich anrührende Weise und aus persönlicher Sicht dieses Problem so dargestellt, dass es auch dem Durchschnittsbürger verständlich wurde, und daraus keine akademische Streitfrage für Fachgelehrte gemacht.

»Wir haben klargemacht, dass die Opfer von Verbrechen nicht länger schweigen.«

Jack und Trudy bemühten sich um den landesweiten organisatorischen Zusammenschluss der Opfer. Sie setzten sich mit Gruppen im ganzen Land in Verbindung und trafen sich mit deren Vorsitzenden. Sie baten Menschen, die einem Verbrechen zum Opfer gefallen waren, vor dem Kongress auszusagen und öffentlich über ihre persönlichen Erfahrungen mit dem Strafrecht zu berichten. Schließlich wurden auch Senatoren und Kongressabgeordnete darauf aufmerksam, dass Verbrechensopfer aus allen Bevölkerungsschichten sich zu einer Sache äußerten, die früher den »Fachleuten« vorbehalten war.

Im Ruhestand, wenn die meisten Leute sich ins Privatleben zurückziehen, war Jack zu einem umtriebigen Aktivisten geworden. Er und Trudy traten mit einem Ehepaar aus Kansas City, dessen Tochter grausam vergewaltigt und ermordet worden war, in der *Maury Povich Show* im Fernsehen auf. Der Produzent der Sendung schlug ihnen vor, einen Psychologen oder Psychiater hinzuzuziehen, der das Verhalten von Mördern und Vergewaltigern erklären konnte.

Jack wusste gleich, wer dafür der richtige Mann war, und empfahl Dr. Stanton Samenow, einen renommierten Psychologen aus Washington. Zusammen mit dem verstorbenen Dr. Samuel Yochelson hatte er im St. Elizabeth's Hospital eine grundlegende Studie über kriminelles Verhalten durchgeführt. Neben Dr. Park Dietz aus Kalifornien gehört Samenow zu den wenigen Psychologen, die die Persönlichkeit eines Verbrechers aus der gleichen Perspektive betrachten wie wir in Quantico. Viele Psychologen und Psychiater, die keine vergleichbaren Forschungen durchgeführt haben, teilen – wie nicht anders zu erwarten – die Urteile und Sichtweisen dieser beiden Experten über kriminelles Verhalten nicht.

In der Sendung erzählten die Collins und andere Verbrechensopfer von ihren Erfahrungen. Wer zu so einem Verbrechen in der Lage sei, müsse ja krank sein ... verrückt ... geistesgestört oder? »Nein. Nennen Sie einen solchen Verbrecher krank, wenn Sie wollen«, erklärte Samenow, »aber er ist nicht ›geistesgestört‹, weil er stets den Regeln seiner eigenen Vernunft folgt.« Ein solcher Typus von Verbrecher unterscheide sich durch seinen Charakter und seine Denkweise von uns Übrigen. Es fällt uns schwer zu verstehen, dass jemand etwas so Schreckliches tun *will*. Aber so ist es.

Aufgrund seines Einsatzes für die Opfer und seines beeindruckenden Auftritts bei der Konferenz zur Verbrechensbekämpfung wurde Jack von Justizminister William Barr gebeten, sich dem Ministerium als Sonderberater für das Amt für Verbrechensopfer zur Verfügung zu stellen. Im Dezember 1991 trat Jack sein neues Amt an und übte es zwei Jahre lang aus. Seine Aufgabe bestand darin, als offizieller Beauftragter der Regierung Verbrechensopfer und deren Familien zu vertreten. Er behandelte Anfragen von Opfern und Opferorganisationen, beriet die Legislative bei neuen Gesetzesvorhaben, verbesserte die Öffentlichkeitsarbeit der Behörde, wirkte als Sachverständiger und versuchte, den bürokratischen Verfahren menschlichere Züge zu geben.

Zu seiner Arbeit gehörte auch, überall im Land Vorträge über den Fonds für Verbrechensopfer zu halten, der im Zuge des 1984 erlassenen Verbrechensopfergesetzes eingerichtet wurde. In diesen Fonds fließen die Gelder, die Verurteilte als Strafe zu zahlen haben, und aus ihnen werden zweckgebundene Mittel zur Entschädigung von Opfern und zur Unterstützung verschiedener Dienstleistungen vergeben. Dazu zählen beispielsweise Therapiemaßnahmen und Rechtsberatungen, die Einrichtung von Frauenhäusern und Zentren zur Hilfe für Vergewaltigungsopfer, die Finanzierung von Reisekosten zu Gerichtsverhandlungen, die Betreuung von Kleinkindern während der Prozesse und alles, was der Unterstützung von Opfern auf ihrem Weg durch das Rechtssystem dient.

Während dieser Zeit trat Jack auch weiterhin als Zeuge vor den Kongressausschüssen auf; Sedley Alleys Revisionsanträge an Bundesgerichte schleppten sich unterdessen immer noch hin. Hank Williams meinte dazu: »Jack stürzte sich in die Aufgabe, den Kongress dazu zu bringen, dass er dieses Thema nicht mehr aus den Augen ließ.«

Stephen sagte dazu: »Meine Eltern glauben, dass Suzanne alles genau verfolgt, was sie tun. Und ich denke, sie versuchen ihr selbst noch über den Tod hinaus zu zeigen, wie viel sie ihnen bedeutet. Je mehr sie sich für sie und Menschen mit demselben Schicksal einsetzen, umso mehr können sie ihr ihre Liebe beweisen. Suzanne starb als junges Mädchen, und sie hatten keine Gelegenheit, sie als erwachsene Frau kennenzulernen. Das ist die Art meiner Eltern, mit einer nicht abgeschlossenen Sache fertigzuwerden.«

In Alleys direktem Revisionsverfahren und der verschleppten zusätzlichen Prüfung schlug sich die Staatsanwaltschaft wacker. Also stellte Alley erneut einen Antrag – nämlich die vorherige Abweisung seines Gesuchs auf Strafaussetzung aufzuheben –, und zwar an das Appellationsgericht für Strafverfahren, das im Oktober 1992 in Jackson, Tennessee, zusammentrat. Es bestand aus drei Richtern. Wie immer, wenn wichtige Entscheidungen fielen, kamen Jack und Trudy zur mündlichen Verhandlung.

Nun argumentierten Alleys Anwälte nicht nur mit dem Vorwurf der unfähigen Verteidigung, sondern warfen zudem dem Richter der Erstinstanz Befangenheit vor, weil er sich unter anderem in einer Rede vor einer Bürgerrechtsgruppe vorurteilsbehaftet geäußert habe. Tatsächlich hatte er – ein wenig leichtfertig – gesagt, das Problem der Überfüllung mancher Strafanstalten lasse sich dadurch lösen, »dass man einige der Leute exekutiert, die schon längst dafür vorgesehen sind«.

Den Vorsitz der Berufungskammer führte Richterin Penny White, eine redegewandte Frau Ende 30 mit beeindruckenden Referenzen. Von Anfang an aber hatte Jack den Eindruck, dass sie mit dieser Richterin noch gehörige Schwierigkeiten bekommen würden.

»Wir merkten sofort an ihrer Körpersprache, ihrer Haltung und Redeweise, an ihrer ganzen Einstellung eben, dass sie aufseiten der Verteidigung stand. Sie verhielt sich Alleys Anwälten gegenüber deutlich anders als gegenüber der Staatsanwaltschaft. Als diese ihre Argumente vortrug, lächelte sie den Verteidigern zu, tuschelte mit einem der anderen Richter und grinste ihn fast spöttisch an. Die Staatsanwaltschaft fertigte sie relativ schnell ab, während sie die Verteidiger aufforderte, weiter vorzutragen.«

Die Berufungskammer für Strafverfahren benötigte von Oktober 1992 bis April 1994, um ihre Entscheidung zu verkünden, die im Wesentlichen besagte, dass der fragliche Richter sich selbst als befangen hätte ablehnen sollen. Die strittigen Punkte konnten also nicht entschieden werden, sondern es musste dazu ein weiteres Gericht der untergeordneten Instanz mit einem neuen Richter einberufen werden. Dieses Verfahren dauerte von April 1994 bis August 1995. Der Vorwurf der unfähigen Rechtsvertretung stützte sich unter anderem auf die Behauptung, Alleys Geisteszustand sei nicht ausreichend von medizinischen Experten untersucht worden, obwohl der Oberste Gerichtshof von Tennessee in der direkten Revision darin kein Problem gesehen hatte und der Termin für den ersten Prozess wegen ausgedehnter medizinischer Untersuchungen drei- oder viermal verschoben worden war.

»Im Grunde forderte die Verteidigung«, meinte dazu Hank Williams, »neue Ärzte als Gutachter hinzuzuziehen, um zu untersuchen, was Robert Jones möglicherweise übersehen haben könnte. Anders gesagt, Jones wurde deshalb als unfähig abgestempelt, weil er davon ausgegangen war, dass medizinische Experten wissen müssten, wovon sie sprechen.«

Im Übrigen hatten wir – Hank Williams und ich – in all den Jahren seit dem Strafprozess nicht den Hauch eines Anzeichens verspürt, dass die abgespaltenen Persönlichkeitsanteile »Billie« oder »Death«, von denen Alley anfangs gesprochen hatte, wieder von seiner Persönlichkeit Besitz ergriffen hätten. Alley äußerte kein Wort des Bedauerns oder der Reue. Aber seine Verteidiger griffen nach jedem sich bietenden Strohhalm.

Inzwischen merkte Jack, wie seine Kräfte nachließen. Den Kampf auf landesweiter Ebene wollte er zwar nicht aufgeben, aber er wusste, dass er seinen Biss und seine Energie verlieren würde, wenn er nicht kürzertrat und die Aufgabe eine Weile jemand anderem übertrug. Er fühlte sich ausgelaugt und niedergeschlagen, war kurzatmig und litt an erhöhtem Cholesterinspiegel und Bluthochdruck.

»Wir sind beide drauf und dran kaputtzugehen«, sagte Trudy. »Wir müssen von hier wegziehen, fort aus der Umgebung von Washington. Sonst ist mit uns bald Schluss.«

Also sahen sie sich nach einem neuen Wohnsitz um, sprachen mit Freunden und entschieden sich schließlich für die altehrwürdige Gemeinde Wilmington in North Carolina. Im Sommer 1994 zogen sie um. Von ihrer Heimat New York bis in diese Stadt am Ufer des Cape Fear River, keine 15 Kilometer von den schönen Stränden des Atlantiks entfernt, war es ein langer Weg gewesen, geografisch wie seelisch, aber es war der Mühe wert.

Als sie sich in ihrem neuen Haus eingerichtet hatten, umgeben von Erinnerungsstücken an ihre Reisen in alle Welt und vielen Fotos von Stephen und Suzanne, versuchten sie, Ruhe zu finden und ihr Leben neu zu ordnen.

Am 31. August 1995 verkündete Richter L. T. Lafferty, dass der Vorwurf der unfähigen Verteidigung der Grundlage entbehre. Aber er genehmigte weitere umfangreiche medizinische Gutachten. Zu diesem Zeitpunkt war Suzanne Collins schon mehr als zehn Jahre tot.

Etwa einen Monat darauf entschied das Oberste Gericht von Tennessee, dass unter bestimmten Umständen vom Einzelstaat bestellte Gutachter als Zeugen bei zusätzlichen Prüfungen durch ein Bundesgericht zuzulassen sind. Alleys Verteidiger erhoben Einspruch gegen Richter Laffertys Beschluss und legten dem Appellationsgericht für Strafverfahren einen neuen Schriftsatz vor. Die Generalstaatsanwaltschaft von Tennessee hatte ihrerseits einen Gegenschriftsatz vorbereitet, und beide Seiten warteten nun auf den Termin für die mündliche Verhandlung.

Nach ihren bisherigen Erfahrungen befürchteten Jack und Trudy, dass – auch wenn dieser Streitpunkt endlich entschieden wäre – umgehend ein neuer auf den Tisch kommen würde. Ein Ende war nicht abzusehen. [Anm. d. Verlags: Alleys Hinrichtung mittels Giftspritze wurde 2006 vollzogen.]

Der Vorwurf, ein Angeklagter sei nicht kompetent verteidigt worden, wird oft erhoben. Unsere Zeit scheint sich immer stärker dadurch auszuzeichnen, dass niemand mehr selbst für etwas die Verantwortung übernehmen will, und so schieben wir gerne dem anderen den Schwarzen Peter zu. Das ist bei den vielen Kunstfehlerprozessen, die die Gerichte überlasten, ebenso gang und gäbe wie bei Strafverfahren – wenn man nicht das gewünschte Urteil bekommt, warum nicht jemand anderem dafür die Schuld geben?

Hank Williams hatte eine meiner Ansicht nach gute Lösung für dieses spezielle Problem gefunden. Vor Prozessbeginn sollte eine Liste von ungefähr 50 Fragen aufgestellt werden, vergleichbar der Checkliste in einem Flugzeug. Der Verteidiger sollte jede dieser Fragen beantworten oder sie abhaken. Dann ruft der Richter zu seiner eigenen Urteilsfindung den Angeklagten in den Zeugenstand und fragt ihn, ob er mit den Antworten einverstanden ist. Danach vergewissert sich der Richter, dass sich der Verteidiger in angemessener Weise hat vorbereiten können. Am Ende des Prozesses, vielleicht noch vor dem Urteil, sollte der Richter noch einmal überprüfen, dass die Verteidigung des Angeklagten der Sache angemessen war. All dies wird ins Prozessprotokoll aufgenommen. Damit würde man zwar nicht gänzlich ausschließen, dass mit der Behauptung der unfähigen Verteidigung Schindluder getrieben wird, aber man könnte es zumindest weitgehend verhindern. Und in den Fällen, in denen die Verteidigung wirklich nichts taugt, würde es das Gericht rechtzeitig bemerken – nämlich zu Beginn des Prozesses.

Williams fand es regelrecht beleidigend, wenn kompetente und engagierte Anwälte im Nachhinein aufgrund taktischer Manöver an den Pranger gestellt wurden. »Das Problem«, sagte er, »liegt darin, dass die Gegner der Todesstrafe meinen, der Zweck heilige die Mittel. Aber das ist eine gefährliche Haltung in einer freien Gesellschaft.«

Es gab allerdings auch wichtige Siege. Auf Bundesebene kam die Habeas-Corpus-Reform ein gutes Stück weit voran, als der Kongress ein entsprechendes Gesetz verabschiedete, das Präsident Clinton am 24. April 1996 mit seiner Unterschrift in Kraft setzte (Antiterrorism and Effective Death Penalty Act). Das Gesetz soll verhindern, dass ein Antrag auf Haftprüfung endlos wiederholt werden kann: Bevor ein Bundesbezirksgericht über einen Antrag entscheidet, muss dessen sachliche Berechtigung erst durch die dreiköpfige Kammer eines Bundesappellationsgerichts geprüft werden. Angesichts der weiteren Vorschriften dieses neuen Gesetzes wird dies wohl nur selten stattfinden. Und die Festlegung von Fristen sowohl für die Einreichung eines Antrags als auch für dessen Entscheidung durch Bundesgerichte wird wahrscheinlich im Großen und Ganzen unangemessene Verzögerungen verhindern.

Dass dieses Gesetz verabschiedet wurde, ist einer großen Zahl von Einzelpersonen und Gruppen zu verdanken. Meiner und Hank Williams Ansicht nach geht die Habeas-Corpus-Reform aber in großem Maße auf den Einsatz von Jack und Trudy Collins und anderen zurück, die an die Macht des einzelnen Bürgers glauben und sich – beseelt von der Liebe zu ihrer ermordeten Tochter – auf den Weg durch die bürokratischen Institutionen machten, um Gerechtigkeit einzufordern. Jack formulierte es so: »Auf diesem ganzen Gesetzestext findet man Suzannes Fingerabdrücke.«

Jack und Trudy gaben der Richterin Penny White die Schuld, dass sich das Verfahren weitere sieben Jahre hinzog. Nachdem sie entschieden hatte, Alleys zusätzlichen Antrag zuzulassen, wurde sie 1994 vom damaligen Gouverneur Ned McWherter in das Oberste Gericht von Tennessee berufen. Wie in vielen anderen Einzelstaaten müssen die Richter des Obersten Gerichts nicht für ihre Wiederwahl kandidieren; über ihr Verbleiben wird in einem öffentlichen Referendum entschieden. Sie treten dabei nicht gegen einen Konkurrenten an; es handelt sich um eine reine Ja/Nein-Abstimmung. Da im Allgemeinen die Wahlbeteiligung ziemlich gering ist, wird meist der Amtsinhaber bestätigt. Über Penny White sollte am 1. August 1996 abgestimmt werden.

In den Augen von Jack, Trudy und anderen Verbrechensopfern war Richterin White eine überzeugte Gegnerin der Todesstrafe, obwohl diese in Tennessee Gesetz ist. 1994 hatten sie Gouverneur McWherter brieflich darum ersucht, Mrs White nicht auf die vakante Stelle im Obersten Gericht zu berufen. Weil die Richterin so viele Entscheidungen getroffen hatte, die nach Meinung von Jack und Trudy empörend waren, und da sie offensichtlich die Interessen der Opfer nicht angemessen würdigte, nahmen die beiden die 1000 Kilometer lange Reise nach Tennessee auf sich, um die Kampagne zur Absetzung der Richterin aktiv zu unterstützen. Dabei arbeiteten sie eng mit Rebecca Easley aus Burns, Tennessee, zusammen, einer überall anerkannten Vertreterin von Verbrechensopfern, deren Schwester 1977 durch einen von ihrem eigenen Mann beauftragten Killer brutal ermordet worden war. Obwohl seit dieser Tragödie mittlerweile fast 20 Jahre vergangen waren, schwebte der Fall ihrer Schwester immer noch in der Berufung.

Mit Interviews über das »richterliche Pingpong«, dem sie ausgesetzt waren, mit Pressekonferenzen und Fernsehauftritten beteiligten sich die Collins und andere Vertreter von Opfern an einer breit angelegten Aktion. Sie sollte deutlich machen, dass Penny White als Richterin am Obersten Gerichtshof untragbar war. Sie veröffentlichten eine umfangreiche Stellungnahme, worin sie den Urteilen der Richterin die Fakten entgegensetzten. Widerspruch ernteten sie von der »Bewegung zur Unterstützung von Penny White«, die über mehr als das Zehnfache an Finanzmitteln verfügte als die Anti-White-Gruppe.

Die Kritiker der Richterin White zitierten eine Reihe von Berufungsurteilen, an denen sie mitgewirkt hatte und die ihre Voreingenommenheit gegen die Todesstrafe und Verbrechensopfer belegen sollte. Eines dieser Urteile betraf den Fall des 1991 ermordeten Polizeibeamten Doug Tripp.

Am 19. Mai 1991 hatte ein Mann namens John Henry Wallen sein Fahrzeug neben Tripps Streifenwagen angehalten und mit einem Gewehr in zwei Salven Schüsse auf ihn abgegeben, die den Beamten an Kopf, Hals und Schulter trafen. Tripp kam nicht mehr dazu, seine Dienstwaffe zu ziehen. Der Killer gestand, dass er sich »entschlossen hatte«, den Polizisten zu erschießen. Im Prozess wurde bezeugt, dass Wallen seinen Hass auf sämtliche Polizeibeamte bekundet und zu seiner Freundin gesagt hatte, eines Tages werde er Tripp töten – oder dieser ihn. Die Geschworenen befanden Wallen des vorsätzlichen Mordes für schuldig.

Als im November 1995 der Fall vor dem Revisionsgericht für Strafverfahren verhandelt wurde, erklärte Richterin White, für den Vorwurf der Vorsätzlichkeit gebe es keinen hinreichenden Beweis; daher sollte die Anklage auf nicht vorsätzlichen Mord beschränkt werden. Die beiden anderen Richter der Kammer stimmten ihr nicht zu.

»Es ist unmöglich, aus dem Zusammenhang zu entscheiden, ob (Wallens) Entschluss bereits Monate oder erst Sekunden vor der Tat gefällt wurde«, schrieb sie.

Ihre Stellungnahme brachte viele Leute in Rage, insbesondere Polizeibeamte, die tagtäglich ihr Leben aufs Spiel setzen. Einer von ihnen war Doug Tripps Bruder David, der als Detective arbeitete. »Wenn diese Tat vor Gericht nicht als vorsätzlicher Mord behandelt wird«, sagte er, »dann weiß ich nicht, was ein vorsätzlicher Mord ist.«

Aber das war noch nicht alles. Im gleichen Monat, da John Henry Wallen den Polizisten Doug Tripp umbrachte, vergewaltigte und ermordete Richard Odom, ein aus einem Gefängnis in Mississippi entflohener Mörder, die 78-jährige Mina Ethel Johnson in einem Parkhaus in Memphis. Als Odom sich auf sie stürzte, flehte sie ihn an, sie sei noch unberührt. Dann versuchte sie, ihn zu besänftigen, indem sie sagte: »Mach das nicht, mein Sohn.«

»Ich gebe dir gleich einen Sohn!«, erwiderte Odom laut eigener Aussage. Er vergewaltigte sie so brutal, dass ihre Scheidenwand zerriss. Danach stach er der Frau mehrmals ins Herz, in die Lunge und in die Leber, bis sie tot war. An ihren Händen hatte sie Verletzungen, die zeigten, dass sie sich gewehrt hatte. Odom sagte aus, sie sei bis zum Eintritt des Todes bei Bewusstsein gewesen. Die Geschworenen sprachen Odom schuldig und verurteilten ihn zum Tode.

Als der Fall dem Obersten Gericht von Tennessee vorgelegt wurde, war Penny White bereits Mitglied dieser Kammer. Sie und ein weiterer Richter befanden, es gebe keinen Beweis, dass die Vergewaltigung und Ermordung von Johnson »besonders abscheulich, grausam und brutal« in dem Sinne gewesen sei, »dass über das zur Tötung notwendige Maß hinaus Folter oder schwere körperliche Misshandlung angewendet wurde« – denn solche »strafverschärfenden Umstände« sind die notwendige Voraussetzung, um in Tennessee ein Todesurteil verhängen zu können. Odom bekam daher das Recht auf eine neue Verhandlung über das Strafmaß.

Nach Ansicht des Obersten Gerichts sind zwar »fast alle Morde in einem bestimmten Maß als ›abscheulich, grausam und brutal‹ zu bewerten, und es liegt auch nicht in unserer Absicht, die Qualen des Mordopfers herabzuwürdigen oder zu bagatellisieren«, doch diese Wertung müsse »ausschließlich jenen Fällen vorbehalten bleiben, bei denen durch Vergleich zweifelsfrei festgestellt wird, dass sie die ›schlimmstmöglichen‹ sind. Andernfalls«, so führte das Gericht lobenswerterweise aus, »könnte jeder Mord in Tateinheit mit Vergewaltigung als Verbrechen bewertet werden, das die Todesstrafe verdient.«

Also gut, lieber Leser. Wir könnten über den Sinn der Todesstrafe bestimmt endlos debattieren. Ich möchte Ihnen nur sagen, dass ich während meiner 25-jährigen Dienstzeit mit Tausenden Fällen von Vergewaltigung und Mord konfrontiert worden bin. Und wenn ein Mann eine 78-jährige unberührte Frau vergewaltigt, für die diese Tortur das Letzte ist, was sie vor ihrem Tod erlebt, und immer wieder auf sie einsticht, dann weiß ich nicht – um Detective David Tripp zu zitieren –, was eigentlich sonst »besonders abscheulich, grausam und brutal« ist und eine »schwere körperliche Misshandlung« darstellt. Und glauben Sie mir, mir sind schon manche furchtbaren Dinge untergekommen.

Ron McWilliams, der für diesen Fall zuständige Detective, konnte seine Tränen nicht unterdrücken, als er auf einer Pressekonferenz die Brutalität dieses Mordes schilderte.

Richterin Whites Kritiker sahen in ihrer Entscheidung einen deutlichen Beleg, dass sie nicht das richtige Gespür für die Opfer von Gewaltverbrechen besaß und sich nicht vorstellen konnte, was diese durchmachen mussten. Die Collins und ihre Mitstreiter, darunter Rebecca Easley, David Tripp und Mina Johnsons Schwester Louise Long, schlossen daraus, dass Richterin White einfach gegen die Todesstrafe war und ihre

Stellung und ihren Einfluss dazu nutzte, das Urteil der Geschworenen zu vereiteln.

Die Befürworter der Richterin hingegen sagten, sie versuche bloß, den Angeklagten einen fairen Prozess zu garantieren, und es sei ungerecht, sie wegen einiger ihrer Entscheidungen so zu verdammen – wohingegen ihre Kritiker in Penny Whites Urteilen ein wiederkehrendes Muster erkannt zu haben glaubten. Wie dem auch sei, ich persönlich meine, dass die Forderung, man dürfe einen Richter nicht aufgrund eines einzigen bestimmten Urteils bewerten, der Forderung gleichkommt, man solle einen Menschen nicht aufgrund eines einzigen bestimmten Verbrechens, das er begangen hat, bewerten.

In einem anderen Fall empfahl die Richterin, das Urteil der vorangegangenen Instanz aufzuheben. Diese hatte entschieden, dass ein überführter Kinderschänder für eine gewisse Zeit eine entsprechende Tafel in seinem Vorgarten aufstellen musste; doch das würde, so Richterin White, »den Charakter und das Selbstwertgefühl« des Verurteilten untergraben.

Man kann über dieses Urteil streiten und vielleicht sogar anführen, dass ein solches öffentliches An-den-Pranger-Stellen tatsächlich das Selbstwertgefühl eines Menschen beschädigt. Dabei darf man aber nicht übersehen, dass die verhängte Strafe als Ersatz für eine Haft gedacht war. Und da so viel von alternativem Strafvollzug die Rede war, konnte man eine solche Bestrafung durchaus befürworten, sofern der Verurteilte keine Gefahr für die Gemeinschaft darstellte. Die Entscheidung der Richterin wurde jedenfalls als weiterer Beweis für ihre Voreingenommenheit zugunsten eines überführten Täters und zum Schaden des Opfers angesehen.

Am Donnerstag, dem 1. August 1996, stimmten die Wähler von Tennessee mit 55 Prozent Mehrheit gegen das Verbleiben der Richterin Penny White in ihrem Amt. Es war das erste Mal in der Geschichte des Bundesstaats, dass ein Mitglied des Obersten Gerichts abberufen wurde. »Wir haben die Leute aufgeklärt, und sie sind aufgewacht«, meinte Jack Collins dazu.

In der Abberufung von Richterin White sah Jack eine Mahnung an die Richter, sich nicht zu sehr in ihrem Elfenbeinturm zu verschanzen. »Wenn diese Leute erst einmal fest in ihrem Sessel sitzen, lehnen sie sich gemütlich zurück und philosophieren über das Leben. Sie riechen nicht den Schwefel und schmecken nicht das Blut. Sie haben keine Vorstellung davon, wie viel Leid und Kummer hinter jedem einzelnen Fall steckt. Und sie sagen, es sei nun mal ihre Aufgabe, über den Auseinandersetzungen zu stehen. Aber verdammt noch mal, das stimmt nicht! Sie müssen verstehen, worum es dabei geht. Auch wenn man nicht selbst darin verwickelt ist, muss man sich die Zeit nehmen, sich hineinzuversetzen.«

Suzannes 30. Geburtstag, den 8. Juni 1996, beschlossen Jack und Trudy feierlich bei einem Abendessen in einem Restaurant zu begehen. »Sie war so lebenslustig und optimistisch, und wir wollten an ihrer statt guter Dinge sein«, erklärte Jack. »Es war ein wunderbarer Abend. Zur Wiederkehr ihres Todestages oder ihrer Beerdigung würden wir sicherlich nicht zum Essen ausgehen, aber an ihrem Geburtstag sagten wir: Ja, seien wir um ihretwillen fröhlich. Wir werden das wahrscheinlich von nun an jedes Jahr so halten.«

Sie vermissten sie noch immer, jeden Tag. Am Armband von Jacks Uhr baumelte das winzige Herz aus Gold, das Suzanne an einer Kette um den Hals trug, als sie starb. Stephen hatte in seinem Portemonnaie ein Foto von ihr aus ihrer Highschool-Zeit. Susan Hand, die Fluglotsin in El Toro wurde und inzwischen mit dem Unteroffizier Eric Martin verheiratet und Mutter zweier Kinder war, stiegen immer noch die Tränen in die Augen, wenn sie den Song »Don't You (Forget About Me)« von der Popgruppe Simple Minds hörte. Es war eines ihrer gemeinsamen Lieblingslieder.

Jack schrieb eine Erzählung mit dem Titel »Elegie für eine Marineinfanteristin«, eine fast dokumentarische Schilderung von Suzannes Tod aus ihrer eigenen Sicht. Es war ein weiterer Versuch, diese Tragödie zu begreifen, an ihrem Leiden teilzuhaben und wenigstens in Gedanken die Stunde ihres Todes mit ihr zu durchleben, da dies in der Realität nicht möglich gewesen war. Es ist eine bewegende Hommage an das Leben und den Mut von Suzanne, eines der gefühlvollsten Prosastücke dieser Art, das ich je gelesen habe, und ein eindrucksvoller, äußerst aufschlussreicher Einblick in das Leid der Eltern.

Sie haben ihr ein lebendiges Denkmal errichtet: das Suzanne-Marie-Collins-Stipendium, das Teil des Förderprogramms der American Foreign

Service Association ist. Das Collins-Stipendium wird ausschließlich nach dem Kriterium der Bedürftigkeit an Kinder von aktiven, pensionierten oder verstorbenen Angehörigen des Auswärtigen Dienstes zur Beendigung ihrer Collegeausbildung vergeben.

KAPITEL ZEHN

DAS BLUT DER LÄMMER

Zwischen dem späten Abend des 13. März 1987, einem Freitag, und dem Vormittag des 14. März wurden die 30-jährige Nancy Newman und ihre beiden Töchter, die 8-jährige Melissa und die 3-jährige Angie, in ihrer Wohnung in Anchorage, Alaska, vergewaltigt und ermordet. Es war eines der grausamsten und brutalsten Verbrechen, mit dem die dortigen Ermittlungsbeamten je zu tun hatten. Nancys Schwester und ihr Schwager, Cheryl und Paul Chapman, entdeckten die Leichen, nachdem Nancy nicht an ihrer Arbeitsstelle erschienen war. Am Tatort fanden sich auch Hinweise auf einen Einbruchdiebstahl. Der Überfall war derart schockierend, und die Behörden waren über das Auftauchen dieses heimtückischen Killers so beunruhigt, dass die Polizei von Anchorage und die Alaska State Troopers umgehend eine Sonderkommission bildeten.

Jedes Mal wenn es sich um ein Verbrechen innerhalb einer Familie handeln könnte, ist der Ehepartner stets einer der ersten Verdächtigen: John Newman jedoch, der mit Frau und Kindern aus ihrem Heimatstaat Idaho nach Alaska gezogen war, um als Baumaschinenführer an einer Ölpipeline zu arbeiten, hatte drei Monate zuvor einen Arbeitsunfall erlitten. Er war zur Behandlung und Rehabilitation nach San Francisco gebracht worden, wo er sich seit dem 3. Januar aufhielt. Abgesehen davon, dass es allein aus Gründen der räumlichen Entfernung für ihn unmöglich gewesen wäre, dieses Verbrechen zu verüben, erkannten die Ermittler rasch, dass die Newmans eine auf gegenseitige Liebe gegründete Familie gewesen waren. Bei ihnen hatte es nicht den Hauch eines Konflikts gegeben.

Selbst wenn diese Gründe nicht ausgereicht hätten, John aus dem Kreis der Verdächtigen auszuschließen – als wir den Bericht über die Morde und die Tatortfotos in Händen hielten, wussten wir, dass er nichts damit zu tun hatte. So traurig es ist, sich das einzugestehen: Manche Eltern missbrauchen ihre Kinder oder töten sie sogar. Sie vergewaltigen und prügeln sie, zünden sie an, lassen sie verhungern, ersticken oder erstechen sie. Aber das, was den Newman-Töchtern zugefügt wurde, tun keine Eltern ihren Kindern an. Bei Morden im Familienkreis kommt es mitunter vor, dass ein Mann seine Frau oder Ex-Frau oder Ex-Geliebte in einem schrecklichen Gewaltrausch tötet – indem er ihr etwa unzählige Stiche in Kopf und Hals beibringt. Manchmal löscht ein Mann sogar seine ganze Familie aus. Aber ganz gleich, ob er dabei ein Messer, eine Pistole oder eine andere Waffe benutzt, er wird niemals ein solches Gemetzel anrichten wie in diesem Fall. Was immer ein Mann seiner Frau antun mag, welche entsetzlichen Qualen er ihr auch zufügt, bevor er sie ermordet – eines haben wir noch nie erlebt: dass ein Vater seine eigenen Töchter brutal vergewaltigt, sich anal an ihnen vergeht, sie aufschlitzt und sie einfach liegen lässt, damit jeder, der sie findet, sie gleich sieht. So etwas ist undenkbar.

Die Polizei von Anchorage wie auch die Alaska State Troopers sind erstklassige Organisationen mit großen Fähigkeiten. Aber sie suchen auch, wenn nötig, Amtshilfe. Bei Mordfällen werden die polizeilichen Ermittlungen von Beginn an von einem stellvertretenden Bezirksstaatsanwalt überwacht. So wandte sich die neu gebildete Sonderkommission unverzüglich an Special Agent Don McMullen, den Täterprofil-Koordinator in der Außenstelle des FBI in Anchorage, der eine Beschreibung des möglichen Tätertyps anfertigte. McMullen ist ein hervorragender Agent und war einer der besten Profiler in unseren Außenstellen. Etwa dreieinhalb Jahre zuvor hatten wir zusammengearbeitet, als er die Ermittlungen im Fall Robert Hansen koordinierte – dem Bäcker aus Anchorage, der Prostituierte entführt und sie mit seinem Privatflugzeug aus der Stadt gebracht hatte. Fernab jeder Zivilisation hatte Hansen seine Opfer in den Wäldern ausgesetzt und auf sie Jagd gemacht, als wären sie wilde Tiere. Als McMullen sein vorläufiges Täterprofil des Newman-Mörders erstellt hatte, wandte er sich an Jud Ray in Quantico.

Jud gehörte damals seit etwa zweieinhalb Jahren zur Unterstützungseinheit bei Ermittlungen. Von seiner Berufserfahrung und Qualifikation her war er wie kaum ein anderer als Profiler geeignet. Er hatte in Vietnam gekämpft, war anschließend in Georgia in den Polizeidienst eingetreten, wo er rasch Karriere machte und Detective im Morddezernat wurde; danach wechselte er zum FBI. Jud und ich lernten uns 1978 kennen, als er, Schichtleiter der Polizei in Columbus, Georgia, die Morde der »Forces of Evil« in Fort Benning bearbeitete. Seine Tätigkeit als Special Agent in der Außenstelle in Atlanta führte uns Anfang 1981 erneut zusammen, als ich aus Quantico wegen der Kindermorde in Atlanta zu ihm kam. Aber unsere Zusammenarbeit währte nicht allzu lange. Wie ich bereits in *Die Seele des Mörders* geschildert habe, wurde er am 21. Februar 1981 von zwei Auftragskillern, die seine psychisch gestörte Frau angeheuert hatte, in seiner eigenen Wohnung niedergeschossen; er entging nur knapp dem Tod. Zum Auskurieren seiner Verletzungen lag er drei Wochen in der Klinik, wo er rund um die Uhr von bewaffneten Leibwächtern beschützt wurde. Aber die Wunden in seiner Seele verheilten nicht so schnell.

Obwohl Jud und ich uns im Aussehen sehr deutlich voneinander unterscheiden – ich bin von großer Statur, habe blaue Augen und bin Weißer, er hingegen ist klein, drahtig und dunkelhäutig –, habe ich Jud fast wie einen leiblichen Bruder ins Herz geschlossen. Er arbeitete gerade als Profilkoordinator in New York, als in unserer Einheit einige Stellen frei wurden. Daraufhin holte ich ihn und Jim Wright, der in der Außenstelle Washington saß und den Fall John Hinckley bearbeitete, sofort nach Quantico.

Jud bat McMullen um die Tatortfotos und um alles Material, das bis dahin vorlag. Einige der Bilder wurden gleich per Fax übermittelt, ein vollständiger Satz traf am Dienstagmorgen in Quantico ein. McMullen informierte Jud, dass anhand des von ihm erstellten vorläufigen Profils die Polizei bereits einer höchst verdächtigen Person auf der Spur sei. In dieser Phase wollte Jud natürlich nichts von möglichen Verdächtigen hören, um sich nicht in der, wie er es nennt, »Freiheit des neutralen Urteils« beeinflussen zu lassen.

Allein an seinem Schreibtisch, das Material vor sich, stellte er sich zunächst folgende Frage: Welches der Opfer hat der Täter am schlimmsten zugerichtet?

Die Fotos belegten auf grauenvolle Weise, dass alle drei Ermordeten schreckliche Qualen hatten erleiden müssen. Nancy Newman wie auch die beiden Mädchen wurden nackt, mit hochgeschobenem Nachthemd, gefunden. Alle drei waren sowohl vaginal als auch anal vergewaltigt worden, bevor sie der Täter mit zahllosen Messerstichen getötet hatte. Aber Jud fand schnell heraus, dass der brutalste Angriff, die schlimmste Verstümmelung, die größte Wut sich gegen Angie, das jüngere der Mädchen, gerichtet hatte. Der Killer hatte der Dreijährigen die Kehle so tief aufgeschlitzt, dass ihr Kopf fast abgetrennt war. Auf einer grauenerregenden Nahaufnahme zu Obduktionszwecken konnte man die offenen Enden von Luft- und Speiseröhre deutlich erkennen. Drosselvene und Halsschlagader waren vollständig durchtrennt. Angies Körper war blutüberströmt, und an den Fingern der rechten Hand hatte sie Verletzungen, die auf Gegenwehr schließen ließen.

Was für ein Ungeheuer konnte einer Dreijährigen so etwas antun?

Nach den Tatortfotos zu urteilen war der Killer völlig planlos vorgegangen. Aus der Zuordnung der am ganzen Tatort verteilten Blutspuren – die Serologen hatten analysiert, welches Blut von welchem Opfer stammte und wo die jeweilige Spur endete – hatte die Polizei geschlossen, dass der Unbekannte zuerst die Mutter angegriffen hatte, dann Melissa und zum Schluss Angie. Es fanden sich auch Anzeichen für ein gewisses rituelles Verhalten ohne erkennbare symbolische Bedeutung – was man bei sehr planlos vorgehenden Tätern häufig feststellt. So hatte der Unbekannte auf der blutüberströmten Leiche von Angie einen Streifen freigewischt, der vom Schambereich bis zur Brust reichte.

Obwohl Nancy als Bedienung in einer Bar gearbeitet hatte, wies nichts in ihrer Lebensführung darauf hin, dass sie einem hohen Risiko ausgesetzt gewesen wäre. Die Mitarbeiter des Lokals bestätigten der Polizei übereinstimmend, dass Nancy bei allen Kollegen sehr beliebt gewesen war, sich stets freundlich gezeigt und nicht mit Männern geflirtet oder ihnen gar Avancen gemacht hatte. Allen Ermittlungen nach war sie ihrem

Ehegatten treu gewesen, hatte weder Affären mit Gästen gehabt noch Drogen genommen. Kurz gesagt, es fand sich kein Motiv für dieses barbarische Verbrechen, dem sie und ihre Töchter in ihrer eigenen Wohnung zum Opfer gefallen waren.

Es gab ein potenziell wichtiges forensisches Beweismittel: Nach den Morden hatte sich der Killer an der Küchenspüle das Blut abgewaschen. Und in dem Geschirrtuch, das er dabei benutzt hatte (auf Frottiertüchern bleiben leider keine Fingerabdrücke zurück), hatte die Spurensicherung Läuse gefunden. Da die übrige Wohnung frei von diesem Ungeziefer war, musste der Mörder sie eingeschleppt haben. Außerdem fand Jud es aufschlussreich, dass der Unbekannte es offenbar für nötig gehalten hatte, sich vor Verlassen der Wohnung das Blut abzuwaschen. Warum hatte er sich länger als nötig am Tatort aufgehalten? Er hatte riskiert, entdeckt zu werden und weitere Spuren zu hinterlassen, anstatt sich bei sich zu Hause zu waschen. Vielleicht hatte er ja kein eigenes Zuhause. Solche Täter sind oftmals Streuner ohne festen Wohnsitz. Und falls er, wie Jud vermutete, mit den Örtlichkeiten vertraut war, war es ihm vielleicht ganz selbstverständlich vorgekommen, sich dort die Hände zu waschen. Doch vor allem ließ sich daraus schließen: Wenn er sich die Zeit nahm, ein zusätzliches Risiko einzugehen, bevor er den Tatort verließ, bedeutete dies wahrscheinlich, dass er mit jemandem zusammenlebte und daher beim Nachhausekommen »normal« aussehen musste und/oder befürchtete, beim Verlassen der Wohnung gesehen zu werden. Daraus konnte man folgern, dass es zu diesem Zeitpunkt bereits hell gewesen war; die Morde waren also eher am Samstagvormittag als Freitagnacht verübt worden.

Der Fall hatte auch eine groteske psychische Dimension. Am Donnerstag vor der Bluttat hatte eine geistesgestörte Frau der Polizei von Anchorage mitgeteilt, es werde bald ein ritueller Mord geschehen, bei dem der Killer das Blut seiner sehr jungen weiblichen Opfer trinken und ihre Körper zur Opferung darbringen werde. Natürlich herrschte reichlich Entsetzen über diese Prophezeiung, vor allem, als sie durch die Medien ging. Die Polizei von Anchorage verhörte die Frau und überprüfte verschiedene Einzelheiten ihrer Geschichte, aber weder Jud noch die Sonderkommission sahen zwischen ihr und den Morden einen tatsächlichen

Zusammenhang. Es schien einer dieser makabren Zufälle gewesen zu sein, die bei Kapitalverbrechen oft wie aus dem Nichts auftauchen und alle, zumindest für eine gewisse Zeit, auf eine falsche Fährte locken.

Nachdem die Polizei die Außenstelle des FBI in Anchorage konsultiert hatte, arbeitete sie ein Fahndungsraster und eine Verhörmethode aus – beides zugeschnitten auf Verdächtige des in dem Profil beschriebenen Typus des planlos handelnden Gewaltverbrechers mit einer Vorgeschichte als Sexualtäter. Gesucht wurde ein Weißer Anfang oder Mitte 20 mit ungepflegtem Äußerem, der gewohnheitsmäßig ein Nachtmensch war, bestenfalls die Highschool abgeschlossen, aber nicht in der Armee gedient hatte, arbeitslos oder unterbeschäftigt irgendeiner niederen Tätigkeit nachging, und anderen Kriterien. Die Fahndung führte tatsächlich zur Festnahme eines Mannes, der höchst verdächtig erschien – ein junger Bursche, der erst vor Kurzem in der Nachbarschaft der Newmans eine Wohnung bezogen hatte. Da er für die Tatzeit kein Alibi vorweisen konnte, war die Polizei zunächst überzeugt, den Schuldigen gefasst zu haben.

Es gab dabei in Juds Augen nur ein Problem. »Mir ging dieses dreijährige Mädchen nicht aus dem Kopf«, erzählte er. »Und mich ließ der Gedanke nicht mehr los, dass der Gesuchte die Opfer gekannt haben musste.«

Dieser Verdächtige jedoch war den Newmans nie begegnet.

»Nach den Regeln aus dem Lehrbuch passt er genau in unser Raster, aber er ist trotzdem der Falsche«, meinte Jud selbstsicher in einem Telefongespräch mit Mitgliedern der Sonderkommission. Ihm wurde erwidert, der Verdächtige entspreche in jeder Hinsicht dem Profil des Gesuchten, außer dass er mit den Newmans nicht bekannt war. Jud ließ sich nicht beirren und betonte, dass in diesem speziellen Fall die Bekanntschaft mit der Familie der entscheidende Punkt des Profils sei; nichts anderes zähle so sehr – weder das Alter noch die berufliche Tätigkeit oder das Verhalten vor und nach der Tat.

Jud riet davon ab, in dieser noch frühen Phase der Ermittlungen den Verdächtigen beim Verhör unter Druck zu setzen. Falls er nicht überführt werden könnte, stünden sie wieder am Anfang; außerdem würde es das Vertrauen in die Polizei und deren Glaubwürdigkeit erschüttern, und der wirklich Schuldige bekäme darüber hinaus eine Atempause.

»Ich konnte mir einfach nicht vorstellen, ein Fremder hätte sich so lange in der Wohnung aufgehalten. Und es wollte mir nicht in den Kopf, dass die am Tatort gestohlenen Gegenstände zu der Art von Beute gehörten, die ein Fremder hätte mitgehen lassen. Nachts in diese Wohnung einzubrechen wäre für einen Fremden mit einem bestimmten Risiko verbunden gewesen. Je mehr verwertbare Spuren wir vorliegen hatten, umso sicherer war ich, dass der Falsche verhaftet worden war.«

Die Opfer waren mit einer Schnur aus der Wohnung der Newmans gefesselt worden. »Das wäre völlig unnötig, wenn man jemanden bloß umbringen will«, erklärte Jud. »Es lässt vermuten, dass der Killer ein längeres Spiel mit seinem Opfer vorhat, eine Art Geschäft mit ihm treiben will. Ich glaubte nicht daran, dass der Bursche, den die Polizei als Hauptverdächtigen ansah, verschlagen genug war, so viel Zeit mit seinen Opfern verbringen zu wollen. Er hätte dazu im sozialen Umgang geschickter, kommunikations- und verhandlungsfähiger sein müssen, als er meiner Ansicht nach war. In dieser Tat steckte für mich so viel Triebkraft, und wenn ich das Bild des Menschen dagegenhielt, den die Polizei verhören wollte, rief alles in mir ›Nein‹.«

Die Art der Verletzungen passte nicht zum Profil eines sexuellen Sadisten, aber sie zeigten eindeutig, dass jedes der Opfer mit rasendem Hass getötet worden war – ein weiteres wesentliches Indiz, das einen Fremden als Täter ausschloss. Ein Fremder würde nicht so vorgehen, es fehlt ihm das dazu nötige Motiv. Das ist keine Frage der spezifischen Vorgehensweise oder der unverwechselbaren Handschrift.

Ein weiteres Indiz, das gegen einen Fremden als Täter sprach, waren die entwendeten Gegenstände. Es fehlte eine manuell einstellbare Videokamera, und der Unbekannte hatte auch Geld aus einer Blechdose im Küchenschrank mitgenommen, in der Nancy ihre Trinkgelder sammelte. Die Büchse stand nicht offen sichtbar herum, also musste der Täter entweder auf sie gestoßen sein, als er die Wohnung durchsuchte, oder er hatte gewusst, wo sie war. Da er sich lange in der Wohnung aufgehalten hatte, hätte er sicherlich alle Räume durchstöbern können. Doch es war nichts durchwühlt worden, und es herrschte nur geringe Unordnung, was nicht zu dem ansonsten planlosen Vorgehen des Täters passte. Man richtet nicht zuerst ein blutiges Gemetzel an und bewegt sich dann auf Zehenspitzen durch die Wohnung auf der Suche nach Diebesbeute, um alles, was man nicht mitnehmen will, wieder ordentlich an seinen Platz zurückzustellen. Das machen vielleicht professionelle Einbrecher, aber bestimmt nicht planlos handelnde Vergewaltiger und Mörder.

Während einer zweistündigen Telefonkonferenz der Sonderkommission meinte einer der Detectives: »Also Jud, was meinen Sie? Ein besserer Verdächtiger kann uns doch gar nicht ins Netz gehen.«

Jud wiederholte, dass sie nach einem Weißen im Alter zwischen 20 und 30 fahnden mussten, der die Newmans gut kannte. Wenn sie den fassten, würden sie herausfinden, dass er einen besonderen Zorn auf die kleine Angie gehabt und in den Tagen unmittelbar vor den Morden etwas für ihn äußerst Belastendes erlebt hatte, wahrscheinlich im Zusammenhang mit seiner Arbeit oder mit einer gescheiterten Beziehung.

Daraufhin meinte der Detective: »Also, es gibt da einen Neffen von ihr; eigentlich ist es ja der Neffe ihres Mannes.«

»Ein Neffe?«, wiederholte Jud.

»Ja, aber er hat sich ungefähr 800 oder 1000 Kilometer südwestlich von Anchorage aufgehalten und ist, soweit ich weiß, erst kürzlich wieder in die Stadt zurückgekommen.«

»Das ist Ihr Mann!«, sagte Jud.

»Wie meinen Sie das?«, wollte der Detective wissen.

»Genau so jemanden müssen Sie sich ansehen. Den sollten Sie in die Zange nehmen.«

Der Verdächtige hieß Kirby Anthoney, war 23 Jahre alt und im September 1985 aus Twin Falls, Idaho, nach Anchorage übergesiedelt. Eine Zeit lang hatte er bei den Newmans gewohnt.

»Überprüfen Sie seine Lebensverhältnisse«, empfahl Jud und sagte im gleichen Atemzug voraus, dass sie dort wenig Gutes finden würden. »Sie werden auf einige Ereignisse stoßen, die zu diesen Morden geführt haben.«

Die Ermittlungen ergaben, dass Anthoney und seine Freundin Debbie Heck, die mit ihm aus Idaho gekommen war, auf einem Fischkutter in Dutch Harbor, einer der vielen Buchten entlang der aleutischen

Inselkette, gearbeitet hatten. Etwa zwei Wochen vor den Morden hatte Debbie ein Verhältnis mit dem Skipper des Bootes angefangen, der daraufhin Anthoney feuerte. Debbie erzählte später den Beamten, dass Anthoney schnell wütend wurde und sie oft geschlagen habe. Er war der Ansicht gewesen, der Skipper habe ihm seine Freundin weggenommen und ihn dann entlassen, um den Rivalen loszuwerden. Als Anthoney nach Anchorage zurückkam, war er wütend und deprimiert.

Jud sagte voraus, dass sich Anthoney gegenüber der Polizei kooperationswillig zeigen würde, vor allem, um in Erfahrung zu bringen, auf welchem Stand die Ermittlungen waren und wie viel man über ihn wusste. Würde man ihm nichts anlasten, meinte Jud, werde er, sobald das öffentliche Interesse an dem Fall nachlassen würde, einen plausibel wirkenden Grund finden, aus der Stadt zu verschwinden.

Auch sein Verhalten nach den Morden machte Anthoney verdächtig. Obwohl er bei John und Nancy gewohnt hatte, und das sogar eine Weile gemeinsam mit Debbie, war er nicht zur Beerdigung der Ermordeten erschienen. Er hatte auch nur sehr losen Kontakt zu John aufgenommen, als dieser aus San Francisco zurückgekehrt war – dabei war John offensichtlich vor Kummer völlig zusammengebrochen und hätte von seinen Angehörigen emotionale Unterstützung gebraucht. Man fand auch heraus, dass Anthoney sich mit einem anderen Mann namens Dan Grant eine Wohnung in der Eagle Street, nur drei Straßen von den Newmans entfernt, teilte.

Nach der Telefonkonferenz mit Jud nahmen die Polizei von Anchorage und die Alaska State Troopers Anthoney in die Zange. Er wurde mehrmals verhört, gestand aber nicht. Die Polizei versuchte einen Haftbefehl gegen ihn zu erwirken; er gewann hingegen den Eindruck, als verliefen die Ermittlungen allmählich im Sande. Wie Jud vorausgesagt hatte, verließ er die Stadt. Da man vermutete, dass er sich nach Kanada absetzen würde, verständigten die Alaska State Troopers die kanadische Grenzpolizei, nach ihm Ausschau zu halten, die ihn in der Tat bald darauf wegen Fahrens mit ungültigem Führerschein aufgriff.

Bei seiner Festnahme fand man Nancys Kamera bei ihm; außerdem wurde festgestellt, dass er im Genitalbereich von Läusen befallen war.

Die Überprüfung seiner Lebensumstände ergab außerdem Folgendes: Kaum war John wegen seines Unfalls nicht mehr in Anchorage, wurde im Hause Newman die Atmosphäre immer unerträglicher. Laut Aussage von Nancys Schwester Cheryl Chapman legte Anthoney ein seltsames Benehmen an den Tag. Er behandelte die Kinder gemein und arbeitete nicht, sondern trieb sich mit seltsamen Leuten herum, die Nancy nicht in der Nähe ihrer Töchter dulden wollte.

Es stellte sich heraus, dass er seinen Wohnsitz nur deswegen nach Anchorage verlegt hatte, weil er in Idaho in Schwierigkeiten geraten war: An einem Seeufer war ein zwölfjähriges Mädchen vergewaltigt und fast ermordet worden, und man hatte Anthoney als Hauptverdächtigen festgenommen. Doch der Polizei war es nicht gelungen, ihn zu überführen, weil das Mädchen durch den Überfall eine Gehirnverletzung erlitten hatte und ihren Angreifer nicht identifizieren konnte. Als die Beamten aus Anchorage mit dem zuständigen Polizeichef in Idaho sprachen, erklärte dieser, das Mädchen sei bestimmt nicht mehr am Leben, wäre nicht zufällig jemand am Tatort vorbeigekommen.

Nancy hatte ihrer Schwester Cheryl gestanden, dass Anthoney ihr Angst einjagte. Auch nach Juds Einschätzung gab es deutliche Hinweise, dass er ihr unsittliche Anträge gemacht hatte. Da sie sich unwohl und unsicher fühlte, wenn er sich in Abwesenheit ihres Mannes in ihrer Nähe aufhielt, forderte sie ihn auf auszuziehen. Erst danach siedelten er und seine Freundin nach Dutch Harbor über.

Jud versuchte sich auszumalen, was danach geschehen war: Als Anthoney sowohl seine Freundin als auch den Arbeitsplatz verliert, kommt er zurück nach Anchorage, fühlt sich völlig ausgestoßen und bildet sich ein, alles habe sich gegen ihn verschworen. Er wendet sich an seine Tante Nancy und versucht sie zu überreden, ihn wieder bei sich aufzunehmen, aber sie will nichts mehr mit ihm zu tun haben.

Wahrscheinlich geht er dann am frühen Samstagmorgen zur Wohnung der Newmans mit der Absicht, Nancy entweder umzustimmen oder ihr heimzuzahlen, dass sie ihm einen Korb gegeben hat. Er steigt heimlich durch das Fenster ein, das er in der Vergangenheit immer benutzt hatte, wenn er spätnachts nach Hause kam; es ist das Fenster von

Angies Zimmer. Die Kleine wird nicht wach. Von dort schleicht er in Nancys Schlafzimmer und weckt sie. Vielleicht war er zunächst freundlich und redete eindringlich auf sie ein, aber mit Sicherheit hat ihr sein Auftauchen in ihrem Schlafzimmer um 6 Uhr morgens eine Höllenangst eingejagt und ihre schlimmsten Befürchtungen bestätigt. Also wird sie ihn kaum mit offenen Armen willkommen geheißen haben, sondern ihn wahrscheinlich aufgefordert haben, zu verschwinden und sich nie mehr blicken zu lassen.

Das wiederum hätte ihn in seinem Wahn bestätigt, dass alle Welt sich gegen ihn verschworen habe, und wäre der Auslöser für seine Überreaktion gewesen. Der ganze Zorn, der sich so lange in ihm aufgestaut hatte, bekam nun endlich freie Bahn und ein Ziel. Wie konnte sie es wagen, ihn auf solche Weise zurückzustoßen! Jetzt gab es keinen Grund mehr, die Lust auf sie zu unterdrücken, die sie nicht erwidert hatte.

Anthoney hatte ein solides Alibi für Freitagnacht. Aber es gab deutliche Anzeichen für eine Tatzeit gegen 6 Uhr 30 oder 7 Uhr am Samstagmorgen. Darauf wies nicht nur das Verhalten des Täters hin, der sich vor Verlassen der Wohnung das Blut abgewaschen hatte, sondern auch die Tatsache, dass im Schlafzimmer Kaffeetassen standen; und den Obduktions- und Laborberichten zufolge war Nancys Blase zum Zeitpunkt ihres Todes leer, woraus man schließen konnte, dass sie nicht mitten in der Nacht getötet worden war, wie Anthoneys Verteidiger schließlich behaupteten. Denn für den Morgen hatte er kein Alibi.

Die Sonderkommission erwirkte einen Haftbefehl wegen dreifachen Mordes, vorsätzlicher Vergewaltigung und Entführung. Aufschlussreich war seine Reaktion, als ihm der Beamte bei seiner Verhaftung mitteilte, welcher Taten er bezichtigt wurde.

Man würde erwarten, dass ein zu Unrecht Beschuldigter in einer solchen Situation Empörung, Bestürzung oder Wut äußert; Anthoney hingegen meinte nur: »Was für eine Entführung?« Mit Recht erschien ihm dieser Punkt der Beschuldigung rätselhaft: entführt hatte er ja tatsächlich niemanden.

In einigen Bundesstaaten, darunter auch Alaska, gilt der Tatbestand der Entführung bereits dann als erfüllt, wenn bestimmte Elemente einer

Freiheitsberaubung eingetreten sind, das heißt, wenn der Täter auf sein Opfer Zwang ausübt und es gegen seinen Willen mittels Gewalt von einem Ort an einen anderen bringt – auch wenn es nur von einer Stelle im Zimmer zu einer anderen sein sollte.

Anhand von Spuren wie der Verteilung des Bluts zwischen den Fundorten der Leichen hatten die Gerichtssachverständigen den Tatort rekonstruiert, und daraus ließ sich nicht nur die Reihenfolge der Tötungen feststellen, sondern das vermittelte Jud auch eine klare Vorstellung des Geschehens.

Die Vergewaltigungen und Morde waren mit großer Brutalität ausgeführt worden. In Anbetracht dessen, dass der Täter Nancy relativ lange gequält hatte, bevor er sich den beiden Mädchen zuwandte, kam Jud zu dem Schluss, dass Nancy zwar unter Zwang vergewaltigt worden war, sie sich aber in gewisser Weise damit abgefunden haben könnte – ein verzweifelter Versuch, mit dem Täter zu verhandeln und Zeit zu gewinnen. »Also gut«, könnte sie gesagt haben, »aber verschon die Mädchen.«

Jud fuhr fort: »Aber leider besteht für einen Täter wie diesem, der ein so schwerwiegendes Verbrechen wie Vergewaltigung begangen hat, keinerlei Grund, sich nicht aller potenziellen Zeugen zu entledigen. Ein Fremder würde dies nicht zwangsläufig tun, weil man ihn ja nicht erkannt hätte. Ein Fremder wäre auch nicht davon ausgegangen, in dem Haus möglicherweise Gegenstände zu finden, die er dazu benutzen könnte, seine Opfer außer Gefecht zu setzen.

Ich glaube, er wollte diese Frau wirklich demütigen. Deshalb hat er sie gefesselt. Außerdem hat er, so vermute ich, bestimmte Dinge mit der Frau im Beisein ihrer Töchter gemacht.«

Er hatte die achtjährige Melissa aus dem Bett geholt und sie über den Gang geschleift. Das ließ sich am Zustand ihrer Leiche und an den Blutspuren im Schlafzimmer ihrer Mutter ablesen. Auch Melissa war gefesselt worden.

Auf den Tatortfotos sah man die blutüberströmte Leiche der kleinen Angie auf dem Boden ihres Zimmers, umgeben von Spielzeug und Büchern. Laut Cheryl Chapmans Aussage hatte Anthoney, der gelegentlich die beiden Kinder gehütet hatte, Angie als »Tyrannin« bezeichnet und sich offensichtlich geärgert, wenn sie sich wie eine typische Dreijährige benahm.

Möglicherweise war der Streifen, den der Killer wie bei einem Ritual zwischen Angies Schamregion und dem Bauch freiwischte, das Zeichen für einen Anflug von Reue, dass er seine Cousine massakriert hatte. Das sah Jud allerdings anders: »Er hatte genug Zeit, sich zu waschen. Er hatte genug Zeit, um nach dem Geld, der Kamera und anderen Dingen zu suchen, die er dann mitnahm. Bestimmt hätte er auch genug Zeit gehabt, am Tatort etwas zu verändern. Hätte ihn nur ein Funken von Reue geplagt, hätte er das kleine Mädchen zudecken können, wie wir es zuweilen erleben. Aber davon war nichts zu sehen. Es war einfach ein kaltblütiges, brutales Abschlachten.«

Die Wischspur an dem Kind könnte ein nutzloser Versuch gewesen sein, das ganze Blut aufzuwischen, den er aufgab, als er einsah, dass das eine Sisyphusarbeit gewesen wäre. Oder vielleicht hatte es auch nur für ihn eine Bedeutung, die wir niemals herausfinden werden. Die Mordwaffe hatte der Killer mitgebracht, ein Messer mit scharfer Schneide, von dem man annahm, dass es mit der Waffe identisch war, die Anthoney oft bei sich trug.

Auf den Fotos erkannte Jud, dass der Mörder auf dem Höhepunkt seiner Raserei völlig die Kontrolle über sich verloren hatte. Und Jud wusste auch, dass der Täter in der nächsten Belastungssituation ähnlicher Intensität sich ein neues Opfer suchen und wieder töten würde. Ein kleines Kind umzubringen ist so ziemlich die feigste Tat, die man sich vorstellen kann; offensichtlich hatte er seinen Zorn auf jemand anderen an dem Mädchen abreagiert.

»Er konnte weder seinem Chef in den Hintern treten noch seine Ex-Freundin verprügeln. Und hinter Mamis Schürze konnte er sich auch nicht verkriechen. Was ihm in seinen Augen blieb, war, seine ganze aufgestaute Wut an einem wehrlosen Kind auszulassen«, meinte Jud. »Kirby wollte der Person, die die Leichen fand, einen Schock versetzen, und er wusste, dass das wahrscheinlich Nancys Schwester sein würde. Vermutlich hatte er die drei schon hundertmal zuvor in Gedanken getötet, bei all dem Ärger, den er in der Arbeit und zu Hause hatte. Selbst wenn er nicht gerade diese Menschen unter diesen Umständen getötet hätte, wäre es nur eine Frage der Zeit gewesen, wann ein solcher Kerl jemanden umgebracht hätte. Bei so einem Typen schlummert im Hintergrund immer schon irgendwie die Vorstellung, jemanden zu töten.«

Der Bezirksstaatsanwalt von Anchorage, Steve Branchflower, betraute William H. Ingaldson mit der Aufgabe, Anklage zu erheben. Anthoney wurde von zwei Pflichtverteidigern vertreten – John Salemi und Greg Howard. Bei der Prozessvorbereitung wollte Branchflower wissen, ob schon jemals ein Mitglied der FBI-Sondereinheit bei einer Beweisaufnahme im Zeugenstand als Gutachter (und nicht bloß als Widerlegungszeuge) ausgesagt hatte. Die Antwort lautete Nein, denn Profilerstellung und Verhaltensanalyse galten immer noch als neue experimentelle Methoden, und viele Leute in der Strafverfolgung (ganz zu schweigen vom FBI) wussten nicht so recht, was sie davon halten sollten.

Jud fragte mich, ob es dafür denn schon einen Präzedenzfall gegeben habe. Nein, erwiderte ich, wir wurden bisher noch nie als Sachverständige zugelassen. Daraufhin konsultierten wir unseren Rechtsberater in Quantico. Auch er konnte keinen Präzedenzfall nennen, der es uns ermöglicht hätte, auf diesem seit Anfang der Siebzigerjahre entwickelten Gebiet der kriminologischen Analyse als Prozessgutachter aufzutreten.

Jud teilte Branchflower mit, dass die juristischen Experten des FBI zwar keine Bedenken hätten, wenn wir als Zeugen aussagten, aber er warnte den Bezirksstaatsanwalt gleichzeitig, dass wir es bisher noch nie getan hatten.

Daraufhin meinte Branchflower: »Nun, ich glaube, Ihre Qualifikation hierfür kann ich mit Ihrer Erfahrung als Polizeibeamter und als langjähriger Experte für Mordfälle hinreichend belegen. Zumindest sollten wir es versuchen.«

Nach sorgfältigem Studium der Strafprozessordnung von Alaska erreichte der Bezirksstaatsanwalt, dass Jud im Voraus als Sachverständiger anerkannt wurde. Zu Beginn der Verhandlung gegen Kirby Anthoney flog Jud nach Alaska. Der Richter ließ bei der Frage, wie weit den Ausführungen eines Angehörigen des FBI Raum gegeben werden sollte, große Vorsicht walten und entschied, dass Jud zwar nicht zum

Täterprofil an sich, aber zu Verhaltenscharakteristika nach der Tat Stellung nehmen durfte. Das war der kritische Punkt für die Verteidigung, die behauptete, ihr Mandant habe kein Verhalten gezeigt, das auf seine Schuld schließen ließ. Jud war natürlich darauf vorbereitet, genau das Gegenteil darzulegen. Er hatte ja jeden einzelnen Schritt des Angeklagten vorausgesagt.

Juds Zeugenaussage im Prozess gegen Anthoney war eine Premiere – zum ersten Mal durfte sich ein Angehöriger unserer Einheit als Sachverständiger vor Gericht über unsere Tätigkeit äußern, womit er einen Präzedenzfall schuf und für uns andere den Weg ebnete.

Bereits einen Tag vor Verhandlungsbeginn gab Jud strategische Anweisungen, wie Ingaldson vorgehen sollte. »Angesichts meines Gutachtens«, erzählte er, »riet ich ihm, sich genau auf die zu erwartende Strategie der Verteidigung vorzubereiten, nämlich viele Zeugen anzuführen, die bestätigten, dass der Kerl sich so und so verhalten hatte, und die erklärten, was das bedeutete.«

Als Jud in den Zeugenstand trat, befragte ihn Ingaldson über seine Qualifikation und darüber, wie viele Fälle er bereits bearbeitet hatte, welche Verhaltensmuster wiederholt zu beobachten waren und Ähnliches. Im Kreuzverhör jedoch schweifte die Verteidigung vom Thema des Verhaltens nach der Tat ab und gab Jud damit die Möglichkeit, viel weiter auszuholen, als ihm anfangs zugestanden worden war. Jud glaubte, dass die Verteidigung ihren ursprünglichen Plan, Zeugen für Anthoneys Verhalten aufzurufen, deshalb fallen ließ, weil sie vielleicht gemerkt hatte, dass die Geschworenen anhand seiner Ausführungen dieses Verhalten sehr leicht zum Nachteil des Angeklagten hätten auslegen können.

Wie in vielen Fällen, bei denen wir als Gutachter auftreten, hofften wir auch in diesem Prozess, den Beschuldigten dazu zu bringen, dass er auf sein verfassungsmäßiges Recht, sich nicht selbst beschuldigen zu müssen, verzichtet, in den Zeugenstand tritt und den Geschworenen sein wahres Gesicht zeigt. Mit jedem Tag wirkte Anthoney ein wenig großspuriger und optimistischer, als fühlte er sich pudelwohl und stünde nicht unter Mordanklage. Manchmal schien er seine Verteidigung selbst in die Hand zu nehmen und seinen beiden Anwälten anzuordnen, was sie zu tun hatten. Tatsächlich hatte er sich selbst zum Mitverteidiger ernannt.

Das waren genau die Attitüde und das Verhalten, auf die Jud gewartet hatte. Gibt sich der Angeklagte großspurig und vertraut darauf, dass er sich selbst mehr nutzen als schaden kann, wird er irgendwann darauf bestehen, selbst auszusagen.

Aufgrund der soliden Arbeit der Gerichtsmediziner vertraute die Staatsanwaltschaft auf ihre Beweismittel. Sie besaß Proben von Anthoneys Blut, die mit den Spermaspuren am Tatort übereinstimmten. Außerdem waren da noch die Läuse. Dabei darf man aber nicht vergessen, dass dieser Prozess zu der Zeit stattfand, als DNA-Analysen vor Gericht noch nicht zugelassen waren. Das geschah erstmals etwa ein Jahr später in einem anderen Prozess, an dem Jud ebenfalls beteiligt war – eine seltsame Geschichte, über die ich im folgenden Kapitel ausführlich berichten werde. Daher hielten Jud und Ingaldson es für das Beste, Anthoney möglichst in Widersprüche zu verwickeln, um einen Schuldspruch zu erreichen.

Bei der Durchsuchung von Anthoneys Unterkunft hatte man Nancys Kamera gefunden. Er behauptete, sie habe sie ihm geschenkt. Für uns und die Polizei war das eine glatte Lüge, da sich in der Kamera noch ein Film mit Aufnahmen vom letzten Weihnachtsfest der Newmans befand. In dem Moment, wo er das im Zeugenstand behauptete, würde der Staatsanwalt ihm diese Geschichte in der Luft zerreißen. Nachdem Jud die Verhörprotokolle durchgearbeitet hatte, war er überzeugt, dass Anthoney die Kamera zwar sehr gefiel, er aber keine Ahnung hatte, wie man sie bediente; und das ließ vermuten, dass Nancy sie ihm nicht freiwillig überlassen hatte.

»Ich wollte ihn dazu bringen, die Kamera in die Hand zu nehmen und dem Gericht vorzuführen, dass er überhaupt nicht damit umgehen konnte. In den Verhören hatte er sich ja gebrüstet, wie gut er sich mit der Kamera auskennen würde, und betont, wie gerne er fotografierte, und dass Nancy das gewusst hätte. Die Polizei von Anchorage hat bei den Verhören wirklich hervorragende Arbeit geleistet. Sie haben immer weiter gebohrt.«

Von Presseleuten hatte Jud erfahren, dass schwarze Mithäftlinge von Anthoney gedroht hatten, ihn zusammenzuschlagen. »Darauf konnte ich mir anfangs keinen Reim machen, aber dann erfuhr ich Folgendes: Wenn er abends von der Gerichtsverhandlung zurückkam, riefen die anderen Häftlinge immer ›Babykiller!‹, woraufhin er sie mit rassistischen Ausdrücken beschimpfte.

Also überlegte ich, ob wir uns das vielleicht zunutze machen konnten. Der Kerl mochte Schwarze nicht, und er zahlte ihnen alles, was sie ihm antaten, mit gleicher Münze heim. Ich dachte mir, wir sollten versuchen, seine Ex-Freundin in die Verhandlung zu bekommen, einfach als Zuschauerin. So konnten wir ihn vielleicht reizen.«

Debbie Heck stand auf der Liste der Staatsanwaltschaft als potenzielle Kronzeugin, falls die Verteidigung versucht hätte, mit dem Verhalten des Angeklagten nach der Tat zu argumentieren. Sie war also verfügbar.

Jud setzte sich von nun an immer neben Debbie. »Das hatte zunächst überhaupt nichts Provozierendes. Wir saßen nur einfach nebeneinander. Aber meine Strategie bestand darin, seine Aufmerksamkeit auf uns zu lenken, und sobald mir das gelang, beugte ich mich zu ihr hinüber und flüsterte ihr etwas über den Prozess zu oder fragte sie, was sie von dem Kerl hielt. Dabei rückte ich jedes Mal ein Stück näher an sie heran. Dann legte ich meine Hand auf ihre Stuhllehne, damit es so aussah, als würde ich sie streicheln. Und ich merkte, wie Anthoney sich fürchterlich darüber aufregte. Er tuschelte mit einem seiner Verteidiger, wobei ich genau wusste, was er zu ihm sagte. Daraufhin erhob sich der Anwalt und bat das Gericht um eine Unterbrechung.«

Anthoney und seine Verteidiger verschwanden in einem der Besprechungszimmer. Als sie nach etwa zehn Minuten zurückkamen, raunte einer der Anwälte Ingaldson zu: »Ich kann den Kerl nicht davon abhalten, in den Zeugenstand zu treten.«

Ob Anthoney bei seiner früheren Freundin Eindruck schinden oder einfach nur zu verstehen geben wollte: »Ich bin schlauer als du, schwarzer FBI-Agent«, lässt sich schwer sagen. Vielleicht bildete er sich ja auch ein – was für arrogante Angeklagte wie diesen typisch ist –, er könne sich aus eigener Kraft herauspauken. Aber er wusste, dass die Staatsanwaltschaft starke Geschütze aufgefahren und die Verteidigung nichts Nennenswertes vorgebracht hatte, und womöglich dachte er sich, dass er ohnehin nichts mehr zu verlieren hatte.

Die anwesenden Presseleute schienen sehr erstaunt darüber, dass er das Risiko tatsächlich einging.

Jud rief mich in Quantico an und bat mich, ihm bei einer Angriffsstrategie für Ingaldson behilflich zu sein. Ähnlich wie in dem Prozess gegen Wayne Williams in Atlanta schlug ich vor, der Staatsanwalt solle langsam und methodisch beginnen, Anthoneys Selbstvertrauen stärken und ihn glauben lassen, er habe die Sache im Kasten. Dann solle er ihm ganz allmählich mehr auf den Pelz rücken und nach und nach seine Widersprüche aufdecken. Entscheidend sei das Überraschungsmoment.

Wie schon erwähnt, bediene ich mich immer gern eines Gegenstands oder Symbols, das mit dem Mord in Verbindung steht und das der Angeklagte in die Hand nehmen oder auch nur anschauen kann – etwas, das für einen Unschuldigen ohne jede Bedeutung ist, beim Täter aber eine unmissverständliche emotionale Reaktion hervorrufen würde. Bei dem Mord an Mary Frances Stoner war es der Felsbrocken, mit dem Darrell Gene Devier ihr den Schädel eingeschlagen hatte. Im Prozess gegen Tien Poh Su war es Deliana Hengs blutbefleckte Unterwäsche. Und als Jud mir von der Kamera erzählte, war sie für mich das ideale Objekt, mittels dessen man den Geschworenen vor Augen führen konnte, dass Anthoney ein Lügengeflecht präsentierte.

Ingaldson ging genau so vor, wie ich es empfohlen hatte. Er fing behutsam an und tastete sich Schritt für Schritt zu der Mordnacht vor. Völlig unvermittelt brach er dann die Befragung ab und kam auf die Kamera zu sprechen. Er wollte von Anthoney wissen, wie oft er sie benutzt habe, wobei er sich auf dessen Aussage vor der Polizei bezog. Er beschrieb den Geschworenen die Kamera, nahm sie und trug sie zu dem Angeklagten im Zeugenstand hinüber.

»Würden Sie mir bitte etwas erklären?«, fragte er ihn. »Was bedeutet ›f-stop‹?«

Jud erinnerte sich an diese Szene: »Anthoney blickte auf die Kamera, dann noch einmal, und schließlich sagte er: ›Ich habe keine Ahnung, was ein f-stop ist. Ich mache einfach Bilder damit.‹«

»Nun gut, wie werden denn Ihre Bilder? Gut? Schlecht? Oder wie?«

»Sie sind immer ziemlich gut geworden.«

»Man konnte richtig mitverfolgen, wie er allmählich zusammenbrach, während den Geschworenen klar wurde, dass er von Kameras überhaupt nichts verstand. Er konnte die Kamera nicht geschenkt bekommen haben, weil er gar nicht wusste, wie man mit ihr umging, also war sie bei dem Mord gestohlen worden. So hatte er sich selbst die Schlinge um den Hals gelegt.«

Der Prozess dauerte acht Wochen. Nach den Schlussplädoyers zogen sich die Geschworenen am Freitag zur Beratung zurück. Am Wochenende unterbrachen sie ihre Sitzung und nahmen sie montagmorgens wieder auf. Ungefähr vier Stunden später hatten sie das Urteil gefällt: schuldig in allen Anklagepunkten.

Anthoney wurde zu einer Haft von 487 Jahren verurteilt. Bisher sind alle seine Revisionsanträge abgewiesen worden. Seine Gesuche stützen sich unter anderem auf die Behauptung, es sei unzulässig gewesen, einen FBI-Agenten über kriminelles Verhalten aussagen zu lassen. Kein Gericht hat dem bislang beigepflichtet, und wahrscheinlich wird es auch dabei bleiben, denn inzwischen werden wir immer häufiger bei Verhandlungen als Sachverständige zugelassen.

Kurz vor Ende des Prozesses gingen Jud und John Newman gemeinsam zelten. Sie fuhren weit ins Hinterland zu einem unberührten See in den Bergen und durchstreiften dabei Gebiete, die vor ihnen wahrscheinlich erst wenige Menschen betreten hatten. Die beiden verbrachten dort zusammen ein Wochenende.

»Zuerst redeten wir ein wenig um den Schicksalsschlag, der ihn getroffen hatte, herum und unterhielten uns darüber, wie sein Familienleben gewesen war und sein Dasein jetzt aussah. Ich werde nie seinen trauernden Blick vergessen, an dem man ablesen konnte, was er durchgemacht hatte. Es drängte ihn, alles zu erfahren, was geschehen war. Er versuchte, von mir sämtliche blutrünstigen Details über die letzten Stunden seiner Familie herauszubekommen. Aber die ganze Wahrheit konnte ich ihm einfach nicht erzählen, es wäre zu schrecklich für ihn gewesen. Dabei verstand ich nur zu gut, dass er es wissen wollte. Obwohl ich selbst Schlimmes erlebt habe, kann ich mir nicht vorstellen, was es für einen Mann bedeutet, seine Frau und seine Kinder auf eine solche Weise zu verlieren.«

Wie ich es bei dem Mord an Suzanne Collins erlebt hatte, fühlte sich auch Jud persönlich sehr betroffen. »Es hat mich tief berührt, dass die, die diese Menschen geliebt haben und die hier in dieser Welt zurückbleiben, tagtäglich mit der Erinnerung daran leben müssen. Dieses Gefühl hat mich seither öfter bewegt.«

Nach dem Prozess versuchte Jud, mit John Newman und Cheryl Chapman in Verbindung zu bleiben, und bot ihnen seine volle moralische Unterstützung an. Das ist ganz typisch für Angehörige unserer Einheit und gehört zu den Umständen, die unsere Arbeit einerseits so aufreibend und zugleich persönlich so lohnend machen.

Die Verurteilung von Kirby Anthoney war für Jud ein besonders befriedigender Moment. Er, der ehemalige Polizist und Ermittler in Mordfällen, der gewohnt war, mit Fakten und stichhaltigen Beweisen umzugehen, war aufgerufen worden, zu spekulieren, seine Überzeugungen zu äußern und sich in das Denken seines Widersachers hineinzuversetzen.

»Als ich noch in der Einheit arbeitete, beschlichen mich gewisse Zweifel, was es denn nutzen sollte, sich mit einem Haufen Fotos und Ähnlichem hinzusetzen und sich daraus ein Bild vom Geschehen am Tatort zu machen. Aber später begriff ich, dass es nicht ausschließlich diese eine Arbeit – die Profilerstellung – war, die die Leute in unserer Einheit zu so etwas befähigte. In Wirklichkeit ist es das Zusammenwirken sämtlicher Arbeitselemente sowie das Verständnis und die fundierte Kenntnis der forensischen Psychologie und Pathologie, der Kulturanthropologie, der Sozialpsychologie, der Motivationspsychologie – all diese Dinge, die, wenn man sie richtig zuordnet und mit einem Gespür für Ermittlungstechniken anwendet, aufeinander abgestimmt sind. Das ist zwar kein Patentrezept bei der Aufklärung von Mordfällen, aber ich glaube nicht, dass man diese Fälle ohne solche Kenntnisse effektiv bearbeiten kann. Sie wirken zusammen in einem analytischen Prozess, bei dessen Abschluss man sagen kann: ›Ich bin mir ziemlich sicher, dass ihr den Falschen eingesperrt habt, und ich bin mir mehr als nur ziemlich sicher, dass ihr den Kerl, hinter dem ihr her seid, da oder dort suchen solltet‹, wie ich es in diesem Fall getan habe.«

Es lässt sich nicht so einfach erklären, was einen guten Profiler und kriminologischen Analytiker ausmacht. Zu den wichtigsten Fähigkeiten zählt, sich vorstellen zu können, was zwischen den beiden Hauptakteuren des Dramas, dem Angreifer und seinem Opfer, stattgefunden hat. Jud war zuvor Ermittler in Mordfällen gewesen, und die Aufgabe eines Ermittlers ist es, so viele Bruchstücke von Informationen wie möglich zu sammeln und diese dann zu einer logischen Schilderung des jeweiligen Verbrechens zusammenzufügen. Darum gehören gute Detectives für mich immer zu den besten Geschichtenerzählern. Aber ich glaube nicht, dass Jud oder ich mit Sicherheit sagen können, wie viel seiner außergewöhnlichen Fähigkeiten mit seiner reichhaltigen Erfahrung im Polizeidienst zu tun hat, wie viel davon angeborenes Talent und Intuition ist, wie viel auf Lebenserfahrung zurückzuführen ist, oder ob all das auch damit zusammenhängt, dass er selbst einmal einem Verbrechen zum Opfer gefallen war.

Als Jud an dem Fall Kirby Anthoney arbeitete, lag der Überfall auf ihn sechs Jahre zurück. »Heute noch«, sagte er, »kann ich das, was mir zugestoßen ist, beim Anblick eines Tatorts nicht völlig ausblenden. Manchmal ist es schwieriger, manchmal einfacher. Ich glaube, ein wenig leichter ist es bei Verbrechen mit Stichwaffen, aber besonders hart bei Schusswunden oder Verletzungen, die meinen damaligen ähneln. Bei solchen Tatorten konzentriere ich mich wahrscheinlich noch intensiver.

Dass ich als Opfer dem Tode nahe war, verschafft mir vermutlich einen tieferen Einblick in die Persönlichkeit eines Opfers. Diese Art Klarsicht bringe ich deshalb auf, weil ich dank ihrer überlebt habe. Auf gespenstische Weise kann ich mich, wenn ich das Bild betrachte, gleichsam an den Tatort versetzen und mir vorstellen, was diese Frau durchgemacht hat. Wenn ich mir ein solches Foto ansehe, laufen vor mir fast wie im Film jene Minuten und Sekunden ab, in denen ich um mein Leben gekämpft habe ... und in denen sie den Kampf verloren hat. Das hilft mir dann beim Nachdenken darüber, was geschehen ist und was nicht, was geschehen sein könnte und welche Möglichkeiten daraus folgen. Und das alles hängt in gewissem Sinne damit zusammen, dass ich mich in sie hineinversetze, es mir aber gelungen ist, jene Nacht zu überstehen.«

Einige Jahr später verließ Jud unsere Einheit, um Chef der internationalen Ausbildungseinheit zu werden, deren Hauptquartier ebenfalls in Quantico liegt. Er ist buchstäblich aufgestiegen: Sein Büro im ersten Stock hat ein Fenster, was für ihn eine Neuerung bedeutet, denn das Bürolabyrinth unserer Einheit liegt 20 Meter unter dem Erdboden. Aber auch wenn Jud nun eher eine »normale« Arbeit beim FBI verrichtete, waren sein Glaube und seine Begeisterung für das, was er früher gemacht hat, unvermindert groß.

»Das FBI muss sich auf diese Methoden noch viel stärker einlassen als bisher. Ich bin mir absolut sicher, dass darin die Antworten verborgen liegen. Diese Berge von ungelösten Fällen auf der ganzen Welt und insbesondere hier bei uns – nach meiner Überzeugung können diese Verbrechen anhand der Tatortmerkmale aufgeklärt werden. Es ist Aufgabe des FBI, diese Methoden zu verfeinern und weiterzuentwickeln. Ich glaube, mit der Profilerstellung, der Tatortanalyse und all dem anderen, was wir betreiben, stehen wir erst am Anfang«, meinte Jud. »Wenn wir unsere Untersuchungen verbessern würden, uns um die Strafanstalten kümmerten und uns mehr Mitarbeiter und Arbeitszeit für die Bekämpfung der Gewaltverbrechen gegen unsere Bürger zur Verfügung stünden – meiner Meinung nach unser dringlichstes Problem –, dann könnten wir riesige Fortschritte machen. Dem FBI kommt dabei, denke ich, eine ganz wichtige Rolle zu.«

KAPITEL ELF

HABEN WIR DEN FALSCHEN EINGESPERRT?

Es war Ende Januar 1984. Die 32-jährige Carolyn Hamm, eine viel beschäftigte Anwältin mit dem Spezialgebiet Denkmalschutz, war seit zwei Tagen nicht mehr in ihrer Kanzlei in Washington erschienen. Das war man von ihr nicht gewohnt. Normalerweise rief sie an, wenn sie sich nur um fünf Minuten verspätete. Nun hatte sie bereits mehrere Termine versäumt, ohne abzusagen. Zuerst machte sich ihre Sekretärin keine Gedanken, weil sie wusste, dass Carolyn seit mehreren Tagen stark mit den Vorbereitungen für eine Urlaubsreise nach Peru beschäftigt war. Doch als Carolyn auch nach drei Tagen nicht zur Arbeit erschien, bekam es die Sekretärin schließlich mit der Angst zu tun. Sie rief Carolyns beste Freundin an und bat sie, bei ihr zu Hause vorbeizufahren, um nach dem Rechten zu sehen.

Carolyn wohnte in Arlington, Virginia, in einem hübschen weißen Holzhaus mit dunkel gestrichenen Fensterläden. Als ihre Freundin dort eintraf, bemerkte sie zuerst, dass die Eingangstür einen Spalt weit offen stand und Schnee ins Haus wehte. Carolyn hätte das nie zugelassen. Da ihr die Sache nicht geheuer war, bat sie einen zufällig vorbeikommenden jungen Mann, sie ins Haus zu begleiten.

Sie fanden Carolyns nackte Leiche im Keller. Die Tote lag bäuchlings auf der Schwelle zur Garage. Ihre Hände waren mit einem langen Stück Kordel, das von einer Jalousie stammte, auf dem Rücken gefesselt. Um den Hals hatte sie eine Schlinge, geknüpft aus einem Seil, mit dem ein aufgerollter Teppich zusammengebunden gewesen war. Das Seil verlief über ein

Rohr an der Decke und war an der Stoßstange von Carolyns Fiat befestigt, der in der Garage stand. Die Leiche wies keinerlei Verletzungen oder Blutergüsse auf, aber offenbar war Carolyn schon seit einiger Zeit tot.

Die Polizei von Arlington stellte fest, dass der Mörder durch ein Kellerfenster eingedrungen war; er hatte hierzu den Abluftschlauch des Wäschetrockners entfernt. Auf dem zusammengerollten Teppich, von dem das Seil stammte, lag ein Messer mit einer langen Klinge, mit dem der Unbekannte sein Opfer vermutlich bedroht hatte. Im Haus schien nichts zu fehlen, abgesehen von Bargeld aus Carolyns Handtasche, die oben in der Wohnung gefunden wurde; der Inhalt der Tasche lag verstreut auf dem Boden. Die Befragung der Nachbarn ergab keinerlei Anhaltspunkte. Niemand, nicht einmal der Sprecher einer privaten Organisation zum Schutz der Anwohner, hatte etwas Ungewöhnliches bemerkt.

Bei der Obduktion entdeckte man am Mund, an der Vagina und im Analbereich des Opfers Spuren eines vaselineähnlichen Gleitmittels, in der Vagina und an den Schenkeln befand sich Sperma. Auch Carolyns Morgenrock, der im Wohnzimmer lag, wies Spermaspuren auf. Schürfspuren wiesen darauf hin, dass sie über den Boden geschleift worden war. Der Tod war schätzungsweise am 22. Januar nach 10 Uhr abends oder am frühen Morgen des 23. Januar eingetreten.

Die beiden mit den Ermittlungen beauftragten Detectives Robert Carrig und Chuck Shelton beschäftigten sich zuerst mit den Lebensumständen des Opfers. Wie viele gut ausgebildete junge Berufstätige in der Bundeshauptstadt verbrachte Carolyn Hamm einen Großteil ihrer Zeit in ihrer Firma. Es handelte sich um eine angesehene Anwaltskanzlei in der City. Ihre Nachbarn kannten sie kaum. Freunde bestätigten, sie sei eine Einzelgängerin gewesen und habe keinesfalls zu der Art von Frauen gehört, die in Bars Männerbekanntschaften suchen. Sie hatte nur wenige Liebesbeziehungen gehabt. Die Polizei fand einen verärgerten Brief von einem Ex-Liebhaber, der aber rasch als Verdächtiger ausschied. Die Überprüfung seines Alibis ergab, dass er sich zum Zeitpunkt des Mordes in einem anderen Bundesstaat aufgehalten hatte.

Die beiden Detectives gingen davon aus, dass der Mörder am Nachmittag des 22. Januar in das Haus eingebrochen war, wo er auf die Rückkehr seines Opfers gewartet hatte. Unklar blieb, wie weit das Verbrechen vorausgeplant gewesen war: Hatte der Täter bei einer Vergewaltigung oder einem Raubüberfall die Nerven verloren oder wollte er sein Opfer von vornherein töten? Obwohl der Bezirk Arlington unmittelbar an Washington grenzt – dazwischen liegt der Fluss Potomac –, und Washington eine der bundesweit höchsten Mordraten hat, geschahen in Arlington nur selten Morde, durchschnittlich vier bis fünf pro Jahr. Das führte dazu, dass die acht für Raub und Tötungsdelikte zuständigen Detectives hauptsächlich mit Raub und nur selten mit Mordfällen zu tun hatten.

Eigentlich waren Carrig und Shelton gar nicht an der Reihe, einen Mordfall zu bearbeiten. Detective Joe Horgas hätte sich um den Fall Hamm kümmern müssen. Aber als die Leiche entdeckt wurde, war er wegen einer Familienfeier gerade nicht in der Stadt. Horgas arbeitete seit 16 Jahren bei der Polizei von Arlington, und sein letzter Mordfall lag zwei Jahre zurück. Als er eine Woche später zurückkehrte, warf er aus beruflicher Neugier einen Blick auf die bis dahin vorliegenden Untersuchungsergebnisse. Dabei fiel ihm auf, dass im zeitlichen Umfeld des Hamm-Mordes zwei Einbrüche gemeldet worden waren, jeweils nur wenige Straßenzüge von Carolyns Haus entfernt. Zusätzlich zu der räumlichen Nähe gab es noch weitere Übereinstimmungen zwischen den Einbrüchen und dem Fall Hamm. In allen drei Fällen war der Täter durch ein kleines Fenster an der Rückseite des Hauses eingedrungen.

Bei einem der Einbrüche hatte der Täter die Bewohnerin, eine alleinstehende Frau, mit einem Messer bedroht, sich an ihr vergangen und Geld gefordert. Als sie sich wehrte, verletzte er sie mit der Waffe und floh. Sie konnte der Polizei eine Beschreibung des Mannes geben: männlich, schwarz, ungefähr 1,75 Meter groß, schlanke Statur, mit Kappe, Handschuhen und Maske bekleidet.

Bei dem zweiten Einbruch war dem Eindringling anscheinend das Warten zu lang geworden. So verschwand er, bevor die Frau, die er überfallen wollte, nach Hause kam. Aber er hinterließ einige Gegenstände: Unter anderem fand man auf ihrem Bett Pornohefte und die Kordel einer Jalousie. Für Horgas bestand zwischen den drei Verbrechen ein deutlicher Zusammenhang. Möglicherweise gab es auch eine Verbindung zu einer

Serie von Vergewaltigungen, die in den vorangegangenen Monaten im Bezirk Arlington gemeldet worden waren.

Die Beschreibung, die das eine Einbruchsopfer lieferte, passte auf einen Täter, den die Polizei als den »schwarzen Vergewaltiger mit der Maske« bezeichnete. Seit Juni 1983 hatten im Bezirk Arlington mindestens neun Vergewaltigungsopfer den maskierten Täter gleichlautend beschrieben. Horgas trug seine Vermutungen seinem Vorgesetzten Sergeant Frank Hawkins vor. Dieser wies ihn zwar darauf hin, dass er nicht für den Fall Hamm zuständig war, ermutigte ihn aber, die Verbindung zu dem Einbruch weiterzuverfolgen. Daraufhin schickte Horgas an die Polizeipräsidien im nördlichen Virginia, in Washington und in Maryland ein Telex mit der Beschreibung des Täters und eines Fahrzeugs, das vor dem Haus eines der Opfer gesehen worden war. Vielleicht war der Gesuchte ja in einem anderen Bundesstaat bereits bekannt.

Inzwischen hatten sich Carrig und Shelton mit Roy Hazelwood und mir in Quantico getroffen, um ein Persönlichkeitsprofil des Mörders erstellen zu lassen und sich Tipps für das Verhör eines solchen Verdächtigen nach seiner Festnahme zu holen. Uns lagen Tatortfotos und der Obduktionsbericht vor, wir hatten aber keine gerichtlich verwertbare Spur. Und wir betrachteten den Fall isoliert, weil wir nicht wussten, dass er möglicherweise mit anderen Verbrechen zusammenhing. Die Ausführung der Tat ließ auf beträchtliche kriminelle Energie und auf einschlägige Erfahrung schließen. Damals gehörten bei Morden in Tateinheit mit Vergewaltigung Täter und Opfer fast immer derselben ethnischen Gruppe an, was auch heute noch weitgehend zutrifft; diese Art von Verbrechen richtet sich hauptsächlich gegen Menschen der eigenen Hautfarbe. Von dieser Prämisse ausgehend, vermutete Roy, dass der Mörder ein Weißer und zwischen 30 und 40 Jahre alt sein müsse; ich stimmte seiner Einschätzung zu. Am Tatort fanden sich Hinweise, die sowohl auf Erfahrung als auch auf Unerfahrenheit hindeuteten: Die Handtasche auszuschütten und nur Bargeld mitzunehmen wies auf einen jüngeren Täter hin, während die sorgfältige Ausführung der Fesselung, ohne das Opfer zu verletzen, eher das Werk eines erfahrenen Killers war. Das konnte bedeuten, dass es sich entweder um zwei Täter oder um einen Mörder mit einer Persönlichkeitsspaltung handelte.

Carrig und Shelton verglichen die in Quantico erhaltenen Informationen mit den Spuren vom Tatort, während Horgas vergeblich auf Antwort aus den anderen Städten wartete. Am 6. Februar 1984 schließlich verhafteten Carrig und Shelton den 37-jährigen David Vasquez wegen des Verdachts, Carolyn Hamm ermordet zu haben.

Vasquez war erst vor Kurzem aus dem Haus eines Freundes ausgezogen, der in dem Viertel lebte, wo Carolyn Hamms Wohnung lag. Jetzt wohnte er bei seiner Mutter in Manassas, etwa eine Autostunde entfernt. Allerdings hatten ihn zwei Nachbarn, einige Tage bevor die Leiche entdeckt wurde, in der Nähe ihres Hauses gesehen.

Bei der Durchsuchung des Zimmers, wo Vasquez zuletzt gewohnt hatte, fanden die Detectives Sexmagazine, hauptsächlich *Playboy-* und *Penthouse*-Hefte. In einem davon war eine geknebelte und gefesselte Frau mit einer Schlinge um den Hals abgebildet. Sie entdeckten auch Fotos von Frauen, die Vasquez selbst aufgenommen hatte – offenbar aus großer Distanz und ohne Wissen der Betroffenen. Er hatte sie durchs Fenster beim Ausziehen fotografiert. Bei Sexualverbrechern stößt man nicht selten auf umfangreiche Sammlungen pornografischer Bilder, gekaufte oder selbst gemachte. Zwar gibt es meines Wissens keine Statistiken, aus denen eindeutig hervorgeht, dass Pornografie Männer zu Sexualstraftaten verleitet, doch unsere Untersuchungen belegen, dass bestimmte Darstellungen sadomasochistischer Praktiken und Fesselungen die Fantasie von einschlägig vorbelasteten Männern anstacheln können. Ein Mann, der sich in Magazinen nackte Frauen ansieht, ist keineswegs anormal. Das oben erwähnte Bild der gefesselten Frau jedoch erinnerte auf frappierende Weise an den Mord an Carolyn, und die »Spannerfotos« zeigten, dass Vasquez grundsätzlich die Bereitschaft hatte, in die Privatsphäre eines anderen Menschen einzudringen.

Carrig und Shelton nahmen Vasquez im McDonald's-Restaurant in Manassas fest, wo er als Hausmeister arbeitete. Nach mehreren Verhören gestand er den Mord.

Die gerichtsmedizinische Untersuchung der Spermaspuren auf Körper und Morgenmantel des Opfers ergab zwar nicht, dass sie von Vasquez stammten, aber die am Tatort gefundenen Haare wiesen die gleichen

Merkmale wie sein Schamhaar auf. Außerdem war Vasquez' Alibi – er habe in jener Nacht Bowling gespielt – nicht haltbar. Zwar bezeugte dann seine Mutter, er sei bei ihr gewesen, doch sie verwickelte sich in Widersprüche – zuerst hatte sie ausgesagt, sie sei an ihrem Arbeitsplatz gewesen und habe nicht gewusst, wo ihr Sohn sich aufhalte – und hatte dafür auch keinerlei stichhaltige Belege.

Wie verschiedene Aspekte in Vasquez' Biografie vermuten ließen – zum Beispiel, dass er eine niedrig qualifizierte Tätigkeit ausübte und mit Ende 30 noch bei seiner Mutter lebte –, verfügte er nicht über eine besonders ausgeprägte Intelligenz. Die ermittelnden Kollegen glaubten daher, dass er einen Komplizen gehabt haben musste; er wirkte einfach nicht schlau genug für die Tat. An einigen Tatorten hatten Roy Hazelwood und ich Gelegenheit gehabt, die Zusammenarbeit von zwei Tätern zu studieren. Die Polizei hielt Vasquez für denjenigen der beiden, der die auf Unerfahrenheit hinweisenden Spuren hinterlassen hatte. Bislang war er, soweit bekannt, nur einmal mit dem Gesetz in Konflikt geraten – als Jugendlicher hatte er in einem Waschsalon Münzen aus den Maschinen gestohlen.

Auf die Beteiligung eines Komplizen deuteten auch die Spermaspuren und zwei Fußabdrücke vor dem Haus hin; außerdem hatte Vasquez einen Komplizen gebraucht, weil er nicht Auto fahren konnte: Am Tag des Mordes und auch am nächsten Morgen um sieben war er pünktlich zur Arbeit in Manassas erschienen. Zur fraglichen Zeit verkehrten aber keine Busse, und andere öffentliche Transportmöglichkeiten schieden aus. Also müsste ihn jemand zum Haus von Carolyn Hamm und wieder zurück gefahren haben. David Vasquez war auch nicht von besonders kräftiger Statur. Seine Arbeitskollegen berichteten der Polizei, dass er Mühe hatte, 15 Kilo schwere Kisten aus den Lieferwagen abzuladen; Carolyn Hamm war viel kräftiger gebaut gewesen als Vasquez. Er konnte weder körperlich noch geistig in der Lage gewesen sein, allein zu handeln. Sowohl die Ermittlungsbeamten als auch seine Anwälte versuchten, ihm den Namen des Komplizen zu entlocken, der dieses brutale Verbrechen geplant hatte, aber er schwieg beharrlich. Bei der Befragung durch die Anwälte hatte man ihm das sogenannte »Wahrheitsserum«, eine Droge, verabreicht, doch selbst unter Einfluss des Medikaments nahm er alle Schuld auf sich, sodass diese Aussage nicht zu seiner Verteidigung verwendet wurde.

Als Beweismittel gegen ihn lagen drei auf Band gesprochene Geständnisse und zwei voneinander unabhängige Aussagen von Zeugen vor, die ihn am Tatort gesehen hatten. Schließlich erklärte sich David Vasquez mit einem sogenannten Alford-Plädoyer auf Mord ohne Vorsatz einverstanden – was kein Schuldeingeständnis bedeutete, aber der Tatsache Rechnung trug, dass die Polizei über ausreichende Indizien verfügte, ihn eines noch schwereren Verbrechens zu überführen. Mit diesem Antrag wollten Vasquez' Anwälte das Risiko vermeiden, dass ihr Mandant im Falle eines Schuldspruchs zum Tode verurteilt wurde. Vasquez erhielt eine Gefängnisstrafe von 35 Jahren.

Obwohl viele Leute der Ansicht waren, dass sein Komplize noch frei herumlief, wurde der Fall Hamm für abgeschlossen erklärt.

Am 1. Dezember 1987 erhielt die Polizei von Arlington den besorgten Anruf einer Frau. Sie bat darum, bei ihrer Nachbarin »nach dem Rechten zu sehen«, weil diese weder auf die Türklingel noch auf das Telefon reagiere und schon seit einigen Tagen nicht mehr gesehen worden sei. Normalerweise findet die Polizei dank solcher Hinweise einen hilflosen alten Menschen vor, der in der Badewanne ausgerutscht ist oder einen Herzinfarkt erlitten hat. Diesmal aber entdeckten die beiden Streifenpolizisten William Griffith und Dan Borelli eine junge Frau, die Opfer eines abscheulichen Verbrechens geworden war.

Als sie eine Viertelstunde nach dem Notruf bei dem Zweifamilienhaus, einem zweistöckigen georgianischen Backsteingebäude, eintrafen, kam ihnen die Situation sofort verdächtig vor: Die Hintertür, unter deren Klinke ein Stuhl geklemmt war, stand sperrangelweit offen. In der Wohnung auf dem Boden sahen sie eine Handtasche, deren Inhalt kreuz und quer verstreut war. Unverkennbar roch es nach Verwesung.

Im Schlafzimmer im ersten Stock stießen die beiden Polizisten auf die Leiche von Susan M. Tucker. Sie lag bäuchlings und unbekleidet quer auf dem Bett, der Kopf hing über die Kante. Der Mörder hatte ihr ein weißes Seil fest um den Hals geschlungen. Von dort lief es zu den auf dem Rücken gefesselten Händen, die mit einem zweiten Seil zusammengeschnürt waren. Über die Körpermitte war ein Schlafsack gebreitet. Das Schlafzimmer war völlig durchwühlt, Kleidungsstücke, Bankauszüge und andere persönliche Gegenstände lagen wild durcheinandergeworfen auf dem Boden.

Susan Tucker war zwar verheiratet, lebte aber schon seit drei Monaten allein im Haus. Ihr Mann Reggie war in sein Heimatland Wales zurückgekehrt, um dort Arbeit und eine Wohnung für sich und seine Frau zu suchen, die einige Wochen später hätte nachkommen sollen.

Am Freitag, dem 27. November, hatten die beiden miteinander telefoniert. Beim nächsten vereinbarten Telefonat am Montag, dem 30., hatte Susan nicht abgehoben, auch nicht am darauffolgenden Abend und am Dienstag. Susan galt als äußerst zuverlässig und war ein Gewohnheitsmensch. Als Reggie sie auch am Arbeitsplatz nicht erreichen konnte, rief er, von schlimmen Befürchtungen geplagt, eine Cousine seiner Frau in Maryland an, die ihm versprach, am nächsten Tag nach Susan zu sehen. Inzwischen aber hatte Reggie zu Hause jemanden erreicht: Officer Rick Schoembs, Spurensicherungsexperte, hob ab und teilte ihm den Tod seiner Frau mit. Den Vorschriften entsprechend verriet Schoembs nicht, dass sie ermordet worden war, da zu Beginn einer Untersuchung jede Person, die in Verbindung zu dem Opfer steht, als verdächtig anzusehen ist.

Zuerst waren die einzigen Erfolg versprechenden Spuren verschiedene Haare, die man an der Leiche und in der Spüle fand. Sie waren zu dunkel, um von der ermordeten rothaarigen Frau oder deren Mann zu stammen; offenbar waren es Schamhaare. Einige Tage später entdeckte dieselbe Nachbarin, die die Polizei gerufen hatte, in einem Baum in der Nähe des Hauses einen Waschlappen, der Susan gehörte.

Schoembs und sein Kollege John Coale stellten fest, dass der Einbruch äußerst geschickt ausgeführt worden war. Der Mörder hatte alle Stellen abgewischt, an denen er möglicherweise Fingerabdrücke hinterlassen hatte. Selbst die Waschmaschine, auf die er wahrscheinlich beim Eindringen durch das Fenster gestiegen war, hatte er von Sohlenabdrücken gesäubert.

Wie im Fall Hamm hatte der Täter nur das im Haus verfügbare Bargeld an sich genommen. Sammlermünzen und Kreditkarten hingegen, deren Herkunft leicht zurückverfolgt werden kann, hatte er nicht angerührt.

Diesmal leitete Detective Joe Horgas die Jagd nach dem Mörder, und von Anfang an hatte er den Eindruck, dass es sich um denselben Täter handelte wie im Fall Hamm – obwohl David Vasquez ja im Gefängnis saß. Neben der Art der Fesselung, dem Strangulieren und der Position der Leiche gab es noch weitere Übereinstimmungen. Der Killer war zur Hinterfront des Hauses eingestiegen, und zwar durch das Fenster der Waschküche. Dieses Fenster war so klein, dass man sich kaum vorstellen konnte, wie ein kräftig gebauter Mann sich dort hindurchgezwängt hatte. An beiden Tatorten waren sämtliche Finger- und Fußabdrücke beseitigt worden, und beide Male hatten die Täter die Wohnungen durchwühlt und die Handtasche des Opfers ausgeschüttet. Obgleich die Leiche bereits Anzeichen von Verwesung zeigte, konnten die Beamten feststellen, dass sich das Opfer wie im Fall Hamm nicht gewehrt hatte – es waren keine typischen Verletzungen zu sehen. Susan Tucker wohnte vier Häuserblocks von Carolyn Hamms Haus entfernt.

Allerdings hatte der Killer sein eigenes Seil mitgebracht. Als man dem Ehemann ein Stück davon zeigte, das in der Waschküche beim Einstiegsfenster gefunden worden war, erklärte er, es stamme nicht aus seiner Wohnung. Außerdem war der Mörder ziemlich dreist gewesen. In aller Seelenruhe hatte er an dem eleganten Esstisch im Speisezimmer eine halbe Orange verzehrt und zum Aufschneiden der Schale ein langes gezacktes Messer benutzt.

Auch was die Merkmale der Opfer anging, gab es Ähnlichkeiten. Wie Carolyn Hamm hatte Susan Tucker zu einer Bevölkerungsgruppe gehört, die geringem Risiko ausgesetzt ist, Opfer eines Verbrechens zu werden. Sie war weiß, 34 Jahre alt und arbeitete als Fachautorin und Redakteurin für den U.S. Forestry Service. Man schätzte sie als zuverlässige Mitarbeiterin, und sie galt als Einzelgängerin. Soweit bekannt, hatte sie keine Feinde. In der Freizeit widmete sie sich ihrem Mann und einigen wenigen Freunden, und es entsprach nicht ihrer Art, sich mit fremden Männern einzulassen.

Horgas wusste aus Erfahrung, dass ein gerissener Killer darauf achtete, dass ihn kein Nachbar beobachten konnte und ihm keine Schnitzer unterliefen. Horgas riet Schoembs, sich bei der Untersuchung des Tatorts

Zeit zu lassen. Seiner Meinung nach hing die Aufklärung des Falls von einer gründlichen Spurensicherung ab. Da der Täter sich womöglich die Hände gewaschen oder am Tatort geduscht hatte, wurden an Spüle und Badewanne sogar die Abflussrohre abgeschraubt und überprüft.

Dr. Frances Field, die obduzierende Ärztin, schätzte, dass der Tod des Opfers zwischen dem späten Freitagabend und dem frühen Sonntagmorgen eingetreten war. Als Todesursache wurde Strangulierung mit einer Schlinge festgestellt. Vor der Obduktion hatte Schoembs – wie immer im Fall von körperlichen Übergriffen – die Leiche nach Spuren von Sperma und anderen Körperflüssigkeiten untersucht.

Angesichts der Übereinstimmungen mit dem Fall Hamm konzentrierten sich die Ermittlungen sofort auf den unbekannten Komplizen, der vermutlich 1984 mit David Vasquez zusammen das Verbrechen begangen hatte. Während die Ermittler die Lebensumstände des Opfers erforschten und die Nachbarn befragten, fuhr Horgas zu Vasquez ins Buckingham Correction Center, eines der drei Hochsicherheitsgefängnisse von Virginia. Begleitet wurde Horgas von Rich McCue, der 1984 zum Verteidigerteam von Vasquez gehört hatte.

Von Chuck Shelton wusste Horgas, dass Vasquez gerne Zigarren rauchte, und brachte ihm eine mit. Der Sträfling taute schnell auf, doch nicht wie Horgas erhofft hatte. Vasquez brach vielmehr in Tränen aus und beklagte sich, gleich nach seiner Einlieferung verprügelt worden zu sein; das Leben im Gefängnis sei für ihn die Hölle. In den bald vier Jahren seiner Haft habe er nicht ein einziges Mal Besuch bekommen. Aber so gerne er das Gefängnis auch verlassen hätte – nützliche Hinweise konnte er nicht geben.

Nach diesem Gespräch befürchtete Horgas, dass sie möglicherweise den Falschen eingesperrt hatten. Und was noch schlimmer war – jetzt hatte derselbe Killer vielleicht einen weiteren Mord verübt. Horgas machte sich daran, den Fall, der Vasquez ins Gefängnis gebracht hatte, wieder aufzurollen.

Vasquez hatte zwar mehrmals gestanden, aber er war auf eine Weise verhört worden, die nicht angemessen gewesen war. Wir hätten gleich sagen können, dass diese Methode bei passiven und wenig intelligenten

Verdächtigen, wie er es war, zu nichts führt. Die Tonbandabschriften und Verhörprotokolle zeigten, dass man nach der Methode »Guter Bulle, böser Bulle« vorgegangen war. Die Beamten hatten Vasquez angebrüllt, auf den Tisch geschlagen und ihn in einem engen, fensterlosen, von Zigarrenrauch erfüllten Verhörraum bedrängt. Anscheinend war er schließlich zusammengebrochen. Sein ganzes Geständnis bestand aus Informationen, die man ihm zuvor gegeben hatte.

Die von der Verteidigung berufenen psychiatrischen Gutachter bestätigten Horgas' Befürchtungen. Sie hatten erklärt, Vasquez könne aufgrund seiner geringen Intelligenz die Folgen seiner Aussagen gegenüber den Beamten gar nicht begreifen; außerdem sei er leicht aus der Fassung zu bringen und unter Druck zu setzen.

Auch die Indizien, die auf einen Komplizen hatten schließen lassen, bereiteten Horgas Kopfzerbrechen: Vasquez konnte nicht Auto fahren, wie also war er zum Haus von Carolyn Hamm gekommen? Und wieso hatte die Untersuchung der Spermaspuren keine Übereinstimmung ergeben? Reichten ähnliche Haare und einige fragwürdige Zeugenaussagen aus, um ihn schuldig zu sprechen?

Da es keine neuen Anhaltspunkte gab und David Vasquez auf die Frage nach einem »Komplizen« beharrlich schwieg, kehrte Horgas zu seiner ursprünglichen Theorie zurück: Ein und derselbe Täter war in der Nachbarschaft der beiden Mordopfer in noch zwei weitere Häuser eingebrochen. Er war außerdem identisch mit dem maskierten schwarzen Vergewaltiger, der in dem halben Jahr vor dem ersten Mord mehrere Male zugeschlagen hatte. Also machte sich Horgas daran, all diese Verbrechen sorgfältig zu studieren.

Im Januar gab es erneut einen Einbruch. Eine Frau alarmierte die Polizei und meldete, jemand sei durch das Kellerfenster in ihr Haus eingedrungen. Außer 40 Dollar in bar und zwei Goldketten war nichts gestohlen worden. Aber der Einbrecher hatte einige seltsame Gegenstände zurückgelassen: Auf ihrem Bett lag eine Papiertüte, die eine Karotte, drei Pornohefte und mehrere Stücke Kordel, die von Jalousien stammten, enthielt. Am Fußende des Bettes stand außerdem ein Eimer, in dem man Marihuana, Drogenbestecke und eine Ampulle Procain fand, ein verschreibungspflichtiges Medikament zur örtlichen Betäubung, das manchmal illegal als sexuelles Stimulans verwendet wird. Der ermittelnde Beamte Rich Alt erfuhr von der Frau, die Opfer des Einbruchs geworden war, eine Nachbarin, die es aus Scham der Polizei verschwiegen hatte, habe ihr anvertraut, einige dieser Gegenstände stammten aus ihrem Haus. Auch dort sei in derselben Nacht eingebrochen worden. Die beiden Frauen wohnten nur zwei Blocks von Carolyn Hamm entfernt.

Eine Woche nach der Entdeckung von Susan Tuckers Leiche stieß Joe Horgas auf etwas, das – wie sich herausstellen sollte – den entscheidenden Durchbruch brachte: eine Meldung des Morddezernats in Richmond. Sie trug das Datum vom 6. Oktober 1987 – war also zwei Monate alt – und beschrieb zwei Morde, die im September und Oktober in Richmond verübt worden waren. Die Beschreibung der Tathergänge wies verblüffende Ähnlichkeit mit den Fällen Hamm und Tucker auf. Die Opfer waren weiße Frauen, 35 und 32 Jahre alt. Sie waren von einem Eindringling erwürgt worden, der durch ein Fenster ins Haus eingestiegen war. Bei einem Telefonat mit Detective Glenn D. Williams aus Richmond erfuhr Horgas, dass es noch weitere Übereinstimmungen gab: Die Frauen waren vergewaltigt und gefesselt worden, und in beiden Fällen hatte der Gerichtsmediziner im Genitalbereich und am Anus Spuren von Vaseline festgestellt.

Seit der besagten Meldung hatte im Bezirk Chesterfield, der an Richmond grenzt, noch eine dritte Vergewaltigung in Tateinheit mit Mord stattgefunden. Das dortige Opfer war wesentlich jünger – nur 15 Jahre alt – und wie die beiden anderen in seinem Schlafzimmer vergewaltigt, gefesselt und erwürgt worden. Die Polizei in Richmond war unsicher, ob es sich um denselben Täter handelte, aber sie hatte Spermaproben von allen drei Fällen zur DNA-Analyse in ein New Yorker Labor geschickt.

Williams hielt Horgas' Theorie, dass diese Verbrechen in den verschiedenen Bezirken zusammenhingen, nicht für schlüssig. Vergewaltiger und Mörder würden nicht Hunderte von Kilometern im ganzen Land herumfahren, überdies sei der gesuchte Bursche ein Weißer. Trotzdem lud er Horgas am folgenden Tag zu einer Sitzung der Sonderkommission ein, an der Vertreter seines Dezernats und Detectives aus Chesterfield teilnahmen.

In Richmond schilderten die Detectives Glenn Williams und Ray Williams (die nicht miteinander verwandt sind, aber im Dezernat den Spitznamen »die Williams-Jungs« tragen) die beiden Mordfälle, die sich in ihrem Zuständigkeitsbereich zugetragen hatten. Wie in Arlington waren diese Morde auch wegen des Bezirks, in dem sie stattgefunden hatten, so alarmierend ungewöhnlich. Die Opfer hatten in der South Side von Richmond gewohnt, einem ruhigen, wohlhabenden Stadtviertel. Die meisten Wohnhäuser dort, mit Ausnahme einiger eleganter Wohnanlagen aus Backstein, die in den Vierzigerjahren entstanden waren, stammen aus der Jahrhundertwende. Die Medien in Richmond hatten die Morde hochgespielt, was eine allgemeine Hysterie hervorrief und dazu führte, dass in den Eisenwarenläden sämtliche Sicherheitsschlösser für Fenster ausverkauft waren. In manchen Wohnvierteln blieb die ganze Nacht über die Straßenbeleuchtung eingeschaltet, weil besorgte Anwohner verhindern wollten, dass Einbrecher unbemerkt bei ihnen einstiegen.

Der erste Mord in Richmond war am 19. September 1987 entdeckt worden, als ein Mann der Polizei einen seltsamen Vorfall meldete. Als er am vergangenen Abend gegen 10 Uhr nach Hause kam, fiel ihm ein weißer Wagen mit Fließheck auf, der schräg und mit laufendem Motor vor seinem Haus geparkt war. Als das Auto am nächsten Morgen noch immer offenbar unberührt dort stand, rief er die Polizei. Anhand des Kennzeichens wurde die Adresse der Besitzerin ausfindig gemacht, die nur wenige Meter entfernt in einer Wohnanlage lebte. Der Polizeibeamte ließ sich von der Vermieterin die Tür zu dem im Parterre gelegenen Einzimmerapartment aufschließen. Dort fand er die 35-jährige Debbie Davis bäuchlings quer auf dem Bett liegend; sie war tot. Wie bei den Opfern in Arlington hatte man ihr die Hände gefesselt: die eine Hand vorne an der Hüfte, die andere auf dem Rücken. Dazu war schwarzer Schnürsenkel benutzt worden.

Außer einer auf Shortslänge abgeschnittenen Jeans, Ohrringen und einem Armband trug sie nichts am Körper. Sie war mit einem blauen Kniestrumpf erwürgt worden; der Mörder hatte wie bei einer Aderpresse einen Knebel – in diesem Fall das Metallrohr eines Staubsaugers – verwendet, um die Schlinge so fest wie möglich zusammenzuziehen. Sie hatte sich so tief ins Fleisch eingeschnitten, dass der Gerichtsmediziner sie abschneiden musste. Bei der Autopsie wurden Blutungen an der Innenseite der Augenlider festgestellt, was darauf hinwies, dass der Killer sein Opfer nicht nur gewürgt, sondern gefoltert hatte: Etwa eine Stunde hatte er die Schlinge gelockert und wieder angezogen. Zudem war Debbie Davis vergewaltigt worden, sowohl vaginal als auch anal, und dabei war der Täter so brutal vorgegangen, dass die Scheidenwand eingerissen war. Doch die einzigen Anzeichen für Schläge waren kleine Abschürfungen an der Oberlippe und Nase. Wie bei den Fällen in Arlington konnten keine Verletzungen festgestellt werden, die auf eine Gegenwehr des Opfers hingedeutet hätten.

Auch sonst fand man in dem Apartment keine Spuren eines Kampfes. Der behände Eindringling war durch ein schmales Küchenfenster eingestiegen, das er mithilfe eines Schaukelstuhls erreicht hatte, den er aus einer Nachbarwohnung entwendet hatte. Direkt unter dem Fenster auf der Küchentheke stand ein Abtropfgestell voller Gläser, das beim Eindringen des Täters nicht umgefallen war. Die Polizei nahm an, der Mörder habe mit dem Wagen von Debbie Davis fliehen wollen, sei aber mit der Handschaltung nicht zurechtgekommen.

Die Überprüfung der Lebensumstände des Opfers ergab wenig, abgesehen von der Bestätigung, dass Debbie Davis zur Gruppe der Opfer mit geringem Risiko gehörte. Sie hatte als Buchhalterin bei der Zeitung *Style Weekly* und als Teilzeitkraft in einem Buchladen im nahe gelegenen Einkaufszentrum gearbeitet und galt als sehr häuslich. Vor mehreren Jahren war sie geschieden worden und hatte schon eine geraume Weile ohne eine Beziehung gelebt. Ihre Nachbarn, Kollegen und Verwandten bezeichneten sie als freundlichen Menschen, der keine Feinde hatte und keine Drogen nahm. Sie war so beliebt, dass die Lokalzeitung für Hinweise, die zur Ergreifung und Verurteilung des Mörders führen würden, eine Belohnung in Höhe von 10 000 Dollar ausschrieb.

Die Ermittler fanden am Tatort so gut wie keine Spuren: keine Fingerabdrücke, weder in der Wohnung noch im Auto des Opfers. Das Einzige waren Spermaspuren auf dem Bettlaken und der Steppdecke, was darauf schließen ließ, dass der Killer vermutlich auf sein Opfer onaniert hatte. Außerdem wurden verschiedene Haare sichergestellt: mehrere, die von Tieren stammten, ein einzelnes Barthaar von einem Weißen und ein dunkles gekräuseltes Haar.

Am 4. Oktober wurde den beiden Ermittlern Williams und Williams ein weiterer Mord in der South Side gemeldet, nur 800 Meter von Mrs Davis' Wohnung entfernt. Gegen 1 Uhr 30 nachts hatte ein Mann beim Nachhausekommen festgestellt, dass der Riegel an der Eingangstür vorgeschoben war. Da er annahm, dass seine Frau, Neurochirurgin am Medical College von Virginia, noch auf der Arbeit war, duschte er und ging ins Schlafzimmer, ohne das Licht anzuknipsen. Dort fiel ihm auf, dass das Bett nicht gemacht war. Als er die Lampe anschaltete, um das Laken zu richten, entdeckte er Blut auf der Steppdecke. Daraufhin lief er zum Wandschrank, um sich schnell etwas überzuziehen und dann nach seiner Frau zu suchen; auf dem Boden des Wandschranks fand er ihre Leiche.

Die 32-jährige Susan Hellams lag mit dem Gesicht nach oben auf der Seite. Ihr Kopf war zwischen der Wand und einem Koffer eingeklemmt. Sie passte kaum in den 60 mal 150 Zentimeter großen Schrank. Sie trug nur einen Rock und ein Unterkleid, beides bis zur Hüfte hochgeschoben. Ihre Füße waren lose mit einem violetten Gürtel gefesselt, die Hände auf dem Rücken mit einem Verlängerungskabel zusammengebunden, wobei darüber noch eine blaue Krawatte geschlungen war. Wie bei den anderen Morden hatte der Täter das Kabel mehrere Male um jedes Handgelenk geschlungen: die eine Hand lag auf der Hüfte, die andere hinter dem Rücken. Sie war mit einem roten Ledergürtel erwürgt worden, den der Killer mit einem zweiten Gürtel zusammengeknüpft hatte, um ihn zu verlängern. Bei der Obduktion wurden die gleichen punktförmigen Blutungen wie bei Davis festgestellt, doch diese waren zahlreicher, was darauf hinwies, dass Susan Hellams über eine längere Dauer gefoltert und gewürgt worden war als das letzte Opfer. Offenbar wurde der Mörder mutiger und ließ sich Zeit.

An der Toten fand man keine Anzeichen von Gegenwehr. Wie Davis wies sie Abschürfungen an Lippe und Nase auf, die möglicherweise dadurch hervorgerufen worden waren, dass der Täter sie gegen eine Wand oder ein Möbelstück gedrückt hatte. Bei der Untersuchung eines

Blutergusses an ihrer rechten Wade entdeckte man den unvollständigen Abdruck einer Schuhsohle:

Der Killer hatte sie mit dem Fuß auf den Boden gepresst, als er die Schlinge anzog. Sie war brutal vergewaltigt worden, vaginal und anal, und auf dem Abzug der Klimaanlage an der Außenseite des Fensters neben dem Wandschrank fand man eine Dose Vaseline mit ihren Schamhaaren. Durch dieses Fenster – viereinhalb Meter über dem Erdboden hinter einem Balkon – war der Eindringling ohne Hilfe einer Leiter ins Haus gestiegen. In einem Blumenkübel auf dem Balkon lag ein ordentlich aufgerolltes Seil. Es war zwar an dieser Stelle schwierig hinaufzuklettern, doch hinter dem Haus befand sich eine völlig zugewachsene Seitengasse; der Täter hatte über den Zaun steigen und auf das Grundstück gelangen können, ohne gesehen zu werden.

Und er war auch unbemerkt entkommen, was von Bedeutung war, wenn man in Betracht zog, dass die Körpertemperatur der Leiche 36,7 Grad betrug. Das hieß, dass der Tod wahrscheinlich zwischen Mitternacht und ein Uhr morgens eingetreten war. Vielleicht war sie deshalb im Wandschrank versteckt worden, weil sich der Killer noch im Haus aufhielt, als ihr Mann zurückkehrte.

Die Ermittler fanden keine Fingerabdrücke, aber Spermaspuren in Vagina und Anus des Opfers und auf dem Bettzeug. Haare des Mörders wurden nicht gefunden. Während die Polizei noch auf das Ergebnis der DNA-Analyse wartete, war man sich im Labor bereits sicher, dass Hellams und Davis auf praktisch identische Weise stranguliert worden waren.

Die Analyse der Lebensumstände von Dr. Susan Hellams ergab nichts, weshalb sie eher als Opfer infrage kam als andere Frauen. Sie war leicht untersetzt, weiß, hatte kastanienbraunes Haar, ging einer geregelten Tätigkeit nach und lebte unter der Woche allein im Haus; ihr Mann studierte Jura an der University of Maryland und war nur am Wochenende zu Hause.

Obwohl die Detectives in Richmond nicht an einen Zusammenhang zwischen diesem Mord und einer Vergewaltigung glaubten, die kurz darauf in diesem Viertel geschah, wollte Horgas Näheres darüber erfahren. Das Opfer war ebenfalls eine alleinstehende weiße Frau Mitte 30 in der

South Side. Am 1. November gegen 3 Uhr morgens wachte sie auf. Ein Schwarzer mit einem langen Messer beugte sich über sie. Der Eindringling war ungefähr Ende 20, etwa 1,80 Meter groß und trug eine maskierende Wollmütze, wie Skifahrer sie verwenden, und Handschuhe. In einem Rucksack hatte er ein Seil, mit dem er der Frau die Hände fesselte. Drei Stunden lang vergewaltigte und folterte er sie. Gegen 6 Uhr, als er ihr gerade die Füße zusammenband, wurden die Nachbarn in der Wohnung über ihr auf das Schluchzen der Frau aufmerksam. Er floh, als er sie die Treppe herunterkommen hörte.

Die Polizei von Richmond glaubte nicht, dass der Vergewaltiger der Mörder war, nach dem sie suchten. Das Opfer war von zierlicher Statur, 1,60 Meter groß, wog weniger als 100 Pfund und war am frühen Sonntagmorgen überfallen worden, nicht Freitagnacht. Auch hatte ihr der Vergewaltiger keine Schlinge um den Hals gelegt, nicht auf sie onaniert, und die Seile waren mit einem anderen Messer auf die passende Länge geschnitten worden als dem, das bei den Morden benutzt worden war. Also hielt sich die Sonderkommission weiterhin an das ursprüngliche Täterprofil und suchte nach einem Weißen zwischen 30 und 40 und nicht nach einem Schwarzen jüngeren Alters. Es handelte sich um den ersten Serienmörder, der je in Richmond sein Unwesen getrieben hatte, und die Polizei nahm jeden Hinweis entgegen von Leuten, die schon einmal mit einem solchen Unmenschen zu tun gehabt hatten. Die beiden Williams leiteten eine Sonderkommission, in der vier eigens dafür abgestellte Experten für Mordfälle, ein Ermittler für Sexualverbrechen, Kriminalbeamte für Sonderfälle und sogar Beamte einer Spezialeinheit zur Bekämpfung drogenspezifischer Gewaltkriminalität vornehmlich in den von Minderheiten bewohnten Vierteln mitwirkten.

Unterdessen bildeten die Anwohner in Stadtvierteln, wo sich zuvor praktisch niemand für Nachbarschaftsschutz interessiert hatte, große Selbsthilfegruppen. Es gab Bürgerversammlungen, bei denen Lokalpolitiker und Vertreter der Polizei Rede und Antwort standen. Ratschläge wurden erteilt und befolgt, wie zum Beispiel die Hecken vor den Fenstern und Türen zu stutzen, immer das Licht brennen zu lassen und beim Nachhausekommen einander anzurufen. Die Lage wurde brisant, als manche Leute die Bewachung ihres Viertels übereifrig selbst in die Hand nahmen. Einmal beobachtete ein Anwohner zwei verdächtig aussehende Männer in einem Auto, das nicht in diese Wohngegend gehörte. Er beschattete sie eine Stunde lang, dann griff er zu seiner Pistole, hielt sie dem Fahrer an die Schläfe und befahl den beiden auszusteigen. Es stellte sich heraus, dass die beiden Undercoverpolizisten waren; sie konnten von Glück reden, dass dieser misstrauische Zeitgenosse sie nicht erschossen hatte.

Jud Ray und Tom Salp von unserer Einheit fuhren nach Richmond, um sich mit der Polizei von Richmond und Chesterfield County zu beraten. Jud machte deutlich, dass man jemanden nicht allein aufgrund seiner Hautfarbe aus dem Kreis der Verdächtigen ausschließen dürfe, auch wenn Statistiken und Untersuchungen den Schluss nahelegten, dass der Gesuchte ein Weißer Ende 20 sei. Da der Mörder am Tatort keine Fingerabdrücke oder andere eindeutige Spuren hinterlassen hatte, müsse es sich – so folgerte Jud – um einen intelligenten Täter handeln, der vermutlich schon früher Einbrüche und Sexualstraftaten begangen hatte. Und da seine Opfer sich anscheinend nicht hatten zur Wehr setzen können, sei er vermutlich ziemlich kräftig gebaut.

Außerdem waren Jud und Tom der Ansicht, dass der Mörder ganztags einer Arbeit nachging. Das hätte erklärt, weshalb die Morde freitagnachts geschahen. Bei dieser Art von Sexualverbrechen sei davon auszugehen, dass der Gesuchte mit »normalen« sexuellen Praktiken und wahrscheinlich mit Beziehungen zu Frauen überhaupt Probleme habe. Aber anders als viele der gewalttätigen Sexualverbrecher würde unser Mann nicht mit seinen Taten prahlen, weil er eher ein Einzelgänger sei.

Offengestanden schwebte uns nicht allein deshalb ein Weißer als Täter vor, weil die Opfer Weiße waren, sondern weil wir zum damaligen Zeitpunkt bei schwarzen, hispanischen oder asiatischen Tätern diese Art unverwechselbarer Handschrift noch nicht gesehen hatten. Bestimmte Grausamkeiten wie zum Beispiel die sexuelle Penetration mit Stöcken oder anderen Gegenständen hatten wir bisher nur bei weißen Tätern erlebt. Auch aus diesem Grund war ich 1979 beim Mordfall Francine Elveson, zu dem mich die New Yorker Polizei hinzugezogen hatte, so fest davon überzeugt, dass es sich bei dem Gesuchten um einen Weißen handelte, obwohl der Obduktionsarzt an der Leiche das Schamhaar eines Schwarzen gefunden hatte. Ms Elveson war mit ihrem eigenen Regenschirm vergewaltigt worden, und eine derart abscheuliche Tat war mir bei einem Schwarzen oder einem Hispano noch nie untergekommen. Und wäre Sedley Alley nicht so rasch wegen Mordes an Suzanne Collins gefasst worden, hätte ich der Polizei geraten, ihre Ermittlungen auf einen weißen Täter zu konzentrieren – eben aufgrund der Art und Weise, wie sie vergewaltigt worden war.

Erst später entdeckten wir, dass zunehmend auch Schwarze sowie Angehörige anderer Minderheiten bei Sexualverbrechen unverwechselbare, erschreckende und ausgefeilte Handschriften hinterließen. George Russell jun., ein intelligenter und raffinierter Schwarzer, der in Seattle vergewaltigte und mordete, ließ seine Opfer in sorgfältig arrangierten, entwürdigenden Posen zurück. In der Vagina einer der Frauen steckte der Lauf eines Gewehrs. Das war 1990. Für die Staatsanwaltschaft war es wichtig, die Verbindung zwischen den einzelnen Morden belegen und nachweisen zu können, dass ein und derselbe Täter sie verübt hatte. Ich durfte vor Gericht über die »Handschrift« des Verbrechens aussagen, was dazu beitrug, dass Russell verurteilt wurde.

Die Gründe für diesen Unterschied zwischen weißen und schwarzen Tätern liegen weitgehend im Dunkeln, genauso wie die Antwort auf die Frage, warum Frauen keine Serienmorde begehen. Jud hat hierzu eine eigene Theorie entwickelt, die sich nicht nur auf seine Arbeit in unserer Einheit, sondern auch auf seine Erfahrungen als Polizeibeamter und seine Herkunft aus dem ländlichen Süden stützt: Er meint, es habe eher mit der Übernahme von Elementen einer fremden Kultur als mit ethnischer Zugehörigkeit zu tun. »In unseren Gesprächen mit Vergewaltigungsopfern nicht weißer Täter wurde weder über Oralverkehr berichtet noch über deviante Praktiken mithilfe bestimmter Gegenstände, wie wir es von weißen Tätern kennen. Es gibt einen beachtlichen Unterschied in der Psychopathologie schwarzer und weißer Sexualverbrecher, was die Art und Weise betrifft, wie sie mit dem lebenden oder toten Körper ihres Opfers umgehen.« Jud meint, dass dies auch immer noch für diejenigen schwarzen Täter zutrifft, deren Mentalität ländlich geprägt blieb, die ungebildet sind und/oder außerhalb der bürgerlichen Gesellschaft stehen. Jene schwarzen Täter hingegen, die sich der Durchschnittsgesellschaft stärker angepasst haben, fingen an, das Verhalten und die Gewohnheiten weißer Täter nachzuahmen. »Schwarze Täter, die besonders bestialisch vorgehen, neigen immer stärker zu den Perversionen, die wir zuvor bei Weißen festgestellt haben«, meinte Jud.

Vergewaltigungen und Morde, bei denen Täter und Opfer unterschiedlicher Hautfarbe sind, seien zwar immer noch eher die Ausnahme, doch aus dem genannten Grund würde ein schwarzer Täter, der Perversionen »weißen Stils« praktiziert, sich eher ein weißes Opfer suchen als ein schwarzes. Insgesamt ist das eines der vielen Gebiete, zu dem ich Jud bereits im vorangegangenen Kapitel zitiert habe und das noch weitergehender Erforschung bedarf.

Ende November 1987 schlug der Killer erneut zu. Die Detectives Ernie Hazzard und Bill Showalter aus Chesterfield County erläuterten Horgas und der Sonderkommission in Richmond die Einzelheiten dieses Mordfalls.

Die 15-jährige Diane Cho lebte zusammen mit ihren Eltern und ihrem jüngeren Bruder in der Erdgeschosswohnung eines Hauses unmittelbar westlich der Grenze zwischen Chesterfield und South Richmond. Eines Samstagnachts Ende November, gegen halb zwölf, hörten die Eltern ihre Tochter auf der Schreibmaschine tippen. Als sie früh am nächsten Morgen aufstanden, um zur Arbeit zu gehen – sie hatten einen Laden –, schlief Diane offensichtlich noch. Gegen Mittag riefen sie ihren Sohn an; er sagte, sie sei noch nicht aufgestanden. Die Eltern wunderten sich zwar, dass sie so spät noch im Bett lag, aber sie wussten auch, dass ihr Sohn sich nicht den Zorn seiner Schwester zuziehen wollte, indem er sie weckte; deshalb beließen sie es dabei. Gegen 3 Uhr nachmittags kamen die Eltern nach Hause. Als Mrs Cho nach ihrer Tochter sah, fand sie sie tot. Die Leiche war so schrecklich zugerichtet, dass sich die Polizei sofort an die Richmond-Morde erinnert fühlte.

Im Zimmer selbst schien nichts zu fehlen: Die Hefte mit den Schularbeiten waren ordentlich auf dem Schreibtisch gestapelt, Kampfspuren fehlten. Auf dem Bett lag Dianes nackte Leiche. Um den Hals hatte sie eine weiße Schlinge, die sich tief in die Haut geschnitten hatte. Die Hände waren mit einem noch stärkeren Seil aneinandergefesselt. Damit sie nicht schreien konnte, hatte ihr der Mörder ein Isolierband über den Mund geklebt. Wie bei den anderen Opfern wies ihr Körper keinerlei Verletzungen oder Spuren von Schlägen auf, nur die Schamregion war blutverschmiert. Der Mörder, so wurde später festgestellt, hatte sie so brutal vergewaltigt, dass in der Scheidenwand ein Loch zurückblieb und das Hymen gerissen war. Das hatte die Blutungen verursacht, zudem hatte sie zum Zeitpunkt der Vergewaltigung ihre Periode. An und unter ihren Fingernägeln, die sie am Abend zuvor noch lackiert hatte, fand man keinerlei Spuren – vermutlich hatte sie keine Möglichkeit gehabt, sich gegen ihren Mörder zur Wehr zu setzen.

Auch deckte sich mit dem bekannten Muster, dass sich der Mörder sowohl vaginal als auch anal an ihr vergangen hatte. Die Unterseite ihrer Arme und Beine zeigten Spuren eines Gleitmittels. Punktförmige Blutungen in der Augenregion, im Gesicht und an den Schultern ließen darauf schließen, dass sie längere Zeit gefoltert worden war. Im und neben dem Körper wurden Spermaspuren gefunden. Außerdem entdeckte man sowohl auf ihrem Körper als auch auf dem Bettlaken reines Sperma, was darauf hindeutete, dass der Mörder zusätzlich auf sie onaniert hatte.

Es gab noch weitere Parallelen zu den anderen Morden: Der Täter war durch ihr Schlafzimmerfenster eingedrungen, das nur anderthalb Meter über dem Erdboden lag. Die Polizei fand heraus, dass Diane meistens das Fliegengitter entfernte, um den Kopf hinausstrecken und sich auf diese Weise mit ihrer Freundin im oberen Stockwerk unterhalten zu können. Der Mörder hinterließ weder Fingerabdrücke noch Fußspuren. Wie zuvor hatte die Tat nachts und am Wochenende stattgefunden.

Doch jetzt hatte der Killer zum ersten Mal in einer Vorstadt zugeschlagen, und daraus konnte man schließen, dass er es für sicherer hielt – und die Polizei damit verwirren wollte –, auf andere Gegenden auszuweichen. Zudem hatte er die Dreistigkeit besessen, sich ein Opfer zu suchen, dessen Familie im Zimmer nebenan schlief. Die Detectives meinten, entweder sei er eingebrochen, als Diane schlief, und habe sie sofort mit dem Isolierband zum Schweigen gebracht, oder er habe sie von draußen beobachtet, sei eingestiegen, als sie gerade unter der Dusche stand, und sie überwältigt, als sie wieder ins Zimmer kam. Detective Showalter zog daraus den Schluss: »Der Kerl musste sie eine ganze Weile beobachtet haben, um herauszufinden, wann für ihn der günstigste Zeitpunkt war.«

Der Mörder ließ etwas Absonderliches, eine Art Visitenkarte, zurück: Auf das linke Bein des Opfers, über dem Knie, hatte er mit Nagellack die Ziffer Acht gemalt. Die Familie des Mädchens gab an, dass Diane sich niemals selbst bemalt hatte, und es war anderer Lack als der auf ihren Fingernägeln.

Obgleich sich die Polizei keinen Erfolg davon versprach, suchte sie noch nach anderen möglichen Motiven für den Mord. Diane Cho war Mitglied im Chor der Highschool und in der Honor Society gewesen und hatte weder mit Drogen noch mit Pornografie oder Ähnlichem zu tun gehabt, das sie einem hohen Risiko ausgesetzt hätte. Sie war von anderer Hautfarbe und jünger als die vorherigen Opfer, aber in mancher Hinsicht gab es Ähnlichkeiten: Ihre Gestalt, ihre Körpergröße von 1,57 Meter und ihr Gewicht von 140 Pfund entsprachen weitgehend dem Aussehen der zuvor Ermordeten.

Am 25. November bestätigte die serologische Untersuchung, dass die Spermaspuren in den Fällen Cho, Davis und Hellams alle von demselben Täter stammten. Von da an arbeiteten die beiden zuständigen Detectives aus Chesterfield direkt mit dem Dezernat in Richmond zusammen. Die einzige Verbindung zwischen den drei Opfern, die man bislang entdeckt hatte, war das Cloverleaf-Einkaufszentrum: Kassenzettel belegten, dass Cho und Hellams dort eingekauft hatten, und Davis hatte in dem Einkaufszentrum als Teilzeitkraft gearbeitet. Die Sonderkommission nahm an, dass der Gesuchte in dem Einkaufszentrum seine Opfer ausspähte und ihnen von dort zu ihrer Wohnung folgte, um sie zu vergewaltigen und zu ermorden. Die Polizei konnte zwar in dem Einkaufszentrum Streifen patrouillieren lassen, aber wie sollte sie den Mörder erkennen?

Joe Horgas in Arlington war mehr denn je davon überzeugt, dass die Mordfälle Hamm und Tucker, die Morde in Richmond und die Vergewaltigungen in Arlington auf das Konto ein und desselben Täters gingen:

des schwarzen Vergewaltigers mit der Maske. Zur Untersuchung des Mordfalls Tucker bildete Horgas eine Sonderkommission; in dieser arbeiteten außer ihm selbst sein Kollege Mike Hill, Detective Dick Spalding vom Einbruchsdezernat und Detective Ed Chapman vom Dezernat für Sexualdelikte mit. Mit dem Ziel, den Komplizen von David Vasquez oder einen anderen Täter zu finden, der die Morde an Hamm und Tucker begangen hatte – etwa den schwarzen Vergewaltiger mit der Maske –, ließ Horgas sämtliche Fälle von Einbruch und Vergewaltigung neu untersuchen, die sich seit 1983 in seinem Zuständigkeitsbereich zugetragen hatten.

Persönlich brachte Horgas Beweisstücke vom Tatort des Tucker-Mordes ins Northern Virginia Bureau of Forensic Science im Fairfax County: Am 22. Dezember erhielt er von seiner dortigen Kontaktperson, Deanne Dabbs (die glücklicherweise einen guten Freund im Kriminallabor in Richmond hatte) den vorläufigen Bescheid, dass die Spermaspuren aus dem Tucker-Mord die gleichen Charakteristika zeigten wie diejenigen aus den Morden an Davis und Hellam. Und da nur 13 Prozent der Gesamtbevölkerung solche Charakteristika aufwiesen, ließe sich damit der Täter überführen; allerdings müsste man dazu erst einmal einen Verdächtigen haben.

Als Nächstes befragte Horgas noch einmal die Opfer des schwarzen maskierten Vergewaltigers seit 1983. Von neun Frauen willigten acht in ein Gespräch ein. Auch wenn es ihnen schwerfiel, die Erinnerung an das Geschehene wieder aufleben zu lassen, waren sie gern zur Zusammenarbeit bereit, als sie erfuhren, dass dieser Mann womöglich immer noch frei herumlief und inzwischen sogar Morde verübte.

Das erste Opfer war im Juni 1983 auf dem Parkplatz eines Supermarkts überfallen worden. Gegen ein Uhr nachts hatte sich der zierlichen dunkelhaarigen Frau, die damals Mitte 20 war, ein schlanker Schwarzer mit einem Messer genähert. Er war etwa 1,70 Meter groß und ungefähr so alt wie sie. Über den Kopf hatte er sich ein T-Shirt mit Löchern für die Augen gezogen, und er trug Handschuhe. Er zwang sie, ihn zu chauffieren, und ließ sie schließlich in einem Waldstück anhalten und aussteigen. Dann nötigte er sie zu Oralverkehr und vergewaltigte sie mehrmals, wobei er sie die ganze Zeit mit dem Messer bedrohte. Sie entkam, als er sie allein ließ und zum Auto ging. Diese Frau glaubte nicht, dass ihr Peiniger eine Ejakulation gehabt hatte. Gleichwohl wäre er ihrer Ansicht nach »zu allem fähig gewesen. Zu wirklich allem.«

Seine nächsten drei Opfer überfiel der Vergewaltiger in deren Wohnungen. Er brach bei ihnen ein, während sie schliefen. Die Täterbeschreibung war in allen vier Fällen identisch, stets trug er Handschuhe und eine selbst gefertigte Maske und hatte dieselbe Art Messer bei sich. Auch die Vorgehensweise war immer die gleiche: Zuerst forderte er von seinem Opfer Geld und ließ sich von der Frau ihre Handtasche geben, dann vergewaltigte er sie oral und vaginal. In allen drei Fällen bedrohte er die Frauen wiederholt mit dem Messer und stieß dabei Warnungen aus wie: »Ich rate dir zu kommen, wenn ich dir meinen Schwanz reinstecke.« Oder: »Wenn du keinen Orgasmus kriegst, töte ich dich.« Für Horgas klang das fast so, als würde der Täter auswendig gelernte Sätze sprechen.

Beim letzten dieser drei Überfälle kamen zwei neue Elemente hinzu: Er knebelte die Frau mit einem Isolierband und versuchte sie zu fesseln. Während er von ihren Jalousien Schnüre abschnitt, gelang es ihr zu fliehen.

Auch beim folgenden Überfall gab es neue Bestandteile: Nachdem er sein Opfer, eine 18-jährige Frau, überrascht hatte, als sie gerade aus ihrem Wagen stieg, musste sie ihn mit ihrem Auto zu einem abgelegenen Ort fahren, wo er ihr ein Isolierband über die Augen klebte und sie mehrmals vergewaltigte – oral, vaginal und anal. Schließlich fesselte er ihr mit einem Seil die Hände auf den Rücken und zwang sie, in den Kofferraum zu steigen. Wie durch ein Wunder konnte sie entkommen, indem sie den Kofferraumdeckel mit den Füßen aufstemmte, als sie Rauch roch. Der Vergewaltiger hatte den Wagen in Brand gesetzt, um sie auf diese Weise umzubringen.

Bei einem weiteren Überfall fesselte der Unbekannte die Füße des Opfers mit Strümpfen und benutzte eine Schnur, die von ihrer Jalousie stammte, um ihr die Hände auf den Rücken zu binden. Dann missbrauchte er sie sexuell ähnlich wie seine vorherigen Opfer. Die Daten der Überfälle zeigten, dass der Vergewaltiger ungefähr alle sechs Wochen den Drang verspürte, erneut zuzuschlagen. Von Mal zu Mal wurde er gewalttätiger.

Horgas Ansicht nach war dieser Vergewaltiger im Januar 1984 endgültig zum Mörder geworden; und die letzte Vergewaltigung bestätigte diese Ansicht. Am 25. Januar, nur wenige Stunden nachdem Carolyn Hamms Freundin ihre Leiche entdeckt hatte, brach der Vergewaltiger in die Wohnung einer 32-jährigen Frau ein, des letzten der bekannten Opfer. Die Frau hörte Geräusche an der Seitentür ihres Hauses und meinte sie offen gelassen zu haben. Deshalb ging sie nach unten, um nachzusehen. Dort stand ein Mann, der ihrer Beschreibung nach genauso aussah wie der der vorangegangenen Überfalle, sowohl was das Alter und die Körpergröße als auch die selbst gefertigte Maske und das Messer anging. Und es geschah fast das Gleiche wie bei dem Mord an Ms Hamm. Zuerst zwang der Eindringling die Frau, ihm ihre Handtasche zu geben. Nachdem er sie auf den Boden ausgeschüttet hatte, nahm er das Bargeld an sich, dann zerrte er die Frau nach oben, wo er sie vergewaltigte. Bei diesem Überfall hatte er einen künstlichen Penis dabei, den die Frau bei sich einführen sollte. Als sie sich weigerte, schlug er sie ins Gesicht, stach ihr mit dem Messer ins Bein, vergewaltigte sie erneut und schleppte sie schließlich nach draußen, um mit ihr, wie er sagte, eine Spazierfahrt zu unternehmen. Sie wehrte sich und schrie laut um Hilfe, weil sie fürchtete, dass er sie auf dieser Fahrt umbringen werde. Schließlich konnte sie entkommen.

Die Ermittlungen ergaben, dass der künstliche Penis aus einem Einbruch im Nebenhaus stammte; ähnlich hatte es sich bei dem Einbruch in der Nachbarschaft von Carolyn Hamms Haus verhalten, wo der Täter Pornohefte und Drogenbestecke zurückließ, die er zuvor aus einer anderen Wohnung gestohlen hatte.

Horgas legte seine Ermittlungsergebnisse der Sonderkommission vor, die darüber nicht allzu begeistert war. Es erschien den Kollegen als sehr weit hergeholt, dass ein und derselbe Einbrecher Vergewaltigungen und Morde begehen sollte. Die Kollegen im Dezernat für Sexualverbrechen glaubten ohnehin, den schwarzen Vergewaltiger mit der Maske gefasst zu haben: Im Sommer 1987 hatten sie einen Kerl verhaftet, der ähnlich vorgegangen war; nur konnten sie noch nicht beweisen, dass er bereits vor 1986 sein Unwesen getrieben hatte. An Weihnachten wurde Horgas' Sonderkommission aufgelöst.

In der Zwischenzeit jedoch hatte sich sein Partner Mike Hill mit zwei weiteren Einbrüchen beschäftigt, die in das Muster zu passen schienen. Am 12. Januar 1984 hatte eine 18-jährige Frau einen Einbruchsversuch verhindern können: Als sie Geräusche vor dem Haus hörte, weckte sie ihren Vater, damit er nachsah, was los war. Er entdeckte, dass zwei Kellerfenster eingeschlagen waren und unter einem der Schlafzimmerfenster ein weggebrochener Briefkasten lag, vermutlich um den Einstieg zu erleichtern. Zwei Tage darauf meldete eine 22-jährige Frau, dass ein Schwarzer – der Beschreibung nach handelte es sich um den besagten Vergewaltiger mit Maske, Handschuhen und Messer – durch ihren Keller eingebrochen sei und Geld verlangt habe, andernfalls »werden wir hinaufgehen und das kleine Mädchen töten«. Der Eindringling floh, als eine Freundin, die mit der Frau das Zimmer teilte, hörbar die Treppe herunterkam. Beide Einbrüche ereigneten sich nur zwei Straßenzüge von Carolyn Hamms Haus entfernt.

Am 28. Dezember 1987 flog Horgas nach New York, um im Lifecodes-Labor die Spuren aus Arlington analysieren zu lassen. An dieses Labor hatten sich auch die Detectives aus Richmond wegen der DNA-Überprüfung gewandt. Da so viele Fälle miteinander in Verbindung zu stehen schienen, brauchte Horgas Beweise. Sie mussten rasch erbracht werden, denn eben an diesem Tag war ein weiterer Fall gemeldet worden: Im nahen Fairfax County war am 17. Dezember ein 17-jähriges Mädchen in ihrem Schlafzimmer von einem Schwarzen überfallen worden; die Beschreibung, die das Mädchen gab, passte zu der, die Horgas schon auswendig kannte. Zum Glück für das Opfer kam ihre Schwester genau in dem Moment ins Zimmer, als der Angreifer ihr die Hände fesselte. Er floh sofort.

Horgas wusste auch, dass die Ergebnisse der DNA-Analyse nur dann sinnvoll waren, wenn ein Verdächtiger gefasst war. Deshalb rief er, nachdem er eine Menge Informationen und Spuren gesammelt hatte, die Sondereinheit und bat Special Agent Stephen Mardigian, der als Profiler für den Bundesstaat Virginia zuständig war, um Hilfe. »Ich glaube, wir haben hier bei uns einen Mordfall, der mit denen in Richmond in Verbindung steht.« Am 29. Dezember kämpften sich Mardigian und Jud Ray durch den Schnee, um sich mit Horgas im Polizeipräsidium von Arlington zu treffen.

Steve und Jud hörten aufmerksam zu, als ihnen Horgas ausführlich und systematisch seine Beweismittel präsentierte; er hatte sich gut vorbereitet. Nachdem er den Fall Tucker dargelegt hatte, meinte er: »Meinen Sie nicht auch, dass der Mord mit den Fällen in Richmond zusammenhängen könnte?«

Steve und Jud standen gewissermaßen vor einem Loyalitätskonflikt. Der Erfolg unserer Einheit beruht auf einer engen, von gegenseitigem Vertrauen getragenen Verbindung zu jedem der Dezernate und den örtlichen Polizeidienststellen, mit denen wir zusammenarbeiten. Die Polizei von Richmond hatten wir ja schon bei ihren Untersuchungen beraten, und wenn die Ermittlungen nun in zwei verschiedene Richtungen liefen, wollten wir nicht in einen Konflikt zwischen diesen beiden wichtigen Klienten geraten.

Aber kaum hatte Horgas seinen Vortrag beendet, meinte Steve: »Es liegt auf der Hand, dass zwischen diesen Fällen ein Zusammenhang besteht. Vom Standpunkt des Profiling aus gesehen ist die Vorgehensweise des Täters in allen Fällen sehr, sehr ähnlich. Unserer Meinung nach haben wir es dabei wahrscheinlich mit ein und demselben Täter zu tun.«

Horgas fuhr fort. »Jetzt würde ich Ihnen gerne noch einen Fall vorlegen, der sich bereits 1984 ereignet hat«, sagte er. »Der Mord an Carolyn Hamm.«

Auch zwischen den Fällen Tucker und Hamm gab es große Ähnlichkeiten. »Welche Verbrechen sind damals in dieser Region außerdem geschehen?«, wollte Steve wissen.

Horgas schilderte den beiden Agenten die Serie von Einbrüchen und Vergewaltigungen, die sich 1983 in Arlington zugetragen hatte. Sämtliche Opfer waren weiße Frauen, die meisten zwischen 20 und 30, sie waren von einem maskierten Schwarzen angegriffen worden, der ein Messer bei sich gehabt und Handschuhe getragen hatte. In verschiedenen Fällen waren die Opfer mit Jalousieschnüren gefesselt worden. Die Vergewaltigungen spielten sich jedes Mal ähnlich ab, und mit jeder Vergewaltigung war der Gesuchte gewalttätiger geworden, bis es zu dem Mord an Carolyn Hamm kam. Steve erinnerte sich: »Man erkannte sofort, dass der Serienvergewaltiger in Arlington und der Serieneinbrecher, der zur gleichen Zeit sein Unwesen trieb, in derselben Gegend zugeschlagen hatten wie unser gesuchter Mörder. Nachdem Jud und ich diesen Punkt rasch diskutiert hatten, sagten wir zu Joe: ›Zwischen diesen Verbrechen besteht ein Zusammenhang. Vorgehensweise, Eskalation der Gewalt und Aufeinanderfolge sind nahezu identisch.‹ Alles passte zusammen.«

Also konzentrierte Jud seine Nachforschungen auf die Vergewaltigungen, da wir hier überlebende Opfer befragen konnten. Denn wenn der Vergewaltiger und der Mörder tatsächlich dieselbe Person waren, standen uns nicht nur Indizien, sondern konkrete Aussagen über sein Sprachverhalten zur Verfügung. Außerdem erschien es Jud auffällig, wie sorgfältig der Täter seine Opfer in Richmond und auch Susan Tucker gefesselt hatte. Er hatte sich dabei viel größere Mühe gegeben, als eigentlich nötig gewesen wäre, um sein Opfer zu erdrosseln oder es außer Gefecht zu setzen. Das konnte man daraus ersehen, dass er die Seile von der Halsschlinge zu den Handgelenken weitergeführt und die Hände mit einem weiteren Seil oder einem anderen Gegenstand zusätzlich zusammengebunden hatte. Dabei handelte es sich nicht um eine bestimmte Technik, sondern um die Handschrift des Mörders. Die Tatortfotos zeigten, dass dieser Täter ein starkes Bedürfnis danach hatte, absolute Kontrolle über die Situation auszuüben.

Außerdem war er offenbar ein Sadist; er genoss es, seine Opfer zu foltern und zu würgen. Er weidete sich an ihrer Angst, ihren Schmerzen und ihrem Flehen um Gnade.

Steve wies auf weitere Elemente der Handschrift hin: Sämtliche Leichen waren auf die eine oder andere Weise zugedeckt oder versteckt worden – Tucker mit einem Schlafsack, Hellams in einem Wandschrank, die 15-jährige Cho mit ihrem Bettlaken und Davis mit ihren Shorts. Auf allen Leichen war Sperma gefunden worden, alle Opfer wurden in ihren Schlafzimmern getötet, und stets hatte der Killer sie rasch überwältigt, ohne dass sie sich wehren konnten.

Zweifellos hatte der Mörder sich jedes Mal gut vorbereitet und seine Taten gründlich geplant. Er beobachtete seine Opfer eine Zeit lang, wartete auf eine günstige Gelegenheit zuzuschlagen und spionierte ihnen wahrscheinlich schon seit Tagen nach. Er suchte sich Opfer, die allein lebten oder voraussichtlich zum Zeitpunkt des Überfalls allein sein würden. Und er war vermutlich intelligent, denn er wusste, dass sein Risiko, entdeckt oder bei der Tat beobachtet zu werden, geringer wurde, wenn er seine Opfer in deren Wohnung überfiel.

Beide Agenten waren überzeugt, dass der Gesuchte schon früher Straftaten begangen hatte, die über Einbruch und Hausfriedensbruch hinausgingen. Bestimmt hatte er schon Frauen vergewaltigt, ohne gefasst worden zu sein. Diese planvoll ausgeführten Morde standen mit Sicherheit nicht am Anfang seiner kriminellen Karriere.

Nicht nur die gleichlautenden Täterbeschreibungen und der Umstand, dass er jedes Mal maskiert gewesen war, überzeugten Jud und Steve davon, dass wir es bei den Vergewaltigungen und den Morden an Hamm und Tucker mit ein und demselben Mann zu tun hatten. Auch die sprachpsychologischen Indizien sprachen dafür: Diese Art des Profiling wenden wir bei akuten Fällen von Kidnapping, Geiselnahme, Erpressung und Bombendrohungen an – also immer dann, wenn schriftliche oder mündliche Mitteilungen ein wichtiger Schlüssel zum Verhalten des Täters sind. Die sprachpsychologische Methode hat sich schon oft als erfolgreich erwiesen, etwa wenn es darum ging, die wahren Absichten eines Geiselnehmers herauszufinden, oder um entscheiden zu können, ob und in welchem Umfang ein gewaltsames Eingreifen erforderlich war. Den spektakulärsten Erfolg erzielten wir jedoch im Fall des Unabombers. Wie wir in unserem Buch *Unabomber: On the Trail of America's Most-Wanted Serial Killer* geschildert haben, konnten wir Theodore Kaczynski dingfest machen, der mit einer Bombenserie die USA über ein Jahrzehnt lang in Schrecken versetzt hatte: Wir verglichen das veröffentlichte Manifest des Unabombers Wort für Wort, Satz für Satz und Gedankengang für Gedankengang mit persönlichen Briefen und anderen Schriftstücken des Hauptverdächtigen.

Hier, in den Fällen, die Joe Horgas gesammelt hatte, waren Wortwahl und Satzbau des Vergewaltigers nicht nur bei allen Verbrechen identisch, sie stimmten auch mit dem Persönlichkeitstypus überein, der unserer Ansicht nach zu einer solchen Art Verbrechen fähig war. Dieser Vergewaltiger hatte es nötig, dass seine Opfer ihm sagten, er habe sie sexuell befriedigt, weil ihn dies in seiner Männlichkeit bestätigte. Vor allem wollte er Macht über sie ausüben, wie seine Beleidigungen, Drohungen mit dem Messer und schließlich das Fesseln, Foltern und Töten des Opfers zeigten.

Beide Beamten betonten, dass dieser Typus von Mörder von Tat zu Tat gewalttätiger werden würde, je besser er seine Techniken beherrschte. Jud legte dar, dass der Täter ein hohes Risiko eingegangen sei, indem er das Opfer seiner ersten Vergewaltigung von einem Parkplatz entführte. Der Täter habe daraus gelernt und seine Vorgehensweise dementsprechend geändert, also seine Opfer von da an fast nur noch in ihren eigenen Wohnungen überfallen. Und auch seine Methode, Macht über seine Opfer auszuüben, wurde von Mal zu Mal rigoroser. Anfangs bedrohte er sie nur mit dem Messer, später klebte er ihnen Isolierband über Augen und Mund und fesselte sie. Bei den späteren Vergewaltigungen fühlte er sich bereits so selbstsicher, dass er in benachbarte Häuser einbrach, um Requisiten für seine nächste Tat zu entwenden. Außerdem hatte er bei den späteren Morden sein eigenes Seil dabei, was bewies, dass er immer besser vorausplante.

Die Vergewaltigungen sahen aus wie Vorübungen für die Morde: Er perfektionierte seine Einbruchstechnik und hinterließ keine Fingerabdrücke. Da er sich zunehmend unangreifbarer fühlte, hielt er sich immer länger in den Wohnungen der Opfer auf, zerrte die Frauen von einem Stockwerk ins andere und vergewaltigte sie in verschiedenen Räumen.

Steve und Jud meinten, er habe mit dem Töten angefangen, als er spürte, dass ihm die Kontrolle entglitt. Als Beispiel nannten sie die letzte Vergewaltigung in Arlington. Der Täter wurde sofort gewalttätig, als das Opfer sich weigerte, wie von ihm befohlen, das mitgebrachte Sexwerkzeug zu benutzen, und ihn aufforderte zu verschwinden. Offenbar fasste er ihr Verhalten so auf, als wollte sie das Kommando übernehmen und ihm Vorschriften machen, was ihn in Wut versetzte. Bei den späteren Morden waren praktisch alle Opfer hoch qualifizierte, erfolgsorientierte Frauen, die es gewohnt waren, über ihr Leben selbst zu bestimmen. Nachdem sie der

Killer überwältigt hatte (in keinem Fall gab es Anzeichen eines Kampfes), hatten sie vielleicht versucht, mit ihm zu reden, und ihm widersprochen. Das allein konnte ihn zur Raserei gebracht haben.

Horgas hatte die Fälle dargelegt und unsere beiden Agenten stimmten ihm im Wesentlichen zu. Er beendete seine Ausführungen: »Ich möchte Ihnen noch etwas erklären. Der Fall Hamm gilt als abgeschlossen, weil man jemanden verhaftet, vor Gericht gestellt und verurteilt hat.« Er schilderte den Agenten Vasquez' Geschichte und berichtete über die Theorie, es gäbe einen unbekannten Komplizen, der noch irgendwo frei herumliefe.

»Was glauben Sie«, wandte er sich an die anderen, »war da noch ein Zweiter beteiligt?«

Steve erwiderte ihm, dass für eine abschließende Antwort das vorliegende Material nicht ausreiche. Aber angesichts der bisherigen Anhaltspunkte sei es höchst unwahrscheinlich, dass ein Mann wie Vasquez fähig gewesen wäre, den Mord an Carolyn Hamm zu begehen. Sie glaubten nicht, dass Vasquez einen Komplizen gehabt habe, denn Verbrechen dieser Art würden in der Regel von Einzeltätern verübt. Wären zwei Täter am Werk gewesen, hätte man am Tatort mehr Spuren gefunden, die auf unterschiedliche Verhaltensweisen hindeuteten. Sämtliche Erfahrungen sprächen dagegen, dass ein Mensch wie Vasquez über die geistigen Fähigkeiten und die kriminelle Energie verfügte, ein solches Verbrechen zu begehen.

Dann erörterte man die Frage der ethnischen Zugehörigkeit. In unserem ursprünglichen Profil war von einem weißen Täter die Rede gewesen. Die Agenten wandten ein, dass uns über einen möglichen Zusammenhang mit dem schwarzen Vergewaltiger mit der Maske nichts mitgeteilt worden war – und unsere Schlussfolgerungen können nur so lückenlos sein wie die Informationen, die man uns liefert. Außerdem waren bis zu diesem Zeitpunkt sämtliche Serienmörder – mit Ausnahme von Wayne Williams in Atlanta – Weiße gewesen. Der hatte sich nur schwarze Opfer gesucht. Dennoch und trotz einer geringen statistischen Wahrscheinlichkeit war nicht ausgeschlossen, dass der Unbekannte ein Schwarzer war.

Aber wo anfangen?

Wenn der Täter nach einem bestimmten Muster vorgehe, erklärten die Agenten, würde das dazu beitragen, ihn zu fassen. Horgas solle noch einmal die allererste Vergewaltigung untersuchen, denn diese habe in einem Umfeld stattgefunden, das dem Täter am vertrautesten sei. Entweder lebte oder arbeitete er dort.

»Nun, außer dem Mord an Hamm sind es alles offene Fälle«, fuhr Steve fort. »Niemand wurde festgenommen. Aus unseren Untersuchungen über diesen Typus von Sexualverbrecher wissen wir, dass er nicht aus freien Stücken aufhört. Entweder musste er aus irgendeinem Grund aus der Gegend wegziehen, oder man hat ihn wegen einer anderen Straftat verhaftet.«

»Allgemein gesagt: Ein Täter wird immer dort weitermorden, wo er damit angefangen hat, bis er verscheucht wird oder etwas anderes passiert«, meinte Jud.

»Wenn man ihn wegen Vergewaltigung oder eines ähnlichen Sexualverbrechens verhaftet hätte, wäre überprüft worden, ob er nicht auch in unseren Fällen als Täter infrage kommt – und das ist nicht geschehen«, sagte Steve abschließend.

Hätte der Täter die Gegend verlassen und anderswo zugeschlagen, wäre dort die Polizei auf sein Muster aufmerksam geworden. Schließlich hatte Horgas eine Anfrage an alle Polizeidienststellen gerichtet, und nirgends war eine Meldung eingegangen. Aber wenn die Mordserie plötzlich abbrach, standen die Chancen gut, dass der Gesuchte wegen eines anderen Verbrechens hinter Gittern saß. Als einzige andere Möglichkeit blieb, dass er gestorben war, doch das ließ sich definitiv ausschließen, da derselbe Täter offensichtlich wieder am Werk war.

»Wahrscheinlich wurde er wegen Einbruchs verurteilt«, meinte Steve, »seiner zweiten Spezialität.«

»Da Sie den Sexualverbrecher Anfang der Achtzigerjahre nicht dingfest machen konnten«, sagte Jud, »dieser aber seine Aktivitäten kurz nach dem Mord an Carolyn Hamm eingestellt hat, sollten Sie nach jemandem suchen, der damals wegen Einbruchs in der Gegend verurteilt wurde, wo die erste Vergewaltigung stattfand.«

Eine solche Verurteilung hätte eine Gefängnisstrafe von drei bis vier Jahren bedeutet, überlegte Steve. Das hätte zeitlich gepasst. »Wenn Sie also jemanden finden, der im nördlichen Virginia wegen Einbruchs verurteilt wurde, eine etwa dreijährige Haftstrafe abgesessen hat und nun in Richmond als Freigänger lebt, ist das wahrscheinlich unser Mann.«

Horgas folgte dem Rat der beiden Beamten. Er nahm sich noch einmal den ersten Vergewaltigungsfall vor, der ihn besonders beunruhigte, weil der Killer möglicherweise ganz in der Nähe von Horgas, dessen Frau und dessen kleinem Sohn wohnte. Aus beruflichen Gründen musste Horgas seine Familie oft allein lassen. Anhand der Akten überprüfte er, welche Personen in der fraglichen Zeit wegen Einbruchs verhaftet worden waren.

In Richmond, wo unter den Einwohnern bereits Hysterie herrschte, fand Horgas' Theorie keinen Anklang – selbst als er der dortigen Polizei dieselben Informationen vorlegte, die er den FBI-Agenten gezeigt hatte, und obwohl bei mehreren Opfern dunkle, möglicherweise von einem Schwarzen stammende Haare gefunden wurden.

Anfang Januar 1988 machten Horgas und Hill sich daran, Unmengen von Daten aus dem Polizeicomputer auszuwerten. Sie hielten dabei nach einem Straftäter Ausschau, der 1984 in Arlington verhaftet und drei Jahre später in Richmond entlassen worden war. Leider konnten sie die Suchkriterien nicht so stark eingrenzen, wie ihnen lieb gewesen wäre: In den Verzeichnissen über Haftentlassungen auf Bewährung waren Straftäter aus vielen verschiedenen Gerichtsbezirken aufgelistet und nicht nach Wohnsitz geordnet. Zudem fehlten Angaben über die Art der Straftat und den Haftbeginn. So wurde das Ganze zu einer enormen Puzzlearbeit, bei der der Computer auch nicht weiterhalf.

Nachdem Horgas Tage damit zugebracht hatte, änderte er seine Vorgehensweise. Das Stadtviertel von Arlington, wo die erste Vergewaltigung stattgefunden hatte, kannte er wie seine Westentasche und wusste auch eine Menge über die Leute, die dort lebten. Also überlegte er, auf wen die Täterbeschreibung altersmäßig zutreffen könnte. Horgas fuhr kreuz und quer durch die Straßen des Viertels, um seinem Gedächtnis auf die Sprünge zu helfen. Schließlich fiel ihm ein Vorname ein: Timmy.

Vor etwa zehn Jahren, zur Zeit der ersten Vergewaltigung, war Timmy, damals noch ein Teenager, in der ganzen Gegend als Unruhestifter bekannt gewesen. Horgas hatte in Zusammenhang mit einem Einbruch gegen ihn ermittelt, er war aber nicht verhaftet worden. Es ging auch das Gerücht um, er habe irgendetwas in Brand gesteckt – das Haus seiner Mutter oder vielleicht auch ihr Auto, genau konnte sich Horgas nicht mehr erinnern. Dabei fiel ihm wieder ein, dass der Vergewaltiger das Auto eines seiner Opfer angezündet hatte. Zwei Tage lang fragte Horgas bei seinen Kollegen im Dezernat herum, aber niemand erinnerte sich an den Jungen. Dann, am 6. Januar 1988, fiel Horgas wieder ein, wie dieser Teenager geheißen hatte: Timothy Spencer.

Nach einigem Suchen im Computer wurde Horgas fündig: Timothy Spencer – ein Schwarzer, der vom Alter her der maskierte Vergewaltiger sein konnte – war seit 1980 mehrmals wegen Einbruchs verurteilt worden, darunter am 29. Januar 1984 in Alexandria, dessen Gerichtsbezirk direkt an Arlington grenzt. Die Überprüfung seiner Haftakte ergab, dass er am 4. September 1987 in ein Übergangswohnheim in Richmond entlassen worden war.

Zwischen dem letzten Einbruch, für den er verurteilt worden war, und den Fällen, in denen Horgas und Hill jetzt ermittelten, gab es erschreckende Übereinstimmungen: Er war durch ein kleines rückwärtiges Fenster in das Haus eingedrungen, und bei seiner Verhaftung fand man in seinen Taschen Sammlermünzen, die er aus verschiedenen Wohnungen gestohlen hatte, ein Paar dunkler Socken, eine kleine Taschenlampe und einen Schraubenzieher. In seinem Wagen lag ein langes Klappmesser. Mehrere Opfer des maskierten Vergewaltigers hatten ausgesagt, dass der Täter Socken über seine Hände gestülpt hatte, eine Taschenlampe bei sich trug und sie mit einem Klappmesser bedroht hatte. Entscheidend für die Verurteilung waren aber die Sammlermünzen. Beim Einbruch bei den Tuckers hatte der Täter die dort vorhandene Münzsammlung liegen lassen, obwohl sie für einen Einbrecher eine wertvolle und leicht verkäufliche Beute darstellte. Spencer war einmal deshalb ins Gefängnis gewandert, weil man ihn mit leicht zu identifizierenden Münzen erwischt hatte – diesen Fehler wollte er offenbar kein zweites Mal begehen. Wie wir uns gedacht hatten, lernte er aus seinen früheren Verbrechen.

Laut Akte wohnte Spencer in Arlington, nur 200 Meter vom Schauplatz der ersten Vergewaltigung entfernt. Vom Übergangswohnheim in

Richmond waren die Häuser der Hellams und Davis bequem zu Fuß zu erreichen.

Horgas setzte sich mit dem Übergangswohnheim in Verbindung, um die Daten der Überfälle aus dem Jahr 1987 mit den Zeiten zu vergleichen, zu denen Spencer sich an der Pforte abgemeldet hatte. Er war an keinem der überprüften Tage im Haus gewesen. Und falls Spencer tatsächlich der Gesuchte war, traf auch ein weiterer Teil unserer Theorie zu: Unter der Woche arbeitete Spencer ganztags in einer Möbelfabrik.

Horgas rief in Richmond an, konnte die beiden Williams aber nicht erreichen, weil sie gerade am Tatort eines weiteren Mordes waren. Anfangs sah es so aus, als habe der »Würger von der South Side« erneut zugeschlagen. Dagegen sprach nur, dass der Täter seinem Opfer den Schädel eingeschlagen hatte. Noch am selben Tag wurde der Polizei in Richmond ein Selbstmord gemeldet. Es handelte sich dabei um einen Mann, der eine Beziehung mit der Schwester der Ermordeten gehabt und bei ihr zur Untermiete gewohnt hatte, bis sie ihn hinauswarf. Offensichtlich hatte der Würger hier seinen ersten Nachahmer gefunden.

Am 7. Januar, als sich Horgas und Hill mit den Detectives aus Richmond trafen, stieg die Spannung. Man vereinbarte, Spencer beschatten zu lassen, obwohl die Richmonder Polizei immer noch davon ausging, dass der Gesuchte ein Weißer war. Spencer hatte für das folgende Wochenende Freigang nach Arlington beantragt, und niemand wollte ein Risiko eingehen; ein Schneesturm verhinderte dann jedoch seinen Ausflug.

Am Freitag gab es einen Rückschlag: Die Polizei in Richmond nahm Spencer vor dem Cloverleaf-Einkaufszentrum fest. Er hatte dort in einem Auto auf zwei Frauen gewartet, die man beim Ladendiebstahl beobachtet hatte. Obwohl zu befürchten war, dass Spencer der Boden zu heiß werden und er aus der Gegend verschwinden könnte, sah die Polizei von Arlington in dem Vorfall einen Beweis dafür, dass er sich in dem Einkaufszentrum herumtrieb, wo sich nach der Theorie der Sonderkommission der Killer seine Opfer suchte.

Nachdem die Polizei von Richmond Spencer über eine Woche lang beschattet hatte, kam sie zu dem Schluss, dass er sich nicht verdächtig und auf keinen Fall wie ein Serienmörder verhielt. Man kündigte also an, die

Observierung am Montag, dem 18., abzublasen. Da entschied die Staatsanwältin von Arlington County, den Prozess gegen Spencer zu eröffnen. Am Mittwoch, dem 20., stimmten die Geschworenen einer Anklageerhebung zu. Der Haftbefehl wurde noch am selben Tag ausgestellt.

Noch vor der Verhaftung Spencers wandte sich Horgas an uns in Quantico, um Ratschläge zur Verhörtaktik einzuholen. Steve riet ihm, geduldig zu bleiben und Spencer einfach reden zu lassen. Bei seiner Verhaftung wegen Einbruchs im Januar 1984 hatte er sich kooperationsbereit gezeigt, weil er heilfroh gewesen war, dass die Polizei nichts von seinen anderen Verbrechen wusste. Serienmörder legten nur sehr selten Geständnisse ab, warnte ihn Steve. Spencer würde nur auftauen, wenn sie beim Thema Einbruch blieben und nicht auf die Vergewaltigungen und Morde zu sprechen kamen.

Nachdem die Grand Jury einer Anklageerhebung zugestimmt hatte, fuhren Horgas und Hill zu Spencers Wohnung in Arlington, die er mit seiner Mutter und einem Halbbruder teilte. Seine Großmutter lebte auf der gegenüberliegenden Straßenseite. Das Zweifamilienhaus der Spencers lag in einer ruhigen Sackgasse, nicht weit vom Schauplatz der ersten Vergewaltigung und nur zehn Minuten Fußweg von Susan Tuckers Haus entfernt.

Die beiden Detectives erklärten Spencers Mutter, sie ermittelten wegen eines Einbruchs, der sich an Thanksgiving ereignet hatte. Jemand habe ihren Sohn in der Nähe des Tatorts gesehen, deshalb wollten sie sein Zimmer nach Diebesbeute durchsuchen. Obwohl sie dafür keinen Durchsuchungsbeschluss hatten, war die Mutter einverstanden, weil sie einsah, dass es ihrem Sohn nur nutzen konnte, wenn man nichts bei ihm fand. Also gab sie ihnen die Erlaubnis, sich umzusehen.

Bei der kurzen Durchsuchung förderten die Detectives nur eine Rolle Isolierband zutage, allerdings nicht von der gleichen Marke wie das, das Chos Mörder benutzt hatte.

Anschließend fuhren die beiden gemeinsam mit Sergeant Henry Trumble von der Einsatzgruppe und Detective Steve Carter nach Richmond. Als Spencer abends von seiner Arbeitsstelle ins Übergangswohnheim zurückkam, verhafteten sie ihn wegen Verdachts auf

Einbruchdiebstahl. Spencer war erstaunt, dass so viele Polizisten zu seiner Festnahme erschienen waren, und wollte wissen, warum die Kaution so hoch angesetzt wurde – auf 350 000 Dollar –, wenn man ihn nur des Einbruchs verdächtigte. Er erlaubte den Beamten, sein Zimmer zu durchsuchen, was jedoch zu keinen weiteren Indizien führte; gefunden wurden lediglich einige Schraubenzieher und eine Mütze samt Handschuhen, Bekleidungsstücke also, deren Besitz mitten im Winter keineswegs ungewöhnlich war. Auf die Unterseite seiner Matratze allerdings war das mathematische Zeichen für Unendlichkeit – eine liegende Acht – gemalt, das gleiche Symbol, das der Mörder auf Chos Bein gezeichnet hatte.

Auf der Fahrt nach Arlington zeigte sich Spencer gesprächig und zugänglich. Als Horgas ihn fragte, ob er bereit sei, sich eine Blutprobe abnehmen zu lassen, wollte Spencer wissen, ob es etwas mit einer Vergewaltigung zu tun habe. Horgas verneinte und sagte, es betreffe nur die Ermittlungen zu einem Einbruch; manchmal würde sich ein Täter beim Einbruch verletzen. Darauf soll – wie Paul Mones in seinem Buch zitiert – Spencer erwidert haben: »Nein ... wenn ihr eine Blutprobe von mir wollt, dann hat das mit einer Vergewaltigung zu tun, weil ich mich bei einem Einbruch nicht geschnitten habe. Ich habe mich nicht an irgendeinem zerbrochenen Scheißfensterglas geschnitten.«

Als Spencer erfuhr, wo der Einbruch stattgefunden hatte, wollte er wissen, ob dieser im Zusammenhang mit dem Mord stand, von dem in der Zeitung berichtet worden war. Horgas ließ sich aber nicht darauf ein und hielt sich weiterhin an die Ratschläge des FBI. Mehrere Tage lang wurde Spencer von Horgas und anderen Detectives aus Arlington und Richmond verhört, aber er legte kein Geständnis ab. Allerdings war er bereit, sich eine Blutprobe abnehmen zu lassen, die überaus aufschlussreich war.

Der erste Test ergab, dass Timothy Spencers Blut mit den Flecken auf Susan Tuckers Nachthemd übereinstimmte, und dies war nur bei 13 Prozent der Bevölkerung möglich. Darüber hinaus zeigte sein Haar dieselben Charakteristika wie die Haare, die man an der Leiche von Tucker und in ihrer Spüle gefunden hatte. Aber das reichte noch nicht; um ihn zu überführen, war eine DNA-Analyse nötig.

Wir begannen, Spencers Lebensgeschichte zu durchforsten, um Aufschluss über seinen Werdegang zu bekommen. Seine Eltern, die beide das College abgebrochen hatten, ließen sich nach zehn Jahren Ehe scheiden, als Spencer sieben war. Sein Vater, ein Postangestellter, hatte nach der Trennung keinen Kontakt mehr zu dem Jungen. Seine Mutter arbeitete als Buchhalterin und verlobte sich schließlich mit einem Collegeabsolventen, der eine feste Stelle als Maurer hatte. Spencer und seine Mutter behaupteten übereinstimmend, sie hätten ein gutes Familienleben geführt.

Aber Timmy steckte immerzu in Schwierigkeiten. Mit neun legte er in der Jungentoilette seiner Schule Feuer und urinierte und defäkierte an mehreren Stellen im ganzen Gebäude. Die Schulleitung führte das auf seine aggressive und feindselige Haltung und auf seinen Drang zurück, »beweisen zu wollen, dass er der ist, der die Lage beherrscht« – worin sich auf erschreckende Weise schon seine späteren Versuche ankündigten, zu dominieren und Macht über andere ausüben zu wollen. Mit neun und mit elf Jahren wurde er wegen Diebstahls verhaftet, und mit vierzehn betätigte er sich schließlich als Einbrecher. Seine schulischen Leistungen waren stets unterdurchschnittlich, die achte Klasse musste er wiederholen. Er fügte sich nicht in die Klassengemeinschaft ein und weigerte sich, Nachhilfestunden zu nehmen. Das alles passte recht genau in das Bild vom Werdegang eines Serientäters, das wir durch Verhöre gewonnen hatten. Sein Bruder Travis war im Unterschied zu Timmy ein guter Schüler und ein ausgezeichneter Basketballspieler.

Mit 15 wurde Timmy wegen Unfallflucht und Autodiebstahls verurteilt und in eine Besserungsanstalt geschickt; die Schule brach er in der zehnten Klasse endgültig ab. Mit 19 wurde er wegen unerlaubten Waffenbesitzes, Einbruchs und Verstoßes gegen die Bewährungsauflagen verurteilt. Zu Beginn der Achtzigerjahre lebte er, wenn er nicht gerade in Haft saß, bei seiner Großmutter. Sie glaubte, er sei aufrichtig darum bemüht, auf den rechten Weg zu kommen, indem er sich in der Kirche engagierte und Lehrstoff nachholte, um den Highschool-Abschluss zu schaffen.

Es hielt ihn nie lange an einer Arbeitsstelle, nicht weil man ihn feuerte, sondern weil er stets nach einigen Monaten kündigte und sich einen neuen Job suchte. Die Tätigkeiten waren nie sehr qualifiziert. Er arbeitete als Hausmeister oder als Maurer. Außerdem konsumierte er regelmäßig Alkohol und Marihuana, behauptete aber, von beidem nicht abhängig zu sein.

Ein Psychologe, der Spencer 1983 untersuchte, als er wegen Einbruchs und Hausfriedensbruchs einsaß, kam zu dem Ergebnis, er sei »geistig intakt« und leide »weder an Wahnvorstellungen noch an Halluzinationen«. Allerdings falle es ihm schwer, »sich an Vorschriften zu halten«. Außerdem neige er dazu, »sich seine Grenzen selbst zu setzen, anstatt die von außen vorgegebenen zu akzeptieren«. Dem Test des Psychologen zufolge hatte Spencer einen Intelligenzquotienten von nur 89, was seiner tatsächlichen Intelligenz nicht entsprach.

Im Januar 1984 wurde er auf frischer Tat mit den gestohlenen Sammlermünzen ertappt, aber sogar in dieser Situation leugnete er noch seine Schuld. In dem Bericht, der den Richter bei der Urteilsfindung unterstützen sollte, wurde festgehalten, dass er »sein Verhalten rational zu erklären versucht und andere für die ihm zur Last gelegten Delikte verantwortlich macht«.

Und er war ein guter Schauspieler. Selbst bei den Verhören fanden ihn die Ermittler zuweilen sympathisch. Wie das bei solchen Kerlen oft der Fall ist – außer wenn er in Rage geriet, konnte man kaum glauben, wozu er in Wirklichkeit fähig war. Aus diesem Grund betone ich auch immer wieder, wie wichtig es ist, gut vorbereitet in solche Verhöre zu gehen und sich vorher mit jeder Einzelheit des fraglichen Verbrechens vertraut zu machen.

Spencers Arbeitgeber charakterisierten ihn als freundlichen Einzelgänger. Das gleiche Urteil gab auch seine Freundin ab, mit der er sich – wie sie aussagte – seit letztem Oktober jedes Wochenende getroffen hatte. Sie behauptete, mit ihm ein völlig normales Sexualleben geführt zu haben, ohne Masken oder Hilfsmittel – und sie glaubte nicht, dass ihr Freund ein Mörder war. Aber wie sollte ihre Aussage anders lauten?

Nur eine seiner früheren Freundinnen, eine Prostituierte, berichtete etwas, das möglicherweise interessant war. Sie erzählte nämlich, Spencer habe ihr einmal geraten, Vaseline zu benutzen, wenn ihre Vagina zu trocken sei. Und er habe ihr gestanden, dass er gern onaniere. Als ihn

Horgas damit konfrontierte, dass in und neben den Leichen Sperma gefunden worden war, betonte Spencer jedoch, er habe »noch nie gewichst«. Die Ermittlungen erbrachten keinen Nachweis einer Verbindung zwischen Spencer und einem seiner Opfer, außer dass zwei Zeugen ihn in einem Bus gesehen hatten, der zum Cloverleaf-Einkaufszentrum fuhr. Einen stichhaltigen Beweis konnte nur die wissenschaftliche Analyse erbringen.

Die DNA-Untersuchung dauerte bis Anfang März und ergab spektakuläre Befunde: Spencers Blut stimmte mit den Spermaspuren überein, die bei Tucker, Davis und Hellams und bei einem der frühen Vergewaltigungsopfer in Arlington sichergestellt worden waren. Daraufhin beauftragten seine Verteidiger, Carl Womack und Tomas Kelly, ein bekanntes Labor in Maryland, das später auch die Blutproben im Mordprozess gegen O. J. Simpson analysierte, die Befunde der DNA-Untersuchung einem Blindtest zu unterziehen, weil sie hofften, dadurch auf Unstimmigkeiten zu stoßen. Doch die Experten kamen zu denselben Ergebnissen. Die Wahrscheinlichkeit, dass Spencers DNA genau mit der einer anderen schwarzen Person in Nordamerika übereinstimmte – und folglich die Polizei den Falschen verhaftet hatte –, lag bei 135 Millionen zu 1.

Zusätzlich zu dem DNA-Test wurde Spencers Kleidung untersucht, darunter eine Militärjacke, die er laut eigener Angabe jeden Tag getragen hatte. Der erfahrene Gerichtsgutachter Joseph Beckerman fand an dieser Jacke Glaspartikel. Sie stimmten mit dem Glas eines der Kellerfenster überein, das der Täter eingeschlagen hatte.

Am 16. Juli 1988 wurde Timothy Spencer der Vergewaltigung und des Mordes an Susan Tucker für schuldig gesprochen. Obwohl die Morde in Richmond in diesem Prozess nicht verhandelt wurden, konnten sie bei der Festlegung des Strafmaßes berücksichtigt werden. Am Geburtstag seiner toten Tochter machte Debbie Davis' Vater seine Zeugenaussage.

Zu Spencers Verteidigung traten seine Mutter, der Leiter eines Freizeitheims und einer seiner früheren Lehrer in den Zeugenstand. Die beiden Letzteren berichteten von seiner schweren Jugend. In knappen Worten beteuerte Spencer den Geschworenen, er habe niemanden ermordet, und äußerte sein »Mitleid mit den Familien der Opfer«. Nach dreistündiger Beratung befanden die Geschworenen Spencer einstimmig für schuldig und empfahlen dem Gericht, die Todesstrafe zu verhängen.

Im Oktober 1988 wurde Spencer auch des Mordes an Debbie Davis schuldig gesprochen. Für den Mord an Susan Hellams wurde er im Januar 1989 verurteilt und für den Mord an Diane Cho im Juni 1989. In den Fällen Davis und Hellams wurden die Ergebnisse der DNA-Analyse herangezogen, anders als im Fall Cho, bei dem es keine reinen DNA-Spuren gab. Bei diesem Prozess stützte sich die Staatsanwaltschaft in der Beweisführung auf die »Handschrift« des Täters, was gesetzlich zulässig ist und ermöglichte, Beweismittel aus anderen Mordfällen zu verwenden.

Nachdem mehrere Gnadengesuche abgelehnt worden waren, wurde Timothy Wilson Spencer am 27. April 1994 in Virginia auf dem elektrischen Stuhl hingerichtet. Es war der erste Prozess, in dem aufgrund einer DNA-Analyse die Todesstrafe verhängt und vollzogen wurde. Bis zum Schluss legte Spencer kein Geständnis ab. Kurz vor der Hinrichtung besuchte Steve Mardigian den Verurteilten im Staatsgefängnis in Jarratt, um noch einmal mit ihm zu sprechen. Aber Spencer weigerte sich, mit jemandem zu reden oder seine Verbrechen zu gestehen.

Es entbehrt nicht einer gewissen Ironie, dass trotz modernster Technik und computergestützter Ermittlungen Timothy Spencer letztlich nur dank altmodischer polizeilicher Methoden und persönlicher Intuition und Einsatzbereitschaft überführt wurde – weil Joe Horgas sich an Spencers Namen erinnert hatte. Die ganze aufwendige Computersuche hätte niemals auf Spencers Spur geführt, weil er offiziell weder als haftentlassen noch als begnadigt geführt wurde. So hätte es auch keine Blutuntersuchung gegeben.

David Vasquez jedoch saß immer noch im Gefängnis, weil er den Mord an Carolyn Hamm gestanden hatte. Die beiden ursprünglichen Augenzeugen waren bei der Aussage geblieben, die Laborproben hatten sich im Laufe der Zeit zu sehr verändert, um noch beweiskräftig zu sein, und niemand konnte Vasquez ein glaubwürdiges Alibi geben.

Nach dem Treffen mit Joe Horgas und Jud in Arlington hatte sich Steve Mardigian an die mühselige Arbeit gemacht, das ganze relevante Beweismaterial aus den Tucker- und Hamm-Morden in Arlington, den

Morden in Richmond und Chesterfield County und jedes einzelnen Falls von Vergewaltigung und Einbruch zu analysieren. Alle signifikanten Daten wurden in ein Computerprogramm eingespeist, um einen detaillierten Vergleich der äußeren Merkmale und des Sprachverhaltens des Täters zu erstellen.

»Damit fing die eigentliche Plackerei erst an«, meinte Steve. »Eine der Fragen, auf die wir Antworten suchten, hieß: ›Wie können wir herausfinden, ob Vasquez etwas mit dem Fall Hamm zu tun hat?‹«

Mardigian entwickelte ein Raster nach folgenden Stichpunkten: Name des Opfers, Gerichtsbezirk, Datum, zeitliche Dauer der Tat, Art des Tatorts, Art der Waffe, Art der Fesselung, Art und Stelle der Verletzungen, Erstkontakt mit dem Opfer. War der Täter bereits vor dem Opfer in dessen Wohnung? Wo lag der Ort des Angriffs – im Haus, außerhalb oder im Auto? Wurde das Opfer durch die Wohnung gezerrt? Wie waren Gespräche und Sprachverhalten bei der Vergewaltigung, wie die sexuellen Praktiken?

Danach legte mir Steve die Daten vor, und jeder von uns analysierte sie für sich, bevor wir einander unsere Schlussfolgerungen präsentierten. Es war uns klar, dass seine und Juds ursprüngliche Annahme korrekt war: Zweifellos handelte es sich in allen Fällen um ein und denselben Täter, der ohne Komplizen gehandelt hatte – also nicht um ein Verbrecherduo oder um einen sadistischen Anführer und einen Mitläufer. Den mutmaßlichen Komplizen von Vasquez hatte es nie gegeben.

Diese Verbrechen – die Einbrüche, Vergewaltigungen und Morde – waren alle von jemandem mit Erfahrung, krimineller Energie und Planungstalent begangen worden. Der Täter besaß die Fähigkeit, über längere Zeit hinweg mit seinen Opfern zu interagieren, und es bereitete ihm sexuelles Vergnügen, sich ihrer zu bedienen, sie zu dominieren, über sie Gewalt auszuüben und sie zu quälen. David Vasquez war kein sexueller Sadist, er hatte weder die planerische noch die soziale Fähigkeit, so mit den Opfern umzugehen wie der Täter; deshalb waren wir beide der Ansicht, dass diese Verbrechen unmöglich auf Vasquez' Konto gehen konnten.

Uns war bewusst, dass Vasquez während der Verhöre eingeschüchtert und verwirrt worden war, dass man ihm zu viele Informationen gegeben hatte. In einem kläglichen Versuch, sich willig und kooperativ zu zeigen, hatte er der Polizei erzählt, er hätte vom Mord an Carolyn Hamm »geträumt«. Da er so viel über den Mord erfahren hatte, lag ein solcher Traum durchaus im Bereich des Möglichen. Aber das machte ihn noch lange nicht zu einem Mörder.

Unterstützt von Joe Horgas und dem Polizeipräsidium in Arlington baten wir Helen Fahey, die Staatsanwältin von Arlington County, bei Gouverneur Gerald Baliles die Begnadigung von Vasquez zu beantragen. Da er ja ein Geständnis abgelegt hatte, wäre dies der schnellste Weg zu seiner Freilassung gewesen.

Am 16. Oktober 1988 schickten wir Helen Fahey unseren schriftlichen Bericht, in dem wir zu dem Schluss kamen, dass der Mörder von Carolyn Hamm derselbe Mann sei, der auch die anderen Opfer auf dem Gewissen hatte. Diese fünfseitige Stellungnahme, unterzeichnet von Steve und mir, wurde zusammen mit Faheys Petition dem Gouverneur vorgelegt.

Das Begnadigungsverfahren dauerte länger, als wir erwartet hatten, da sowohl das Büro des Gouverneurs als auch der Begnadigungsausschuss unabhängig voneinander den Fall noch einmal untersuchten und unsere Analyse überprüften. Aber schließlich wurde David Vasquez am 4. Januar 1989 freigelassen. Er kehrte zu seiner Mutter zurück und überlegte, ob er rechtliche Schritte gegen die Ermittlungsbehörden in Arlington einleiten sollte. Auf den Rat mehrerer verschiedener Anwälte hin entschied er sich jedoch, keine Klage einzureichen und stattdessen eine Entschädigung in Höhe von 117 000 Dollar zu akzeptieren. Offen gesagt, ich hätte ihm viel mehr gegeben.

So skandalös die Verhaftung und Verurteilung von David Vasquez auch sind – so skandalös, dass dieser Fall meiner Ansicht nach für alle, die mit der Rechtspflege zu tun haben, ein Lehrbeispiel werden muss –, Joe Horgas' und meine Zweifel wurden nicht einfach unter den Teppich gekehrt. Als wir die Möglichkeit erwogen, der Mann könne wegen eines falschen Geständnisses ins Gefängnis gewandert sein, wurde alles unternommen, um die Wahrheit ans Licht zu bringen.

Steve Mardigian formulierte es so: »Dasselbe Dezernat in Arlington, das Vasquez verhaftet hatte, war bereit, den ganzen Fall noch einmal aufzurollen und die daraus entstehenden Konsequenzen auf sich zu nehmen. Für mich ist das ein überzeugender Beweis für die Integrität und Professionalität dieses Dezernats.«

Der Autor Paul Mones schrieb dazu: »Das Einzigartige am Fall Vasquez ist, dass die Leute, die ihn hinter Schloss und Riegel brachten, dieselben waren, denen er seine Freilassung zu verdanken hat. Niemand rührte für seine Freilassung die Trommel – kein Familienangehöriger, kein Enthüllungsjournalist, kein Bürgerrechtler, sondern allein Polizei und Staatsanwaltschaft. Susan Tuckers schrecklicher Tod führte schließlich David Vasquez in die Freiheit.«

Noch nie zuvor hatte meine Einheit bei einem Fall so viel Zeit und Mühe in die Verhaltensanalyse investiert wie bei diesen Serienverbrechen – nicht im Fall der Kindermorde in Atlanta und nicht beim Green-River-Fall. Und das Ziel dieser Anstrengungen war nicht, einen Schuldigen ausfindig zu machen und festzunehmen, sondern einen Unschuldigen freizubekommen.

KAPITEL ZWÖLF

MORD IM SOUTH BUNDY DRIVE

Jedes Jahrzehnt hat offenbar seinen »Prozess des Jahrhunderts«. Um 1890 war es der Fall Lizzie Borden, in den Zwanzigerjahren dann Scopes' »Affenprozess«, der die Lehren der Evolution infrage stellte, und in den Dreißigern die Entführung des Lindbergh-Babys. Politisch wichtiger waren sicherlich die Nürnberger Prozesse der späten Vierzigerjahre und der Atombombenspionageprozess gegen die Rosenbergs in den Fünfzigern. In den Sechzigern machte der Fall der Chicago Seven von sich reden und schließlich in den Siebzigern die Manson-Familie. Der Umstand, dass jeder einmal zum »Prozess des Jahrhunderts« deklariert wurde (sicher ist diese Aufzählung nicht vollständig; man denke nur an Dreyfus, Sacco und Vanzetti, Eichmann, Bundy), verweist uns auf unser aller Bedürfnis, dem Bösen und dem Verbrechen beziehungsweise dem Wahrheitsverständnis anderer Menschen auf die Spur zu kommen. Das trifft vor allem auf politische Prozesse wie den gegen Scopes, die Chicago Seven und nach Ansicht einiger auch auf Sacco und Vanzetti oder die Rosenbergs zu. Andere »Jahrhundertprozesse« sprechen mehr von der Sensationsgier der Medien.

Der Prozess des Jahrhunderts der Neunzigerjahre ist zumindest bis heute zweifellos das Verfahren gegen O. J. Simpson in Los Angeles. Wahrscheinlich wurde noch kein Prozess derart detailliert und öffentlich untersucht wie unter Einbeziehung so vieler Nebensächlichkeiten erörtert. Dabei blieben allerdings die Wahrheit und – nach Meinung vieler – auch die Gerechtigkeit auf der Strecke. Die hohen Geldsummen und die hochkarätigen Juristen, die in diesem Prozess eine Rolle spielten, verwandelten die Wahrheit in eine Ware, die man kaufen, verkaufen und deren man sich auf dem Marktplatz der öffentlichen Meinung je nach Bedarf bedienen konnte. Logik verkam zu einem Mittel, bereits geltende Überzeugungen zu stützen.

Unzählige Worte sind zu diesem Thema geschrieben worden, und so gut wie jeder hat seine Meinung kundgetan. Wie im Rorschachtest sagt eine Meinung oft mehr über den aus, der sie vertritt, als über die Sache selbst. Was immer man zu dem Freispruch sagen mag – in meinen Augen haben sich die Geschworenen viel zu wenig Zeit genommen, um die monatelangen Zeugenvernehmungen und das umfangreiche, komplexe Beweismaterial gründlich und gewissenhaft zu prüfen. Ihre mündlichen und schriftlichen Kommentare nach dem Prozess zeigten, dass die meisten von ihnen keinen blassen Schimmer hatten, worum es in diesem Fall überhaupt ging.

Damit möchte ich weder über das Verfahren selbst noch die Arbeit der Anwälte oder des Richters Lance Ito ein Urteil fällen. Das haben bereits viele vor mir getan, und sollten Sie sich selbst eine Meinung gebildet haben, könnte ich diese vermutlich ohnehin nicht ändern. Ich möchte auch nicht ausführlich auf die Indizien eingehen, die bei einem Verfahren das Zünglein an der Waage sein können. Uns interessiert das Vorgehen des Täters aus verhaltenspsychologischer Sicht, denn nur das sagt uns etwas über dieses Verbrechen.

Ich will mich mit den Aspekten befassen, die schlichtweg übersehen wurden, obwohl so viel Zeit und Geld investiert worden ist: Ich möchte den Doppelmord, der sich am Abend des 12. Juni 1994 im South Bundy Drive Nr. 875 zugetragen hat, aus der Verhaltensperspektive untersuchen und herausfinden, was uns die Fakten am Tatort und in der unmittelbaren Umgebung über den Täter verraten. Mit anderen Worten: Was hätten wir in Quantico den Ermittlungsbehörden von Los Angeles geraten, wenn O. J. Simpson kein Prominenter gewesen wäre, dessen Prozess sich zum Fall des Jahrhunderts entwickelte und schließlich zu rassistisch motivierten sozialen Spannungen führte. Lässt man einmal das Spektakuläre und die Nebenschauplätze beiseite, unterscheidet sich der Mord an Nicole Brown

Simpson und Ronald Goldman im Prinzip kaum von zahllosen anderen, mit denen wir seit Jahren zu tun haben.

Ich möchte daran erinnern, dass wir uns in unserer Einheit nicht mit der selbstständigen Aufklärung von Fällen beschäftigen oder Namen und Adressen unbekannter Täter liefern. Wir können im Anfangsstadium der Untersuchung eines Mordfalles lediglich helfen, den Tätertypus herauszuarbeiten, auf den die Polizei ihr Augenmerk lenken sollte. Gibt es bereits Verdächtige, können wir sie aufgrund unserer Erfahrung beurteilen und ihren Kreis eingrenzen. Gibt es noch keine, unterstützen wir die Polizei bei der gezielten Suche.

Um unser Szenario durchzuspielen, müssen wir uns zuerst auf bestimmte Voraussetzungen einigen, zum Beispiel, dass der Fall nicht so rasch öffentliches Aufsehen erlangt, wie er es in Wirklichkeit tat. Das heißt, wir müssen annehmen, dass ich in Wirklichkeit die Gelegenheit bekäme, eigene objektive Schlüsse zu ziehen, ehe mich die Medien mit Einzelheiten des Falles bombardieren. Zu Übungszwecken haben sich Mitarbeiter meiner Einheit in der Vergangenheit immer wieder mit ungelösten Verbrechen befasst. Unter anderem mit dem Fall des Boston Strangler, dem Mordfall Dr. Sam Sheppard, einem Chiropraktiker aus Cleveland, der 1954 wegen Mordes an seiner Frau angeklagt, zunächst schuldig und später freigesprochen wurde. Er starb, bevor der Fall geklärt werden konnte. Im Oktober 1988 trat ich in einer in verschiedenen Ländern ausgestrahlten Fernsehsendung auf, in der es um das Psychogramm von Jack the Ripper ging. Ich legte einige interessante und überraschende Ergebnisse vor, die wir bereits in unserem Buch *Die Seele des Mörders* geschildert hatten. Vor Kurzem erhielt ich die Einladung, den Fall Lizzie Borden zu analysieren, einen der umstrittensten Fälle in der Geschichte Amerikas.

Zur Zeit der South-Bundy-Morde war ich noch Leiter der unterstützenden Ermittlungseinheit beim FBI, der die weltbesten Profiler und Ermittler angehören: Larry Ankrom, Greg Cooper, Steve Etter, Bill Hagmaier, Roy Hazelwood, Steve Mardigian, Gregg McCrary, Jana Monroe, Jud Ray, Tom Salp, Pete Smerick, Clint Van Zandt und Jim Wright. Ich möchte noch einmal betonen, dass wir im Fall Simpson die

Ermittlungsbehörden nicht beraten haben und auch nicht dazu aufgefordert wurden.

Hätte man uns um Unterstützung gebeten, wäre das wahrscheinlich folgendermaßen geschehen:

Der zuständige Mann der Mordkommission in Los Angeles hätte mich angerufen. Wahrscheinlich ist er Detective und hat bereits Kontakt mit dem Profilkoordinator unseres Büros in Los Angeles aufgenommen. Nennen wir ihn Detective Kenneth Scott, um jede Ähnlichkeit mit real existierenden Personen auszuschließen.

Wir wissen noch nicht, dass Scott und sein Ermittlerteam eine Menge Blutspuren und andere Beweismittel sichergestellt haben. Aber davon erzählt er mir nichts, und ich frage auch erst dann danach, wenn ich Rückschlüsse auf das Verhalten des Täters suche. Sobald ich meine Analyse beendet habe, wenden wir uns gemeinsam den Indizien zu und prüfen, ob sie mit meinen Feststellungen übereinstimmen. Falls dem so ist, haben wir damit den Täterkreis eingeengt, und Scott kann sich auf einen bestimmten Typus konzentrieren. Wenn nicht, deutet das möglicherweise auf erhebliche Fehler bei der Bearbeitung des Falles.

Scott erläutert den Sachverhalt: »Wir haben es mit einem Doppelmord in Brentwood zu tun, einer Wohngegend der oberen Mittelschicht in der Nähe des University College von Los Angeles. Ein paar Straßen weiter nördlich, auf der anderen Seite des Sunset Boulevard, wohnen die wirklich feinen Leute. Man könnte sagen, dass die Leute südlich des Sunset genug Geld verdienen wollen, um irgendwann auf die Nordseite zu ziehen. Die Opfer sind ein 25-jähriger Mann und eine 35-jährige Frau, beides Weiße. Der Tod trat durch mehrfache Stiche mit einem spitzen Gegenstand ein; die Tat wurde vor dem Haus des weiblichen Opfers verübt.«

»Hat es in letzter Zeit ähnliche Verbrechen in der Gegend gegeben?«, frage ich.

»Nein, nichts dergleichen«, erwidert Scott.

»Und was ist mit Einbrechern oder Spannern?«

»Nichts dergleichen.«

An diesem Punkt bitte ich ihn um den Bericht des ersten Beamten, der am Tatort eingetroffen ist, und um einen Lageplan des Viertels und des

Tatorts. Ich muss den Ort des Geschehens aufsuchen und mir die Autopsiefotos ansehen. Außerdem brauche ich die Autopsieprotokolle und den Bericht des Gerichtsmediziners, sofern er bereits vorliegt. Darüber hinaus möchte ich so viel wie möglich über die Lebensumstände der Opfer erfahren. Was waren sie für Menschen?

Die Liste mit den Namen von Verdächtigen (wenn sie bereits existiert) interessiert mich ebenso wenig wie Mutmaßungen. Ich will mich nicht durch Scotts Schlussfolgerungen oder die Spuren beeinflussen lassen, denen die Ermittler seiner Sondereinheit schon nachgegangen sind.

Handelt es sich um einen größeren, »heißen« Fall, also um einen, bei dem der unbekannte Täter weitere Morde plant, würde ich gegebenenfalls nach Los Angeles fliegen und die Ermittlung vor Ort unterstützen. Da jedoch in den Stunden und Tagen nach den beiden Morden keine Straftaten vergleichbaren Musters gemeldet wurden, werde ich meine Untersuchungen weiterhin von Quantico aus vornehmen, damit ich mit dem Bürokram und den hunderterlei Fällen, die meine Abteilung augenblicklich bearbeitet, nicht zu sehr ins Hintertreffen gerate.

Am nächsten Morgen erhalte ich die Unterlagen zu den Morden an Brown und Goldman. Ich sehe sie durch und versuche, mich in Opfer und Täter hineinzuversetzen, um das Tatmotiv herauszufinden, was nahezu den ganzen Vormittag in Anspruch nimmt. Die Schlüsselfrage ist: *Weshalb wurden ausgerechnet diese beiden Menschen Opfer dieses Gewaltverbrechens?* Bevor wir die Frage nach dem *Wer* beantworten können, müssen wir das *Warum* ergründen. Also versuche ich zuerst herauszufinden, ob zwischen den beiden Opfern eine Verbindung besteht oder ob sich einer von beiden schlichtweg zur falschen Zeit am falschen Ort aufgehalten hat.

Als ich meine Überlegungen beende, ist es mittlerweile kurz vor zwölf, das heißt Vormittag an der Westküste. Scott ist im Büro und arrangiert eine Telefonkonferenz zwischen mir und den wichtigsten Angehörigen der Sondereinheit.

»Die Morde wurden frontal und aus nächster Nähe ausgeführt. Tatwaffe war ein Messer, was vermuten lässt, dass es sich um einen Mord aus sehr persönlichen Motiven handelt«, beginne ich. »Der Tatort lässt verschiedene Schlüsse zu und weist Elemente planvollen wie auch planlosen Vorgehens auf, auf die ich gleich zu sprechen komme. Aber ich würde sagen, dass der Mörder sein Verbrechen nach gründlicher Überlegung begangen hat. Deshalb nehme ich an, dass es sich um einen lebenserfahrenen, intelligenten und raffinierten Täter handelt. Er trug eine Mütze und Handschuhe und hatte die Waffe bei sich. Der Mann, der die Frau umgebracht hat, konnte offenbar mit einem Messer umgehen, so als hätte er es beim Militär gelernt. Er ging dabei gewaltsamer vor, als nötig gewesen wäre. Andererseits gibt es auch Anzeichen für kopfloses Verhalten, die vermuten lassen, dass die Dinge für den Mörder nicht so liefen wie geplant. Anscheinend ist er zwar älter, hat aber wenig bis gar keine Verbrechenserfahrung. Auf das männliche Opfer hat er offensichtlich wild eingestochen, was darauf hindeutet, dass er in Panik geraten ist. Möglicherweise ist er bereits wegen häuslicher Gewalt oder Kneipenschlägereien aktenkundig geworden, aber einen Mord hat er sicherlich noch nie begangen und war auch noch nie in Haft. Daher können Sie kein Vorstrafenregister erwarten, das uns zum Täter führt. Allein dass er seine Mütze und einen Handschuh am Tatort zurückgelassen und Schuhe mit Profilsohlen getragen hat, beweist seine Unerfahrenheit. Außerdem hat er sich geschnitten; wahrscheinlich, als er der Frau die Kehle aufschlitzte. Ein Schnitt befindet sich auch in dem Handschuh. Der Unbekannte hatte offensichtlich nicht mit Ron Goldmans heftiger Gegenwehr gerechnet.

Das Verbrechen wurde vor Nicole Brown Simpsons Haus verübt«, fahre ich fort. »Schon dies lässt den Schluss zu, dass der Täter es vor allem auf sie abgesehen hatte. Wir wissen auch, dass Goldman bei ihr war, weil Nicole Browns Mutter am selben Tag ihre Brille in dem Restaurant vergessen hatte, in dem Goldman arbeitete. Nicole hatte in dem Restaurant angerufen. Die Brille war dort gefunden worden, und Ron erbot sich, sie ihr vorbeizubringen. Er war also zu jenem Zeitpunkt nur zufällig im Bundy Drive gewesen. Falls ihm der Killer nicht bereits gefolgt war, kann man davon ausgehen, dass nicht er umgebracht werden sollte. Hätte der Täter doch Goldman ermorden wollen, wäre es dumm von ihm gewesen, so lange zu warten, bis er sich in Gegenwart einer zweiten Person befand, die die Tat bezeugen konnte. Aber wir sollten uns jetzt einige andere Fakten ansehen:

Sie sagten, die Opfer seien dem Autopsiebericht zufolge an zahlreichen Stichverletzungen gestorben. Darüber hinaus weisen die Wunden an Goldmans Armen und Händen darauf hin, dass er sich gewehrt hat. Die Frau wurde unten an der vierstufigen Treppe zu ihrem Anwesen in zusammengekrümmter Haltung gefunden. Ihr schwarzes Kleid war am Oberschenkel hochgerutscht, aber das scheint eher am kurzen Kleidungsstück und dem Sturz zu liegen als an einem Versuch, die Frau auszuziehen. Diese Vermutung wird dadurch bestärkt, dass sie noch ihre Unterwäsche trug und nichts auf einen sexuellen Übergriff oder eine nachträglich vorgetäuschte Vergewaltigung hindeutete.

Allerdings ist eine Menge Blut geflossen. Nicole Brown ist auf der Treppenstufe verblutet, wo das Verbrechen vermutlich auch verübt worden ist. Der tiefe Schnitt in ihrer Kehle kommt einer Enthauptung gleich. Die übrigen Stichwunden sind gezielter beigebracht worden als bei Goldman. Anders als bei Ron bereitete es dem Mörder keine Mühe, sie zu überwältigen. Er stach wiederholt zu, nicht weil er musste, sondern weil er wollte. Und das ist der zweite Grund, weshalb ich die Frau für das eigentliche Opfer halte. Der Angreifer kannte sie, und zwar gut.«

»Warum denken Sie das?«, fragt einer der Detectives.

»Wie wir festgestellt haben, hat kein sexueller Übergriff stattgefunden. Das heißt, sie hat nicht versucht, einen Vergewaltiger in die Flucht zu schlagen. Die übertriebene Gewaltanwendung deutet auf Wut hin, die einer ganz bestimmten Person galt. Das erkennt man auch an den zahlreichen Einstichen am Hals. So geht kein Mörder vor, der das Opfer nicht kennt. Es war überflüssig, sie so zuzurichten, wenn er sie lediglich töten wollte. Er hat damit ein Zeichen gesetzt. Er hat sie bestraft.

Die Verletzungen an dem männlichen Opfer unterscheiden sich von ihren. Goldman hat sich verzweifelt gewehrt. Seine Verwundungen – die Abwehrmale an Händen, Armen und die tieferen Einstiche am Rumpf – zeigen, dass der Unbekannte nur das getan hatte, was nötig war, um ihn zu töten. Er wollte ihn nicht bestrafen oder ein Zeichen setzen, sondern ihn nur ausschalten. Das habe ich gemeint, wenn ich sage, es lief nicht so, wie es sich der Angreifer vorgestellt hat. Mit der Anwesenheit eines anderen Menschen hatte er nicht gerechnet. Damit war sein Plan völlig durchkreuzt worden.«

»Aber wie Sie wissen, John, haben wir am Tatort einen Handschuh und eine dunkle Strickmütze gefunden. Könnten die Sachen nicht doch einem Einbrecher gehören?«

»Sicher«, sage ich. »Allerdings ist nichts gestohlen worden. Der Unbekannte ist nicht einmal in das Haus eingedrungen.«

»Aber Sie haben doch selbst gesagt, er habe nicht mit Goldmans Anwesenheit gerechnet. Vielleicht wollte er einbrechen und hatte nicht mehr die Möglichkeit dazu.« Ich bezweifle, dass der Ermittler tatsächlich an diese Theorie glaubt. Er spielt nur den Advocatus Diaboli. Dagegen ist nichts einzuwenden. So bin ich gezwungen, meine Gedanken verständlich zu erklären. Obwohl meine Schlüsse den Detectives nicht unbedingt neu sind, ist es wichtig, dass ich meine Sicht der Dinge darlege, bevor wir Informationen austauschen.

»Zunächst einmal haben Sie mir erklärt, dass in dieser Wohngegend seit einiger Zeit kein Einbruch stattgefunden hat«, wende ich ein. »Außerdem haben Einbrecher im Allgemeinen keine Messer dabei. Entweder benutzen sie Pistolen, oder sie sind unbewaffnet. Dieser Tätertypus verfolgt zwei Ziele. Zum einen möchte er so schnell wie möglich ins Haus und wieder hinaus, ohne behelligt zu werden. Gelingt ihm das nicht und er wird gestellt, muss er sich – und das ist das zweite Ziel – sofort aus dem Staub machen. Er würde nicht bleiben und Gewalt anwenden, außer es erscheint ihm als letzter Ausweg, um die eigene Haut zu retten. Eine Pistole könnte sich dabei als nützlich erweisen, ein Messer bestimmt nicht. Wenn man jemanden erstechen will, muss man seinem Opfer sehr nahe kommen und einiges an Körperkraft einsetzen. Vielleicht wollte der Täter ins Haus eindringen, um die Tat dort zu verüben, änderte aber seine Absicht, als er Ron und Nicole zusammen sah und vermutete, sie seien ein Liebespaar. Sie hatte im ganzen Haus brennende Kerzen aufgestellt – auch in der Küche und im Bad –, man konnte sie von draußen durch die Fenster sehen. Das hatte sie von jeher getan, wenn sie einen Mann verführen wollte. Wenn nun jemand die Bedeutung dieses Spiels kennt und sogar selbst daran teilgenommen hat, dann packt ihn möglicherweise die Wut darüber, dass sie dieses Ritual nun für einen anderen Mann vorbereitet.

Wir können nicht wissen, ob die beiden mehr als nur miteinander befreundet waren. Allerdings war für jenen Abend sicher kein Schäferstündchen geplant, weil Goldman mit einigen Freunden verabredet gewesen war, nachdem er den Umschlag mit der Brille abgeliefert hatte.«

»Sie glauben also, der Mörder wollte gerade losschlagen, als Goldman am Tatort auftauchte?«

»Möglich wäre es«, stimme ich ihm zu. »Aber ich bezweifle es, denn es sieht so aus, als hätte er zunächst sie überfallen, anschließend ihn attackiert und sich dann erneut mit ihr beschäftigt. Ich stelle mir den Ablauf folgendermaßen vor: Der Unbekannte sieht die beiden zusammen, beobachtet sie eine Weile und pirscht sich dann an sie heran. Ihm gefällt nicht, was er da sieht. Also stellt er sie zur Rede. Sie erkennt ihn. Goldman wahrscheinlich auch. Er hebt beschwichtigend die Hände, als wollte er sagen: ›Ganz ruhig, Mann. Ich will nichts von ihr. Hab' nur gerade die Brille ihrer Mutter hier abgeliefert.‹

Trotzdem schlägt der Täter der Frau einen stumpfen Gegenstand auf den Schädel, wahrscheinlich den Messergriff, was ausreicht, um sie außer Gefecht zu setzen.

Dann nähert er sich Goldman, der ungefähr anderthalb Meter entfernt unter einer Palme steht. Inzwischen sind ein paar Sekunden vergangen, und Ron ist durch den Angriff auf Nicole abgelenkt. Ron sitzt in der Falle: Hinter ihm befindet sich ein Zaun, und die Palme schränkt seine Bewegungsfreiheit ein, sodass ihm nur gute zwei Quadratmeter Spielraum bleiben. Deshalb hebt er zu seinem Schutz die Fäuste – was an seinen Verletzungen zu erkennen ist. Das Messer trifft ihn in den linken Oberschenkel und in den Unterleib. Es kommt zum Kampf zwischen den beiden Männern. Da Goldmans Hemd verrutscht, stimmen die Einstichwunden nicht mit den Löchern in dem Stoff überein, wie sich bei der späteren Obduktion herausstellt.

Finger, linke Hand und Handfläche weisen die stärksten Verletzungen auf. Vermutlich streckte Goldman gerade die Hand aus, als der Angreifer mit der Rechten zustach. Den Handschuh, der am Tatort gefunden wurde, hatte ihm Goldman von der linken Hand gerissen.

Mittlerweile hat sich der Täter in seine Wut hineingesteigert. Nachdem er Ron endlich nach einem harten Kampf ausgeschaltet hat, wendet er sich wieder Nicole zu. Er umfasst ihren Kopf von hinten und schlitzt ihr die Kehle auf. Dabei durchtrennt er ihren Kehlkopf und enthauptet sie nahezu.

Anschließend widmet sich der Killer wieder Goldman, um sicherzugehen, dass er ihn wirklich erledigt hat. Das wissen wir, da wir Blut der Frau auf Goldmans Schuhsohle gefunden haben. Ein wichtiges Indiz, weil es uns zeigt, dass der Täter kein Profi ist. Er kann nicht beurteilen, ob sein Opfer tatsächlich tot ist, sondern muss noch einmal nachprüfen. Als er sieht, dass Goldman im Sterben liegt, versetzt er ihm noch etliche Messerstiche. Er sticht sogar öfter auf ihn ein als auf Nicole Brown, obwohl diese persönliche Abrechnung allein ihr gilt. Er will zwar nur sie bestrafen und sich an ihr rächen, aber der Mann stellte in dieser Situation die größere Bedrohung für ihn dar. Auch deshalb nehmen wir an, dass es sich um einen Einzeltäter handelt. Mithilfe eines oder zweier Komplizen hätte er die Situation weit besser unter Kontrolle gehabt, und Goldman hätte sich nicht so heftig zur Wehr setzen können.«

Selbst wenn sich das Verbrechen ein wenig anders abgespielt hätte und Ron erst am Tatort eingetroffen wäre, als der Täter Nicole bereits angriff, bliebe mein Bild vom Täter und seinem Motiv dasselbe.

»Sie vermuten dahinter also keinen Drogenmord, John?«

Nein. »Hatte eines der Opfer mit Drogen zu tun?«, frage ich.

»Nein, eigentlich nicht. Vielleicht haben sie hin und wieder zum Spaß was genommen. Das ist in diesen Kreisen üblich. Aber die toxikologischen Untersuchungen haben nichts ergeben, und außerdem waren die beiden Fitnessfanatiker. Bestimmt hat keiner von ihnen jemals gedealt.«

Wer würde dann zwei Leute abschlachten, die für die Szene keine Bedrohung darstellen? Ein Drogenmord weist immer symbolische Elemente auf, wie beispielsweise die »kolumbianische Krawatte«, bei der dem Opfer die Kehle durchgeschnitten und die Zunge durch die entstandene Öffnung nach außen geschoben wird. Der Täter würde dafür außerdem einen symbolischen Ort auswählen und nicht das Haus des Opfers. Und man würde, wie ich bereits gesagt habe, Profikiller beauftragen, die das männliche Opfer besser in den Griff bekommen. Und falls sie dennoch mit Schwierigkeiten gerechnet hätten, weil die Frau in Begleitung des Mannes war, wären sie wieder gegangen und hätten einen günstigeren Zeitpunkt abgewartet.

In diesem Stadium ist es wichtig zu klären, um was für einen Mord es sich hierbei handelt. Ist ein Sexualmord, ein schiefgegangener Einbruch, Drogenmord, Versicherungsmord, Mafiamord oder Ähnliches auszuschließen? Ich war federführend an einem Buch mit dem Titel *Crime Classification Manual,* abgekürzt *CCM*, beteiligt, das im Jahr 1992 erschienen ist. Nach jahrelangen Untersuchungen und Ermittlungen in einigen Tausenden von Fällen hielten ein paar Kollegen und ich ein Klassifizierungssystem zum Einstufen schwerer Verbrechen für notwendig. Der Leitfaden sollte in seiner Exaktheit und Gliederung dem einschlägigen Handbuch *Diagnostic and Statistical Manual of Mental Disorders* entsprechen, das die psychologische Seite krimineller Straftaten behandelt.

Im *CCM* haben wir Straftaten wie Mord, Brandstiftung, Vergewaltigung und sexuelle Übergriffe nach Motivation und Elementen kategorisiert und die jeweiligen Merkmale und Ermittlungsschritte für die Polizei aufgelistet. Die erstgenannte Verbrechenskategorie – Mord aus wirtschaftlichen Gründen – ist in acht Untergruppen unterteilt, die sich wiederum in vier weitere Untergruppen gliedern. Beim Mord aus persönlichen Gründen lassen sich zwei Untergruppen unterscheiden: Sexualmorde und Mord an Familienangehörigen. Letztgenannte Kategorie wiederum ist aufgeschlüsselt in spontane und geplante Verbrechen. Diese Kategorien sind nicht willkürlich oder subjektiv, sondern basieren auf umfangreichen Studien und Erfahrungswerten.

Aufgrund der Art und Schwere der Verletzungen und da – wie ich bereits gesagt habe – vermutlich die Frau und nicht der Mann das eigentliche Ziel war, halte ich es für unwahrscheinlich, dass diese Tat von einem Fremden begangen wurde. (Ebenso wenig fällt das Verbrechen unter die Kategorie des Gruppenmordes, wie es beispielsweise bei den Kultmorden der Manson-Familie der Fall war. Ritueller Mord oder Mord durch eine aufgebrachte Menge sind ohnehin die einzigen Verbrechensformen, die in einem solchen Fall zutreffen könnten. Weitere Beispiele für diese Kategorie wären Mord aus politischem oder religiösem Fanatismus oder im Rahmen einer Geiselnahme.)

Zwar erscheint die brutale Vorgehensweise im Fall Brown/Goldman in mancher Hinsicht mit den Morden an Sharon Tate und LaBianca vergleichbar. Bei genauerem Hinsehen lassen sich jedoch wesentliche Unterschiede feststellen. Im Fall eines Ritualmordes finden sich am Tatort zahlreiche Symbole. Die sogenannte Manson-Familie hat beispielsweise mit dem Blut ihrer Opfer Slogans wie »Helter Skelter« an die Wände geschmiert. Anders als viele hatte ich bezweifelt, dass hinter den Kindermorden von Atlanta eine weiße Rassistengruppe wie der Ku-Klux-Klan steckte. Da weder an den Leichen noch am Fundort Symbole festgestellt wurden, kam für mich nur ein Einzeltäter infrage.

Als ich die Ermittlungsergebnisse im Fall Brown/Goldman eingehend prüfte, wurde mir klar, dass hier eindeutig ein Einzeltäter am Werk gewesen war. Der Täter war durch die unerwartete Anwesenheit einer zweiten Person aus dem Konzept gebracht worden. Außerdem stammten sämtliche Verletzungen an beiden Opfern von derselben Waffe. Es ist unwahrscheinlich, dass mehrere Täter ein einziges Messer benutzen – vor allem, da Nicoles Küchenmesser gut sichtbar auf der Küchentheke lag.

Weshalb hatte sie es dorthin gelegt? Ich vermute, dass sie mit einer Bedrohung rechnete. Also hatte sich an diesem Tag oder kurz zuvor etwas zugetragen, das sie in Unruhe versetzt hatte. Ihre Gegensprechanlage funktionierte nicht. Sie besaß keine Pistole, und das Messer war die einzige Waffe, die ihr zur Verfügung stand. Wir wissen, dass sie Ron Goldman erwartet hatte, der die Brille von Nicoles Mutter bringen wollte. Vor ihm fürchtete sie sich sicherlich nicht.

»Sie müssen noch einmal die Biografie des Opfers durchleuchten«, meine ich. »In Goldmans Leben oder Umfeld gibt es keinen Grund für einen derart grausamen Mord. Damit will ich nicht ausschließen, dass er nicht auch von einem Brieftaschenräuber überfallen oder von einem Mörder aus dem Homosexuellenmilieu hätte umgebracht werden können. Aber das ist hier nicht der Fall.

Brown hingegen hatte gerade eine Scheidung hinter sich, bei der viel schmutzige Wäsche gewaschen worden war. Bis vor einiger Zeit unterhielt sie eine lose Beziehung zu ihrem tyrannischen Ex-Ehemann.«

»Richtig«, bestätigt Scott. »Als sie vor einigen Wochen krank war, brachte Simpson ihr Essen und pflegte sie. Außerdem hat er ihr eine wunderschöne Halskette geschenkt. Nachdem sie wieder gesund war, kam es wieder zu einem Streit, und sie warf ihm die Kette vor die Füße.«

»Möglicherweise hatte er den Eindruck, dass sie sich widersprüchlich verhielt«, meine ich. »Und es gibt Beweise, dass Simpson sie in den Wochen vor dem Mord verfolgt hat und ihr nachgefahren ist, wenn sie mit Freunden essen ging oder sich mit jemandem traf. Wenn sie Leute zu Besuch hatte, beobachtete er sie von draußen durch die Fenster. Dagegen gibt es keinen Hinweis darauf, dass Goldman verfolgt wurde oder irgendwelche Feinde hatte.«

»Sie behaupten also, es war ihr Ex-Mann O. J. Simpson?«, fragt Scott.

»Ich sage nur«, schränke ich ein, »dass wir schon mit vielen derartigen Fällen zu tun hatten. Auch wenn wir den Täter nicht kennen, wissen wir, dass er jedenfalls kein Profikiller war und keine Erfahrung hatte. Er hat die Tat allein verübt, kannte das weibliche Opfer gut und war unvorstellbar wütend auf sie.«

»Tja, er ist der Einzige, auf den die Beschreibung passt«, sagt einer der Detectives.

»Wenn das publik wird«, unkt ein anderer, »wird jedes noch so kleine Detail ihres Lebens unter die Lupe genommen. Falls dieses Profil auf noch jemanden in Nicoles Bekanntenkreis zutrifft, bleibt er nicht lange unerkannt.«

»Sehen Sie«, fahre ich fort, »wir haben genügend Erfahrung, um zu wissen, dass jede Tat einem Muster folgt und sich hinter allem ein Motiv verbirgt. Ein Unhold taucht nicht einfach aus dem Nichts auf und schlachtet zwei Menschen ab, um sich dann wieder in Luft aufzulösen.

Manche tippen mittlerweile sogar auf einen Serienmörder. In diesem Zusammenhang fällt auch der Name Glen Rogers, weil er so viel herumgekommen ist und in verschiedenen Staaten und Gerichtsbezirken zugeschlagen hat.«

Glen Rogers ist angeblich ein Wiederholungstäter, von dem die Polizei annimmt, dass er mindestens sechs Verbrechen auf dem Kerbholz hat – in Kalifornien, Louisiana, Mississippi, Ohio, Kentucky und Florida. Einmal hat er sogar mit 70 Opfern geprahlt. 1995 wurde er nach einer rasanten Verfolgungsjagd in Kentucky dingfest gemacht. Weil er in verschiedenen Bundesstaaten anscheinend wahllos zugeschlagen hatte, war es sehr bequem, ihn praktisch jedes aktuellen Gewaltverbrechens zu beschuldigen.

»Aber die Vorgehensweise und Handschrift stimmen nicht«, erkläre ich. »Rogers würde Frauen in schäbigen Bars aufgabeln und die Nacht mit ihnen verbringen. Die Annahme, dieser Mann würde plötzlich in Brentwood auftauchen und seine Verbrechen nach einem vollkommen neuen Muster begehen, ist nichts weiter als eine Verlegenheitslösung. Außerdem findet ein derart brutaler Übergriff wie der auf Nicole Brown eigentlich nur dann statt, wenn zwischen Angreifer und Opfer bereits eine engere Beziehung bestanden hat.«

»Sie meinen also, es war kein Gelegenheitsmord. Der Täter hatte es von vornherein auf Nicole abgesehen?«

»Zweifellos handelt es sich um ein geplantes, vorsätzliches Verbrechen. Wir haben das Messer, den Handschuh und die Mütze. Der Täter hat sich eine Waffe ausgesucht, mit der er gut umgehen kann. Er war wütend und hasste sein Opfer. Es war eine Abrechnung.«

»John, wir wissen aus Gesprächen mit Freunden von Nicole, dass sie ungleich größere Angst vor Messern hatte als vor Pistolen.«

»Eine weitere Bestätigung, dass der Killer sie gut gekannt hat. Seine Methode – sie von hinten zu überwältigen und ihr den Hals aufzuschlitzen – ähnelt der Vorgehensweise von militärischen Stoßtrupps, und außerdem muss man noch die Handschuhe und die Mütze in Betracht ziehen. War Simpson jemals beim Militär?«, frage ich.

»Nein, aber soviel wir wissen, hat er kürzlich einen Pilotfilm für eine Fernsehserie gedreht, in der er einen Navy SEAL spielt.«

»Und die Mitglieder dieser Einheit werden zu Experten für lautlose Morde aus unmittelbarer Entfernung ausgebildet«, fügt ein Detective hinzu, der selbst einmal in der Navy gedient hat.

»Also, der Killer kommt zum Tatort und denkt, er hätte alles unter Kontrolle«, sage ich. »Er glaubt, er könne ins Haus eindringen, sein Vorhaben ausführen und unbemerkt wieder verschwinden. Aber ich will Ihnen sagen, was mir noch eingefallen ist. Nach meiner Erfahrung mit Mordfällen bin ich überzeugt davon, dass der Mörder seine Tat als Sexualverbrechen inszenieren wollte.«

»Was soll das heißen?«

»Wenn nicht Goldmans Anwesenheit seine Pläne durchkreuzt hätte – der Faktor, den er nicht einkalkuliert hat –, hätte er ausreichend Zeit gehabt, eine Vergewaltigung und einen Raubüberfall vorzutäuschen. Dann hätten Sie Browns Leiche mit hochgeschobenem Kleid und heruntergerissener oder ausgezogener Unterhose vorgefunden, Schubladen wären durchwühlt und ein auffälliger Gegenstand wäre entwendet worden. Aber letztlich hätte das keine Rolle gespielt, weil wir seinen amateurhaften Täuschungsversuchen ohnehin auf die Schliche gekommen wären. Beispielsweise ist es unwahrscheinlich, dass er die Frau nach ihrem Tod vergewaltigt oder auf sie masturbiert hätte, und er hätte sie auch nicht an einer Stelle im Haus liegen gelassen, wo die Kinder sie zuerst finden würden. Außerdem darf man nicht außer Acht lassen, dass Vergewaltiger meist in einer ihnen vertrauten Gegend zuschlagen. Da es sich um ein nobles Viertel handelt, gehört der Täter vermutlich entweder der oberen Mittelschicht an, oder er arbeitet – was allerdings recht unwahrscheinlich ist – in der Nachbarschaft als Gärtner oder Handwerker. Aber auf keinen Verdächtigen trifft letztere Beschreibung zu. Am wichtigsten ist, dass er unglaublich wütend gewesen sein muss, um seinen Opfern derartige Verletzungen zuzufügen. Ein Fremder hätte Nicole und Ron niemals so zugerichtet. Schließlich war Nicole Brown durchtrainiert und hätte sich sicherlich zu wehren gewusst. Ein Vergewaltiger hätte kein leichtes Spiel mit ihr gehabt, was ihn bestimmt verärgert hätte. Aber er hätte wahrscheinlich eher geschlagen, als auf sie einzustechen. Ein Vergewaltiger vergeht sich auch an einer Frau, die er vorher niedergeprügelt hat – Sadisten finden sogar Gefallen daran –, aber er wird keine Frau missbrauchen, die gerade verblutet.«

»John, passt der Ablauf des Mordtages, wie wir ihn geschildert haben, in das Profil?«

»Absolut. Dieser Art von Verbrechen geht normalerweise ein auslösender Faktor voraus. Irgendein Vorkommnis, das sich Stunden, Tage, Wochen davor abgespielt hat. In den Wochen vor dem Mord hat es, wie wir wissen, eine Menge Unstimmigkeiten und Streitigkeiten zwischen O. J. und Nicole gegeben. Am Mordtag hatte sie ihn während einer Tanzvorführung der gemeinsamen Tochter Sidney brüskiert. Uns ist außerdem bekannt, dass seine Freundin Paula Barbieri, die ihn über Nicole hinwegtrösten sollte, wütend auf ihn war, weil er sie nicht zu dieser Veranstaltung mitnehmen wollte. Sie hatte ihm eine ellenlange Nachricht auf den Anrufbeantworter gesprochen und gesagt, sie wolle sich von ihm trennen. O. J. hingegen hatte sicher nicht vor, die Beziehung mit ihr zu beenden, weil er die Vorteile eines Dreiecksverhältnisses genießen wollte. Nachweislich versuchte er nahezu bis kurz vor Nicoles und Goldmans Tod erfolglos, Barbieri von zu Hause und von seinem Handy aus anzurufen. Das heißt, die Sache war für ihn immer noch nicht erledigt.«

»Was wäre gewesen, wenn er sie erreicht hätte?«

»Das ist eine interessante Frage«, antworte ich. »Ob er dann seine ›Mission‹ weiterverfolgt hätte? Möglicherweise nicht, obwohl sich mittlerweile enorme Wut in ihm angestaut hatte. Zwei Frauen weisen ihn zurück, und das ist er nicht gewohnt. Meiner Ansicht nach betrachtet er Nicole als sein Eigentum. Als sie sich kennengelernt haben, war er ein weltberühmter Star und sie ein Schulmädchen.

Seine tyrannische Ader und sein Prestigedenken sind unübersehbar. Nach der Scheidung von seiner ersten Frau beschloss er, sie mit Geld abzufinden und dafür das Haus zu behalten. Niemand soll merken, dass er verspielt hat. Selbst wenn er einen Haufen Alimente und Unterhalt für das Kind zahlen muss, kann er immerhin sagen: ›Ich bin noch nicht erledigt. Mir gehört das Haus. Sie hat ausziehen müssen.‹ Das wiederholt sich bei der Scheidung von Nicole: ›Sie musste gehen. Ich bin im Haus geblieben!‹

Als er dann Nicole mit diesem anderen, jüngeren Mann, einem Weißen, vor ihrer Wohnung sieht, brannte womöglich die Sicherung bei ihm durch.«

»Was halten Sie von dem Blut?«, fragt Scott. »Wie die Tatortfotos zeigen, ist unheimlich viel Blut geflossen. Im Bronco waren nur ein paar

Tropfen, die nicht einmal die Sitze verschmutzt haben. Zwar haben wir die Socken aus dem Haus in Rockingham, aber es gibt ansonsten nirgendwo sonderlich viele Blutspuren. Das wird vermutlich einige Leute nachdenklich stimmen.«

»Zunächst einmal«, erläutere ich, »wurde der Frau die Verletzung, bei der am meisten Blut geflossen ist – der Schnitt durch die Kehle also –, von hinten beigebracht, sodass der Angreifer so gut wie nicht bespritzt wurde. Doch wenn er mit einem Messer einen Mord begehen will, muss er mit Blutspritzern rechnen. Wir wissen, dass er Handschuhe und eine Mütze dabeihatte. Er hatte also vorausgeplant. Daher trug er vermutlich einen Overall oder ein anderes Kleidungsstück, dessen er sich nach der Tat entledigen konnte. Falls er auf der Rückfahrt anhalten konnte, hat er es wahrscheinlich unterwegs beseitigt. Doch da der Mord länger dauerte als erwartet und er ziemlich in Eile war, hat er die Sachen vermutlich später – vielleicht am Flughafen – weggeworfen.«

Einer der Detectives wendet ein: »Bei dieser Diskussion über das Täterverhalten stört mich nur, dass wir nicht über irgendjemanden reden, sondern über O. J. Simpson, den gefeierten Star. Vielen waren seine Eheprobleme bekannt. Also wird er, wenn er mit dem Gedanken an eine solche Tat spielt, doch Zweifel bekommen und sich überlegen: ›Moment mal, die verdächtigen sofort mich. Sobald man ihre Leiche findet, sucht man nach mir.‹«

»So denken *Sie*«, antworte ich. »Aber meiner Erfahrung nach rechnen Mörder nicht damit, geschnappt zu werden – ob sie nun zum ersten Mal jemanden umbringen oder bereits einige Menschen auf dem Gewissen haben. Wäre nicht Goldman überraschend aufgetaucht, der alles verzögerte und die Planung durcheinanderbrachte, wäre Simpson rechtzeitig nach Hause zurückgekehrt und zum Flughafen aufgebrochen. So hätte er ein Alibi gehabt. Er wäre nach Chicago geflogen, ohne dass auch nur irgendjemand den leisesten Verdacht geschöpft hätte. Möglicherweise hatte er vor, früh genug am Flughafen einzutreffen, um von dort einen Freund anzurufen und zu sagen: ›Ich bin ein wenig besorgt. Den ganzen Abend habe ich versucht, Nicole zu erreichen. Kannst du mal rübergehen und nachsehen, ob mit ihr und den Kindern alles in Ordnung ist?‹ Das hätte nicht nur sein Alibi untermauert, sondern auch verhindert, dass die Kinder ihre Mutter finden.

Und vergessen Sie nicht, dass er, außer ein guter Footballspieler zu sein, auch von Haus aus sehr charmant ist und schauspielern kann. Er weiß, wie er sich zu verhalten hat, um jeglichen Verdacht zu entkräften, plaudert mit den Leuten und unterschreibt wie immer Autogramme. Er hat sich für das Verbrechen offensichtlich seine eigene Rechtfertigung gezimmert, so etwas wie: ›Sie hat mich dazu getrieben.‹ Er ist also bereits bis zu einem gewissen Grad mit sich ins Reine gekommen.«

»Und wie wäre es mit dem Lügendetektortest, falls Simpson einverstanden ist?«

»Da ist Vorsicht geboten. Bei Leuten, die für sich bereits eine Rechtfertigung gefunden haben, führt das meistens zu nichts. Und noch etwas möchte ich Ihnen sagen: Je mehr Zeit verstreicht, desto selbstsicherer wird er. Nächstes Jahr um diese Zeit würde er den Test hundertprozentig bestehen.«

Ich würde der Polizei auch raten, Nicole Browns Grab zu überwachen. Wie ich bereits erwähnt habe, kehren Täter häufig nicht nur an den Tatort zurück, sondern besuchen auch das Grab des Opfers. Der angebliche Grund für die in allen Medien gezeigte Verfolgungsjagd mit dem Auto, die – obwohl das Fahrtempo nicht sehr hoch war – in den Augen vieler auf einen Fluchtversuch hinauslief, war der Besuch des Grabes. Von Anfang an hatte ich das Gefühl, er würde das Grab aufsuchen, um sich bei der Toten zu entschuldigen oder – was noch wahrscheinlicher erscheint – um sich erneut vor sich selbst zu rechtfertigen und ihr vorzuhalten, sie habe ihn dazu gezwungen. Tatsächlich war O. J. Simpson dorthin gegangen, wie Berichte der letzten Monate zeigen. Er wurde nicht überwacht, aber ich hätte zu gerne gewusst, was sich abgespielt hat.

Als Nächstes müssten wir über die Verhörtaktik reden. Während wir noch über unserem imaginären Täterprofil saßen, hatten die Detectives Thomas Lange und Philip Vannatter Simpson bereits mit dessen Zustimmung in Abwesenheit eines Anwalts verhört. Die Vernehmung erbrachte ein paar nützliche Informationen. Simpson gab beispielsweise zu, er habe in seinem Hotelzimmer in Chicago ein Glas auf den Tisch geknallt und sich dabei geschnitten, als er von dem Mord an Nicole erfuhr. Aber das Verhör war bei Weitem nicht scharf genug und viel zu kurz. Ich glaube, die Polizei ging zu sanft mit Simpson um.

»Ich konnte kaum glauben, dass er mit der Polizei reden würde«, erklärt Jud Ray. »Aber Typen wie er sind es gewohnt, andere Leute auszutricksen. Bestimmt hat er angenommen, sich auch diesmal aus der Affäre ziehen zu können, was ihm gewissermaßen tatsächlich gelungen ist.«

»Im Augenblick müssen Sie sich damit abfinden«, sage ich zu den Mitarbeitern der Sondereinheit. »Es würde mich sehr überraschen, wenn seine Anwälte Sie noch einmal mit ihm sprechen ließen, insbesondere wenn keiner von ihnen anwesend ist. Aber sollten Sie doch Gelegenheit dazu erhalten, befragen Sie ihn unbedingt in einem neutralen Umfeld und nehmen Sie sich so viel Zeit, wie Sie brauchen. Machen Sie ihm klar, wie stark die Beweislast gegen ihn spricht, dass Blutspuren von ihm am Tatort gefunden wurden, und liefern Sie ihm eine Erklärung, die es ihm erlaubt, sein Gesicht zu wahren.«

Diese Taktik habe ich bereits bei Kindermördern angewandt, und der Vorschlag, er habe das Kind nicht erdrosseln wollen, »aber es habe ihn dazu gezwungen«, ist oft auch bei Erwachsenenmördern erfolgreich. Wenn dem Mörder das Verbrechen gerechtfertigt erscheint und er den Eindruck hat, dass die Polizei diese Auffassung teilt, hat man sein Geständnis schon fast in der Tasche. Detective Mark Fuhrmann war vor einigen Jahren als Streifenpolizist wegen einer gewalttätigen Auseinandersetzung zwischen O. J. und Nicole zu den Simpsons gerufen worden. Nun ließen sich seine Beobachtungen in das Szenario einbauen, denn er konnte O. J. gegenüber behaupten, Nicole habe seiner Meinung nach auch die früheren Meinungsverschiedenheiten provoziert.

Auch die Erklärung, der Täter habe unter einer Persönlichkeitsspaltung gelitten, erweist sich häufig als erfolgreich, wie zum Beispiel beim Verhör von Larry Gene Bell. Er wollte nicht zugeben, dass der Larry Gene, der vor mir saß, das Mädchen Shari Faye Smith ermordet hatte, aber gestand ein, dass es möglicherweise der »böse Larry Gene Bell« gewesen war. Das war das Äußerste an Geständnis, was wir je von ihm erhalten konnten.

Wir konzentrieren uns auf das Verhalten des Täters nach dem Verbrechen und entdecken eine Reihe wichtiger Hinweise.

Zunächst befassen wir uns damit, was Detective Ron Phillips von der Mordkommission Los Angeles erlebt hat, als er Simpson am 13. Juni 1994 in seinem Hotelzimmer in Chicago vom Tod seiner Ex-Frau in Kenntnis setzte. Laut Staatsanwalt Christopher Dardens Buch *In Contempt* interessierte sich Simpson nicht dafür, auf welche Weise sie getötet wurde. Er fragte nicht einmal, um welche seiner Ex-Frauen es sich handelte. Jeffrey Toobin behauptet in seinem Buch *The Run of his Life*, Phillips hätte zwar Nicoles Namen genannt, aber Simpson hätte sich nicht erkundigt, ob sie durch einen Unfall oder ein Verbrechen umgekommen sei. Beide Varianten sind aufschlussreich. Zu reagieren, als hörte man die Nachricht zum ersten Mal, lässt eine Inszenierung vermuten. Außerdem wird ein unerfahrener Täter einem geschulten Beobachter wohl kaum glaubhaft Erstaunen vorspielen können.

Ohne auf Einzelheiten einzugehen, erkläre ich der Sondereinheit, dass Simpsons Verhalten nicht dem entspricht, was man von einem Unschuldigen erwartet. Das gelte besonders dann, wenn sich der Betreffende üblicherweise gut in der Gewalt hat und immer im Rampenlicht steht. Man rechnet eher mit Empörung und schärfster Zurückweisung sämtlicher Anschuldigungen.

»*Wenn Sie glauben, dass ich meine Frau umgebracht habe, ist bei Ihnen eine Schraube locker*«, könnte er erwidern. »*Und wenn Sie tatsächlich mein Blut, meine Fingerabdrücke oder irgendwelche anderen Spuren von mir am Tatort gefunden haben, dann hat mir jemand eine Falle gestellt!*«

So aber hatte sich Simpson *nicht* verhalten, als in den nachfolgenden Tagen bekannt wurde, dass er unter Tatverdacht stand.

Einige, darunter auch Simpsons Anwalt Alan Dershowitz, vermuteten hinter Simpsons Reaktion tiefe Trauer und Niedergeschlagenheit, sodass er nicht in der Lage gewesen sei, Empörung zu zeigen. Diese Erklärung lasse ich nicht gelten. Wenn ein Mann ehrlich den Verlust seiner Frau (oder Ex-Frau) betrauert, wird ihm die Erinnerung an sie und ihr gemeinsamer guter Ruf so wichtig sein, dass er nicht nur beiläufig abstreitet, etwas mit ihrem Tod zu tun zu haben. Unschuldig zu sein und die

Vorwürfe seelenruhig hinzunehmen passt nicht zu einem Menschen wie O. J. Simpson.

»Besteht ein Suizidrisiko, John?«

»Wenn ein Mensch, der überall dominieren will, plötzlich keine Macht mehr ausüben kann, besteht immer die Gefahr eines Selbstmords. Allerdings halte ich bei einem Narzissten wie O. J. einen vorgetäuschten Selbstmord, durch den er Aufmerksamkeit oder Mitgefühl erwecken will, für noch wahrscheinlicher. Möglicherweise droht er, sich mit einem Messer oder einer Pistole umzubringen, aber er wird sich weder die Pulsadern aufschneiden noch sich in den Kopf schießen. Das wäre viel zu schmerzhaft. Aber vermutlich greift er zu Tabletten und ruft einen guten Freund an, bevor es zu spät ist. Der wird ihn dann retten und für positive Publicity sorgen.«

Wie wir später erfahren sollten, hatte Simpson einen Abschiedsbrief verfasst, ihn in die Öffentlichkeit lanciert und sich während der Verfolgungsjagd mit dem Bronco eine Pistole an die Schläfe gehalten. Was bitte sollte das anderes sein als eine publicitywirksame Show?

In diesem Stadium berichten mir die Detectives von den gerichtsmedizinischen Ergebnissen, die unabhängig von dem Verhaltensmuster sind. Die anfänglichen Bluttests haben Simpsons Anwesenheit am Tatort bestätigt. Mit anderen Worten, das forensische Beweismaterial und das Verhaltensmuster decken sich und stützen einander. Das ist genau die Situation, von der ein Ermittler träumt.

»Ich würde sagen, damit haben Sie den Mann, den Sie suchen«, folgere ich.

Wochen später stellt sich heraus, dass auch die DNA-Analyse – unverwechselbar wie die Fingerabdrücke – passt. Somit bleibt der Verteidigung nur noch ein Ausweg: Sie kann behaupten, dass die Polizei das Blut absichtlich am Tatort verspritzt hatte, um den Verdächtigen zu belasten.

Und in diesem Fall wären wieder unsere Fachkenntnisse in der Profilerstellung und in der Ermittlungsanalyse gefragt. Hätte man uns gleich von Anfang an in die Ermittlungen einbezogen, würde uns die Staatsanwaltschaft bei der Vorbereitung des Verfahrens möglicherweise erneut um Unterstützung bitten. Dazu war es in der Vergangenheit schon öfter gekommen, wie beispielsweise in den Prozessen gegen Wayne Williams, Sedley Alley und Cleophus Prince. Unsere Aufgabe besteht hauptsächlich darin, die Staatsanwaltschaft bei der Entwicklung einer Strategie zu unterstützen, falls der Täter beschließt, im Rahmen seiner Verteidigung selbst auszusagen. Bei jemandem wie O. J. Simpson, der gewandt, charmant und beherrscht auftritt, würden wir mit der Staatsanwaltschaft die Fragen für das Kreuzverhör erarbeiten, die den Geschworenen vor Augen führen, wozu die Anklagevertreter Simpson für fähig halten – nämlich seine Ex-Frau und ihren Freund brutal zu ermorden.

Da fast jeder einschließlich der Geschworenen die berühmten Notruftonbänder kennt, auf denen Nicole berichtet, wie O. J. sie bedroht, würde ich wahrscheinlich auf diese zurückgreifen. Ich würde den Täter zwingen, uns zu beweisen, dass diese Äußerungen nicht seinem wahren Wesen entsprechen. Und dabei würde er sich verraten. Denn wir verfügten über genügend Informationen über sein Privatleben, um ihn in die Enge zu treiben.

Dieser Umstand war Simpsons Anwälten Robert Shapiro und Johnnie Cochran sicher nicht entgangen, denn sie bestanden darauf, dass er nicht aussagen sollte. In unserem Rechtssystem hat jeder Angeklagte das Recht, die Aussage zu verweigern, wenn er sich damit selbst belasten würde. Dieses Recht würde ich niemals verletzen. Beruft sich der Angeklagte darauf, weist der Richter die Geschworenen an, keine Schlüsse daraus zu ziehen. Man erklärt ihnen sogar ausdrücklich, dass der Angeklagte seine Unschuld nicht zu beweisen braucht, denn die Beweislast obliegt allein der Staatsanwaltschaft, und das muss auch so bleiben.

Allerdings halte ich diese Annahme für etwas naiv. Wie können vernünftige und einigermaßen intelligente Erwachsene nicht darüber erstaunt sein, dass ein Angeklagter aus Angst, sich selbst zu belasten, nicht die Gelegenheit nutzt, seine Unschuld zu beweisen. Ich kann mich an keinen Prozess erinnern, bei dem jemand, den ich für unschuldig hielt, die Aussage verweigerte und sich damit einen Gefallen tat.

Vincent Bugliosi, ein überaus fähiger und wortgewandter Anwalt, der die Anklage im Fall Manson vertrat, hat es treffend formuliert: »Wenn sich die meisten Angeklagten nach ihrer Vernehmung durch die Polizei, der Geschworenenverhandlung und der gründlichen Befragung durch den Staatsanwalt als unschuldig erweisen, wäre das ein Armutszeugnis für unser Rechtssystem.«

Also stützt sich die Verteidigung zu niemandes Überraschung darauf, dass wir es hier möglicherweise mit einem gegen Simpson gerichteten abgekarteten Spiel einiger Mitarbeiter der Polizei von Los Angeles zu tun haben. Die Verteidigung hält das deshalb für eine hervorragende Taktik, weil die Geschworenen hauptsächlich Schwarze sind und niemand, der halbwegs realistisch ist, bestreiten wird, dass die Polizei von Los Angeles eine traurige Bilanz vorzuweisen hat. Unsensibilität, Einschüchterung und übertriebene Gewaltanwendung gegenüber Minderheiten und besonders Schwarzen sind hier an der Tagesordnung. Bugliosi, ein Experte auf diesem Gebiet, nennt dazu etliche Fälle, in denen Polizisten vermutlich den Tod unbewaffneter Personen verschuldet haben. Das Problem wird noch komplizierter durch die Schlüsselrolle von Detective Mark Fuhrmann, der hinter Simpsons Haus den blutgetränkten Handschuh gefunden hat und dessen Vorurteile gegenüber Minderheiten bekannt sind.

Allerdings ist es nicht Pflicht des Verteidigers nachzuweisen, dass es sich hier um ein abgekartetes Spiel handelt. Er muss nur berechtigte Zweifel äußern und belegen, dass etwas Derartiges stattgefunden hat.

Unter diesen Umständen hat die Staatsanwaltschaft zwei Möglichkeiten: Entweder sie ignoriert den Verdacht und bleibt bei ihrer Strategie, oder sie versucht, ihn zu widerlegen und als unglaubhaft darzustellen.

Ich würde den Bezirksstaatsanwälten Marcia Clark und Christopher Darden raten, dieses Thema angesichts der Zusammensetzung der Geschworenen nicht unter den Tisch fallen zu lassen oder zu bagatellisieren. Die Vertreter der Anklage müssen zweifelsfrei beweisen, dass Manipulationen seitens der Polizei ausgeschlossen werden können. Da sich das Nichtvorhandensein einer Sache nur schwer belegen lässt, müssen sie meiner Meinung nach mithilfe der Verhaltensanalyse die Absurdität dieser Vermutung aufzeigen. Das ist möglich, indem man den Geschworenen das Szenario so darlegt, als hätte es sich tatsächlich so abgespielt.

Zunächst müssen wir von einigen Vermutungen ausgehen: Erstens, dass es bei der Polizei von Los Angeles Leute gibt, die einem Mann wie O. J.

Simpson etwas anhängen wollen. Vielleicht war es so, schließlich gibt es zum Beispiel Hinweise darauf, dass Mark Fuhrmann Schwarze hasst.

Aber da tauchen bereits die ersten Probleme auf. Viele schwarze Polizeibeamte und Bürger bezeugen bereitwillig, bei Fuhrmann noch nie rassistische Vorurteile bemerkt zu haben. Zu seinem Freundeskreis gehören auch Schwarze, und er hat einige Zeit mit einer schwarzen Kollegin zusammengearbeitet.

Gut und schön, vielleicht hat er seine Abneigung bis jetzt immer verheimlicht und zeigte erst durch die berüchtigten »Fuhrmann-Tonbänder« sein wahres Gesicht. Also brauchen wir zuverlässigere Informationen über Mark Fuhrmann, um herauszubekommen, ob er tatsächlich so weit gehen würde, O. J. Simpson eine Falle zu stellen. Damit bekommt die Behauptung, es handle sich um ein abgekartetes Spiel, bereits erste Risse. Aus gesicherten Quellen wissen wir, dass Mark Fuhrmann einige Jahre zuvor als Streifenpolizist wegen einer gewalttätigen Auseinandersetzung zu den Simpsons gerufen worden war. Für Fuhrmann stand fest, dass hier ein Schwarzer eine weiße Frau misshandelt hatte. Wenn er Simpson deswegen fertigmachen wollte, bot sich ihm jetzt die Gelegenheit schlechthin. Niemand hätte etwas daran auszusetzen gehabt, wenn er Simpson wegen Misshandlung seiner Ehefrau festgenommen hätte. Aber das tat er nicht. Er ließ sich von ihm einschüchtern. Und nun soll Fuhrmann plötzlich, Jahre später, seine Einstellung geändert und denselben Mann ans Messer geliefert haben – wo ist da bitte die Logik?

Wie Vince Bugliosi in *Outrage,* seiner scharfsinnigen und schonungslosen Analyse des Verfahrens gegen Simpson, bemerkt, sind Übergriffe der Polizei gegen die schwarzen Bürger von Los Angeles leider nichts Außergewöhnliches – doch ein Fall von Beweismittelmanipulation ist bis jetzt noch nicht bekannt. Ein solches Täuschungsmanöver durchzuführen wäre viel zu kompliziert und aufwendig und außerdem ohne Erfolgsgarantie. Zwar gehen die Rassisten bei der Polizei von Los Angeles oft nicht gerade zimperlich vor, aber sie begleichen ihre alten Rechnungen normalerweise nicht in dieser Form. Darüber hinaus folgt das Verhalten einer Gruppe – vielleicht noch mehr als bei Einzelpersonen – meist einem bestimmten Muster.

Glaubt man an ein Komplott, muss man in seinen Überlegungen noch weitergehen. Soll nämlich Simpson Opfer einer Intrige werden, müssen alle beteiligten Polizisten die Sache gemeinsam beschließen. Wenn auch nur einer dagegenstimmt, ist alles hinfällig. Dann müssen sie sich darauf einigen, den tatsächlichen Killer laufen zu lassen. Wenn sie Simpson als Verdächtigen festnehmen und der Unbekannte schlägt erneut zu, sitzen sie und die gesamte Polizei von Los Angeles in der Patsche. Damit müssen sie rechnen.

Und selbst wenn sie in Kauf nehmen wollen, dass der tatsächliche Mörder ungeschoren davonkommt, brauchen sie eine Information, die sie zu diesem Zeitpunkt noch gar nicht haben können – nämlich dass Simpson für die Tatzeit kein wasserdichtes Alibi hat. Falls er zufällig gerade auf einer der zahlreichen Benefizveranstaltungen war oder sich in jener Nacht sonstwo in der Öffentlichkeit gezeigt hat, würden die angenommenen Verschwörer in ernsthafte Schwierigkeiten geraten. Sie wären nicht nur ihren Job los, sondern könnten die Aussicht auf die Golden Gate Bridge von einem zur Bucht gelegenen Fenster im Gefängnis San Quentin genießen. Dabei spielt keine Rolle, wie sie über Minderheiten denken – jedenfalls müssen sie damit rechnen, dass man im Gerichtssaal und in den Medien kurzen Prozess mit ihnen machen wird, wenn sie einen Schwarzen in die Mangel nehmen, der nicht nur erheblich prominenter ist als Rodney King, sondern auch von den meisten Amerikanern, schwarzen wie weißen, bewundert wird.

Nehmen wir zum Beispiel Detective Philip Vannatter. In ein paar Monaten würde er nach einer ausgezeichneten Karriere und mit reiner Weste in den Ruhestand gehen. Seit 25 Jahren hatte ich täglich mit Polizisten zu tun. Mit guten, hervorragenden, weniger guten und schlechten, und ich wusste, wie sie denken. Vannatter würde den Teufel tun und wegen eines solchen Unsinns seine Pension und seine Freiheit – also seine Zukunft und die seiner Familie – aufs Spiel setzen. Er hätte schlichtweg nichts davon.

So ein Täuschungsmanöver setzt eine Verschwörung im großen Stil voraus. Nach langjähriger Erfahrung mit Institutionen und Behörden weiß ich, dass es nahezu unmöglich ist, ein umfangreiches und dazu noch spontanes Vorhaben auf die Beine zu stellen, ohne dass jemand davon Wind bekommt.

Damit es überhaupt zu diesem Täuschungsmanöver kommen konnte, hätten sich zwei einander fremde Teams von Detectives verschiedener Einheiten zufällig am Tatort begegnen und auf der Stelle diesen Entschluss fassen müssen, O. J. den Mord anzuhängen, weil das Opfer seine Ex-Frau ist und er selbst ein Schwarzer. Den tatsächlichen Täter hätten sie außerdem laufen lassen müssen. Dazu müssten sie natürlich darauf vertrauen, dass ihre Mitwisser im Labor, die man einweihen musste, dichthielten und dass Simpson kein hieb- und stichfestes Alibi vorweisen könnte. Ansonsten hätten sie ja nach jahrelanger Polizeiarbeit ihre Existenz aufs Spiel gesetzt, nur um einen allseits beliebten Menschen ans Messer zu liefern. Und das, obwohl sich vor einigen Jahren tatsächlich eine Gelegenheit ergeben hatte, ihn zu verhaften. Allerdings hatte der zuständige Beamte diese nicht genutzt.

In einer Fernsehsendung bezeichnete Alan Dershowitz es als möglich, dass die Polizei Simpson tatsächlich für schuldig hielt und die Beweise nur fingiert hatte, um ihre Theorie zu untermauern. Nun ja. Vielleicht hatte Dershowitz Simpsons Verteidigung auch nur übernommen, weil er wirklich an dessen Unschuld glaubte und über die Attacken der Polizei und der Bezirksstaatsanwälte von Los Angeles entsetzt war. Aber ich bezweifle das. Man kann über diese Detectives sagen, was man will, aber naiv oder dumm sind sie nicht. Sie kennen ihr Metier. Und wenn sie Simpson für schuldig hielten, reichten die Blutspuren am Tatort aus, um diesem Verdacht weiter nachzugehen.

Man könnte das Ganze folgendermaßen auf den Punkt bringen: Verhalten ändert sich kaum. Selbst in seinen Abweichungen hält es sich an ein bestimmtes Muster. Weder das Verhaltensprofil noch die forensischen Beweismittel ließen eine andere Theorie zu, als dass der Ex-Mann des weiblichen Opfers in der Nacht des 12. Juni 1994 die Morde im South Bundy Drive Nr. 875 verübt hat.

All das hätte ich der Polizei und den Staatsanwälten gesagt, wenn sie mich nach meiner Meinung gefragt hätten. Ob das einen Einfluss auf den Ausgang des Verfahrens gehabt hätte, steht auf einem anderen Blatt.

KAPITEL DREIZEHN

VERBRECHEN UND STRAFE

Wie edel unsere Vorstellung von Wahrheit und Gerechtigkeit auch sein mag und in welch erlesene Formulierungen wir sie kleiden – der Zweck unserer Strafjustiz besteht darin, den Unschuldigen und jeden, dem rechtlich keine Schuld nachgewiesen werden kann, zu entlasten und den Schuldigen zu bestrafen.

Unser Strafrecht verfolgt fünf grundlegende Ziele, deren Rangfolge und Bedeutung sich entsprechend den herrschenden Werten und Moden in der Kriminologie verändern. Sie heißen Resozialisierung, Vergeltung, Isolation von der Gesellschaft, Sühne und Bestrafung.

Die Resozialisierung geht davon aus, dass man jemanden, der etwas gravierend Falsches und Gesellschaftsfeindliches getan hat, in ein wertvolles und gesetzestreues Mitglied der Gesellschaft verwandeln kann. Man muss ihm dazu ein geeignetes Umfeld verschaffen, ihm Hilfestellung durch Fachleute geben, ihn dazu bewegen, sein früheres Verhalten zu analysieren und zu begreifen und die Defizite in seinem Leben auszugleichen (zum Beispiel mangelnde schulische oder berufliche Ausbildung). Im Begriff der Resozialisierung steckt auch die Vorstellung von »Besserung«. Wenn Eltern ihr Kind bestrafen, wollen sie, dass sich dadurch das Verhalten des Kindes »bessert«. In den meisten US-amerikanischen Bundesstaaten werden die Gefängnisse als Besserungsanstalten bezeichnet.

Eine erfolgreiche Resozialisierung ist zweifellos das Beste und Produktivste, was unser Besserungssystem bewirken kann. Es leuchtet ein: Wenn man einen Bösewicht zu einem guten Kerl ummodelt und ihn dann laufen lässt, hat man einen Bösewicht weniger, der einem schadet. Das ist zwar eine recht naive und einfältige Sicht der Dinge, aber unter bestimmten Umständen kann es klappen. Wenn jemand zum Dieb wird, weil er keine Arbeit und keine Ausbildung hat, und man ihm eine Ausbildung verschafft, dank derer er eine Arbeitsstelle findet, bekommt er vielleicht die nötige Selbstachtung und gibt das Stehlen auf. Wenn jemand zum Dieb wird, um seinen Drogenkonsum zu finanzieren, und er sich von seiner Sucht befreien lässt, wäre auch der nächste Schritt möglich, nämlich ihm Arbeit und Selbstachtung zu geben. Tatsächlich funktioniert das aber in vielen Fällen nicht, und stattdessen setzt der Delinquent nach nicht allzu langer Zeit sein kriminelles Tun fort. Damit soll aber nicht gesagt sein, es würde die Zeit, die Mühe und das Geld nicht lohnen, wenn man versucht, bestimmte Arten von Tätern auf den rechten Weg zurückzuführen; denn ich glaube, in einigen Fällen gibt es wirklich Hoffnung.

Wenig Hoffnung hingegen besteht meiner Ansicht nach – die sich auf langjährige Untersuchungen und noch längere Erfahrung stützt – bei Serienmördern und Sexualverbrechern, also jenen Leuten, mit denen ich mich im Lauf meines Arbeitslebens am meisten beschäftigt, die ich gejagt und genau beobachtet habe. Solche Menschen werden nicht deshalb kriminell, weil sie nichts zu essen haben oder ihre Familie vor dem Verhungern bewahren wollen, und auch nicht, weil sie drogenabhängig sind. Sie verüben Verbrechen, weil es ihnen gefällt, sie Lust darauf verspüren und es ihnen Befriedigung verschafft. Man kann jetzt vielleicht einwenden, dass viele solcher Täter damit zum Beispiel die miserablen Bedingungen, unter denen sie arbeiten müssen, oder ihr erbärmliches Selbstbild, ihre grausame Kindheit und anderes mehr zu kompensieren versuchen. Aber das heißt nicht automatisch, dass wir sie resozialisieren können.

Mein Kollege Gregg McCrary benutzt dafür den Vergleich mit einem Kuchen. Stellen Sie sich vor, Sie haben einen Schokoladenkuchen gebacken. Er riecht wunderbar und sieht herrlich aus, aber als Sie hineinbeißen, merken Sie, dass etwas nicht stimmt. Da fällt es Ihnen wieder ein: »Ach ja, zu den Eiern, dem Mehl, der Butter und dem Kakao (oder was immer Sie auch zum Kuchenbacken verwenden) habe ich etwas Schmieröl aus der Garage gegeben. Das ist das Einzige, was mit dem Kuchen nicht in Ordnung ist – das Schmieröl! Wenn ich bloß wüsste, wie ich das Schmieröl aus dem Kuchen herausbekomme, würde er toll schmecken.«

Analog zu diesem Bild sehen meine Kollegen, Mitarbeiter und ich selbst die Resozialisierung von Sexualverbrechern, insbesondere der Serientäter unter ihnen. In der überwiegenden Mehrzahl der Fälle sind die pervertierten Triebe, Begierden und Charakterstörungen, die sie dazu bringen, über unschuldige Männer, Frauen und Kinder herzufallen und sie zu töten, so tief in ihrem Wesen verankert, dass es unmöglich ist, diese Art von »Schmieröl« wieder aus ihnen herauszufiltern.

Der früher zitierte Fall des Schriftstellers und Mörders Jack Henry Abbott ist nur ein Beispiel von vielen. Eine andere, besonders bedrückende Geschichte, die mir in Erinnerung ist, verdeutlicht diesen Punkt sehr gut: Anfang der Neunzigerjahre wurde in der Fernsehsendung *America's Most Wanted* nach einem aus dem Gefängnis entflohenen Kinderschänder und -mörder gefahndet. Zufällig sah auch der Gesuchte die Sendung, und da dämmerte ihm, dass die Leute, die ihn unter falschem Namen kannten, sie bestimmt ebenfalls sehen würden. Sie würden ihn der Polizei melden, er würde eingesperrt werden, und das Spiel wäre aus. Weil die ihm verbleibende Zeit in Freiheit kurz sein würde, setzte er sich in sein Auto, entführte, missbrauchte und tötete erneut ein Kind, bevor die Polizei ihn fasste. Ihm war klar, dass er den Rest seiner Tage hinter Gittern verbringen würde, wo er keinen Zugang mehr zu kleinen Kindern hatte. Also schlug er zu, solange sich ihm noch Gelegenheit dazu bot.

Mir fällt noch ein weiterer Vergleich dazu ein, die Fabel von dem Frosch und dem Skorpion: Ein Skorpion kommt zu einem Frosch und bittet ihn, er möge ihn doch auf seinem Rücken über den Teich befördern.

»Nein«, sagt der Frosch. »Denn wenn ich das tue, stichst du mich, und das wäre mein Tod.«

»Denk doch mal logisch«, erwidert der Skorpion. »Der Grund, warum ich dich bitte, mich zu tragen, ist doch, dass ich nicht schwimmen kann. Wenn ich dich steche und du stirbst, werde ich ebenfalls sterben.«

Der Frosch überlegt eine Weile und beschließt dann, dass der Skorpion recht hat. »Gut«, sagt er. »Hüpf mir auf den Rücken.«

Also klettert der Skorpion auf den Frosch, und der Frosch schwimmt los. Als sie den Teich zur Hälfte durchquert haben, sticht der Skorpion zu.

Im Todeskampf kann der Frosch gerade noch röcheln: »Warum hast du das getan? Jetzt werden wir beide umkommen.«

Und während der Skorpion langsam dem Tod durch Ertrinken entgegensinkt, meint er lakonisch: »Das liegt einfach in meiner Natur.«

Ich fürchte, dass niemand von uns – weder Polizeibeamte, Detectives und FBI-Agenten noch Anwälte, Richter, Psychiater oder Priester – eine realistische Vorstellung davon haben, wie man den Charakter eines Menschen noch ändern kann, sobald dieser Mensch die Prägungsphase hinter sich hat. Deshalb halten Leute wie der frühere Special Agent Dr. Bill Tafoya, lange Jahre der »Zukunftsforscher« in Quantico, es für ganz entscheidend, schwere Verhaltensstörungen bei Kindern zu erkennen und bereits frühzeitig einzuschreiten. Das Projekt »Head Start« ist für ihn die wirksamste Methode der Verbrechensbekämpfung überhaupt, die uns zur Verfügung steht. Nach Tafoyas Ansicht, der ich völlig zustimme, müssen wir in ganz breitem Rahmen nach den Ursachen von Verbrechen forschen. Deshalb sagen wir jedem, der es hören will: Wenn Sie sich darauf verlassen, dass wir – das FBI und die Polizei – die Kriminalität verhindern, werden Sie eine große Enttäuschung erleben. Denn wenn es auf unserem Radarschirm piept, ist es bereits zu spät; die kriminelle Persönlichkeit ist dann schon manifest ausgeprägt.

Das ist der Grund, weshalb die Resozialisierung leider oft nicht funktioniert.

Die nächste Möglichkeit ist dann die Isolierung von der Gesellschaft. Wenn wir solche Straftäter schon nicht »bessern« oder »kurieren« können, müssen wir sie hinter Schloss und Riegel setzen, damit die Gesellschaft vor ihnen sicher ist. Es erübrigt sich, zu diesem Thema viele Worte zu verlieren: Zweck und Nutzen verstehen sich von selbst. Viele, die in Freiheit gewalttätig und äußerst gefährlich sind, verhalten sich im Gefängnis anständig, denn dort ist das Leben in hohem Maße reglementiert. Aber manchen unter ihnen gelingt es sehr wohl, anderen Gefangenen und den Vollzugsbeamten Schaden zuzufügen. Wer meinen sollte, das Leben in den Hochsicherheitstrakten unserer Gefängnisse wäre nicht hart und gefährlich, sollte sich von einem, der diese Anstalten von zahllosen

Besuchen kennt, gesagt sein lassen: Ein solcher Ort ist höchst riskant und lebensbedrohlich.

Natürlich sind das alles schwere Jungs, die dort in Haft sitzen, wen kümmert es also, wenn sie sich gegenseitig an die Gurgel gehen? Ja, so denken die meisten von uns; wir ärgern uns über die vielen Steuergelder, die für den Bau und Betrieb der Gefängnisse aufgewendet werden. Verstehen Sie mich nicht falsch – ich glaube nicht, dass die Resozialisierung häufig Erfolg hat, und ich befürworte entschieden die langfristige Trennung der Schwerstverbrecher von der Gesellschaft. Wenn wir allerdings zulassen, dass die brutalen Verhältnisse, die in unseren Gefängnissen herrschen, bestehen bleiben, dürfen wir nicht erwarten, dass jemand als wesentlich besserer Mensch von dort entlassen wird, als er vor Antritt seiner Strafe war. Wahrscheinlich trifft eher das Gegenteil zu. Die Atmosphäre in den Gefängnissen ist einer Resozialisierung bestimmt nicht förderlich, und sie erlaubt es auch nicht, dass man die Gefangenen einfach wegsperrt und sich nicht um die Folgen schert. Ich plädiere keineswegs dafür, mehr Verurteilte freizulassen, ich möchte nur nicht, dass die Insassen in den Gefängnissen um ihr Leben fürchten müssen.

Damit kommen wir zum abschließenden Aspekt jedes Schuldspruchs, der Bestrafung. Wir können versuchen, die Verurteilten zu resozialisieren, wir können sie so lange wie nötig isolieren – aber wie steht es mit der Bestrafung? Hat es überhaupt Sinn, einen Menschen leiden zu lassen, weil er jemand anderem etwas angetan hat, und kann dieses Leiden irgendjemanden davon abschrecken, das gleiche Delikt zu begehen?

Lassen Sie mich gleich vorausschicken, dass die abschreckende Wirkung von Strafen in der gesamten Menschheitsgeschichte noch nie besonders groß war. Wir kennen ja aus dem Mittelalter die Geschichte von den Taschendieben, die besonders gern ihren Geschäften nachgingen, wenn sich große Zuschauermengen zur öffentlichen Hinrichtung von Taschendieben versammelt hatten. Oder nehmen wir ein näherliegendes Beispiel aus dem Alltag: Wie oft kommt es denn vor, dass sich ein Kind wirklich durch die Androhung der Prügelstrafe davon abschrecken lässt, etwas Verbotenes anzustellen? Abschreckung ist eine gute Sache, wenn sie funktioniert; aber damit eine Strafe gerechtfertigt und sinnvoll ist, bedarf es eines übergeordneten Wertes.

Und dieser Wert ist meiner Meinung nach der Strafe inhärent.

In diesem wie auch in meinem letzten Buch *Die Seele des Mörders* berichtete ich über meine Begegnung mit Charles Manson und meine Beschäftigung mit den grauenhaften Verbrechen, die 1969 auf seine Anordnung hin verübt wurden. Und nun lese ich zu meiner Freude, dass die früheren Mitglieder der Manson-Familie Leslie van Houten, Susan Atkins und Patricia Krenwinkel, die seit fast 20 Jahren im Gefängnis über ihre Taten haben nachdenken können, bedauern, welche Rolle sie bei den Morden an Sharon Tate, Abigail Folger, Jay Sebring, Voytek Frykowski, Steven Parent und Leno und Rosemary LaBianca gespielt haben. In ihren regelmäßigen Begnadigungsgesuchen versichern die Anwälte, dass die drei Frauen ihrem Guru vollständig abgeschworen haben, dass sie ihre Verbrechen aufrichtig bereuen und keine Gefahr mehr für die Allgemeinheit darstellen würden, wenn man sie in die Freiheit entließe. [Anm. d. Verlags: Die Entlassungsgesuche von van Houten und Krenwickel wurden zuletzt 2022 abgelehnt. Atkins starb 2009 im Gefängnis.]

Ich glaube ihnen. Wirklich. Ich glaube, sie erkennen jetzt realistisch, wofür Manson stand und immer noch steht. Ich glaube auch, dass ihnen ehrlich leidtut, was sie in jenen beiden schrecklichen Nächten im Sommer 1969 angerichtet haben. Und aufgrund meiner langjährigen Studien über Gewalttäter und ihre Gefährlichkeit glaube ich, dass sie wahrscheinlich nie wieder ein Verbrechen begehen würden, wenn man sie auf freien Fuß setzen würde. Sie könnten vielleicht sogar produktive Mitglieder der Gesellschaft werden und mit ihren Irrtümern anderen eine Lehre sein.

Aber ich kenne den besagten Fall in allen Einzelheiten. Ich habe sämtliche Obduktionsberichte und medizinischen Gutachten genau durchgearbeitet. Ich habe die schrecklichen Tatortfotos mit den Leichen der sieben Opfer gesehen, darunter die im achten Monat schwangere Sharon Tate, die vergeblich ihre Angreifer anflehte, das Leben ihres ungeborenen Kindes zu verschonen. Diese grauenhaften Bilder habe ich bei meinen Vorträgen vor FBI-Agenten und Polizeibeamten an der National Academy benutzt, und selbst diese hartgesottenen Profis ertrugen den Anblick kaum. Nach allem, was ich gesehen habe und weiß, bin ich der altmodischen Ansicht, dass diese drei verurteilten Mörderinnen zwar jetzt Reue empfinden mögen und vermutlich nicht mehr gefährlich sind; aber die Idee der Bestrafung allein rechtfertigt schon hinreichend, dass sie auf Kosten des Steuerzahlers im Gefängnis behalten werden. Nach meinem Empfinden können sie gar nicht genug bestraft werden für ihre grauenvolle Tat.

Glaubt denn unsere zivilisierte und aufgeklärte Gesellschaft nicht an das Abbüßen von Schuld? Im Unterschied zur Resozialisierung, die sich mehr auf die Lebenspraxis bezieht, ist für mich das Büßen, die Sühne eher im geistig-seelischen Bereich angesiedelt, und somit steht dahinter ein ganz anderer Gedanke. Hier möchte ich mich Jack Collins anschließen und erklären, dass wir kein Recht haben, uns selbst als zivilisiert oder aufgeklärt zu bezeichnen, solange wir die schwersten Verbrechen nicht ernst nehmen. Es gibt bestimmte Taten, die einfach zu grausam, zu sadistisch und zu schreckenerregend sind, als dass sie vergeben werden könnten. Das zumindest schulden wir diesen sieben unschuldigen Opfern der Manson-Familie, die jedes Recht gehabt hätten weiterzuleben.

Aber wenn ich von Bestrafung spreche – meine ich damit nicht eigentlich Rache, die alttestamentarische Vorstellung von »Auge um Auge«? Mag sein. Was uns zu der nächsten Frage führt: Steckt hinter der Bestrafung der Gedanke an Rache?

Darf die durch den Strafvollzug bewirkte Bestrafung für die Verbrechensopfer und ihre Familien ein therapeutisches oder kathartisches Mittel sein? Wir alle möchten, dass sie von ihrem Leid befreit werden, aber steht ihnen das von Rechts wegen (und nicht bloß moralisch) zu?

Jack und Trudy Collins sprachen nicht von »Rache«, wenn sie beschrieben, was sie und andere Betroffene verlangten. Jack erklärte: »Obwohl ich gegen die klassische Definition im Wörterbuch nichts einzuwenden habe – ›für eine Schädigung eine verdiente Strafe auferlegen‹ –, ist Rache für die meisten Menschen heute ein emotional aufgeladenes Wort mit dem Beigeschmack von persönlicher Niedertracht; wenn man es in den Mund nimmt, schadet man letztlich nur dem Opfer.«

Was Jack und Trudy wollten, sei »Vergeltung«, das im Lexikon mit »Entschädigung oder Ausgleich für erlittenes Unrecht« erklärt wird.

»Damit stellt die Gesellschaft das Gleichgewicht wieder her«, glaubte Jack, »indem sie den Opfern und ihren Familien Genugtuung verschafft für das, was ihnen angetan wurde. Auf diese Weise werden sie so weit wie möglich entschädigt, und es wird die Integrität – die Unversehrtheit – sowohl der Betroffenen als auch der sozialen Ordnung wiederhergestellt. Nichts wird uns Suzanne je zurückbringen. Aber selbst wenn diese Vergeltung keine Wiedergutmachung bewirkt, zeigt sie uns, dass die Gesellschaft, das Gericht und das ganze Strafverfolgungssystem sich um unsere Angelegenheit kümmern und dafür sorgen, dass der Mörder unserer Tochter seine angemessene Strafe erhält. Die Vergeltung gibt uns zu verstehen, dass uns so weit wie möglich Gerechtigkeit zuteilwird.«

Die einzig gerechte und moralisch vertretbare Antwort unserer Gesellschaft auf Schwerverbrechen heißt meiner Ansicht nach Vergeltung durch Strafe. Das ist jedoch nicht die allgemeine Meinung.

Jack sagte dazu: »Die Opfer müssen möglichst rasch den Schrecken und das Trauma des Verbrechens überwinden und ihr gewohntes Leben weiterführen. Sie haben deshalb ein Recht darauf, dass den Übeltätern umgehend der Prozess gemacht wird, damit bald nach einer Verurteilung die Bestrafung einsetzt. Wir haben den Leuten klarzumachen versucht, dass die Strafjustiz die Interessen der Opfer berücksichtigen muss. Weil sie die Betroffenen sind, sollten sie auch in vorderster Reihe stehen. Wir verdienen und fordern einen Platz am Tisch.«

Zur Frage des Instanzenwegs im Strafrecht meinte Jack: »Viele Leute, auch wir, meinen, dass zu viele Richter die Revisionsanträge als eine akademische und theoretische Übung betrachten, die eher mit intellektuellem Geschick und rhetorischer Gewandtheit zu tun hat als damit, dass den Opfern Gerechtigkeit zuteilwird und den Übeltätern die verdiente Strafe auferlegt wird. Anscheinend gefallen sie sich in der Pose, souverän über den Auseinandersetzungen zu stehen und überhaupt von dem Blut, dem Schweiß, den Tränen und der Gewalt nicht berührt zu werden, die ja erst dazu geführt haben, dass der Fall bei ihnen gelandet ist.«

Was die Collins wollten, war die Hinrichtung des Mörders ihrer Tochter gemäß dem von den Geschworenen und dem Richter verhängten Urteil.

Beim Thema Todesstrafe ist es ähnlich wie beim Thema Abtreibung – kaum jemand wird sich von der vorgefassten Meinung abbringen lassen, die er dazu besitzt. Wenn Sie aus moralischen Gründen gegen die Todesstrafe sind, spräche wohl nichts dagegen, die schlimmsten dieser Unmenschen lebenslang einzusperren, und zwar ohne die Möglichkeit der vorzeitigen Haftentlassung oder Begnadigung. Aber wir wissen, dass dies ausgeschlossen ist. Und offen gesagt glaube ich nicht, dass in manchen Fällen lebenslange Haft genügt.

Steve Mardigian formulierte es so: »Die ungeheure Verwüstung, die dem Opfer angetan wird, verlangt, dass wir mit etwas Vergleichbarem darauf antworten. Meiner Ansicht nach gibt es keinen Grund, weshalb wir Menschen, die zu etwas derart Schrecklichem fähig sind, am Leben lassen sollen.«

Manche werden einwenden, die Todesstrafe sei »legalisierter Mord« und daher ein unmoralischer Akt seitens der Gesellschaft. Für mich jedoch haben sich solche Verbrecher ganz bewusst außerhalb der Gesellschaft gestellt, und daher ist es moralisch zulässig, dass die Gesellschaft einen Verursacher solch fürchterlicher Taten nicht in ihrer Mitte duldet.

Wer behauptet, die Todesstrafe sei legalisierter Mord, verkehrt meines Erachtens die Begriffe von Gut und Böse, weil er den entscheidenden Unterschied zwischen Opfer und Täter verwischt – zwischen dem Leben des Unschuldigen und dem des Verbrechers, der aus verwerflichen Gründen beschließt, dem Unschuldigen sein Leben zu rauben.

Wenn Sie mich fragen, ob ich bereit wäre, eigenhändig auf den Knopf zu drücken, der nach dem Willen des Gesetzes das irdische Dasein eines Sedley Alley, Larry Gene Bell, Paul Bernardo, Lawrence Bittaker und anderer Leute dieser Sorte auslöscht, wäre meine Antwort ein klares Ja. Denen, die von Vergebung reden, möchte ich sagen, dass ich diese Empfindung durchaus anerkennenswert finde, mich aber gleichzeitig nicht für berechtigt halte zu vergeben. Das steht mir nicht zu.

Hätte Sedley Alley sein Opfer Suzanne Collins nur (ich verwende dieses »nur« mit einer gewissen Beklommenheit) vergewaltigt, geschlagen und gefoltert, sie aber am Leben und geistig unversehrt gelassen, dann hätte sie, und nur sie allein, das Recht gehabt, ihm zu vergeben, falls sie das gewollt hätte. Für mich bleibt sie die Einzige, die ihm vergeben darf; doch nach allem, was geschehen ist, könnte sie ihm jetzt nur noch *nach* der Vollstreckung des vom Gericht verhängten Urteils vergeben.

Das ist es, glaube ich, was die Collins unter Vergeltung – im Unterschied zu Rache – verstanden.

Was das Thema Abschreckung angeht, räume ich gerne ein, dass die Todesstrafe, wie sie gegenwärtig in den Vereinigten Staaten praktiziert wird, wohl kaum jemanden davon abhält, einen Mord zu verüben – das sagt uns schon der gesunde Menschenverstand. Nehmen wir zum Beispiel einen jungen Kriminellen, der sich in der Großstadt als Drogendealer sein Geld verdient. Bei diesem Geschäft geht es um riesige Summen, und man läuft tagtäglich Gefahr, dass einen die Konkurrenten über den Haufen schießen. Für diesen Dealer hat die unerfreuliche Aussicht, vielleicht irgendwann, nach einem 15 Jahre lang verschleppten Prozess, zum Tode verurteilt und hingerichtet zu werden, angesichts seines alltäglichen Risikos bestimmt keine sehr abschreckende Wirkung. Seine mögliche Verurteilung setzt ja voraus, dass er überhaupt erst einmal gefasst wird, kein mildes Urteil aushandelt, einen strengen Richter und strenge Geschworene bekommt, dass das Urteil nicht aufgehoben wird, keine Gesetzesänderung erfolgt usw. Also seien wir realistisch, wenn wir von Abschreckung reden.

Würde die Todesstrafe regelmäßiger und konstanter vollzogen und würde der Abstand zwischen Schuldspruch und Vollstreckung auf einen vernünftigen Zeitraum verkürzt – einige Monate statt der bisher üblichen übertriebenen Spanne von Jahren oder sogar Jahrzehnten –, dann würde die Todesstrafe potenzielle Gewalttäter vielleicht eher davon abhalten, bestimmte Mordtaten zu verüben. Aber offengestanden beschäftigen mich solch theoretische Überlegungen nicht allzu sehr. Würde die Todesstrafe gerecht und regelmäßig vollstreckt, könnte sie vielleicht zu einem Mittel der allgemeinen Abschreckung werden; ich würde aber keine zu großen Hoffnungen dareinsetzen.

Einer Sache aber bin ich mir sicher: Sie ist, bei Gott, ein ganz besonders wirkungsvolles Abschreckungsmittel. Kein Hingerichteter hat je wieder einem anderen Menschen das Leben geraubt. Und solange eine

Verurteilung zu »lebenslänglich« nicht wirklich lebenslange Haft bedeutet, würden die Familien zahlloser Opfer – und ich selbst – nachts besser schlafen, wenn wir wüssten, dass die schlimmsten dieser Mörder keine Chance mehr haben, über einen herzufallen. Davon abgesehen denke ich, dass derjenige, der beschließt, einem anderen Menschen das Leben zu rauben, damit rechnen sollte, dafür mit seinem eigenen Leben zu bezahlen.

Unser Rechtssystem ist nicht perfekt. Manche der schlimmsten Verbrecher können resozialisiert werden und später wieder ein nützliches und produktives Leben führen. Nathan Leopold, der gemeinsam mit Richard Loeb im Jahre 1924 den jungen Bobby Franks in Chicago auf schauerliche Weise ermordet hatte, wurde 1958 begnadigt und führte von da an ein ehrbares Leben als Sozialarbeiter und Labortechniker; außerdem stellte er sich sogar freiwillig der Malariaforschung zur Verfügung. Aber ich will Ihnen gestehen, ich glaube nicht, dass es in vielen anderen Fällen ebenso verlaufen würde, und ich bin keineswegs versessen darauf, Leute in Freiheit zu setzen, um das herauszufinden. Wer einmal etwas so Furchtbares begangen hat, hat seinen Anspruch auf Resozialisierung verwirkt.

Dann gibt es noch das Argument, man solle solche Kerle nicht töten, sondern sie lieber »zu Forschungszwecken« am Leben lassen. Ich weiß nicht recht, was damit gemeint ist, und ich glaube auch nicht, dass das die Leute wissen, die so etwas fordern. Vermutlich meinen sie, wenn wir eine ausreichende Anzahl solcher Killer lange genug untersuchen, würden wir herausfinden, weshalb sie morden und wie wir sie davon abhalten können.

Nun gehören ja meine Kollegen in Quantico und ich zu den wenigen Menschen, die sich von Berufs wegen mit solchen Tätern tatsächlich eingehend beschäftigt haben. Wenn also überhaupt jemand fordern dürfte, sie aus wissenschaftlichen Gründen am Leben zu lassen, dann wären wir das. Und hier meine Antwort: Falls sie überhaupt mit einem reden wollen, ist dafür ausreichend Zeit während der sich hinziehenden Revision. Und wenn sie nur deshalb reden wollen – wie es bei Ted Bundy letztlich der Fall war –, um ihre Hinrichtung hinauszuzögern, ist das, was sie zu sagen haben, wertlos und nützt allenfalls ihnen selbst. Wer also fordert, jemand wie Bundy sollte am Leben bleiben, damit man ihn erforschen kann, dem antworte ich: »In Ordnung, lassen wir ihn noch sechs Stunden leben; länger brauche ich nicht für ihn.« Ich glaube wirklich nicht, dass wir wesentlich mehr aus solchen Menschen herausholen können.

Ich hasse diese Leute nicht. Manche von ihnen habe ich sogar irgendwie gemocht. Zum Beispiel Ed Kemper. Wir kamen miteinander klar und hatten eine gute persönliche Beziehung. Ich respektierte sein Denken und seinen Scharfblick. Wäre er zum Tode verurteilt worden – es hätte mir leidgetan, wenn er hingerichtet worden wäre. Aber bestimmt hätte ich mit den Familien seiner Opfer nicht darüber gestritten, weil ich weiß, was sie durchgemacht haben und immer noch durchmachen. Verglichen mit ihren Gefühlen sind meine Empfindungen irrelevant.

Unzweifelhaft: Keine seriös geführte Diskussion über die Todesstrafe darf die Tatsache außer Acht lassen, dass unser Rechtssystem unvollkommen und die Gefahr eines Justizirrtums nie ganz auszuschließen ist. Bei jeder Erörterung der Todesstrafe ist daher das Beispiel von David Vasquez zu bedenken. Und so ungern wir uns das eingestehen – es hat ihm womöglich das Leben gerettet, dass er mit Richter und Staatsanwalt ein mildes Urteil aushandelte.

Dass der Fall Vasquez eine seltene und merkwürdige Ausnahme war und der Beschuldigte sogar gestanden hatte – und zwar nicht nur einmal, sondern gleich dreimal –, darf uns nicht zu falscher Selbstgewissheit verleiten. Trotzdem halte ich diesen Fall nicht für ein triftiges Argument, die Todesstrafe als solche abzuschaffen.

Ein triftiges Argument ist meiner Ansicht nach die Forderung nach ausreichenden und stichhaltigen Beweisen. Auch wenn jetzt vielleicht der Einwand kommt, man könne nie absolut sicher sein, ob jemand wirklich der Schuldige sei, denke ich schon, dass man bei den Fällen, die ich meine, darauf vertrauen darf, dass kein Unschuldiger wie Vasquez irrtümlich hingerichtet wird.

Von allen Verbrechern verdienen meiner Ansicht nach vor allem diejenigen die Todesstrafe, die wiederholt, um sich zu bereichern und aus sexuellen Motiven, gemordet haben. Normalerweise haben wir, wenn wir sie aufspüren, bereits eine Fülle an soliden, verhaltensanalytisch gesicherten und gerichtlich stichhaltigen Beweisen gegen sie. So zum Beispiel im Fall des Serienmörders Cleophus Prince: Wenn er es war, der einen der Morde begangen hatte, musste er zwangsläufig auch die anderen verübt haben. Falls nicht genügend erdrückende Beweise vorliegen, darf der Verurteilte nicht hingerichtet werden. Doch wenn sie vorliegen, wie etwa gegen Bell, Alley, Bernardo, Bittaker und viele andere, dann sollte getan werden, was zu tun ist.

Steve Mardigian meinte dazu: »Meine Hoffnung ist immer, dass die Beweislage die Schuld des Angeklagten zweifelsfrei belegt. Aus der Sicht unserer Einheit hätte es im Fall Vasquez noch offene Fragen gegeben. Es lagen keine eindeutigen physikalischen und labortechnischen Beweise vor, und das Geständnis, das dieser Mensch unter solchen Umständen abgelegt hatte, reichte einfach nicht aus.«

Ich bin jedoch zuversichtlich, dass unsere Rechtsexperten, die auch schon andere knifflige Punkte unseres Strafrechtssystems mit viel Zeit und Energie gelöst haben, Richtlinien finden, um zu Unrecht Beschuldigte wie David Vasquez von wirklichen Tätern wie Timothy Spencer schneller zu unterscheiden. Denkbar wäre es auch, Mordfälle ausschließlich vor Bundesgerichten zu verhandeln, wodurch die Normen der Strafverfolgung und der Beweisführung vereinheitlicht würden. Andererseits müsste man dann jedoch wahrscheinlich das ganze System der Rechtsprechung ändern, da die Bundesgerichte die enorme Menge an Verfahren nicht bewältigen könnten, die sie von den Einzelstaaten übernehmen müssten.

Wie würden Sie also bei diesen Überlegungen und Wünschen an unsere Strafjustiz Ihre Prioritäten setzen? Für mich stehen an erster Stelle die potenziellen Opfer und deren Familien, an zweiter Stelle die Opfer von Gewaltverbrechen mit ihren Familien und an letzter Stelle die Täter und die Familien der Täter. Vor allem würde ich alles in meiner Macht Stehende tun, damit kein Unschuldiger einem Wiederholungstäter zum Opfer fällt. Falls sich das nicht verhindern lässt, würde ich mich dafür einsetzen, dass die Opfer und ihre Familien den Vorrang im Rechtssystem erhalten und das Recht bekommen, das ihnen gebührt. Und danach würde ich sicherstellen wollen, dass den Angeklagten ein fairer Prozess gemacht wird und verurteilte Täter für ihr Verbrechen angemessen bestraft werden. Die genannten Punkte müssen sich nicht gegenseitig ausschließen.

Bedeutet das, dass wir einen Polizeistaat brauchen? Natürlich nicht. Es bedeutet einfach, dass wir unsere Prioritäten richtig setzen müssen, wenn wir eine gerechte und zivilisierte Gesellschaft anstreben.

Unabhängig davon, wie wir unsere Strafjustiz gestalten werden, lassen sich Gewaltverbrechen und Gräueltaten nur dann merklich vermindern, wenn wir aufhören, so viele Kriminelle zu produzieren. Die Gerichte spielen dabei eine Rolle, ebenso die Polizei, die Schulen, die Kirchen, die Synagogen und die Moscheen. Aber die eigentliche Auseinandersetzung darüber muss dort stattfinden, wo sie schon immer stattgefunden hat: in der Familie.

Hank Williams, der Staatsanwalt, der Sedley Alley vor Gericht brachte, hat es so formuliert: »Die Bundesregierung gibt Milliarden Dollar für die Verbrechensbekämpfung aus, und das ist auch nötig. Aber das einzig Wirksame wäre, den Müttern und Vätern zu raten: Erzieht eure Kinder richtig.«

Das ist leichter gesagt als getan, aber nur unter dieser Voraussetzung wird sich wirklich etwas ändern.

Am Anfang dieses Buches habe ich erklärt, unsere Arbeit in Quantico erfordere die Fähigkeit, sich in das Denken sowohl des Täters als auch des Opfers hineinzuversetzen. Und sobald die Arbeit an einem Fall abgeschlossen ist, versucht man, so schnell wie möglich das Denken des Täters wieder abzulegen. Aber Tatsache ist, dass man niemals ganz wieder aus dem Denken des Opfers schlüpfen kann. Ein Teil von jedem der Opfer all der Fälle, die ich bearbeitet habe, lebt in mir weiter.

Deshalb sind meine Anschauungen so, wie sie sind, und deshalb versuche ich stets, andere zu ermutigen, gemeinsam mit mir diese Reise in die Finsternis anzutreten oder mich auf diesem Weg zumindest ein kleines Stück zu begleiten, dorthin, wo es wieder heller werden kann.

ÜBER DIE AUTOREN

John Douglas schloss sich 1970 dem FBI an. Er gilt als Begründer des »Criminal Profiling Program« und leitete diese Abteilung von Spezialagenten bei zahlreichen spektakulären Mordfällen, darunter auch dem, der mit Anthony Hopkins in der Rolle des Hannibal Lecter Filmgeschichte schrieb. Douglas lebt mit seiner Familie in Washington, D. C.

Mark Olshaker ist Dokumentarfilmer und Autor mehrerer preisgekrönter Kriminalromane. Er produzierte den Film »The Mind of a Serial Killer«, der für einen Emmy nominiert war, und lebt in Washington, D. C.

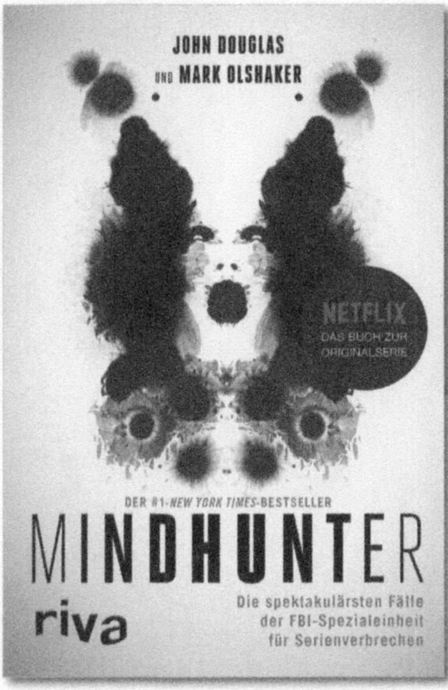

Auch als **E-Book** erhältlich

488 Seiten
14,99 € (D) | 15,50 € (A)
ISBN 978-3-7423-1299-0

Douglas, John; Olshaker, Mark

Mindhunter

Die spektakulärsten Fälle der FBI-Spezialeinheit für Serienverbrechen

Niemand weiß mehr über Serienmörder als John Douglas. Er war der erste Profiler des FBI, galt jahrzehntelang als der meistgefürchtete Killerjäger der Welt und ist das Vorbild für den FBI-Agenten Holden Ford in der Netflix-Serie »Mindhunter«. In seinem Buch, auf dem die Erfolgsserie basiert, erzählt Douglas nicht nur, wie er die Praxis des Profilings erfand, etablierte und perfektionierte, sondern auch von seinen Begegnungen mit den gefährlichsten Killern der USA, darunter Charles Manson, Ted Bundy, Ed Kemper und Ed Gein, dem Thomas Harris als Buffalo Bill in »Das Schweigen der Lämmer« ein literarisches Denkmal setzte.

»Mindhunter« ist ein wahrer True-Crime-Klassiker mit der Sogkraft eines Krimis – nur dass hier jedes Detail wahr ist.

riva

288 Seiten
22,00 € (D) | 22,70 € (A)
ISBN 978-3-7423-2234-0

Berry-Dee, Christopher

Wie Serienmörderinnen denken

Ein schockierender Blick in die Abgründe des Bösen

Frauen mögen seltener morden als Männer, vor allem in Serie – doch wenn sie es tun, gehen sie dabei keinesfalls weniger grausam und kaltblütig vor. Ob Beverley Allitt, die als Kinderkrankenschwester unter anderem ein sieben Wochen altes Baby ermordete, Joanna Dennehy, die innerhalb von nur zwei Wochen drei Männer erstach und versuchte, noch zwei weitere zu töten, oder Christa Gail Pike, die ein Schädelfragment ihres Opfers mit nach Hause nahm, um damit ihr Müsli zu frühstücken: Die Untaten, zu denen Frauen fähig sind, können zutiefst schockieren.

Allerdings töten Serienmörderinnen häufig aus einem anderen Antrieb und auf perfidere Weise als Männer. In »Wie Serienmörderinnen denken« taucht der weltweit angesehene britische Kriminologe Christopher Berry-Dee tief in die Psyche dieser Verbrecherinnen ein, enthüllt ihre spezifischen Motive und Vorgehensweisen. Ein aufschlussreiches, packendes und erschütterndes Buch.

riva